Foto: Tanja Binder

Liebe Leserin, lieber Leser,

die klassischen Computer sind – zugunsten mobiler Geräte – auf dem Rückzug. Das zeigt auch ein Blick auf die Statistik der weltweiten Mac-Nutzer. Hatte das Betriebssystem macOS im Juli 2023 noch einen weltweiten Marktanteil von über 20 %, waren es im Juli 2024 nur noch knapp 15 % und im Juli 2025 lediglich rund 9 %.

Dieser starke Rückgang mag mit der wirtschaftlichen Lage zusammenhängen, denn Apple-Produkte sind relativ teuer und nicht jeder kann sie sich leisten. Aber Macs und andere Apple-Geräte haben auch noch eine andere Gemeinsamkeit, nämlich äußerst zufriedene Nutzer.

Ein Mac hat Ihnen viel zu bieten. Da wäre zum einen das ansprechende, wertige Design. Aber auch in Sachen Leistung und Sicherheit spielen Macs in der obersten Liga. Verwenden Sie andere Apple-Geräte, etwa ein iPhone oder ein iPad, ist das optimale Synchronisieren von Daten zwischen den Geräten ein weiteres Entscheidungskriterium für den Mac.

Das aktuelle Betriebssystem für den Mac ist macOS Tahoe. Es kommt in einem neuen »gläsernen« Design daher und hat seinen Namen vom Lake Tahoe, einem in den USA gelegenen Bergsee. Das Betriebssystem ist mit vielen Apps ausgestattet, die Sie im Computer-Alltag häufig gebrauchen werden, etwa um E-Mails zu schreiben, im Internet zu surfen oder Fotos zu verwalten und zu bearbeiten.

Egal, ob Sie vom Windows-PC auf den Mac umsteigen oder sogar erstmals einen Computer verwenden – mithilfe dieses Praxisbuches werden Sie sich schnell auf Ihrem Mac mit macOS Tahoe zurechtfinden.

Machen Sie sich in den folgenden Kapiteln Schritt für Schritt mit allen wichtigen und nützlichen Funktionen Ihres MacBooks, iMacs oder sonstigen Macs vertraut. Die Anleitungen sind reich bebildert, sodass Sie die Schritte auch visuell nachvollziehen können. Am meisten werden Sie lernen, wenn Sie die dargestellten Funktionen direkt anwenden.

Nun wünsche ich Ihnen viel Freude beim Erarbeiten der Buchinhalte!

Ihr Autor Philip Kiefer

1 Ihren Mac gekonnt bedienen 11

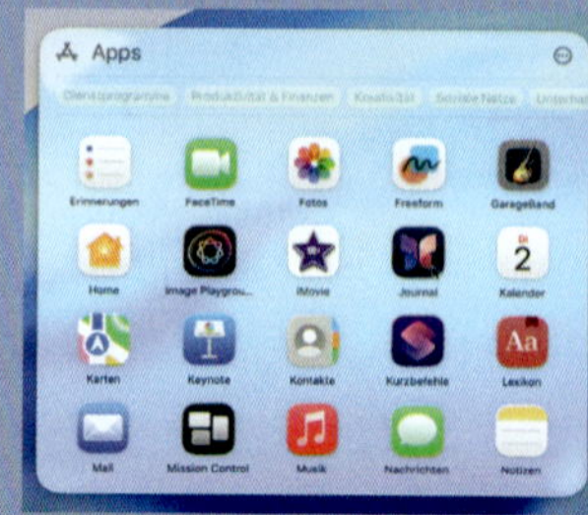

2 Richten Sie Ihren Mac perfekt ein 55

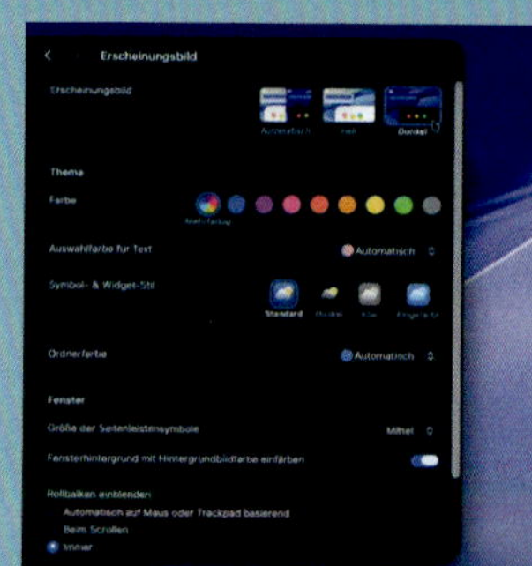

3 Heimnetzwerk, Internet, Cloud im Griff 79

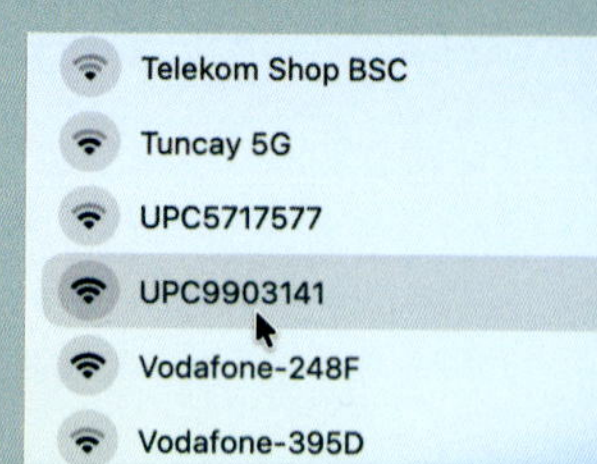

macOS Tahoe

macOS Tahoe

Schritt für Schritt einfach erklärt

Philip Kiefer

Markt+Technik

ISBN 978-3-98810-085-6

Produktmanagement Christian Braun, Burkhardt Lühr
Lektorat, Herstellung Jutta Brunemann
Covergestaltung David Haberkamp
Coverfotos © EF Studio – Adobe Stock; Tanja Binder
Satz inpunkt[w]o, Wilnsdorf (www.inpunktwo.de)
Druck Himmer GmbH Druckerei & Verlag, Augsburg
Printed in Germany

Firefox
Nachrichten
Systemeinstell...

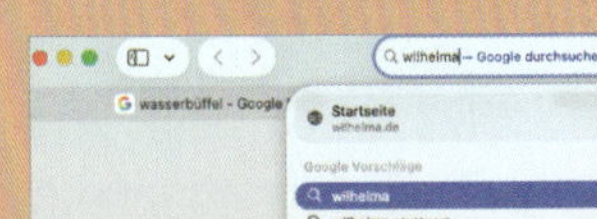

7 Per Mac mailen, chatten, telefonieren 177

8 Fotos und Videos verwalten & bearbeiten 203

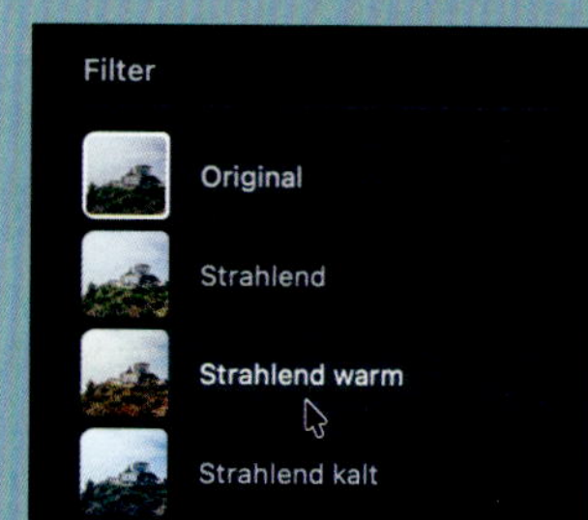

9 Musik und andere Medien abspielen 227

10 Weitere nützliche Apps erkunden 253

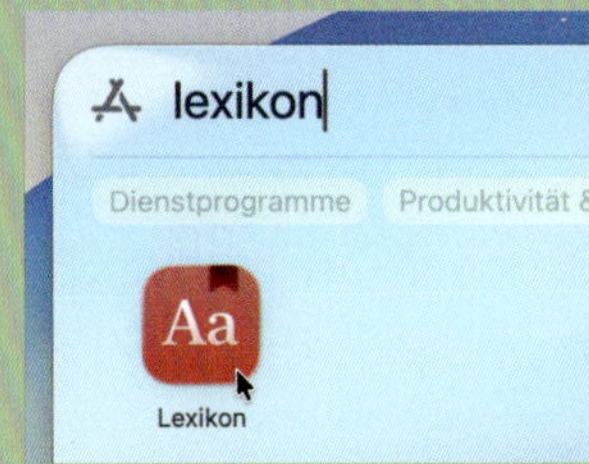

11 Den Mac absichern und Fehler beheben 289

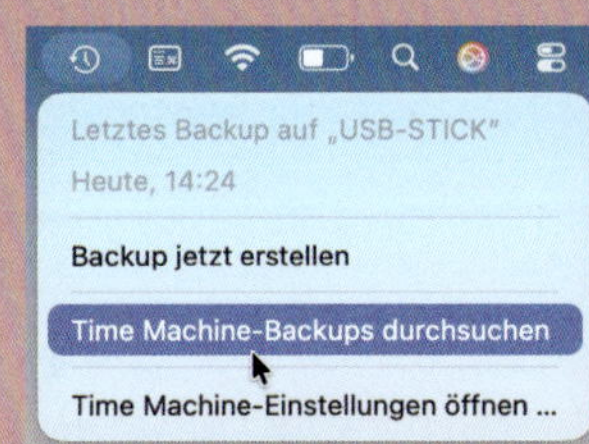

12 Umzug von Windows und Tastenkürzel 313

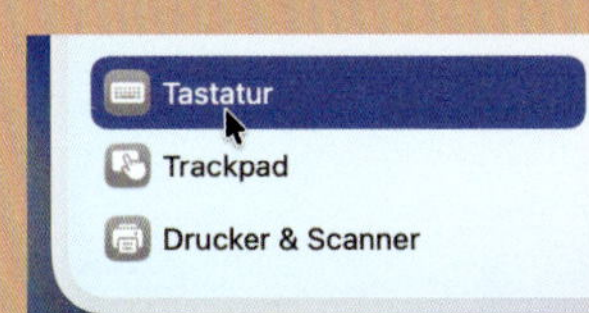

Stichwortverzeichnis 331

Allgemein
Verwalte die allgemeinen Konfigurationen und Einstellungen für den Mac wie Softwareupdates, Gerätesprache, AirDrop, und mehr.
Info
Softwareupdate
Speicher
AppleCare & Garantie

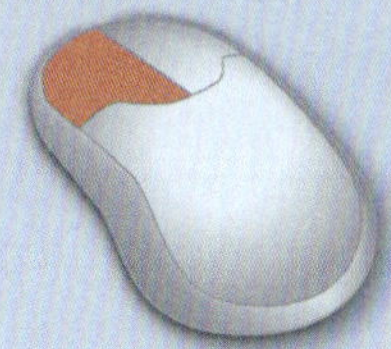

Dateien

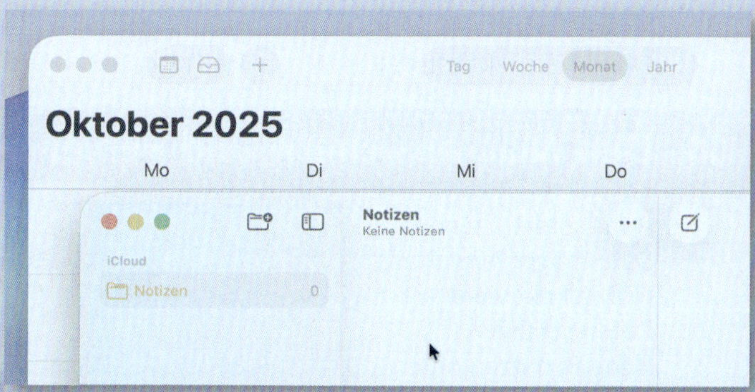
Tag
Woche
Monat
Jahr
Oktober 2025
Mo
Di
Mi
Do
Notizen
Keine Notizen
iCloud
Notizen
0

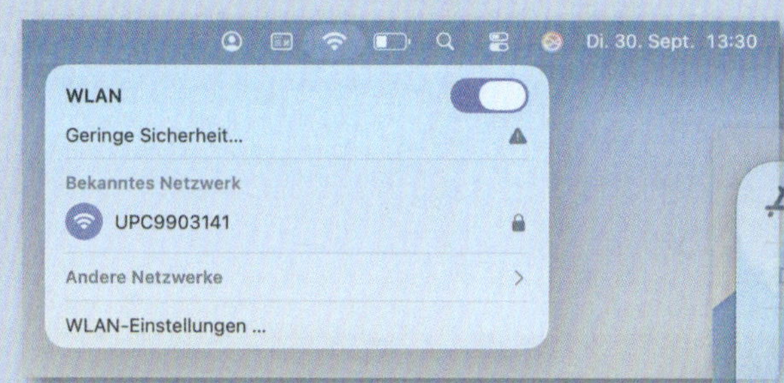
Di. 30. Sept. 13:30
WLAN
Geringe Sicherheit...
Bekanntes Netzwerk
UPC9903141
Andere Netzwerke
WLAN-Einstellungen ...

Apps
Dienstprogramme
Produktivität & Finanzen
Kreativität
Soziale Netze
Erinnerungen
FaceTime
Fotos
Freeform
GarageBand
Home
Image Playgrou...
iMovie
Journal
Kalender
Karten
Keynote
Kontakte
Kurzbefehle
Lexikon
Mail
Mission Control
Musik
Nachrichten
Notizen

1

Ihren Mac gekonnt bedienen

Wenn Sie zum ersten Mal einen Mac verwenden, werden Sie sich zunächst an die neuen Bedienfunktionen gewöhnen müssen. Vieles funktioniert auf einem Mac anders als zum Beispiel auf einem Windows-Computer. Aber es gibt auch zahlreiche Gemeinsamkeiten bei der Nutzung. Betrachten Sie das Kennenlernen Ihres Macs mit dem Betriebssystem macOS Tahoe als faszinierende Entdeckungsreise!

Wie melden Sie sich an? Wie finden Sie sich auf der Benutzerobefläche zurecht? Wie gehen Sie mit mehreren geöffneten Apps um? Welche unterschiedlichen Bedienungshilfen stehen Ihnen zur Verfügung? Wie lassen Sie die KI-Funktion Apple Intelligence für Sie recherchieren? Diese und viele weitere Fragen beantwortet dieses Kapitel, in dem Sie sich mit den Grundfunktionen Ihres Macs mit macOS Tahoe vertraut machen.

Nehmen Sie einen neuen Mac in Betrieb, werden Sie auf dem Bildschirm zunächst durch einen Einrichtungsprozess geführt. Wählen Sie unter anderem Ihre Sprache aus, stellen Sie eine Verbindung her und richten Sie ein Benutzerkonto ein. Hierzu folgen Sie einfach den Hinweisen, die Ihnen auf dem Bildschirm Ihres Macs angezeigt werden.

Steigen Sie von einem Windows-Computer auf einen Mac um, werden einige Funktionen von den bisher gewohnten abweichen. Unter anderem unterscheiden sich die Tastenkombinationen: Zum Aufrufen bestimmter Funktionen kommen nun andere Tasten zum Einsatz. Auf dieser Doppelseite erhalten Sie deshalb einen Überblick über besonders wichtige Änderungen bei den Tasten und Tastenkombinationen.

Wichtige Mac-Tasten im Überblick

In vielen Fällen müssen Sie bestimmte Windows-Tasten lediglich durch die entsprechenden Mac-Tasten austauschen – und altbewährte Tastenkombinationen funktionieren weiterhin. Allerdings ist das nicht immer der Fall, z. B. wird manchmal die unter Windows verwendete Strg-Taste auf dem Mac durch die command-Taste ersetzt und nicht durch die control-Taste, wie in der folgenden Tabelle vermerkt.

Taste auf einer Windows-Tastatur	Entspricht auf einer Mac-Tastatur ungefähr der …
Strg	control-Taste oder ctrl-Taste
Alt	option-Taste oder ⌥-Taste
Windows-Taste	command-Taste oder ⌘-Taste, auch »Befehlstaste«
Alt Gr	control + option gleichzeitig drücken
Entf	fn + ← bzw. zum Löschen von Dateien command + ←
Pos 1	command + ←
Ende	command + →
Druck	shift + command + 3 (nimmt Bildschirmfoto auf)

Wenn Sie von einem Windows-PC auf einen Mac umsteigen, ist für Sie darüber hinaus wichtig zu wissen, dass auf dem Mac standardmäßig kein Rechtsklick verwendet wird. Stattdessen wird die linke Maustaste bei gedrückter control-Taste geklickt. Dies lässt sich jedoch, wie Sie noch sehen werden, in den Systemeinstellungen anpassen.

Windows-Tastenkombinationen auf dem Mac

Auf die meisten liebgewonnenen Tastenkombinationen müssen Sie auch auf dem Mac nicht verzichten, wobei allerdings bei vielen Tastenkombis ein wenig Umlernen gefragt ist. In der Tabelle habe ich besonders wichtige Tastenkombinationen für Sie zusammengestellt. Eine umfangreichere Sammlung von Tastenkombis für den Mac finden Sie in Kapitel 12.

Funktion	Windows-Tastenkombi	Mac-Tastenkombi
@-Zeichen erzeugen	AltGr+E	option+L
Alles markieren	Strg+A	command+A
In die Zwischenablage kopieren	Strg+C	command+C
In die Zwischenablage ausschneiden	Strg+X	command+X für Text; bei Dateien erfolgt Kopieren mit command+C und dann Einfügen mit command+option+V
Aus der Zwischenablage einfügen	Strg+V	command+V
Rückgängig	Strg+Z	command+Z
Speichern	Strg+S	command+S
Speichern unter	F12	command+⇧+S
Drucken	Strg+P	command+P
Programm beenden	Alt+F4	command+Q
Task-Manager aufrufen	Strg+⇧+Esc	command+option+esc
Suchfunktion aufrufen	⊞+S	command+F
Programm im Vollbildmodus darstellen bzw. Vollbildmodus wieder beenden	F11	command+control+F
Fenster aktualisieren	F5	command+R
Dateimanager aufrufen	⊞+E	command+N (sofern kein anderes Fenster aktiv ist)

Tastenkombination bedeutet, dass Sie mehrere Tasten auf der Tastatur gleichzeitig drücken bzw. nacheinander, während Sie die bereits gedrückten Tasten gedrückt halten. Das englische Wort für Tastenkombination lautet »Shortcut«.

Start

1

3

2

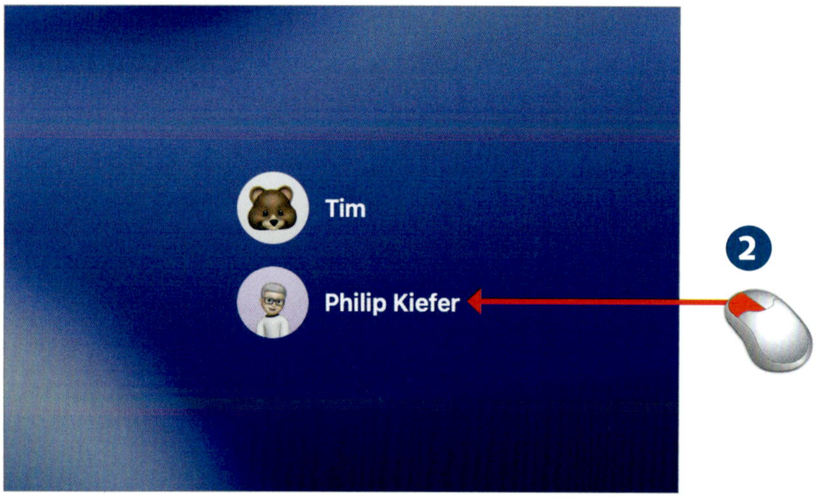

1. Um Ihren iMac, Ihr MacBook oder einen anderen Mac einzuschalten, drücken Sie den Ein-/Ausschalter. Verwenden Sie ein MacBook, können Sie zum Einschalten auch einfach den Bildschirm aufklappen oder auf das Touchpad tippen. Der Mac wird nun »hochgefahren«.
2. Haben Sie mehrere Benutzerkonten angelegt (vgl. Kapitel 11), klicken Sie einen Benutzer an, um ihn auszuwählen.
3. Geben Sie das zum Benutzerkonto gehörende Passwort ein.

WISSEN

Nachdem Sie Ihren Mac eingeschaltet haben, melden Sie sich mit einem Benutzerkonto an. In einem Benutzerkonto werden jeweils die persönlichen Einstellungen und Dateien gespeichert. So hat jede Person, die den Mac verwendet, einen eigenen Schreibtischhintergrund, eigene Internetlesezeichen etc.

4

5

6

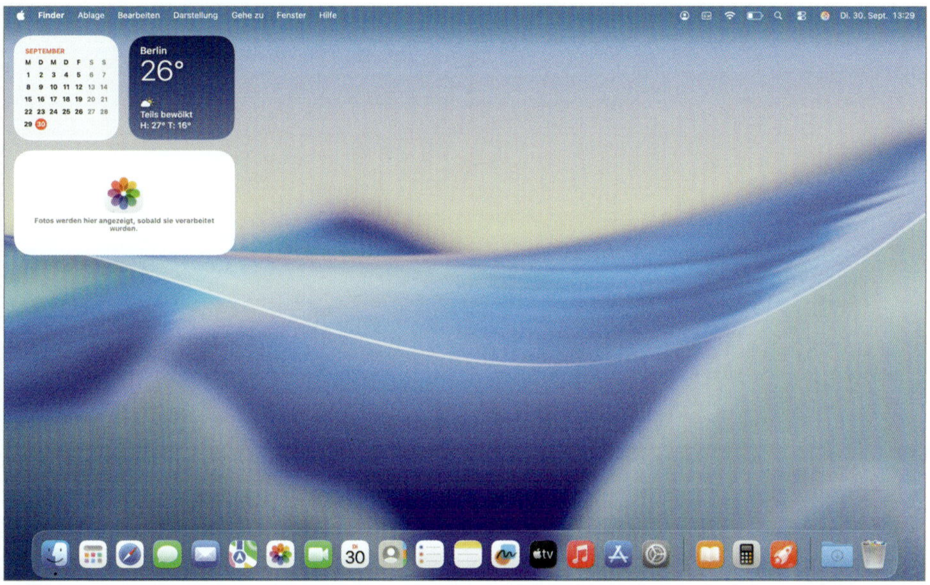

4 Bestätigen Sie die Passworteingabe mit einem Mausklick auf das Symbol (→). Alternativ drücken Sie zur Bestätigung die ↵-Taste.

5 Das Passwortfeld wird ausgeblendet und die Anmeldung erfolgt.

6 Nach der Anmeldung wird Ihnen die Benutzeroberfläche des Macs angezeigt, die ich Ihnen gleich noch näher vorstellen werde.

Ende

HINWEIS

Um den Anmeldevorgang abzukürzen, lässt sich eine automatische Anmeldung einrichten. Dies erfolgt in den *Einstellungen* unter *Benutzer:innen & Gruppen* im Menü *Automatisch anmelden als*.

TIPP

Ihnen ist das zum Benutzerkonto gehörende Passwort entfallen? Klicken Sie rechts neben dem Anmeldefeld auf das Fragezeichen, um eine Merkhilfe zu erhalten.

Start

1 Den größten Teil der Benutzeroberfläche Ihres Macs nimmt der Schreibtisch (auf Englisch »Desktop«) ein, der ein Bild zeigt, das Sie später ändern können. Außerdem sind auf dem Schreibtisch einige Widgets – Mini-Anwendungen – eingeblendet, mit denen Sie sich später vertraut machen. Am unteren Bildschirmrand sehen Sie das Dock, das den schnellen Zugriff auf die wichtigsten Apps ermöglicht.

Am oberen Bildschirmrand wird die Menüleiste eingeblendet, die sich der jeweils geöffneten App anpasst. Ganz links oben sehen Sie das Apfel-Symbol zum Öffnen des Apfel-Menüs. Rechts in der Menüleiste sehen Sie sogenannte Menulets, unter denen sich verschiedene Systemfunktionen verbergen. Außerdem werden Datum und Uhrzeit eingeblendet.

WISSEN

Die Benutzeroberfläche des Macs besteht zunächst mal nur aus einem großen »Schreibtisch« und wenigen weiteren Elementen, deren Namen und Funktion Sie auf dieser Doppelseite erfahren. Um ein Element auszuwählen, verwenden Sie weiterhin die Maus bzw. das Trackpad. Wer bereits einmal einen anderen Computer oder einen Tablet-PC verwendet hat, entdeckt deutliche Parallelen.

2

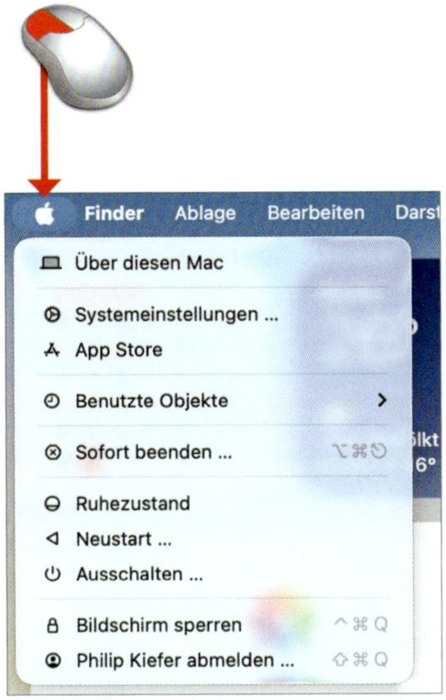

3

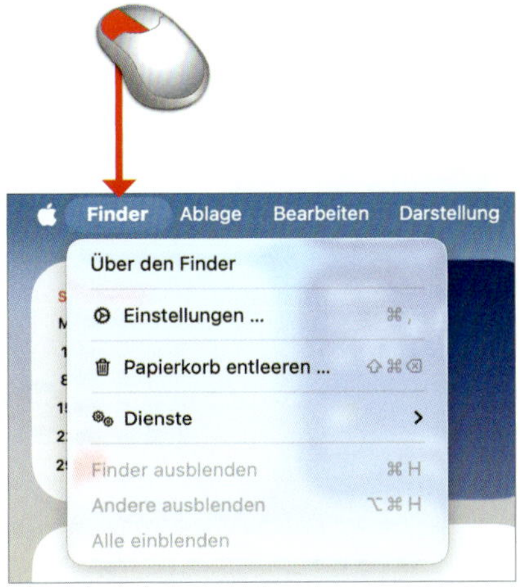

4

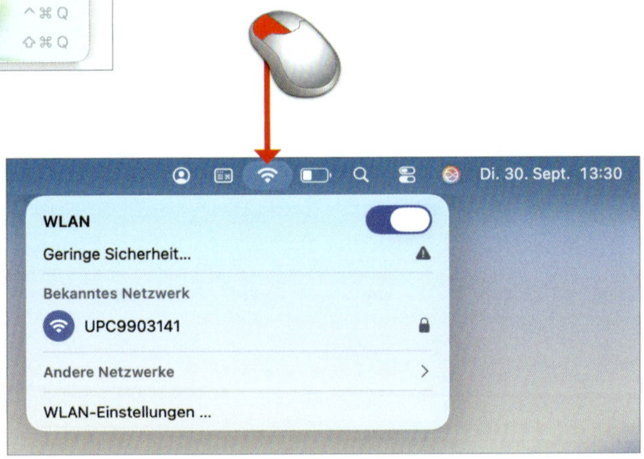

2 Hier wurde – unter dem Symbol – das Apfel-Menü geöffnet, in dem wichtige Funktionen ausgewählt werden können. Wegen des Liquid-Glass-Designs von macOS Tahoe scheinen überlagerte Elemente von unten durch das Menü.

3 In der Menüleiste wird die Menüleiste der gerade aktiven App angezeigt. Der Finder – er dient der Dateiverwaltung auf Ihrem Mac – ist stets aktiv. Hier wurde ein Menü des Finders geöffnet.

4 Auch unter den Menulets verbergen sich Menüs oder Funktionen. Hier habe ich zum Beispiel das WLAN-Menulet angeklickt, um das verfügbare Menü aufzurufen.

Ende

TIPP

Falls Sie zum ersten Mal einen Computer nutzen, machen Sie sich zu Beginn mit der Bedienung der Maus vertraut, indem Sie den Mauszeiger auf verschiedene Menüs bewegen und diese per Mausklick aufrufen. Ein erneuter Mausklick schließt das geöffnete Menü wieder.

HINWEIS

Den gleichen Zweck wie eine Maus erfüllt ein Trackpad, wie es in ein MacBook bereits integriert ist. Hier wird in eine Richtung gestrichen und dann durch Antippen die Auswahl getroffen.

Start

1

3

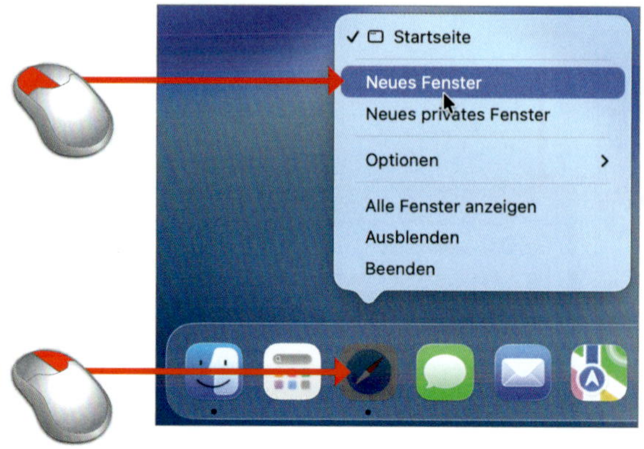

2

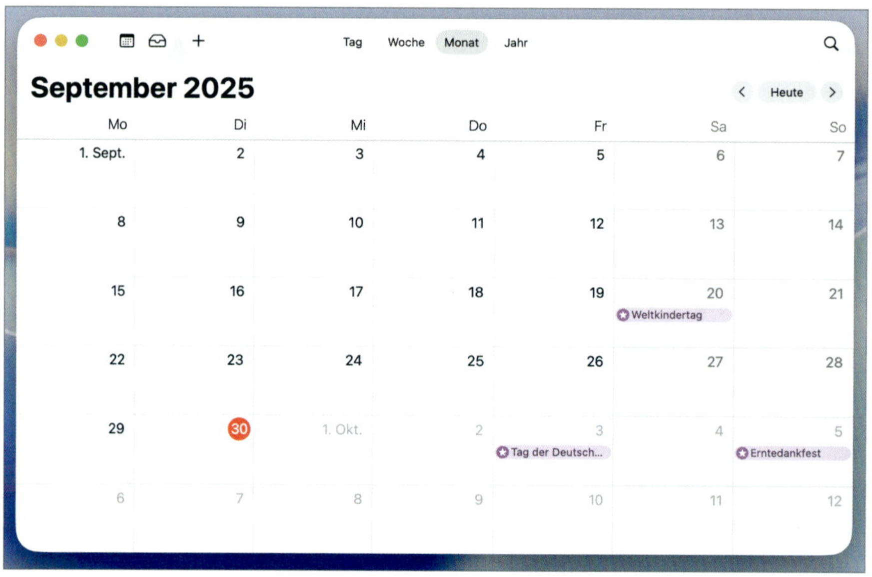

1. Möchten Sie eine App öffnen, deren Symbol sich im Dock befindet, bewegen Sie den Mauszeiger auf die entsprechende App. Klicken Sie die App mit der Maus an.

2. Es öffnet sich ein entsprechendes App-Fenster auf dem Schreibtisch. Die Art des Fensters richtet sich nach der geöffneten Anwendung.

3. Bei einigen Apps, beispielsweise Safari, lassen sich mehrere App-Fenster gleichzeitig aufrufen. Klicken Sie die App dazu mit der rechten Maustaste bzw. bei gedrückter *control*-Taste an und wählen Sie im sich öffnenden Kontextmenü den Eintrag *Neues Fenster*.

WISSEN

Auf dem Schreibtisch Ihres Macs lassen sich unterschiedliche Apps aufrufen und im App-Fenster anzeigen. Das Wort »App« hat sich in den letzten Jahren als alternative Bezeichnung für Programme eingebürgert, mit denen die verschiedensten Funktionen auf dem Computer genutzt werden können: Briefe schreiben, im Internet surfen etc. Auf dieser Doppelseite machen Sie erste Bekanntschaft mit den Apps.

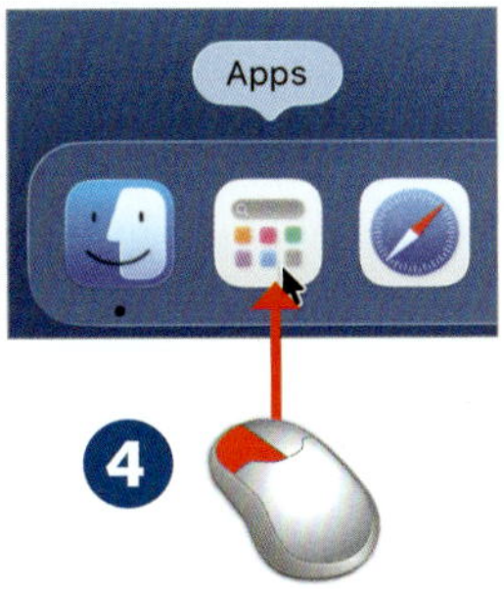

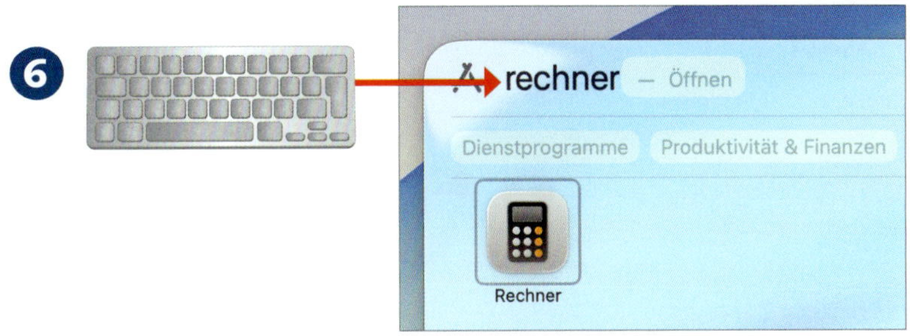

4 Im Dock finden Sie nicht alle Apps, die auf Ihrem Mac zur Verfügung stehen. Um die vollständige Übersicht zu erhalten, rufen Sie im Dock die App-Bibliothek auf, indem Sie auf das Symbol mit dem Suchfeld und den kleinen bunten Quadraten klicken.

5 Klicken Sie eine App in der App-Bibliothek an, um diese in einem Fenster auf dem Schreibtisch zu öffnen.

6 Oder so: Tippen Sie den Namen der App in der App-Bibliothek ein und drücken Sie die *return*-Taste, um die App zu öffnen.

Ende

HINWEIS

Die App-Bibliothek ersetzt in macOS Tahoe das Launchpad, das in früheren macOS-Versionen zum Öffnen von Apps verwendet wurde.

HINWEIS

Unterhalb des Suchfelds werden Ihnen verschiedene Kategorien angezeigt (*Dienstprogramme*, *Produktivität & Finanzen* etc.), um die Apps nach Themen zu filtern.

Start

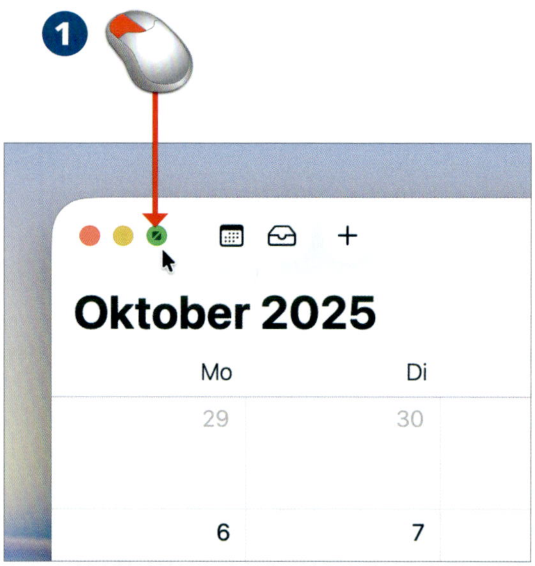

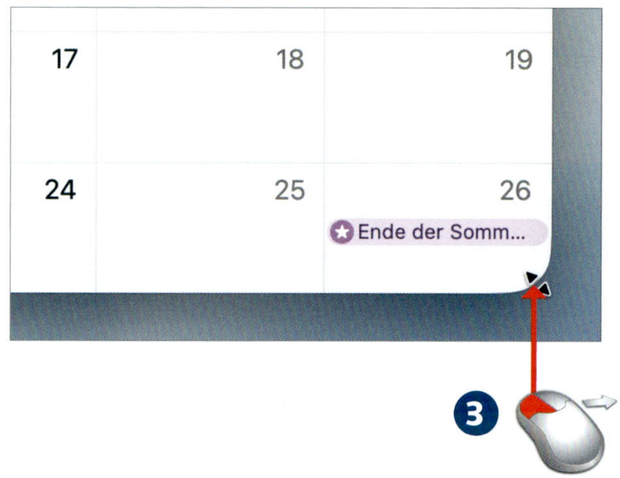

1. Sie finden in den meisten App-Fenstern links oben drei Symbole. Klicken Sie das grüne Symbol an, um das Fenster auf den gesamten Bildschirm auszudehnen.

2. Um wieder zum Schreibtisch zurückzugelangen, bewegen Sie den Mauszeiger bei maximiertem Fenster an den oberen Bildschirmrand. Klicken Sie nun erneut auf das eingeblendete grüne Symbol .

3. Ein App-Fenster lässt sich auch manuell vergrößern oder verkleinern. Bewegen Sie den Mauszeiger in eine Ecke oder an den Rand des Fensters. Der Mauszeiger verwandelt sich in einen Doppelpfeil . Nun können Sie die Fenstergröße durch Ziehen bei gedrückter Maustaste ändern.

WISSEN

Die Fenster der verschiedenen Apps verfügen über einige Basisfunktionen, mit denen Sie sich vertraut machen sollten, bevor Sie an die Nutzung der eigentlichen Funktionen der Apps herangehen. Dass sich die Menüleiste dem gerade aktiven Fenster anpasst, wissen Sie bereits. Auf dieser Doppelseite lesen Sie nun, wie Sie auf Ihrem Mac Fenster vergrößern, verschieben, ausblenden oder schließen.

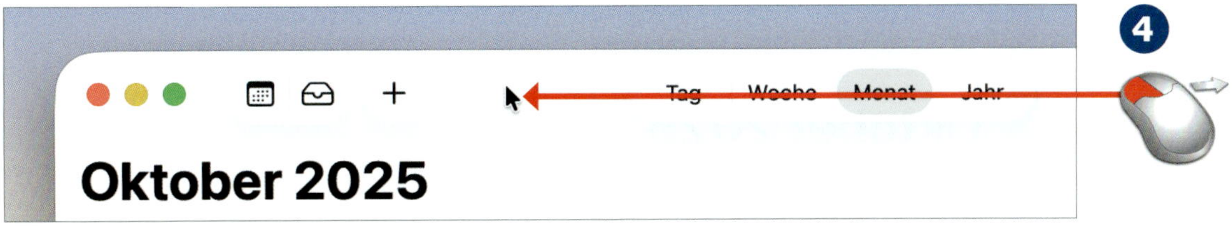

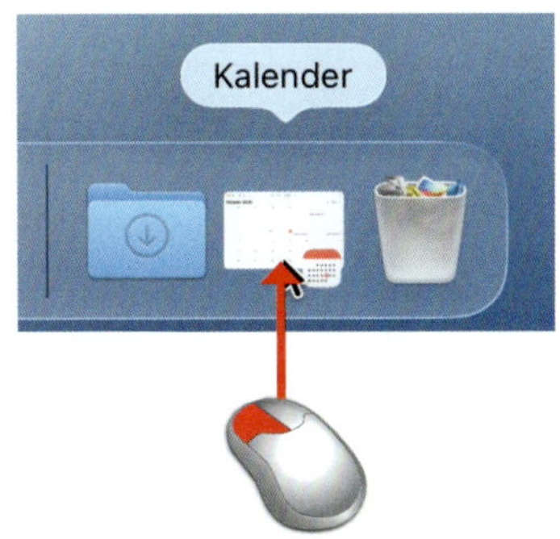

4 Sie möchten ein App-Fenster auf dem Schreibtisch verschieben. Klicken Sie dazu auf den oberen Rand des Fensters und ziehen Sie es bei gedrückter Maustaste in die gewünschte Position.

5 Ein Fenster lässt sich ausblenden, ohne die App zu beenden. Klicken Sie links oben im Fenster auf das gelbe Symbol 🟡, um das Fenster im rechten Bereich des Docks abzulegen. Es kann dort per Mausklick jederzeit wieder aufgerufen werden.

6 Um ein App-Fenster zu schließen und damit in den meisten Fällen die App zu beenden, klicken Sie links oben auf das rote Symbol 🔴.

Ende

HINWEIS

Um eine App mit mehreren geöffneten Fenstern zu beenden, klicken Sie in der Menüleiste auf den Namen der App und wählen ganz unten im Menü den *Beenden*-Eintrag.

HINWEIS

Wenn eine App im Hintergrund geöffnet ist, wird Ihnen dies standardmäßig im Dock durch einen Punkt unterhalb des App-Symbols angezeigt.

TIPP

Apps noch schneller beenden: Verwenden Sie zum Beenden der gerade aktiven App die Tastenkombination *command*+*Q*.

Start

1

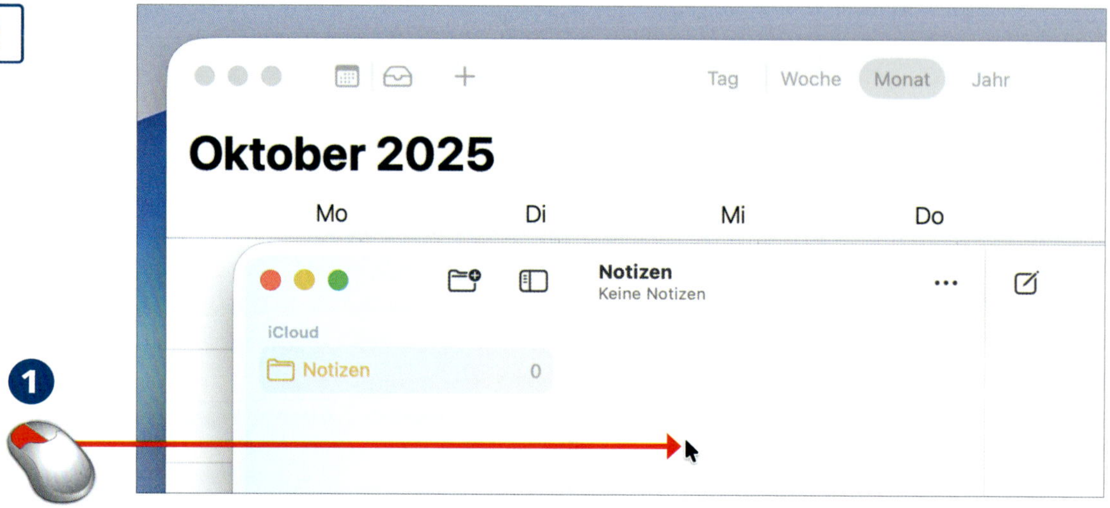

2

3

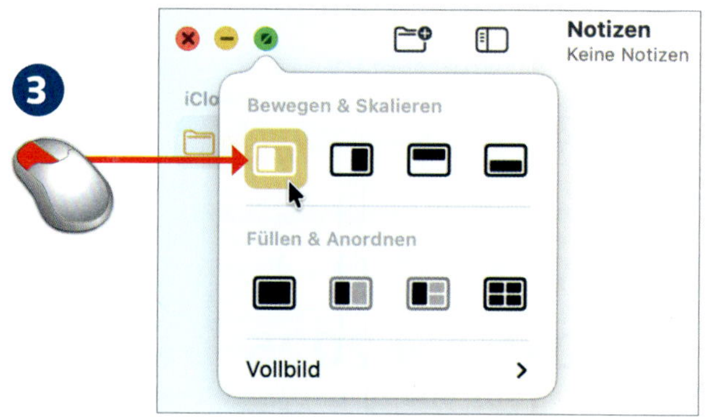

1. Auf dem Schreibtisch Ihres Macs sind mehrere Fenster geöffnet. Klicken Sie in ein Fenster, das Sie anordnen möchten, um dieses zu aktivieren.
2. Bewegen Sie den Mauszeiger nun auf das grüne Fenstersymbol ●.
3. Es öffnet sich ein Menü, in dem Sie auswählen, an welcher Position Sie das Fenster platzieren möchten. In diesem Fall soll das Fenster auf der linken Bildschirmseite angeordnet werden.

WISSEN

Auf Ihrem Mac lassen sich mehrere geöffnete Fenster übersichtlich auf dem Schreibtisch anordnen. Damit lassen sich mehrere Fenster an den Rändern des Bildschirms platzieren und parallel verwenden. In Kapitel 12 finden Sie dazu nützliche Tastenkombinationen.

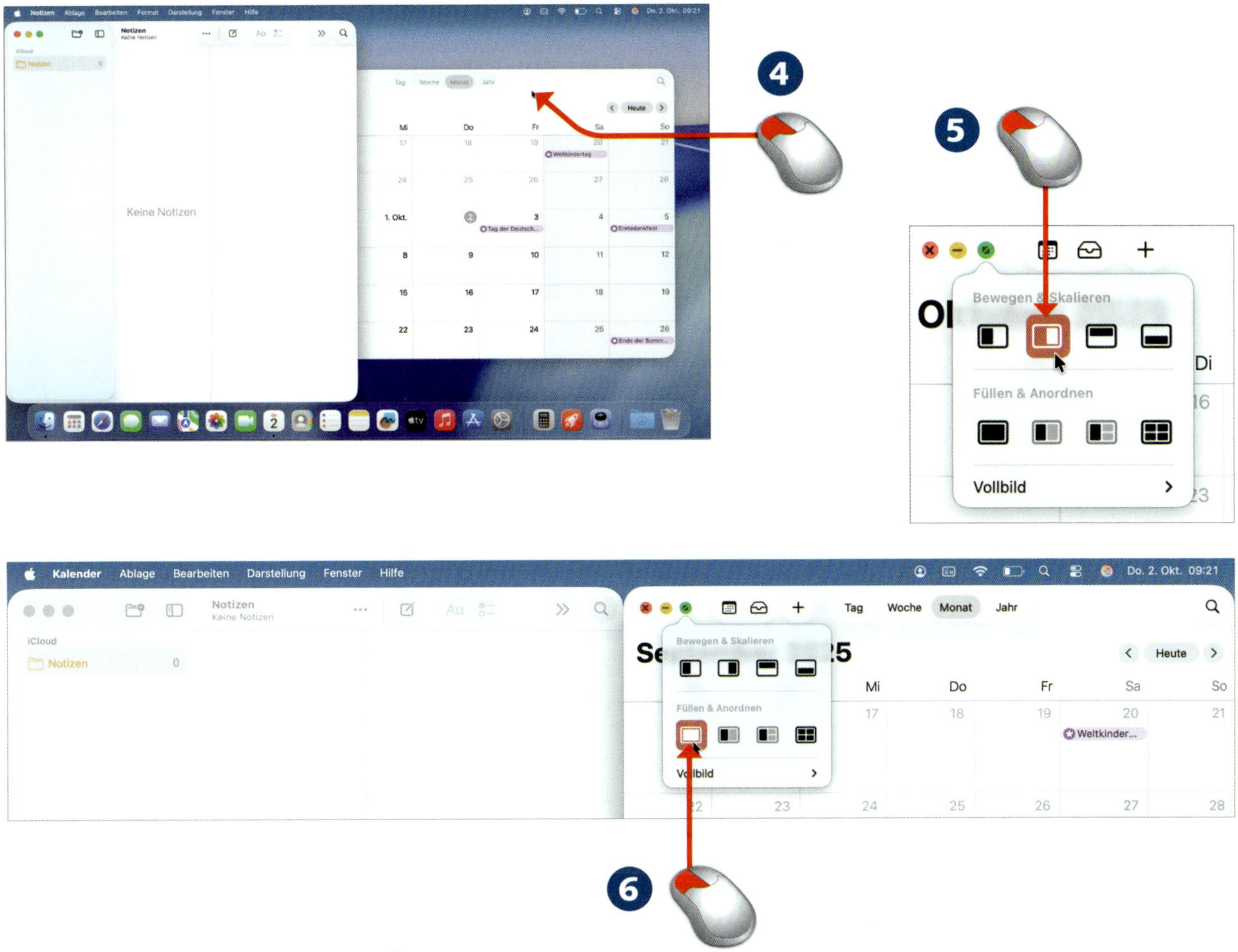

4 Wählen Sie ein weiteres Fenster aus, das Sie auf dem Bildschirm anordnen möchten.

5 Bestimmen Sie die Position des zweiten Fensters.

6 Um ein Fenster wieder allein zu nutzen, bewegen Sie den Mauszeiger erneut auf das grüne Fenstersymbol 🟢 und wählen im Menü die Anordnung als Einzelfenster.

Ende

TIPP

Bei ausreichend großem Bildschirm können Sie mehrere Apps alternativ auch dadurch parallel nutzen, dass Sie die Fenster entsprechend verkleinern und auf dem Bildschirm nebeneinander schieben.

TIPP

Statt die Fenster per Menüwahl anzuordnen, können Sie sie auch am oberen Rand anklicken und dann bei gedrückter Maustaste an den Bildschirmrand ziehen.

Start

1

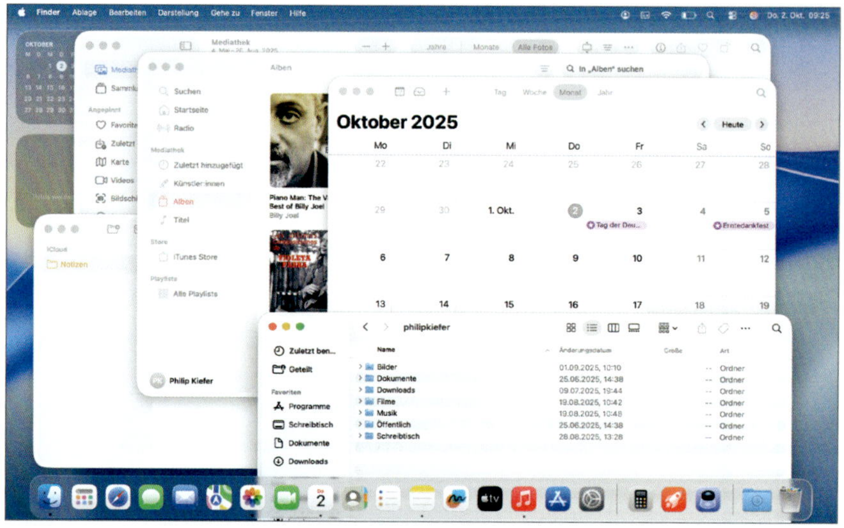

1 Das sieht ganz schön chaotisch aus! Hier habe ich eine ganze Reihe von Apps geöffnet – und keine Übersicht mehr. Um das zu ändern, drücken Sie die Tastenkombination *control*+⇧.

2 Die geöffneten App-Fenster werden Ihnen in der Mission Control im Kleinformat angezeigt. Klicken Sie ein Fenster an, um dieses auf dem Schreibtisch in den Vordergrund zu holen.

WISSEN

Ein Mac ist sehr leistungsstark, sodass problemlos mehrere Apps parallel geöffnet werden können. Wenn Ihnen dabei mal die Übersicht verloren gehen sollte, helfen Ihnen die Fensterfunktionen, die ich Ihnen auf dieser Doppelseite vorstelle: das Anzeigen aller geöffneten App-Fenster sowie das Anzeigen mehrerer Fenster einer App.

3

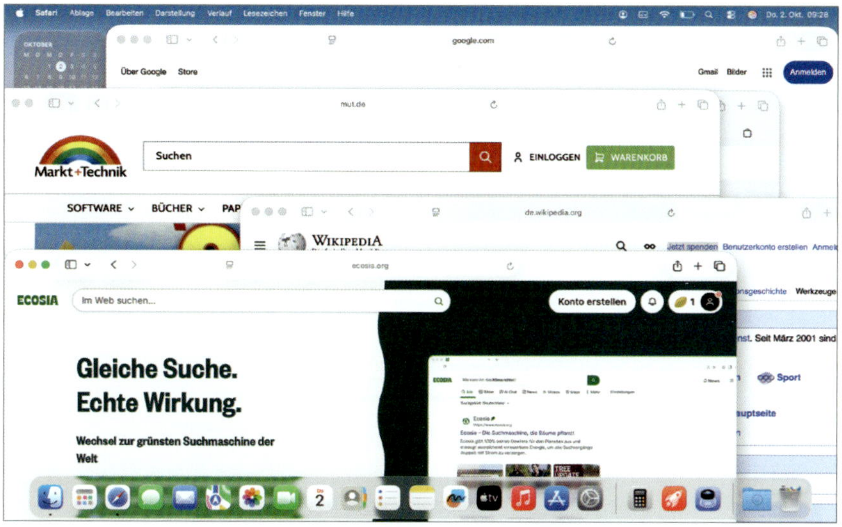

4

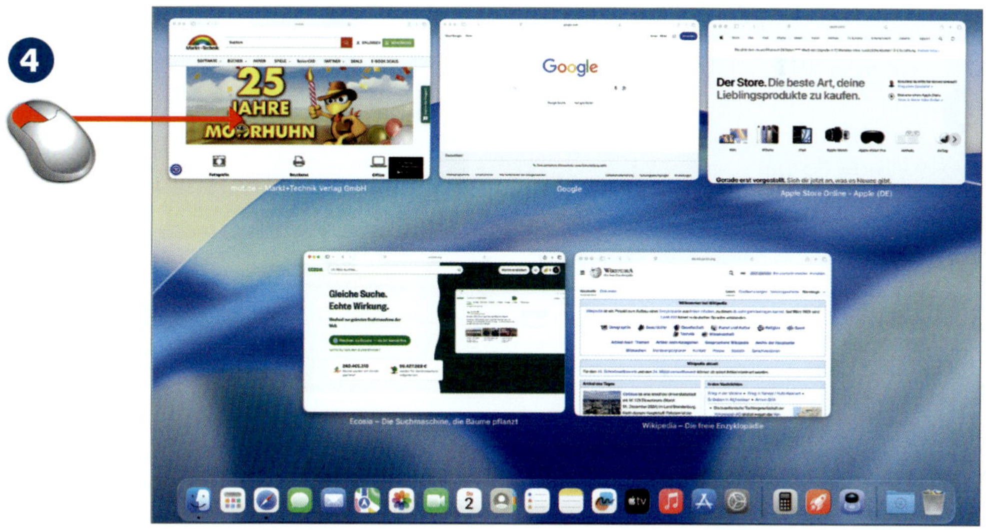

3 Auf ähnliche Weise lassen sich auch die Fenster der gerade aktiven App in einer Übersicht anzeigen, beispielsweise der App *Safari*. Drücken Sie hierzu die Tastenkombination control+↓.

4 Schon erhalten Sie die gewünschte Übersicht über die geöffneten Fenster. Wiederum klicken Sie ein Fenster an, um es auf dem Schreibtisch in den Vordergrund zu holen.

Ende

TIPP

Freier Blick auf den Schreibtisch: Zum Ausblenden des aktiven Fensters drücken Sie command+H, zum Ausblenden aller anderen Fenster option+command+H.

TIPP

So geht's auch: Klicken Sie ein App-Symbol mit der rechten Maustaste bzw. bei gedrückter control-Taste an. Im Kontextmenü wählen Sie dann *Alle Fenster anzeigen*.

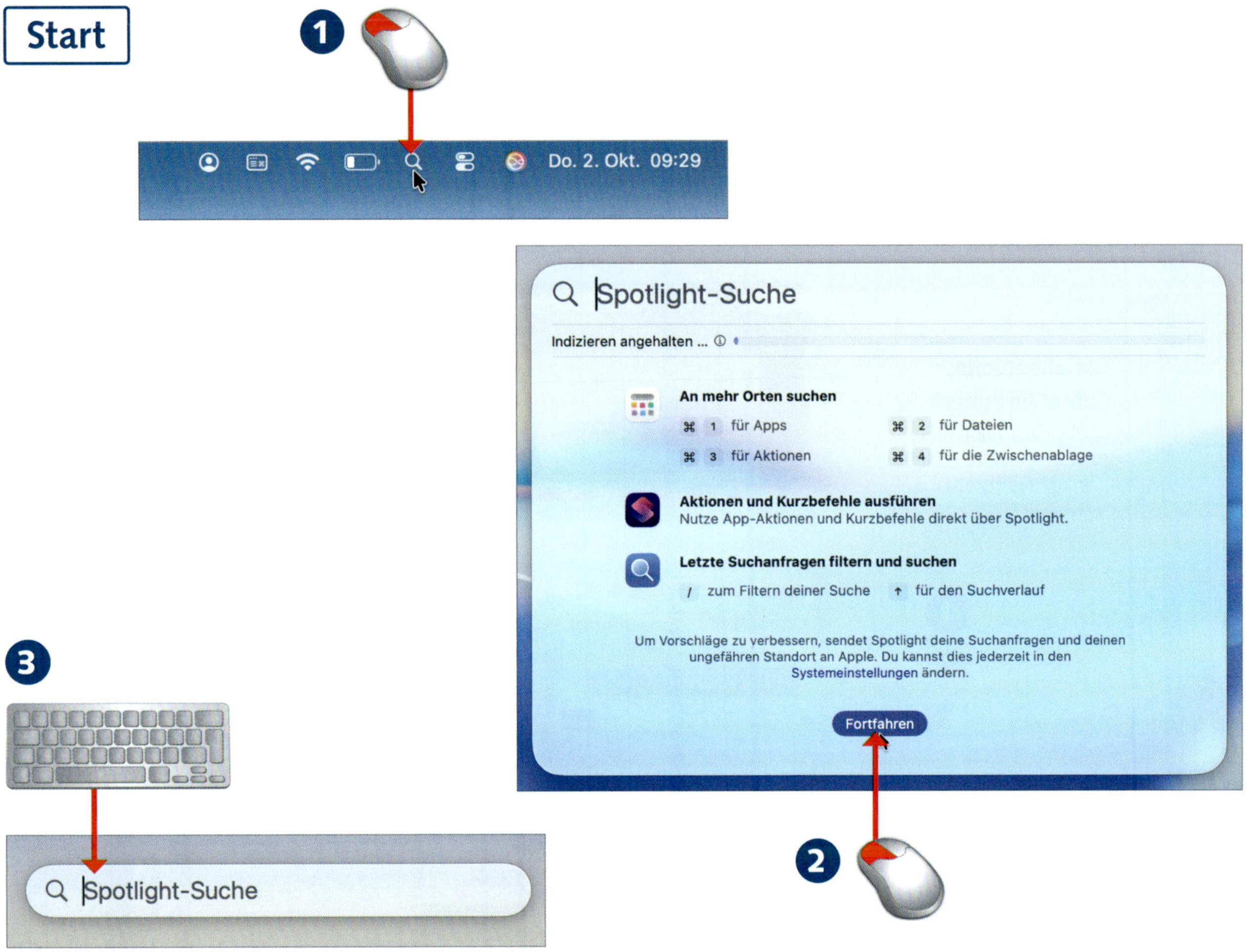

1. Um das Spotlight-Suchfenster aufzurufen, klicken Sie rechts oben auf dem Bildschirm auf das Lupensymbol.
2. Sie erhalten beim ersten Mal einige Hinweise zur Spotlight-Suche. Bestätigen Sie diese mit der Schaltfläche *Fortfahren*.
3. Nun können Sie einfach einen Suchbegriff eintippen, um eine Suche in allen Kategorien zu starten.

WISSEN

Ihr Mac verfügt über eine leistungsstarke Suchfunktion, die sich Spotlight nennt. Das ist Englisch für »Suchscheinwerfer«. Damit lassen sich Apps aufspüren und öffnen, aber auch weitere Quellen durchsuchen. Die Funktionsweise der Suchfunktion ist denkbar einfach, wie Ihnen diese Doppelseite zeigt.

TIPP

Auch die Spotlight-Suche lässt sich per Tastenkombination einsetzen: Drücken Sie command + Leer.

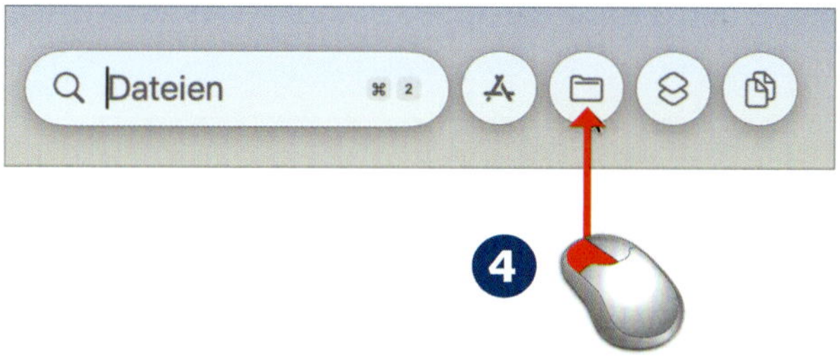

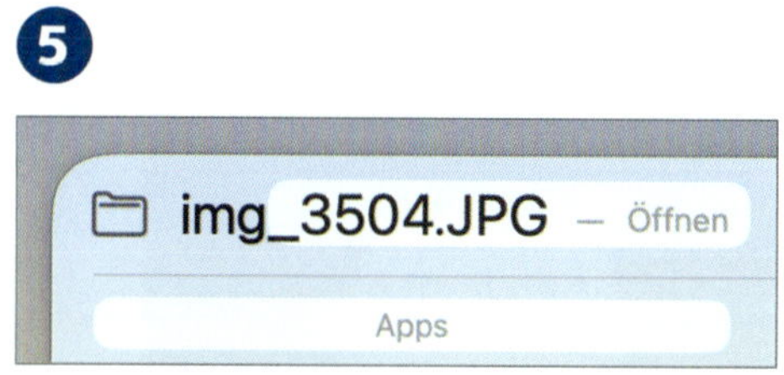

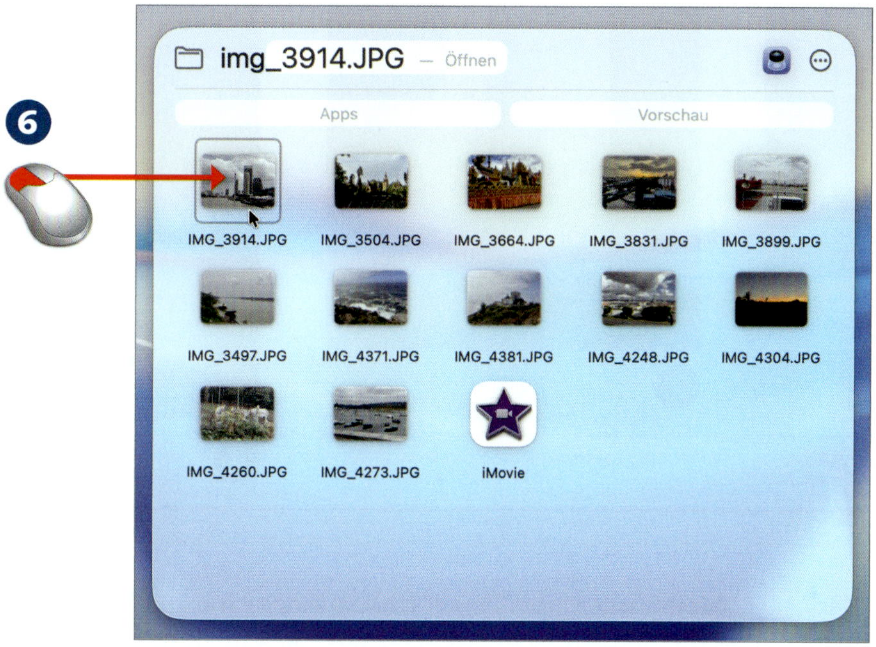

4 Um die Suche auf eine bestimmte Kategorie zu beschränken, bewegen Sie den Mauszeiger und klicken auf das Symbol der gewünschten Kategorie, hier z. B. *Dateien*.

5 Geben Sie auch in diesem Fall einen passenden Suchbegriff ein.

6 Klicken Sie auf eine gefundene Datei, um diese im dafür vorgesehenen Programm zu öffnen.

Ende

HINWEIS

Welche Treffer in der Spotlight-Suche angezeigt werden sollen, bestimmen Sie selbst, und zwar per Kontrollkästchen in den *Einstellungen* unter *Spotlight*. Als Kontrollkästchen werden Kästchen bezeichnet, die der Auswahl von Optionen dienen. Das Aktivieren bzw. Deaktivieren erfolgt per Mausklick in das Kästchen.

HINWEIS

Mit Spotlight suchen Sie ganz ähnlich wie bei einer Internetsuchmaschine, so werden beispielsweise mehrere Begriffe mit einem unsichtbaren **Und** verknüpft.

Start

1

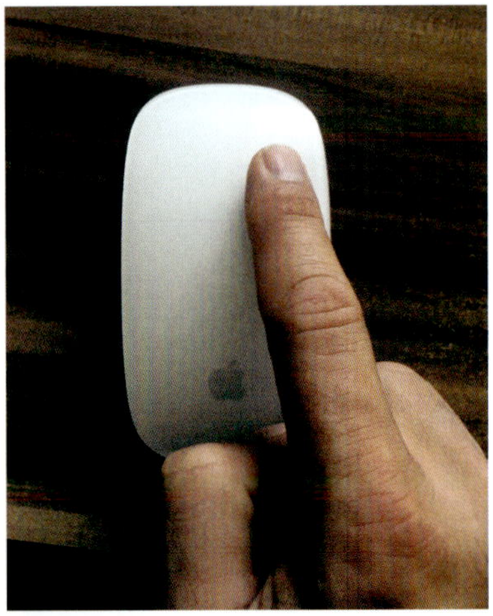

2

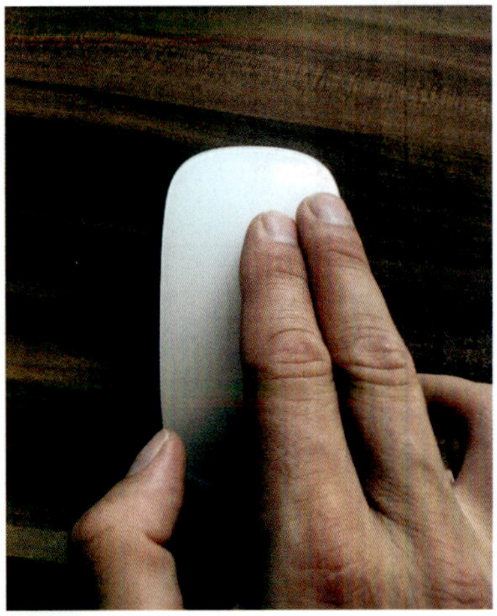

3

1 Streichen Sie auf der Magic Mouse mit einem Finger bzw. auf dem Trackpad mit zwei Fingern nach oben oder unten, um sich innerhalb eines App-Fensters nach oben oder unten zu bewegen.

2 Streichen Sie auf der Magic Mouse mit einem Finger bzw. auf dem Trackpad mit zwei Fingern nach links oder rechts, um die Fensterinhalte in die entsprechende Richtung zu bewegen oder durch die Fensterinhalte zu blättern.

3 Streichen Sie auf der Magic Mouse mit zwei Fingern bzw. auf dem Trackpad mit drei Fingern nach links oder rechts, um zwischen mehreren Schreibtischen bzw. maximierten Apps zu wechseln.

WISSEN

Ihren Mac bedienen Sie in der Regel nicht mit einer herkömmlichen PC-Maus, sondern mit einer Magic Mouse oder einem Trackpad. Gegenüber den einfachen Bedienfunktionen der Marke Mausklick, Rechtsklick und Doppelklick bieten sich Ihnen bei der Nutzung dieser Geräte weitere nützliche Funktionen. Die wichtigsten davon möchte ich Ihnen hier vorstellen.

4

5

6

4 Doppeltippen Sie (aber klicken Sie nicht!) mit einem Finger auf die Magic Mouse bzw. mit zwei Fingern auf das Trackpad, um die Inhalte in einigen App-Fenstern zu vergrößern und auch wieder zu verkleinern. Das gilt beispielsweise für Webseiten in der App *Safari*.

5 Doppeltippen Sie (aber klicken Sie nicht!) mit zwei Fingern auf die Magic Mouse, um die Mission Control aufzurufen. Auf dem Trackpad streichen Sie dazu mit drei Fingern nach oben.

6 Auch bei der Magic Mouse oder beim Trackpad ist ein Rechtsklick möglich, indem rechts oben bzw. bei einem Trackpad mit zwei Fingern geklickt wird. Alternativ führen Sie bei gedrückter *control*-Taste einen Linksklick durch.

Ende

TIPP

Sollte eine der Bedienfunktionen nicht funktionieren, aktivieren Sie diese zunächst in den *Einstellungen* unter *Maus* bzw. *Trackpad*. Die Maus bzw. das Trackpad muss dazu verbunden sein.

HINWEIS

Ein Trackpad wartet mit noch weiteren Bedienfunktionen auf, die Trackpads der neueren MacBooks können außerdem unterschiedliche Druckstärken erkennen. In den *Systemeinstellungen* unter *Trackpad* lassen sich Druckstärken und Co. festlegen.

Start

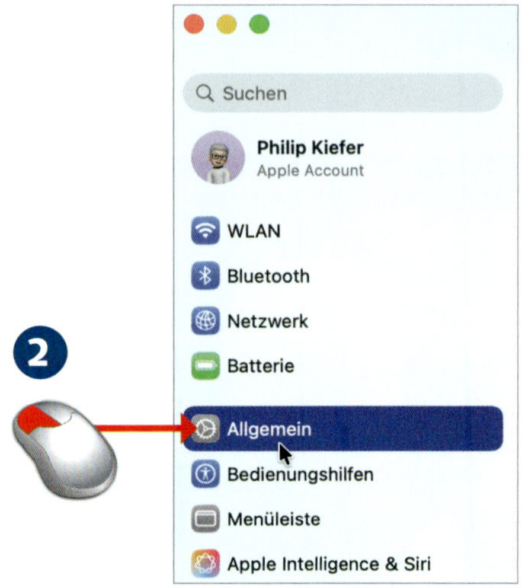

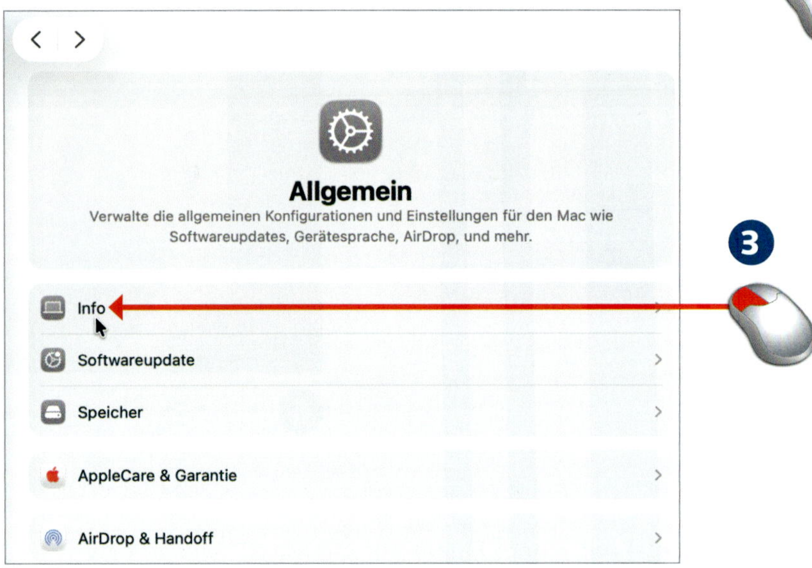

1. Klicken Sie im Dock auf das graue Zahnradsymbol, um die *Systemeinstellungen* aufzurufen.

2. Sie erhalten eine Übersicht über die verfügbaren Einstellungen, wobei diese nach Kategorien sortiert sind. Klicken Sie in der Leiste links eine Kategorie an, um die entsprechenden Einstellungen aufzurufen, hier etwa *Allgemein*.

3. Innerhalb einer Kategorie werden Ihnen manchmal Unterkategorien zur Auswahl angeboten. Wählen Sie per Mausklick einen Eintrag aus, z. B. *Info*.

WISSEN

Die Einstellungen rund um das Betriebssystem Ihres Macs legen Sie in den *Systemeinstellungen* (kurz: *Einstellungen*) fest. Lernen Sie die Systemeinstellungen hier ganz allgemein kennen, bevor Sie in späteren Workshops spezielle Einstellungen anpassen.

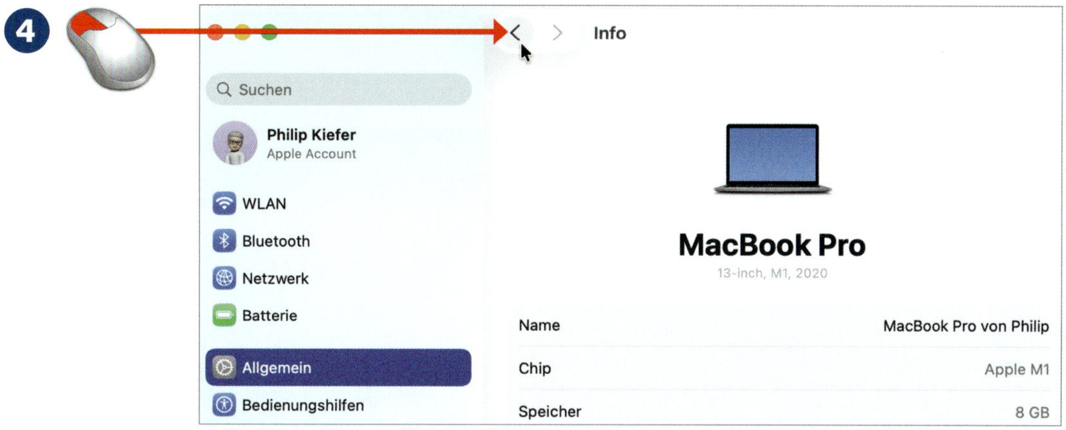

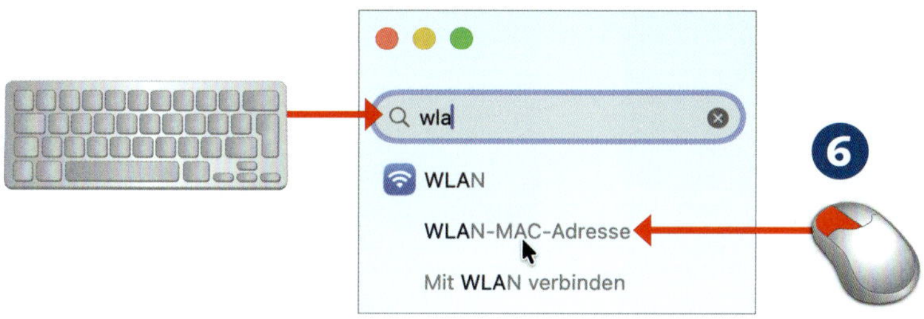

4 Die entsprechenden Inhalte werden Ihnen angezeigt. Per Mausklick auf das Pfeilsymbol < gelangen Sie zurück zu den Unterkategorien.

5 Sie wissen nicht, wo eine bestimmte Einstellung zu finden ist? Dann klicken Sie in das Suchfeld oberhalb der Kategorienliste.

6 Bereits während des Eintippens eines Suchbegriffs werden mögliche Treffer aufgelistet und Sie treffen Ihre Auswahl wie gewohnt per Mausklick.

Ende

TIPP

Den Menüpunkt *Systemeinstellungen* finden Sie auch im Apfel-Menü, das Sie über das Symbol aufrufen.

HINWEIS

Die Kategorienauswahl können Sie bei geöffneten *Systemeinstellungen* auch in der Menüleiste unter *Darstellung* treffen.

Start

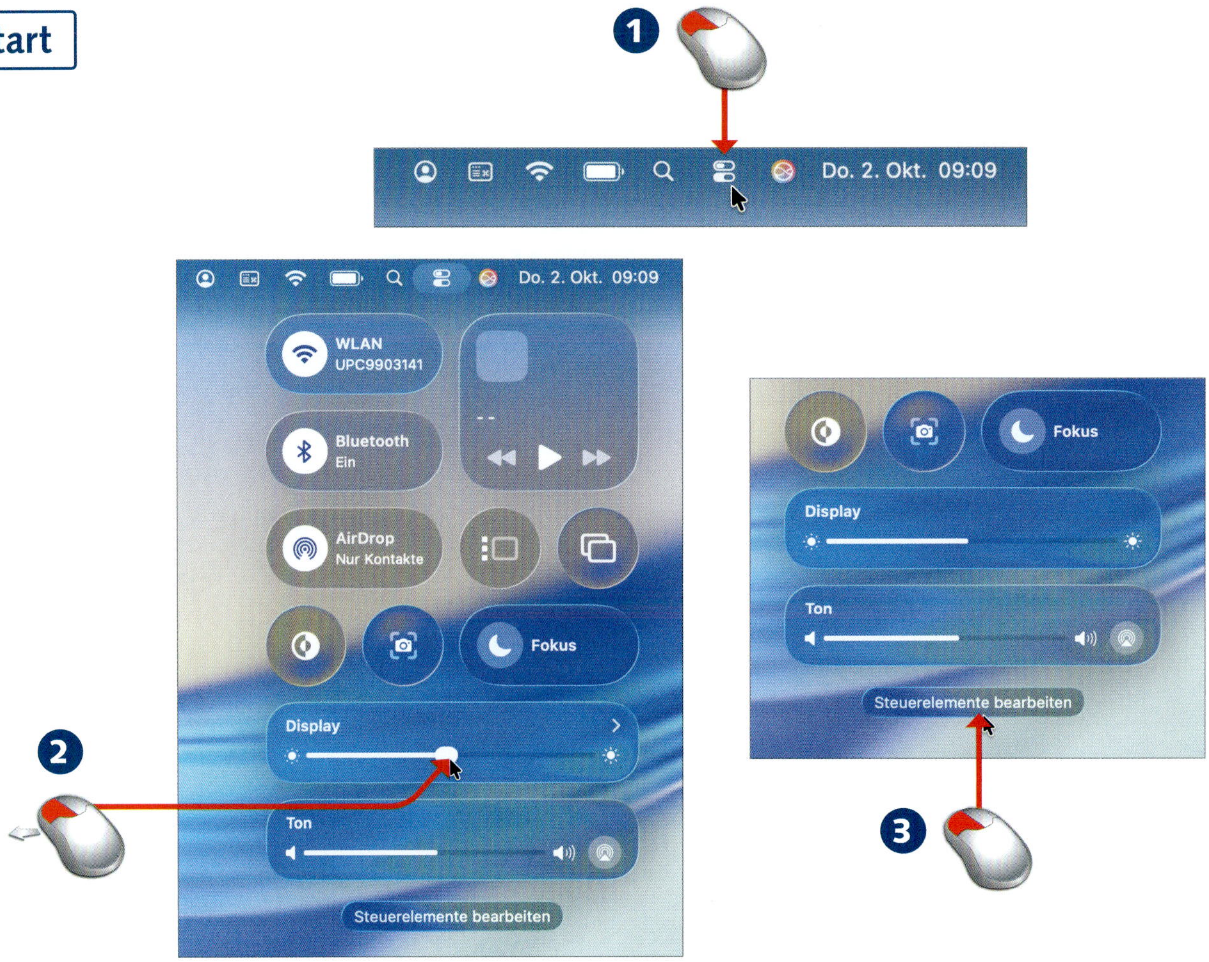

1. Klicken Sie rechts in der Menüleiste des Macs auf das Menulet, um das Kontrollzentrum zu öffnen.

2. In diesem Fall verringere ich die Displayhelligkeit, indem ich den Schieberegler bei gedrückter Maustaste nach links ziehe.

3. Möchten Sie dem Kontrollzentrum weitere Steuerelemente hinzufügen bzw. Steuerelemente entfernen? Dazu klicken Sie unten im Kontrollzentrum auf die Schaltfläche *Steuerelemente bearbeiten*.

WISSEN

Die Menulets rechts oben auf dem Bildschirm Ihres Macs erlauben den schnellen Zugriff auf wichtige Funktionen. Mit einem dieser Menulets rufen Sie das Kontrollzentrum auf, eine Schaltzentrale für weitere wichtige Funktionen. Hier zeige ich Ihnen, wie Sie das Kontrollzentrum nutzen und darin weitere Steuerelemente hinzufügen.

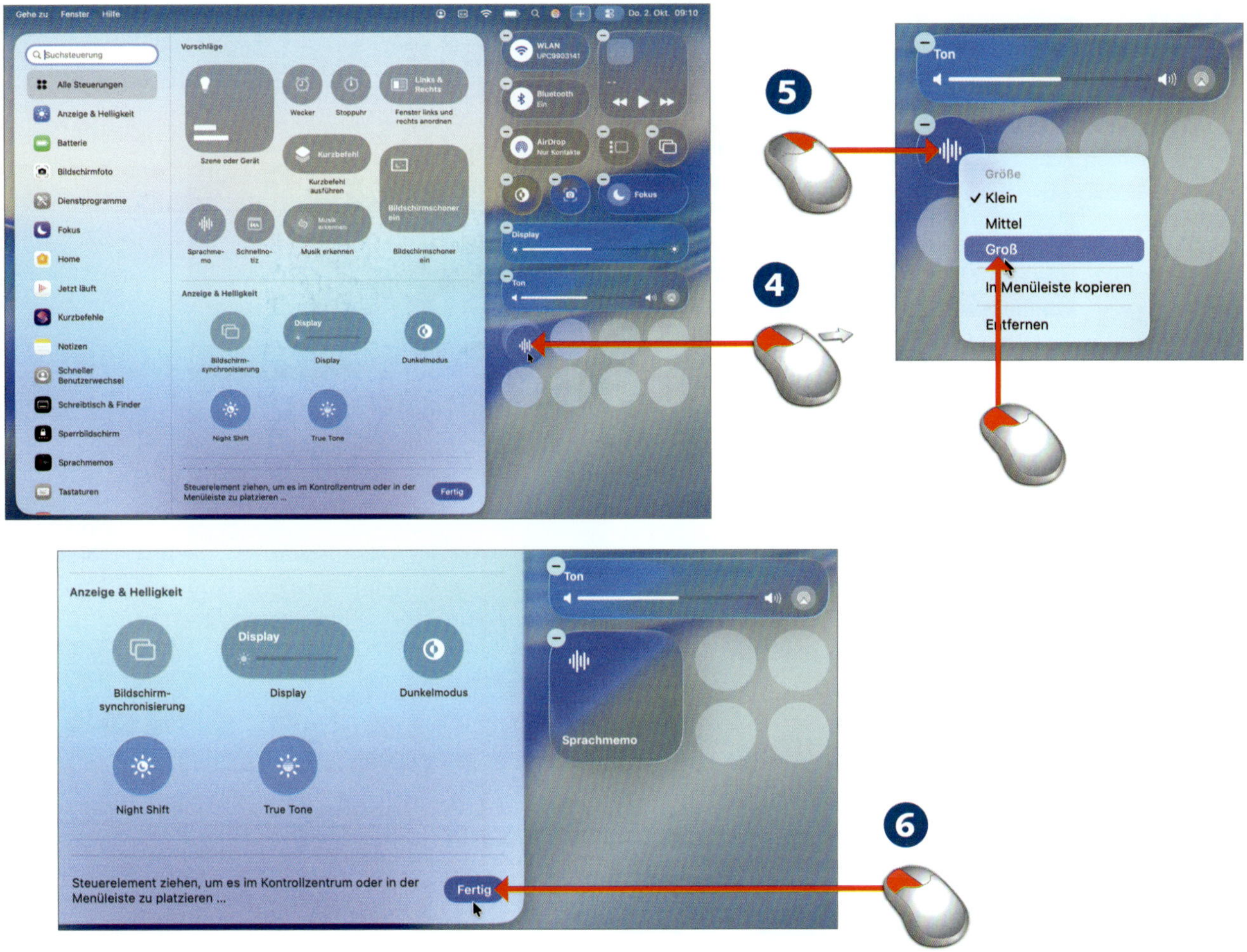

4 Um dem Kontrollzentrum ein neues Steuerelement hinzuzufügen, ziehen Sie es bei gedrückter Maustaste an die gewünschte Position. Auch bereits vorhandene Steuerelemente lassen sich auf diese Weise verschieben.

5 Auch die Größe der Steuerelemente lässt sich anpassen. Klicken Sie das Steuerelement dazu bei gedrückter *control*-Taste an und wählen Sie im Kontextmenü die gewünschte Größe.

6 Bestätigen Sie mit der Schaltfläche *Fertig*, um den Bearbeitungszustand zu beenden.

Ende

HINWEIS

Zum Entfernen nicht benötigter Steuerelemente klicken Sie im Bearbeitungszustand beim jeweiligen Steuerelement auf das zugehörige Minussymbol ⊖.

TIPP

Das Kontrollzentrum lässt sich auch mit der Tastenkombination *fn*+*C* öffnen bzw. wieder schließen.

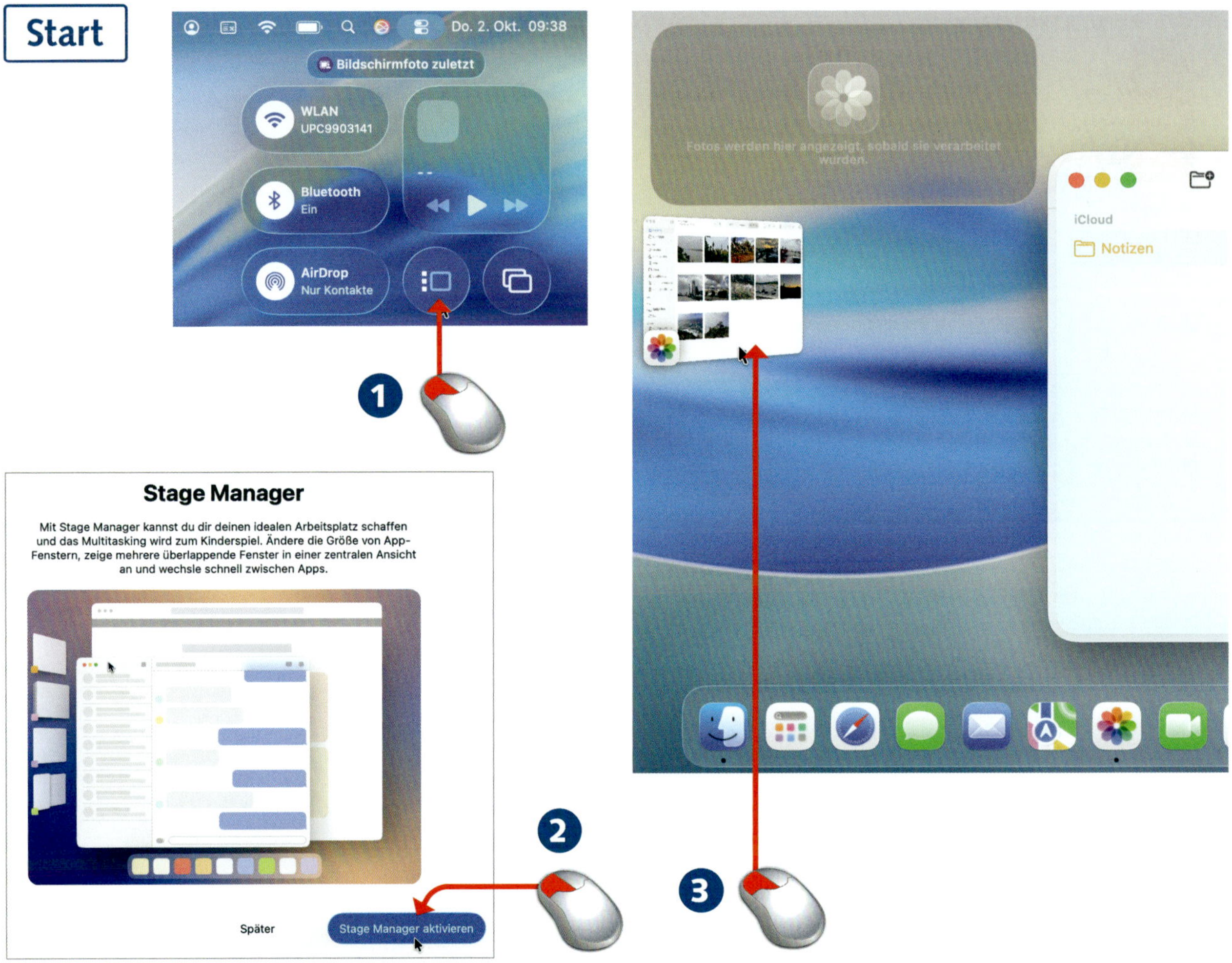

1. Rufen Sie per Mausklick auf das Menulet das Kontrollzentrum auf und entscheiden Sie sich für das in der Abbildung gezeigte Symbol des Stage Managers.
2. Beim ersten Mal muss der Stage Manager zunächst aktiviert werden. Klicken Sie hierzu auf die Schaltfläche *Stage Manager aktivieren*.
3. Bei aktiviertem Stage Manager werden die geöffneten Apps links auf dem Bildschirm gruppiert und zur Auswahl angeboten. Treffen Sie Ihre App-Auswahl per Mausklick.

WISSEN

Sie haben in diesem Kapitel bereits die Mission Control kennengelernt, mit der Sie mehrere geöffnete App-Fenster übersichtlich einblenden können. Für den gleichen Zweck können Sie auch den ins Kontrollzentrum integrierten Stage Manager nutzen, mit dem Sie sich auf dieser Doppelseite vertraut machen.

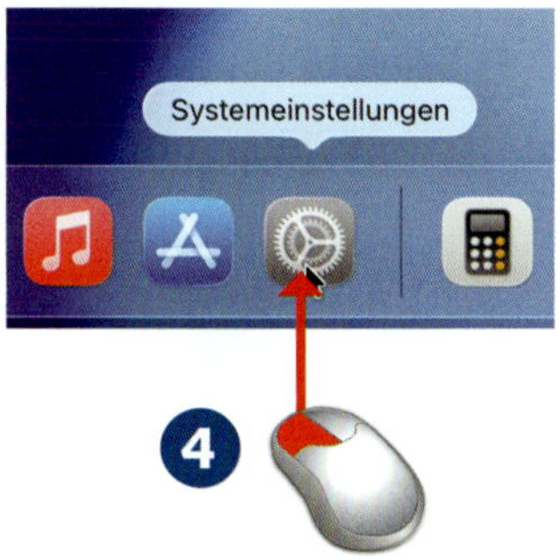

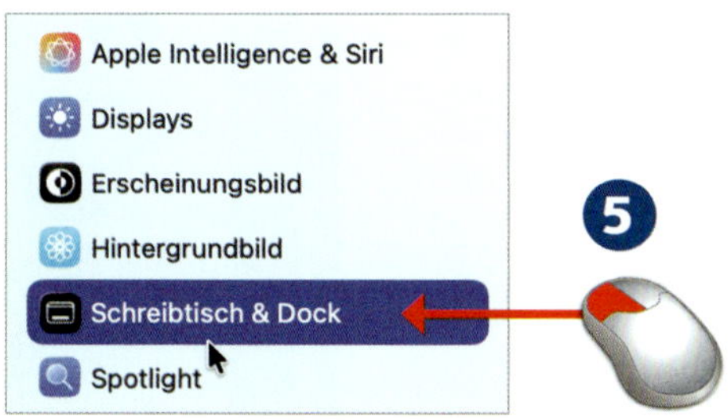

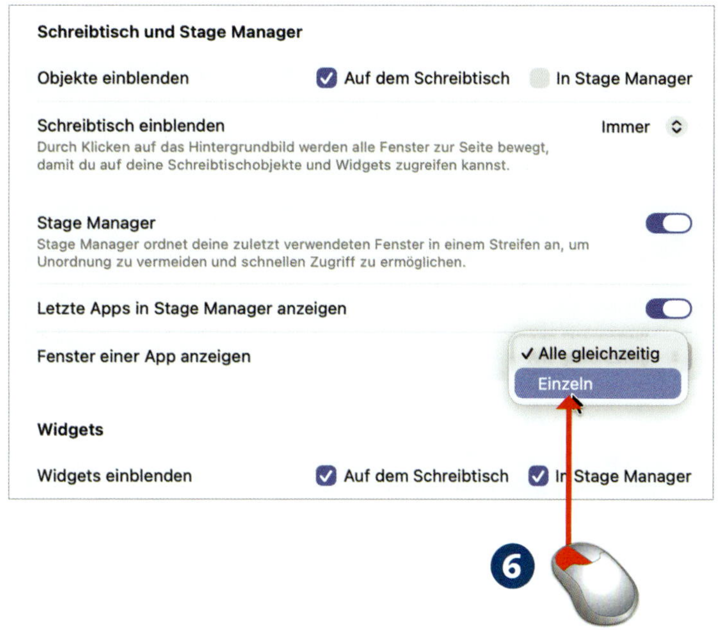

4 Um die Einstellungen für den Stage Manager anzupassen, öffnen Sie per Mausklick auf das Zahnradsymbol die *Systemeinstellungen*.

5 Wählen Sie nun die Kategorie *Schreibtisch & Dock*.

6 Nehmen Sie die gewünschten Anpassungen für den Stage Manager vor. Sollen z. B. mehrere Fenster einzeln dargestellt werden oder alle gleichzeitig?

Ende

HINWEIS

Sie können den Stage Manager als Menulet direkt in der Menüleiste verfügbar machen. Klicken Sie dazu im Bearbeitungszustand des Kontrollzentrums das Symbol bei gedrückter *control*-Taste an und wählen Sie *In Menüleiste kopieren*.

TIPP

Standardmäßig werden geöffnete Fenster bei einem Mausklick auf eine freie Fläche des Schreibtisches aus- und wieder eingeblendet. Dies lässt sich ebenfalls in den Stage-Manager-Einstellungen ändern.

Start

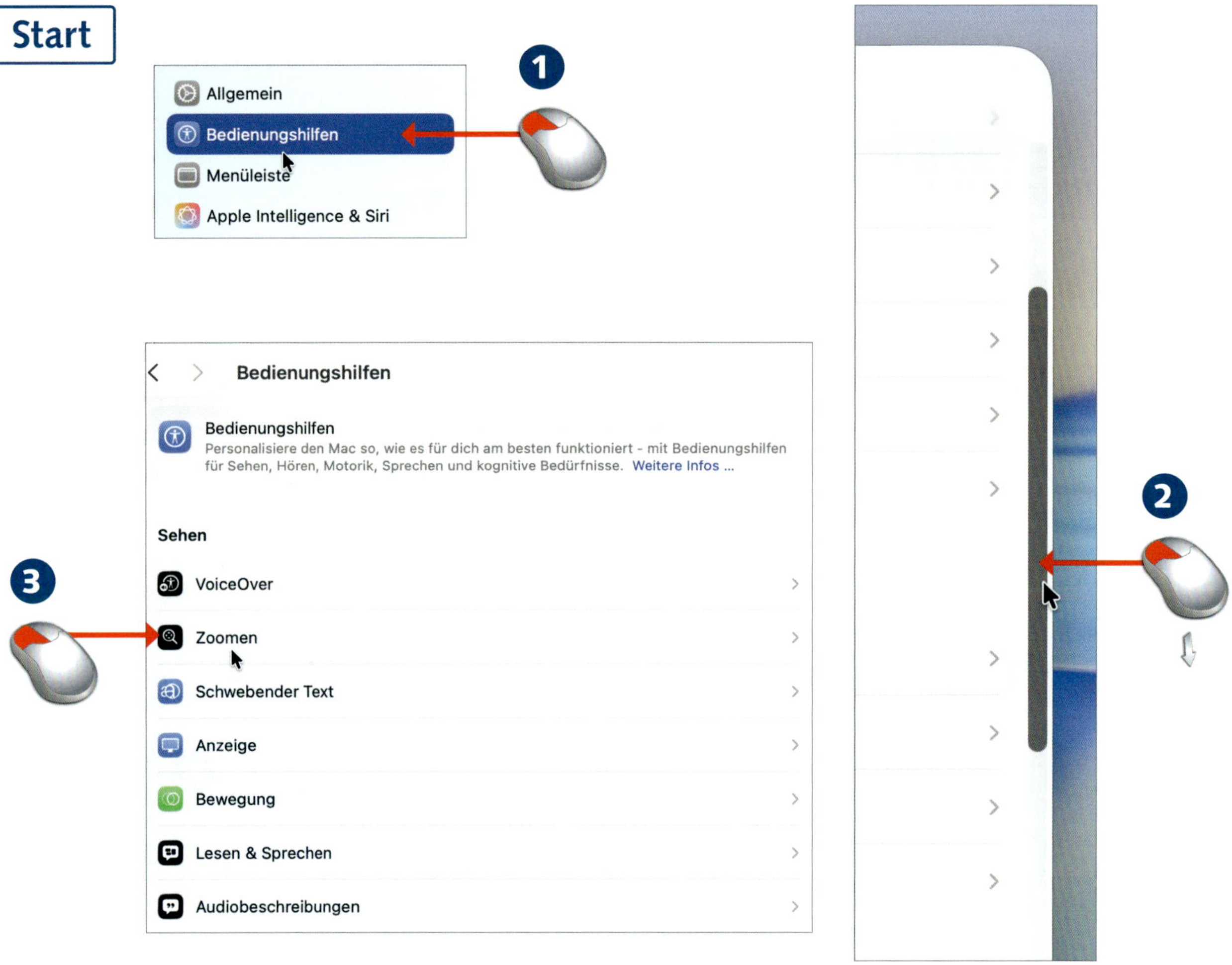

1. Wählen Sie in den Einstellungen die Kategorie *Bedienungshilfen*.

2. Scrollen Sie ggf. nach unten, um die nicht sichtbaren Bedienungshilfen einzublenden.

3. Klicken Sie eine Bedienungshilfe an, um die zugehörigen Optionen zu erhalten.

WISSEN

Ob Sie eine körperliche Einschränkung haben oder nicht – die Bedienungshilfen, die Ihnen Ihr Mac bietet, können in jedem Fall hilfreich sein. So können Sie beispielsweise die Farben umkehren, um auch bei starker Sonneneinstrahlung den Durchblick zu behalten, oder Kleingedrucktes per Zoomfunktion vergrößern. Lassen Sie mich Ihnen auf dieser Doppelseite die Bedienungshilfen im Allgemeinen und ein paar interessante Bedienungshilfen im Speziellen vorstellen.

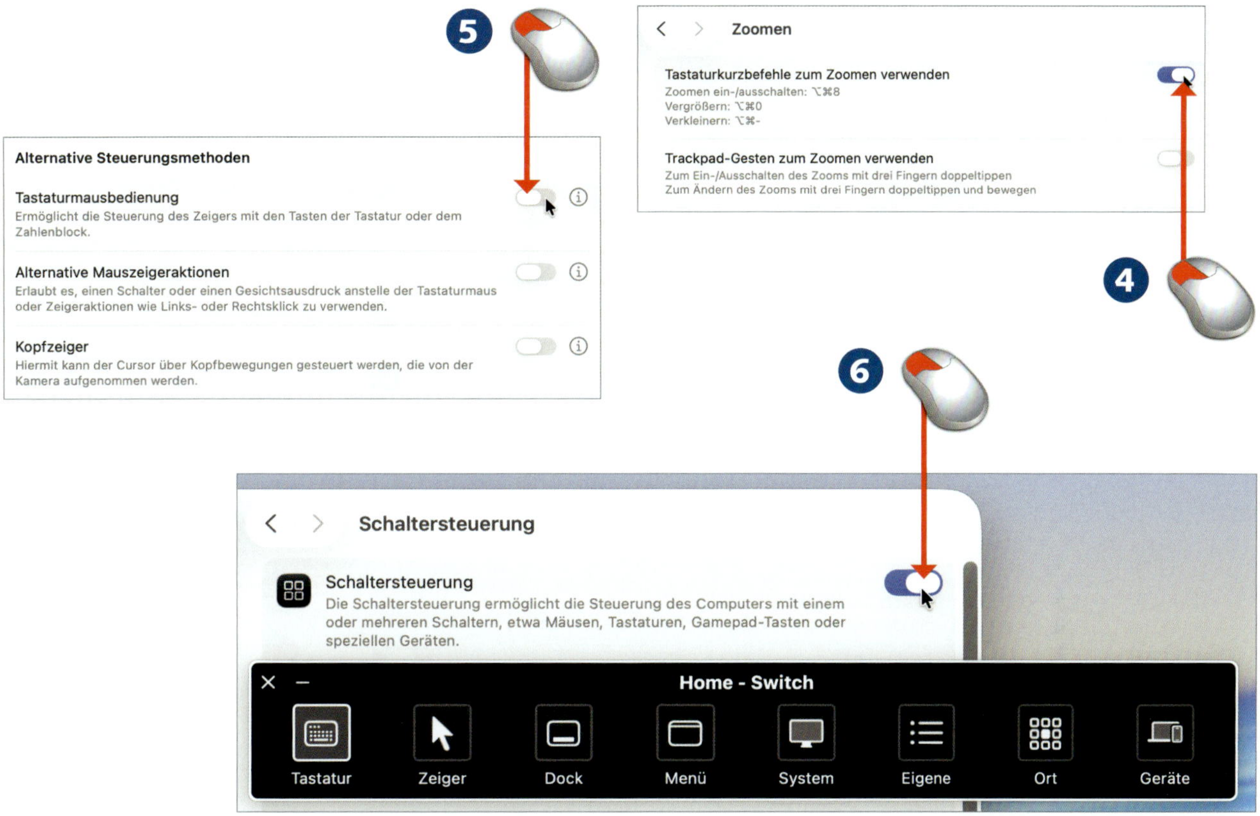

4 Möchten Sie mithilfe von Tastenkombinationen zoomen? Dann wählen Sie links *Zoomen* und aktivieren anschließend den Schalter *Tastaturkurzbefehle zum Zoomen verwenden*. Die verfügbaren Tastenkombinationen werden Ihnen angezeigt.

5 Um den Mauszeiger mithilfe der Tastatur zu bewegen, aktivieren Sie unter *Zeigersteuerung* und dort unter *Alternative Steuerungsmethoden* die Option *Tastaturmausbedienung*. Die Mausbedienung erfolgt mit den Tasten 0–9 auf dem Zifferblock bzw. alternativ mit fn und I, J, K, L, M, O, U, 7, 8, 9.

6 Spannend ist auch die *Schaltersteuerung*. Aktivieren Sie diese, werden die einzelnen Bildschirmbereiche gescannt und mit verschiedenen Schaltern – standardmäßig beispielsweise der Leer-Taste – ausgewählt.

Ende

HINWEIS

Sie können sich von Ihrem Mac auch Texte vorlesen lassen. Markieren Sie dazu den gewünschten Text, z. B. auf einer Webseite. Klicken Sie ihn mit der rechten Maustaste bzw. bei gedrückter control-Taste an und wählen Sie im Kontextmenü *Sprachausgabe/Sprachausgabe starten*.

TIPP

Einstellungen zur Sprachausgabe nehmen Sie in den *Bedienungshilfen* unter *Lesen & Sprechen* vor.

Start

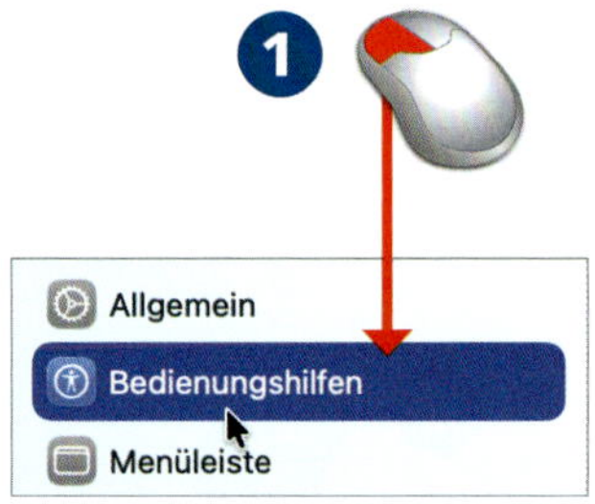

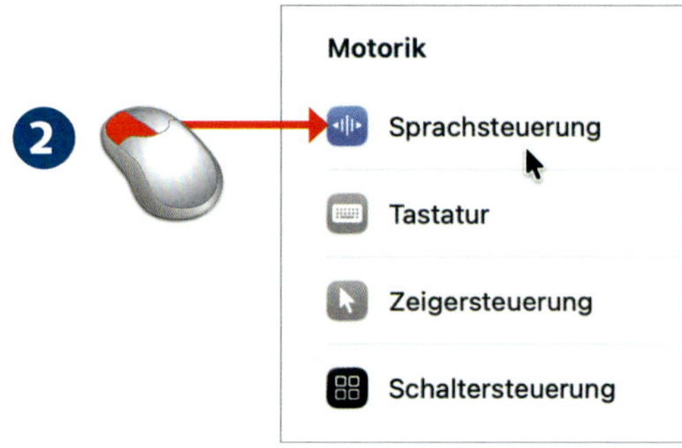

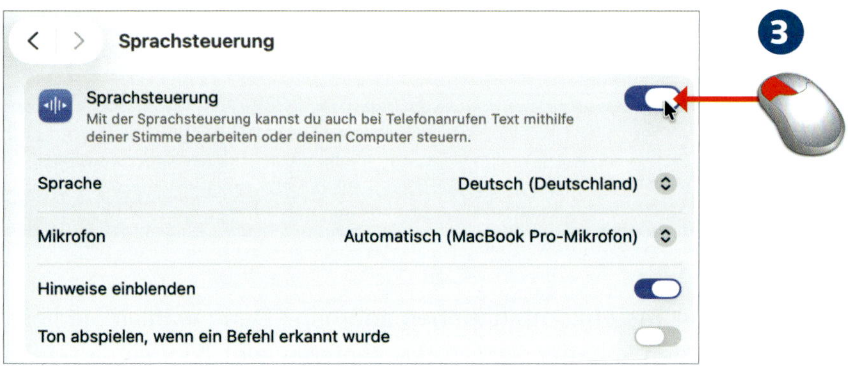

1. Entscheiden Sie sich in den *Systemeinstellungen* für die Kategorie *Bedienungshilfen*.

2. Wählen Sie nun im Abschnitt *Motorik* den Eintrag *Sprachsteuerung*.

3. Aktivieren Sie den Schalter *Sprachsteuerung*.

WISSEN

Eine weitere nützliche Bedienungshilfe ist die Sprachsteuerung, die es ermöglicht, den Mac allein mit Sprachbefehlen zu steuern. Das erfordert natürlich eine gewisse Einarbeitung, ermöglicht es dann aber auch motorisch gehandicapten Personen, den Computer zu nutzen. Die Einrichtung und Anwendung der Sprachsteuerung stelle ich auf dieser Doppelseite vor.

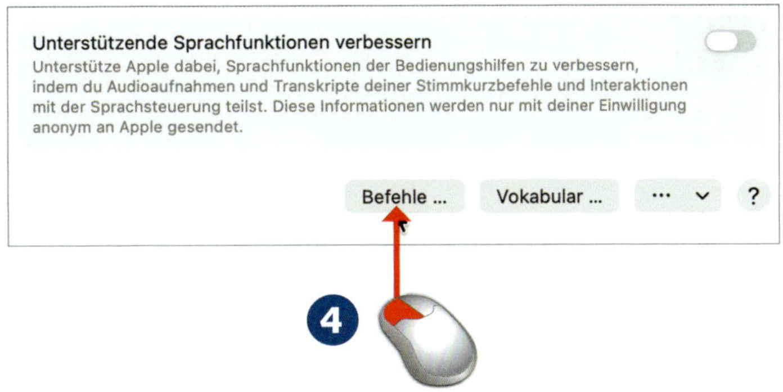

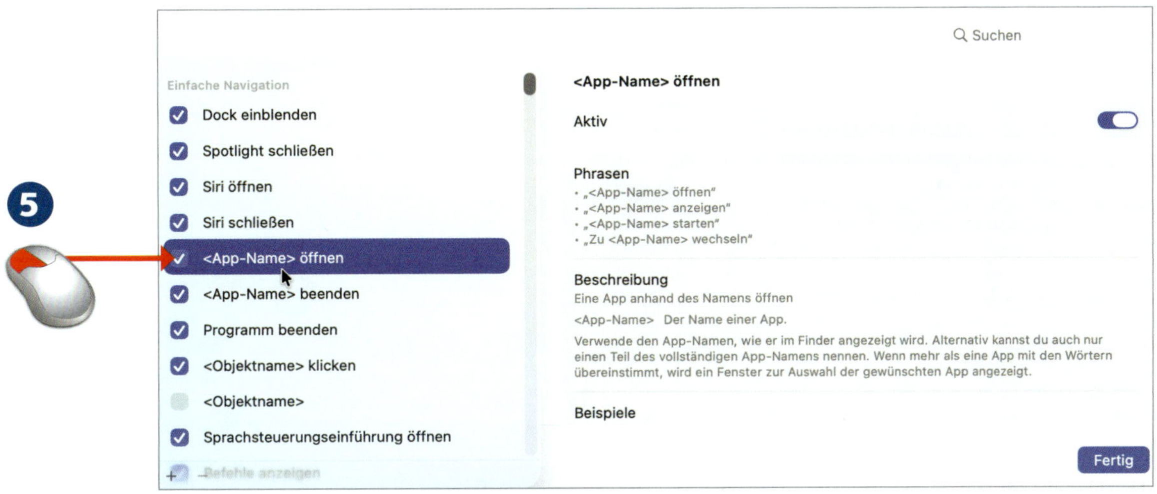

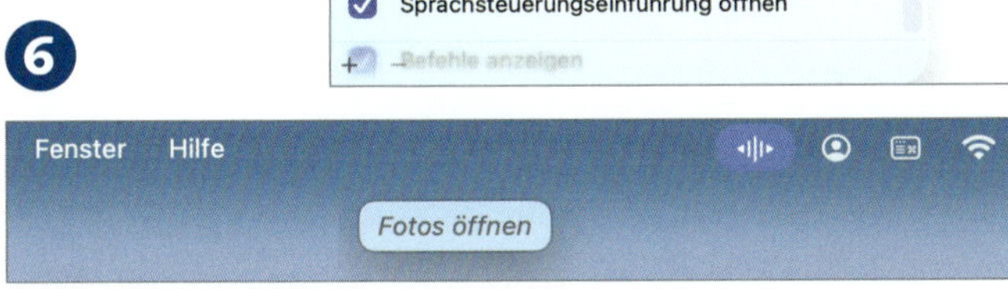

4 Um sich einen Überblick über die verfügbaren Sprachbefehle zu verschaffen, klicken Sie auf die Schaltfläche *Befehle*.

5 Klicken Sie einen Eintrag an, um sich verschiedene Befehlsvarianten anzusehen.

6 Wenn Sie einen Befehl sprechen, wird Ihnen dieser jeweils in einem kleinen Fenster der Sprachsteuerung angezeigt.

Ende

TIPP

Sie können auch eigene Sprachbefehle definieren. Dazu klicken Sie im Fenster aus Schritt 5 auf das Plussymbol +.

TIPP

Wählen Sie in den Einstellungen zur *Sprachsteuerung* die Schaltfläche *Einführung öffnen*, erhalten Sie einen kleinen interaktiven Selbstlernkurs zur Sprachsteuerung.

Start

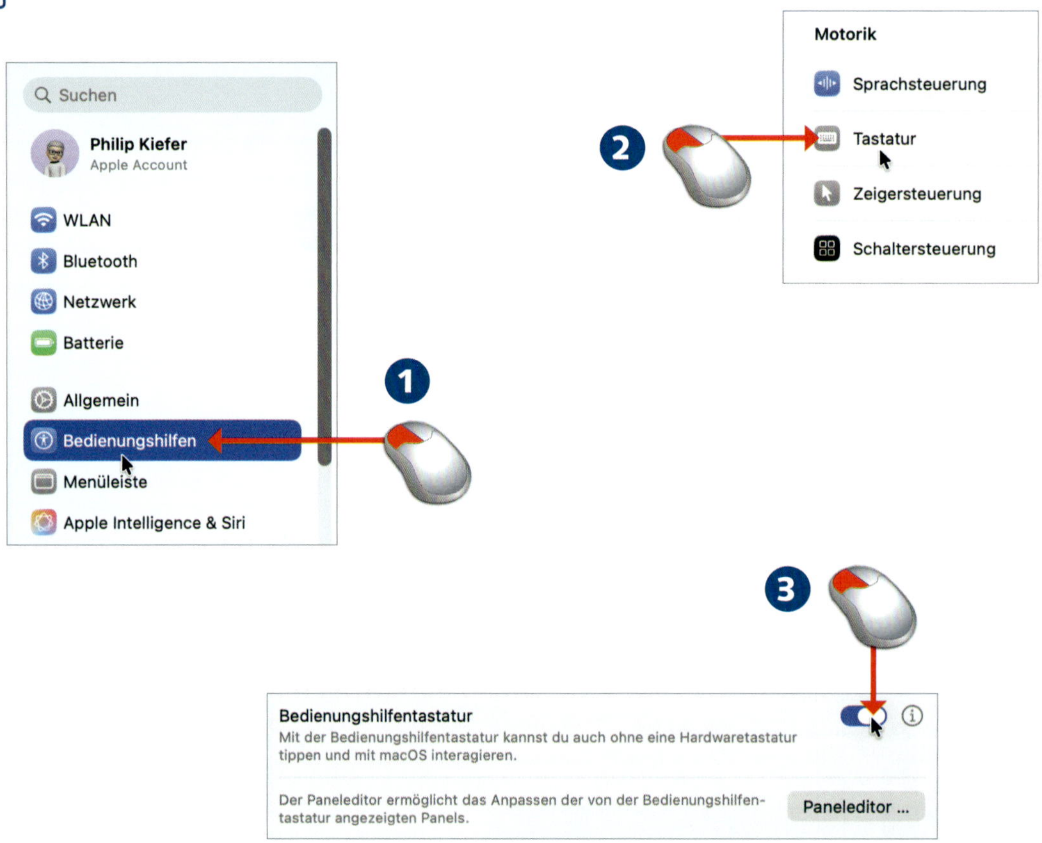

1. Wählen Sie in den *Systemeinstellungen* erneut die Kategorie *Bedienungshilfen*.

2. Klicken Sie im Abschnitt *Motorik* auf den Eintrag *Tastatur*.

3. Nun aktivieren Sie den Schalter *Bedienungshilfentastatur*.

WISSEN

Falls die Tastatur mal kaputt oder die Batterien leer sein sollten, tippen Sie Ihre Texte einfach mit einer Tastatur auf dem Bildschirm ein. Dabei werden die Zeichen mithilfe der Maus über eine Tastatur eingegeben, die auf dem Bildschirm Ihres Macs eingeblendet wird. Wie Sie genau vorgehen, lesen Sie hier.

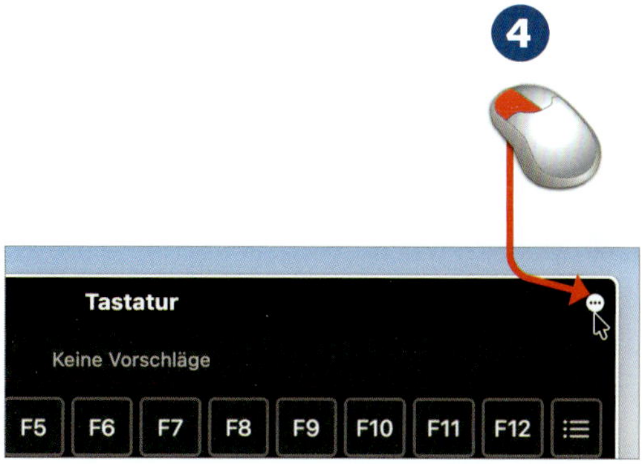

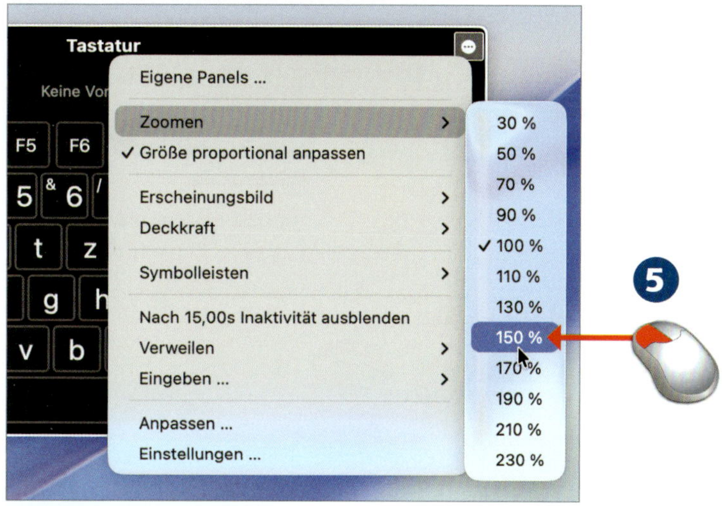

4 Die Bedienungshilfentastatur wird prompt eingeblendet. Um diese anzupassen, etwa was die Fenstergröße betrifft, klicken Sie rechts oben im Fenster der Tastatur auf das Symbol .

5 Nehmen Sie im sich öffnenden Menü die gewünschten Anpassungen vor.

6 Klicken Sie jeweils eine Taste an, um mit der Bedienungshilfentastatur etwas zu schreiben.

Ende

TIPP

Auch unter dem Menulet lässt sich – per Auswahl *Tastaturübersicht einblenden* – eine Bildschirmtastatur aufrufen. Oder benötigen Sie Emoticons? Dann wählen Sie unter dem Menulet den Eintrag *Emoji & Symbole einblenden*.

TIPP

Um auf Ihre Bedienungshilfen schneller zugreifen zu können, wählen Sie in den *Systemeinstellungen* unter *Menüleiste* die Schaltfläche *Steuerung hinzufügen* und fügen die Funktion dem Kontrollzentrum bzw. der Menüleiste hinzu.

Start

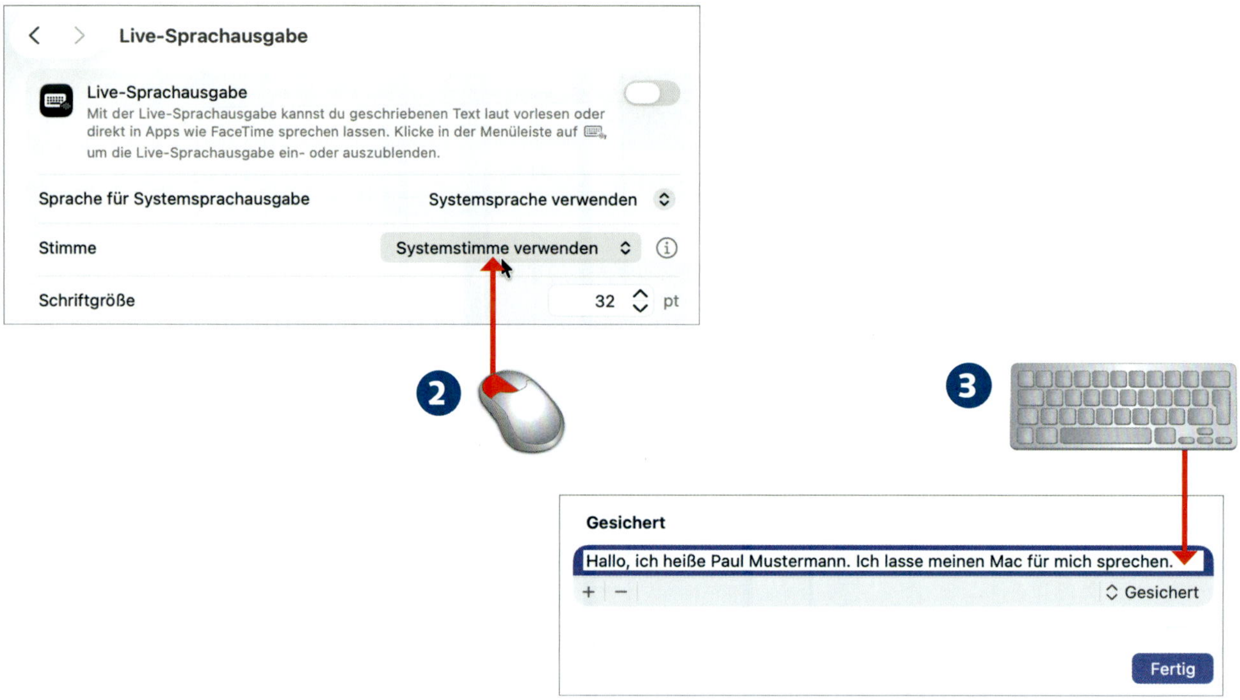

1. Wählen Sie in den *Bedienungshilfen* im Abschnitt *Sprechen* den Eintrag *Live-Sprachausgabe* aus.
2. Entscheiden Sie sich nun unter *Stimme* für eine Stimme, die Ihnen zusagt. Es stehen sowohl Männer- als auch Frauenstimmen zur Auswahl.
3. Unter *Gesichert* können Sie per Plussymbol [+] häufig genutzte Sätze eingeben, auf die Sie dann später per Mausklick zugreifen können.

WISSEN

Die Live-Sprachausgabe gibt bei Sprechproblemen Texte als Audio so aus, wie Sie sie eintippen. So können Sie z. B. auch dann telefonieren, wenn Sie gerade heiser sind. Eine passende Stimme können Sie mit wenigen Handgriffen auswählen.

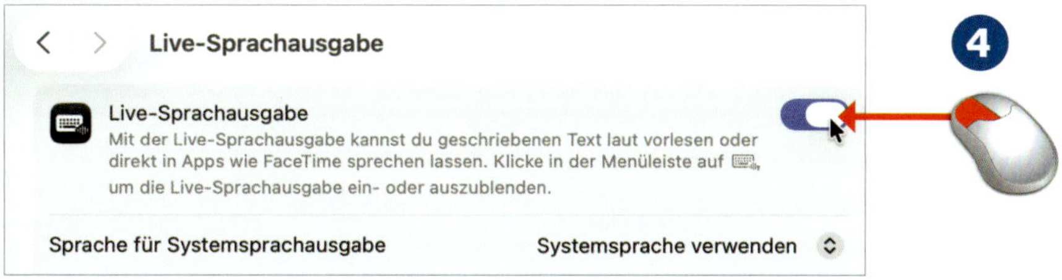

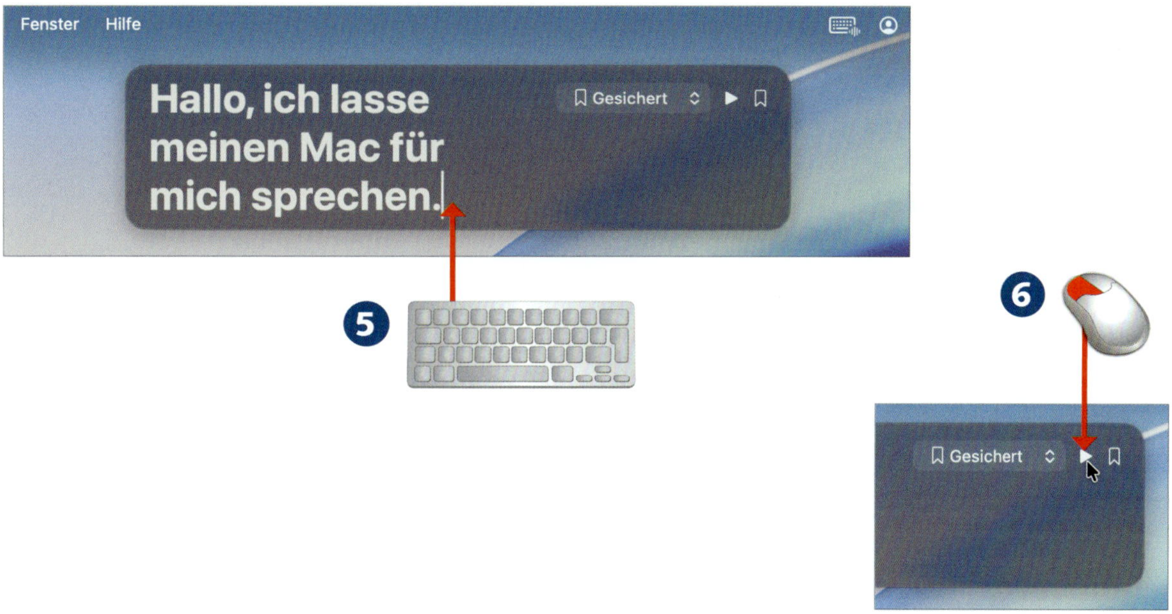

4 Nun geht es los: Aktivieren Sie den Schalter *Live-Sprachausgabe*.

5 Tippen Sie den zu sprechenden Text in das eingeblendete Fenster der Live-Sprachausgabe.

6 Zur Wiedergabe des Textes klicken Sie auf das Play-Symbol ▶.

Ende

HINWEIS

Ihre in Schritt 3 gespeicherten Texte rufen Sie im Fenster der Live-Sprachausgabe unter dem Lesezeichensymbol auf.

TIPP

Die Live-Sprachausgabe steht Ihnen auch auf einem iPhone mit dem aktuellen iOS-Betriebssystem zur Verfügung.

Start

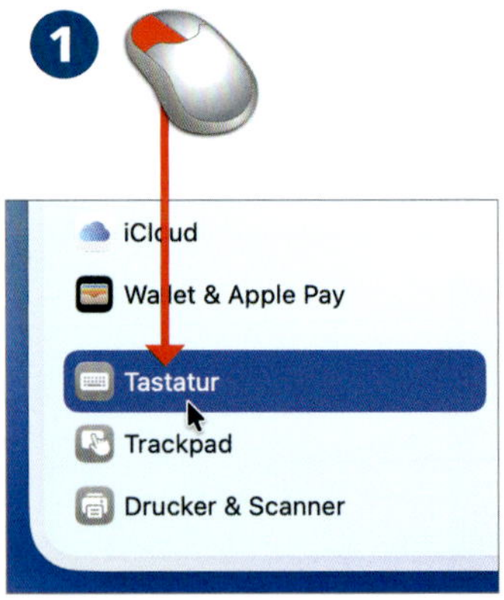

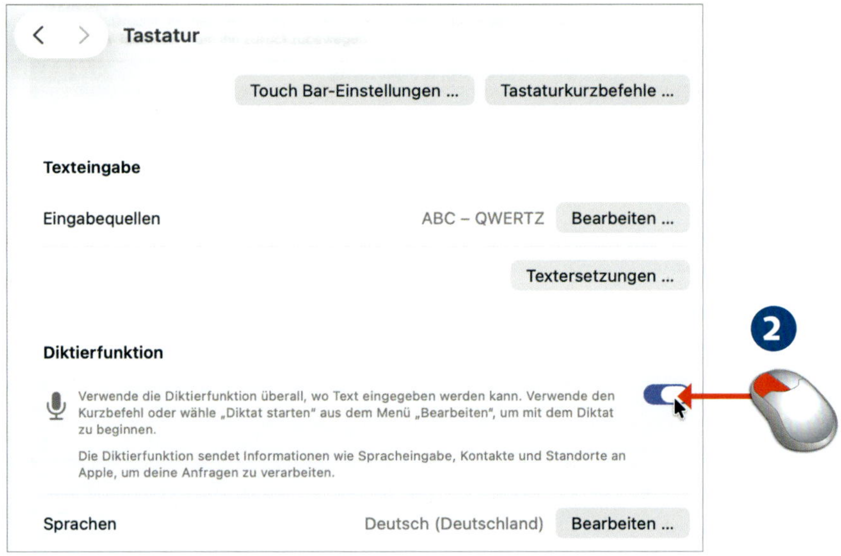

1. Öffnen Sie die *Systemeinstellungen* und entscheiden Sie sich diesmal für die Kategorie *Tastatur*.
2. Scrollen Sie nach unten und aktivieren Sie per Schalter die *Diktierfunktion*.
3. Entscheiden Sie dann per Schalter bei *Automatische Interpunktion*, ob Sie Ihrem Mac das Setzen von Satzzeichen automatisch zutrauen oder nicht. Falls nicht, sprechen Sie Satzzeichen und Co. beim Diktat einfach mit.

WISSEN

Neben der Eingabe per Tastatur lassen sich Ihrem Mac auch Texte diktieren. Hierfür ist allerdings eine Internetverbindung erforderlich, da die Spracheingaben jeweils übers Internet verschickt werden. Wenn Sie das nicht stört, bietet die Diktierfunktion eine tolle Möglichkeit, sich viel Tipparbeit zu ersparen.

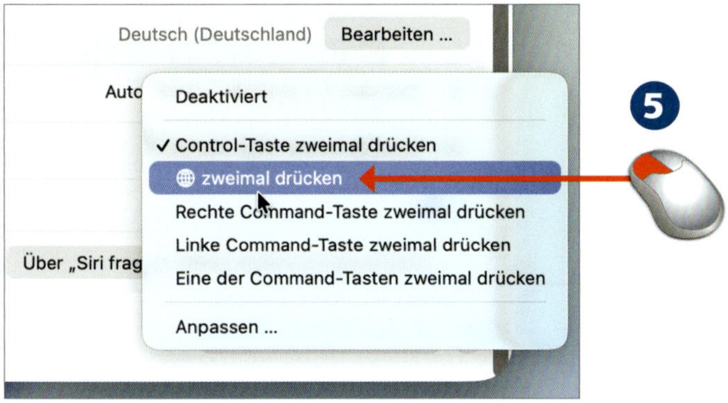

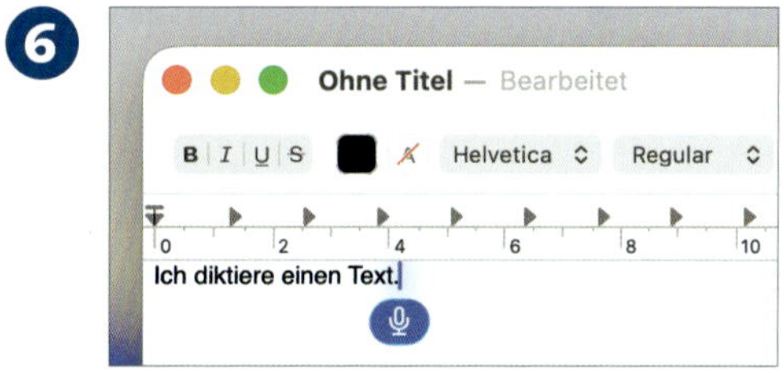

4 Welchen Kurzbefehl möchten Sie zum Aktivieren der Diktierfunktion verwenden? Um das festzulegen, klicken Sie die aktuelle Tastenkombination an.

5 Bestimmen Sie im Menü den gewünschten Kurzbefehl.

6 Öffnen Sie ein Dokument, z. B. einen Notizzettel, den Sie in der rechten unteren Ecke des Bildschirms aufrufen. Drücken Sie auf der Tastatur zweimal schnell hintereinander die in den Einstellungen gewählte Taste und sprechen Sie Ihren Text in das Mikrofon. Satzzeichen und Absatzanweisungen sprechen Sie ggf. einfach mit – in Kapitel 12 erhalten Sie eine Übersicht über die wichtigsten Sprachbefehle.

Ende

TIPP

Standardmäßig wird für das Diktat das in den Mac integrierte Mikrofon eingesetzt. Wenn Sie ein anderes Mikrofon verwenden möchten, wählen Sie dieses im Fenster aus Schritt 3 unter *Mikrofonquelle* aus.

TIPP

Das Diktieren muss nicht unbedingt auf Deutsch erfolgen. Klicken Sie bei *Sprachen* auf die Schaltfläche *Bearbeiten*, um eine weitere Diktiersprache auszuwählen.

Start

1

2

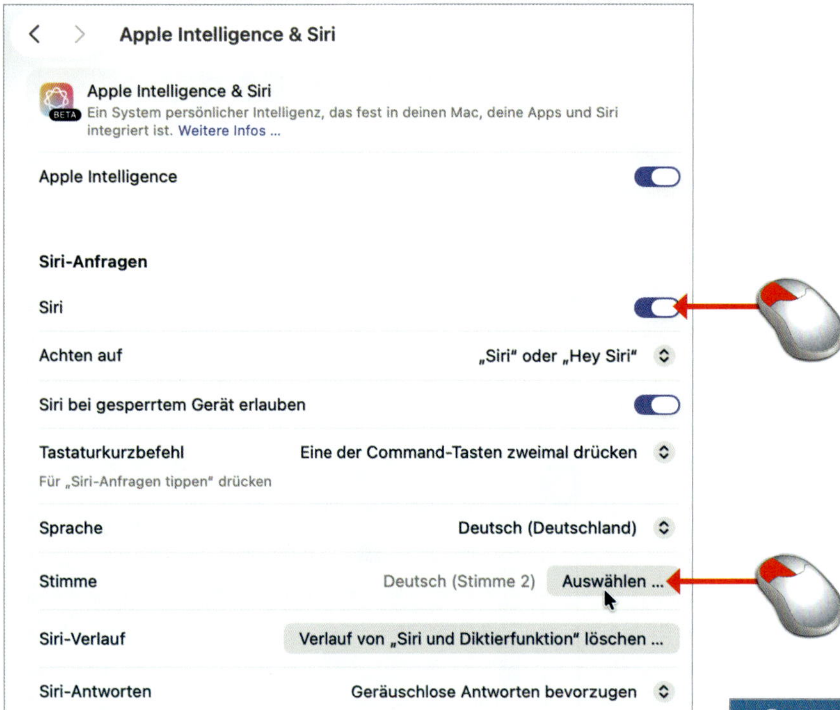

3

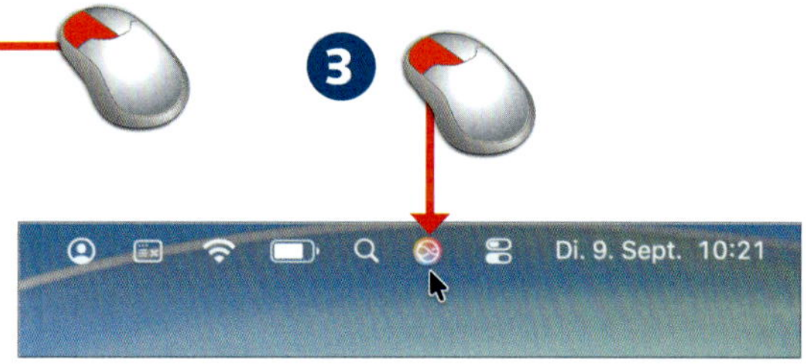

1. Prüfen Sie zunächst die Einstellungen zu Siri und Apple Intelligence. Dazu klicken Sie in den *Systemeinstellungen* auf die Kategorie *Apple Intelligence & Siri*.
2. Achten Sie darauf, dass die gewünschten Funktionen aktiviert sind, und entscheiden Sie unter anderem, ob Sie eine weibliche oder eine männliche Siri-Stimme bevorzugen.
3. Nun machen Sie Siri bzw. die künstliche Intelligenz empfangsbereit, beispielsweise, indem Sie rechts oben auf dem Bildschirm auf das Menulet klicken.

WISSEN

Auf dem Mac steht schon länger die Sprachassistenz-Funktion Siri zur Verfügung, die Ihnen unterschiedliche Fragen beantworten und verschiedene Aufgaben erledigen kann. Mit Apple Intelligence, einer KI-Funktion, wurden diese Möglichkeiten noch deutlich erweitert. Damit können Sie z. B. von Ihnen diktierte Texte automatisch umformulieren lassen und noch vieles mehr. Lernen Sie hier, wie Sie Siri bzw. der künstlichen Intelligenz Befehle erteilen.

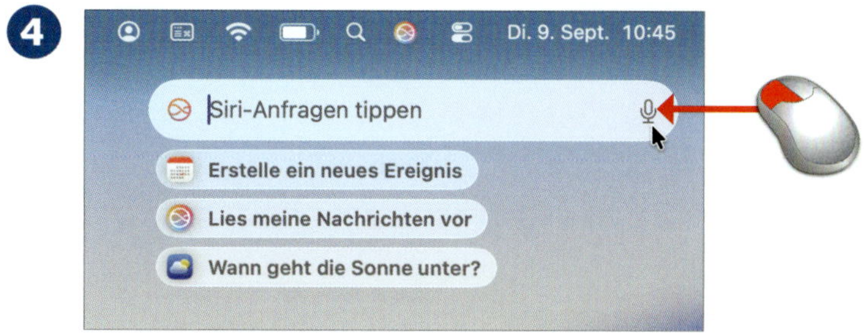

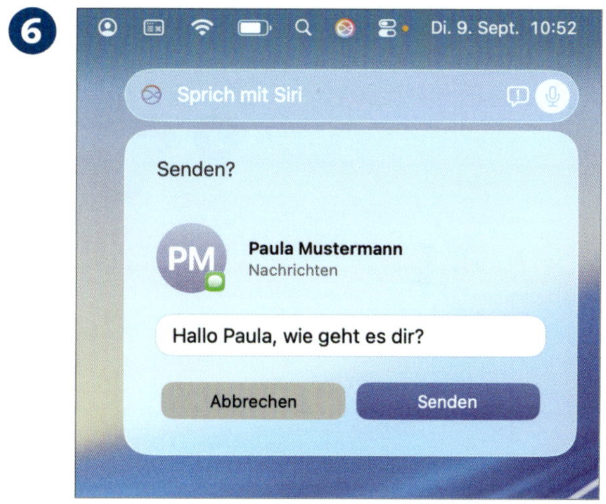

4 Rechts oben wird das Siri-Symbol eingeblendet. Sie können Siri nun alles fragen oder befehlen. Ein orangefarbener Kreis in der Menüleiste signalisiert, dass das Mikrofon aktiv ist.

5 Geben Sie beispielsweise den Befehl, an einen bestimmten Kontakt eine Nachricht zu schreiben.

6 Die Nachricht wird erstellt, und Sie können diese auch gleich noch diktieren.

Ende

TIPP

Siri per Tastenkombination aktivieren: Drücken Sie dazu zweimal schnell hintereinander die *command*-Taste.

HINWEIS

Es gibt wenig, was Siri in Kombination mit der KI nicht kann: Lassen Sie Termine erstellen, Musik abspielen, Sportergebnisse ermitteln, eine Wettervorhersage liefern, Aktienkurse herausfinden und noch vieles mehr.

Start

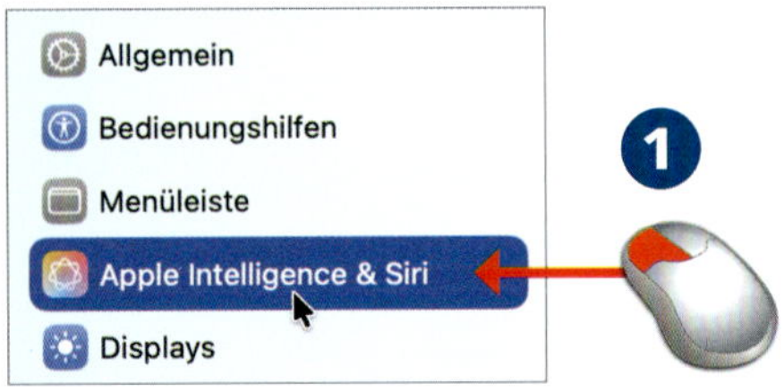

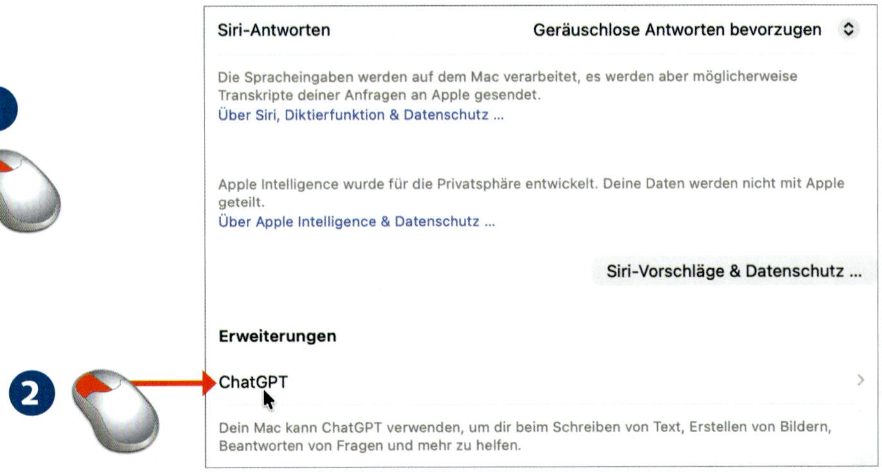

1. Entscheiden Sie sich in den *Systemeinstellungen* Ihres Macs für die Kategorie *Apple Intelligence & Siri*.
2. Scrollen Sie nach unten zum Abschnitt *Erweiterungen* und klicken Sie dort auf den Eintrag *ChatGPT*.
3. Klicken Sie dann bei *ChatGPT verwenden* auf die Schaltfläche *Einrichten*.

WISSEN

Nicht zuletzt dank ChatGPT ist die KI seit wenigen Jahren in aller Munde. Mit ChatGPT lassen sich sogar komplexe Texte wie Referate erstellen, sofern Sie die passenden Befehle – Prompts genannt – erteilen. ChatGPT lässt sich mit wenigen Handgriffen in die Apple Intelligence integrieren, wie Ihnen diese Doppelseite zeigt.

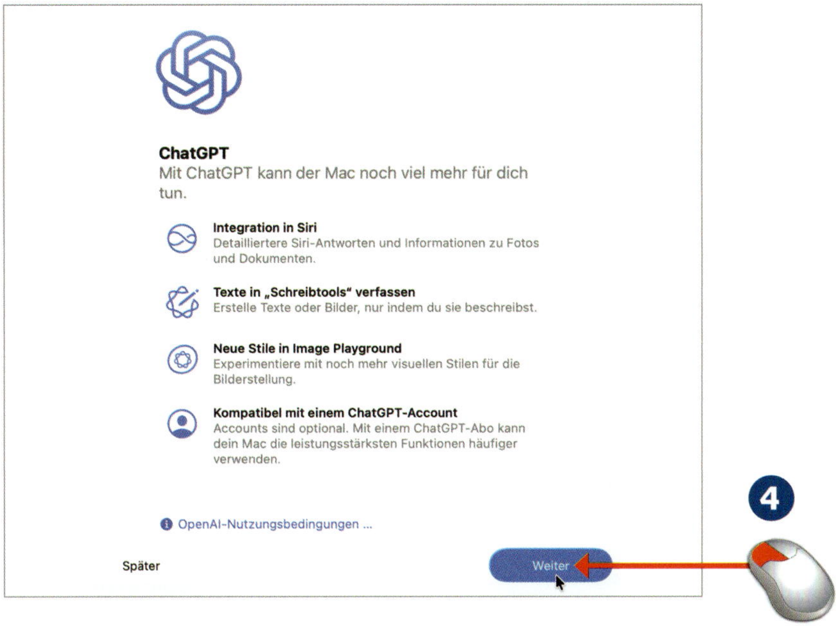

6

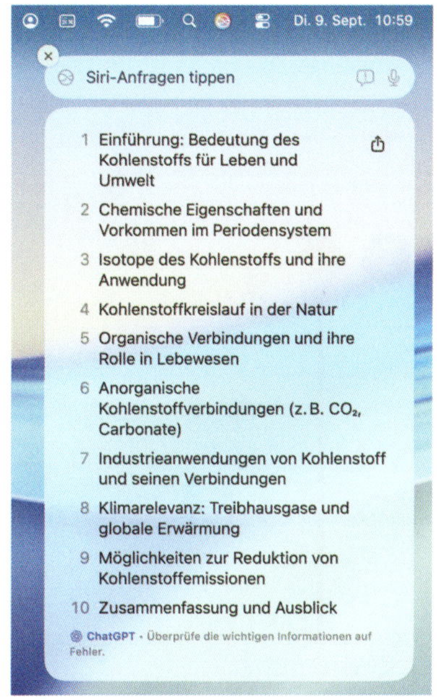

4

5

4 Lesen Sie die Hinweise zu ChatGPT durch und bestätigen Sie mit der Schaltfläche *Weiter*.

5 Klicken Sie auf *ChatGPT aktivieren*, um ChatGPT anonym zu verwenden. Alternativ melden Sie sich mit einem ChatGPT-Account an (Schaltfläche *ChatGPT mit einem Account nutzen*).

6 Hier wurde die Apple Intelligence gebeten, eine Gliederung für ein Referat zum Thema Kohlenstoff zu entwerfen. Der Prompt wurde automatisch an ChatGPT weitergeleitet.

Ende

TIPP

Die Apple Intelligence kann auch direkt in Apps zum Einsatz kommen. So werden Ihnen etwa in der Menüleiste vieler Apps unter *Bearbeiten* verschiedene *Schreibtools* angeboten: *Umformulieren*, *Freundlich formulieren* usw. In Kapitel 7 lesen Sie mehr darüber.

HINWEIS

Im Zusammenhang mit der KI gibt es schnelle Entwicklungen. Im August 2025 wurde z. B. publik, dass bald auch Google Gemini in Siri verwendet werden könnte. Vielleicht ist es bereits so weit, wenn Sie dieses Buch lesen?

Start

1. Öffnen Sie die App *Kurzbefehle* in der App-Bibliothek.

2. Um einen neuen Kurzbefehl zu erstellen, entscheiden Sie sich in der Symbolleiste der App für das Plussymbol +.

3. Wählen Sie in der Leiste rechts eine Kategorie oder eine App aus, für die Sie einen Kurzbefehl anlegen möchten. Hier wähle ich die Kategorie *Web*.

WISSEN

Die Funktionen rund um Siri und Apple Intelligence können Sie mit eigenen Kurzbefehlen erweitern. Hierfür steht Ihnen auf Ihrem Mac die App *Kurzbefehle* zur Verfügung, die ich Ihnen nun vorstellen möchte. Erstellen Sie damit z. B. einen Befehl zum Öffnen Ihrer Lieblingswebseite.

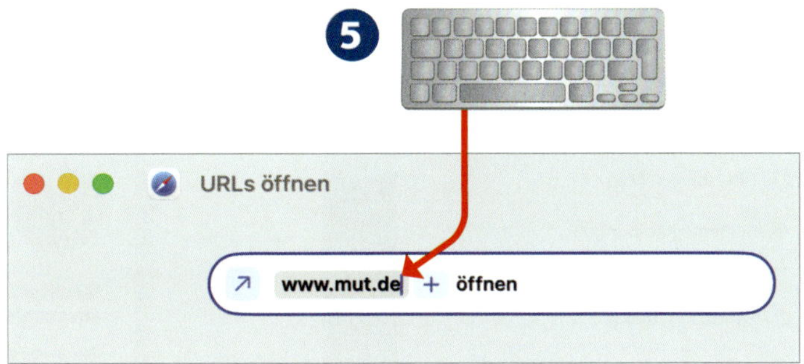

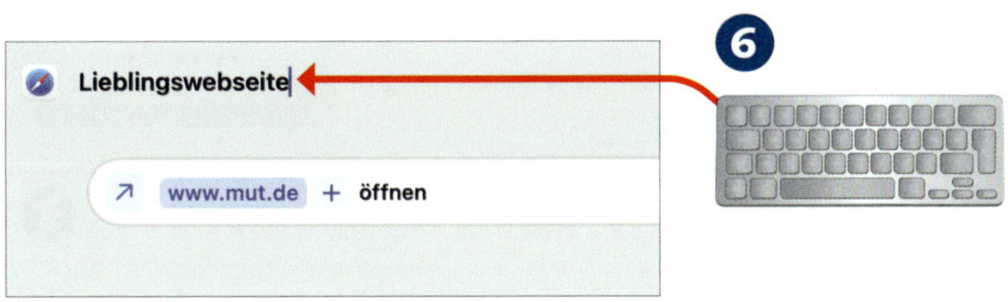

4 Doppelklicken Sie auf eine Aktion, die Sie ausführen möchten, etwa *URLs öffnen*. Sie können sie alternativ auch bei gedrückter Maustaste in das Feld links ziehen.

5 Machen Sie nähere Angaben zur Aktion. Hier wird die zu öffnende URL eingetippt.

6 Zum Schluss überschreiben Sie noch den automatisch generierten Befehl durch einen eigenen Kurzbefehl und bestätigen mit der *return*-Taste.

Ende

TIPP

Sie können auch mehrere Aktionen gleichzeitig mit einem Befehl ausführen. Fügen Sie dazu einfach mehrere Aktionen in Schritt 4 hinzu.

HINWEIS

Ein weiteres nützliches Tool zum Automatisieren von Prozessen auf Ihrem Mac ist der *Automator*, den Sie ebenfalls in der App-Bibliothek finden.

Start

1

2

3

1. Um den Mac nach einer Sitzung wieder auszuschalten, klicken Sie links oben auf der Benutzeroberfläche auf das Apfel-Symbol . Sie öffnen dadurch, wie Sie bereits wissen, das Apfel-Menü.
2. Im sich öffnenden Menü klicken Sie auf den Eintrag *Ausschalten*.
3. Bestätigen Sie im folgenden Hinweisfenster mit *Ausschalten*. Per Kontrollkästchen bestimmen Sie, ob die geöffneten Fenster beim nächsten Start wieder zur Verfügung stehen sollen oder nicht.

WISSEN

Ihnen bieten sich mehrere Möglichkeiten, um auf Ihrem Mac eine Sitzung zu beenden, nämlich das Ausschalten (Herunterfahren), der Ruhezustand sowie das Abmelden des Benutzers. Lassen Sie mich Ihnen die Optionen auf dieser Doppelseite vorstellen.

TIPP

Soll der Computer, beispielsweise für eine Installation, neu gestartet werden? Dazu wählen Sie im Apfel-Menü den Eintrag *Neustart*.

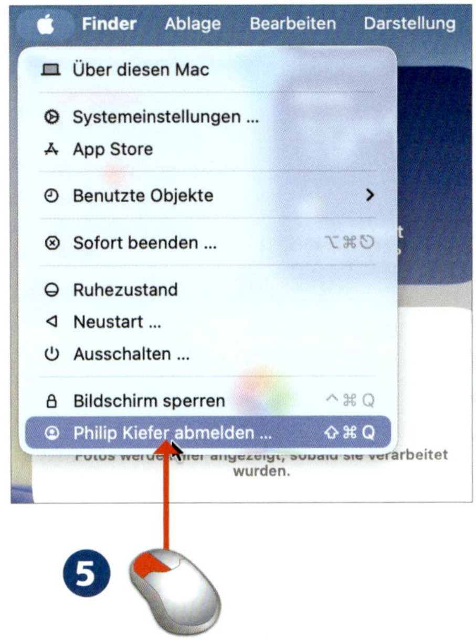

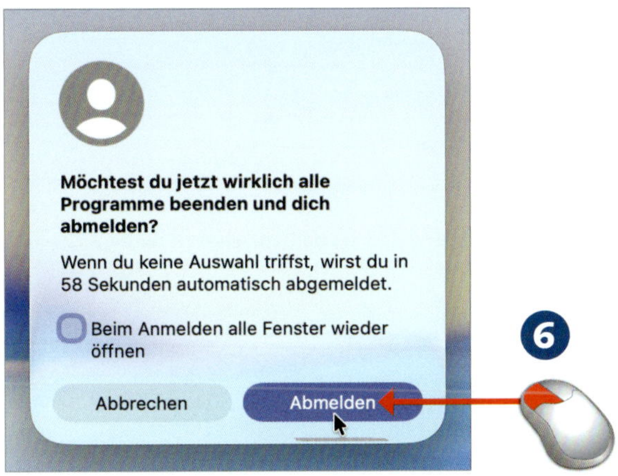

4 Wenn Sie lediglich eine Pause einlegen möchten, wählen Sie im Apfel-Menü den Eintrag *Ruhezustand*. Aus dem Ruhezustand lässt sich der Mac blitzschnell wieder aufwecken, indem Sie die Maus bewegen oder eine Taste drücken.

5 Soll lediglich der Benutzer gewechselt werden? Dann entscheiden Sie sich im Apfel-Menü für den ... *abmelden*-Eintrag. Wie Sie weitere Benutzerkonten auf dem Mac einrichten, zeige ich Ihnen in Kapitel 11.

6 Auch in diesem Fall öffnet sich ein Hinweisfenster. Bestätigen Sie mit *Abmelden*.

Ende

TIPP

Ohne Hinweisfenster abmelden mit einer Tastenkombination: Drücken Sie dazu auf der Tastatur die Tastenkombination ⇧ + option + command + Q.

TIPP

Den Mac während einer kurzen Abwesenheit gegen unbefugte Zugriffe schützen: Wählen Sie im Apfel-Menü *Bildschirm sperren* bzw. drücken Sie die Tastenkombination control + command + Q.

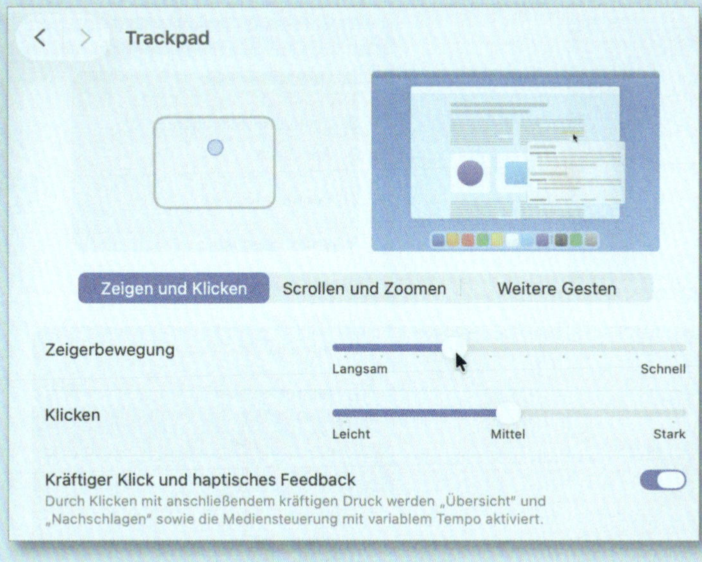
Trackpad
Zeigen und Klicken
Scrollen und Zoomen
Weitere Gesten
Zeigerbewegung
Langsam
Schnell
Klicken
Leicht
Mittel
Stark
Kräftiger Klick und haptisches Feedback
Durch Klicken mit anschließendem kräftigen Druck werden „Übersicht" und „Nachschlagen" sowie die Mediensteuerung mit variablem Tempo aktiviert.

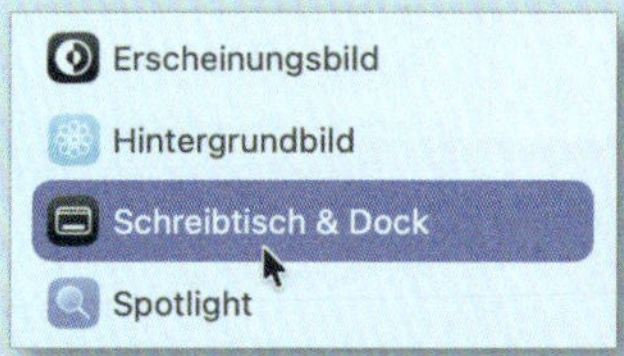
Erscheinungsbild
Hintergrundbild
Schreibtisch & Dock
Spotlight

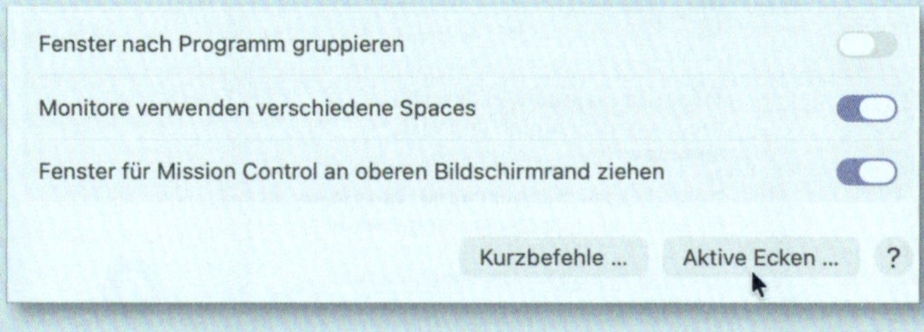
Fenster nach Programm gruppieren
Monitore verwenden verschiedene Spaces
Fenster für Mission Control an oberen Bildschirmrand ziehen
Kurzbefehle ...
Aktive Ecken ...
?

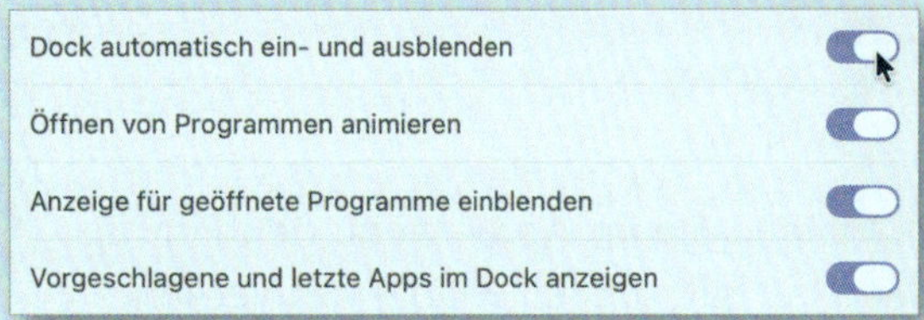
Dock automatisch ein- und ausblenden
Öffnen von Programmen animieren
Anzeige für geöffnete Programme einblenden
Vorgeschlagene und letzte Apps im Dock anzeigen

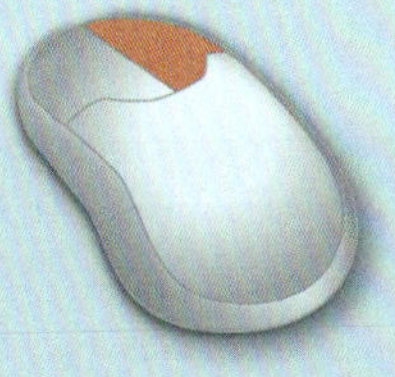

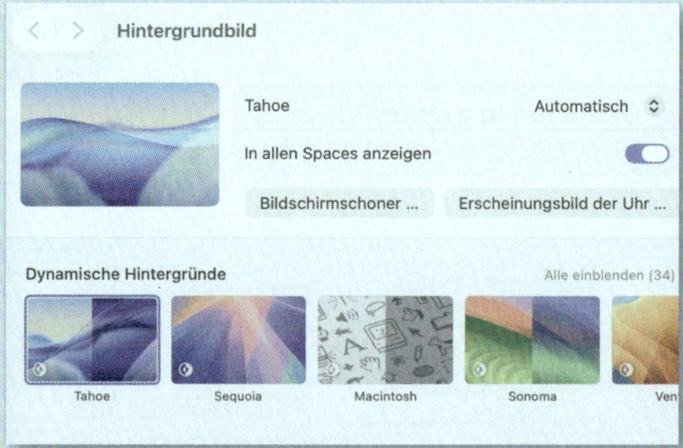
Hintergrundbild
Tahoe
Automatisch
In allen Spaces anzeigen
Bildschirmschoner ...
Erscheinungsbild der Uhr ...
Dynamische Hintergründe
Alle einblenden (34)
Tahoe
Sequoia
Macintosh
Sonoma

2

Richten Sie Ihren Mac perfekt ein

Sie haben sich im ersten Kapitel ausführlich mit der Benutzeroberfläche und wichtigen Basisfunktionen Ihres Macs vertraut gemacht. Jetzt soll es darum gehen, die Benutzeroberfläche ganz nach Ihrem Gusto und nach Ihren Bedürfnissen einzurichten. Machen Sie aus dem Standard-Mac Ihren ganz eigenen Mac, indem Sie z. B. individuelle Einstellungen zu Maus bzw. Trackpad vornehmen, ein ansprechendes Hintergrundbild auswählen oder das Dock perfekt einrichten. Verwenden Sie außerdem mehrere Schreibtische parallel, um das Private vom Beruflichen zu trennen. Reduzieren Sie durch die passenden Einstellungen den Energieverbrauch Ihres Macs. Hauchen Sie außerdem den Ecken des Bildschirms Leben ein!

Start

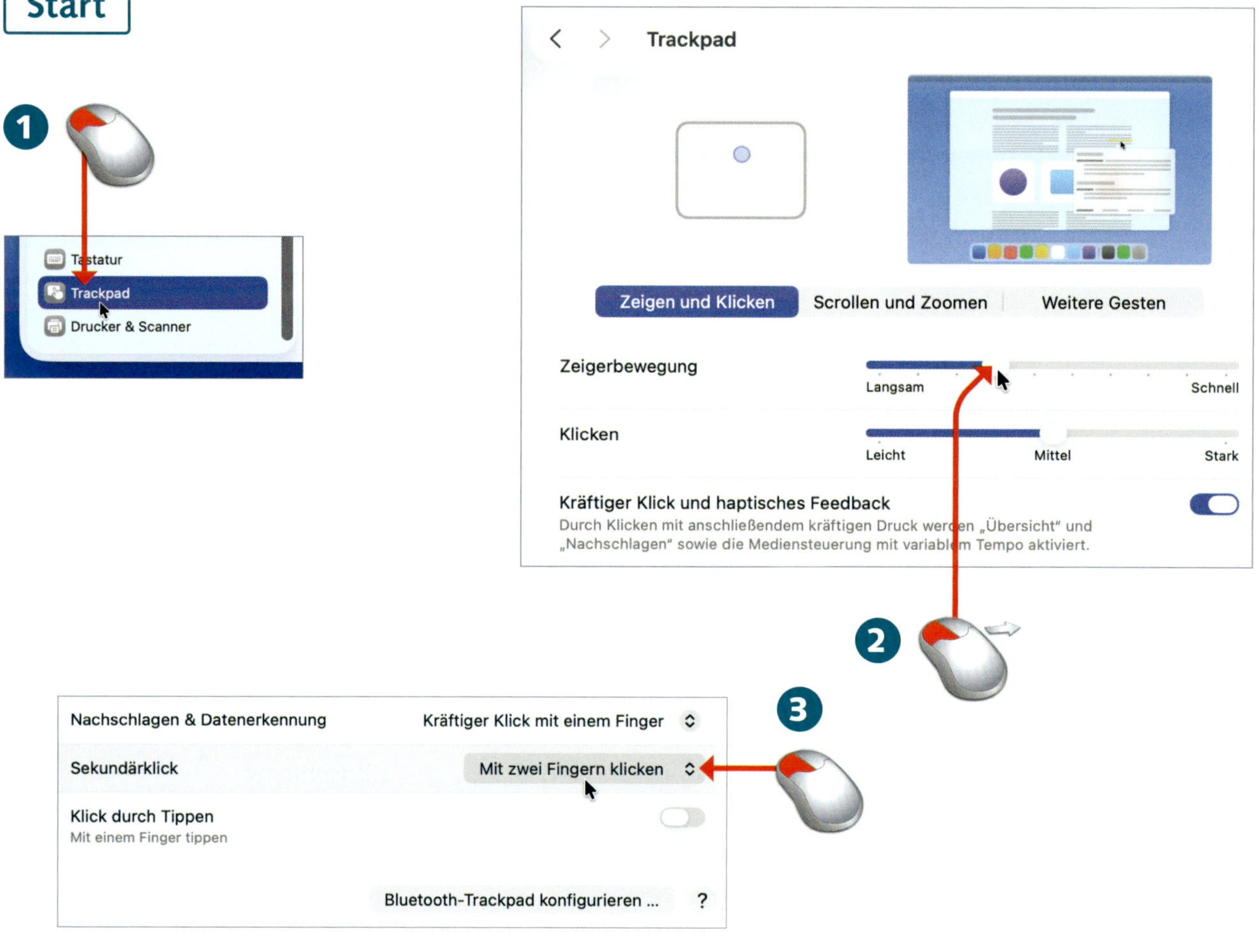

1. Öffnen Sie die *Systemeinstellungen* und klicken Sie auf die Kategorie *Maus* bzw. *Trackpad*.

2. Um den Mauszeiger zu beschleunigen, ziehen Sie den Schieberegler *Zeigerbewegung* bei gedrückter Maustaste nach rechts.

3. Möchten Sie Links- oder Rechtsklick festlegen? Dann klicken Sie auf das Menü bei *Sekundärklick*.

WISSEN

Der Mauszeiger bewegt sich für Ihren Geschmack zu langsam über den Bildschirm? Das lässt sich selbstverständlich ändern, und Sie können noch weitere Einstellungen zu Mauszeiger, Mausklick usw. anpassen, etwa als Linkshänder einen Rechtsklick als Linksklick ausführen. Diese Anleitung zeigt Ihnen, wie Sie bei der Verwendung einer Maus oder eines Trackpads vorgehen.

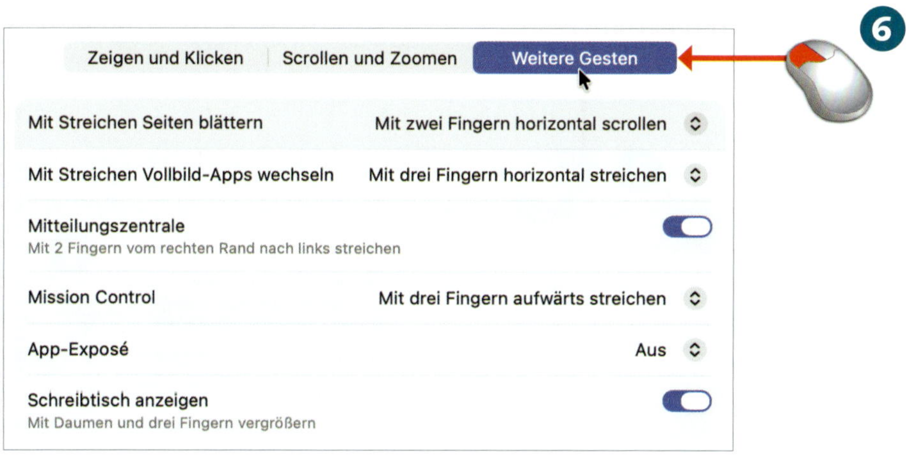

4 Wählen Sie im sich öffnenden Menü die gewünschte Option. Hier wähle ich bei einem Trackpad aus, dass für den Rechtsklick links unten auf das Trackpad geklickt werden soll.

5 Optionen zum Scrollen, Zoomen sowie zum Drehen finden Sie bei einem Trackpad unter *Scrollen und Zoomen*.

6 Es gibt noch weitere Bediengesten. Rufen Sie diese unter *Weitere Gesten* auf. Die Gesten werden Ihnen jeweils in einer kurzen Animation vorgeführt.

Ende

HINWEIS

Durch Aktivieren bzw. Deaktivieren eines Schalters schalten Sie eine Mausfunktion jeweils ein bzw. aus.

HINWEIS

Schließen Sie eine herkömmliche PC-Maus an, werden in den *Einstellungen* unter *Maus* jeweils nur diejenigen Funktionen angezeigt, die für das Gerät zur Verfügung stehen.

FACHWORT

Unter Scrollen versteht man den Bildlauf: Wenn Sie Fensterinhalte bewegen, um nicht sichtbare Bereiche sichtbar zu machen, scrollen Sie.

Start

1

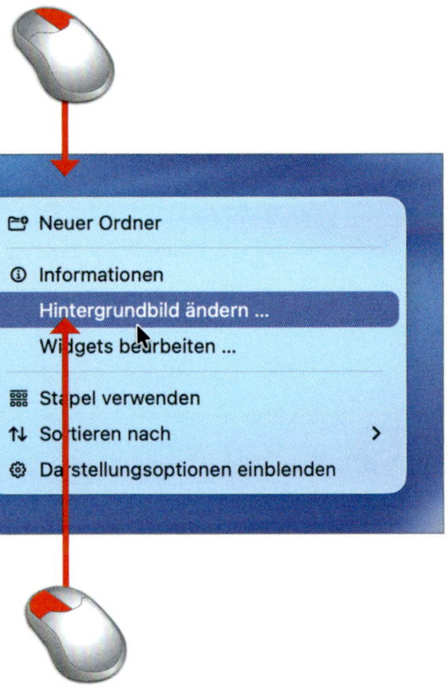

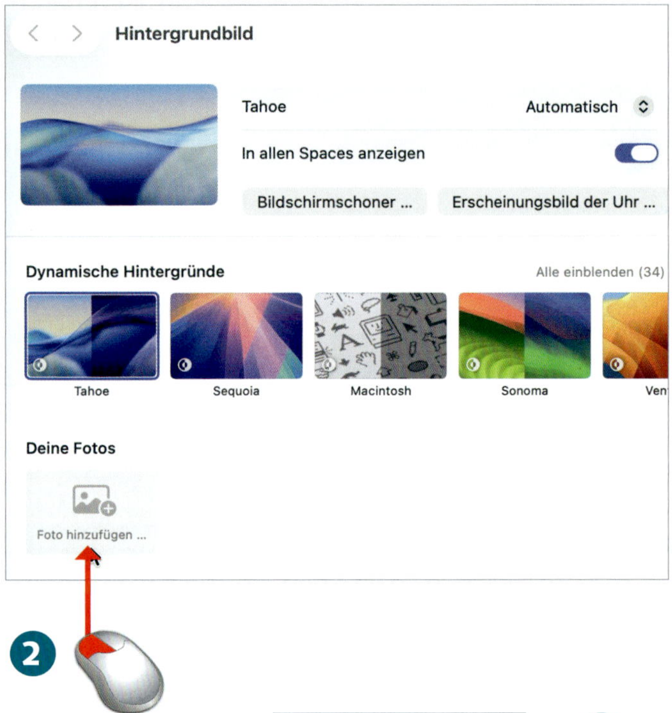

2

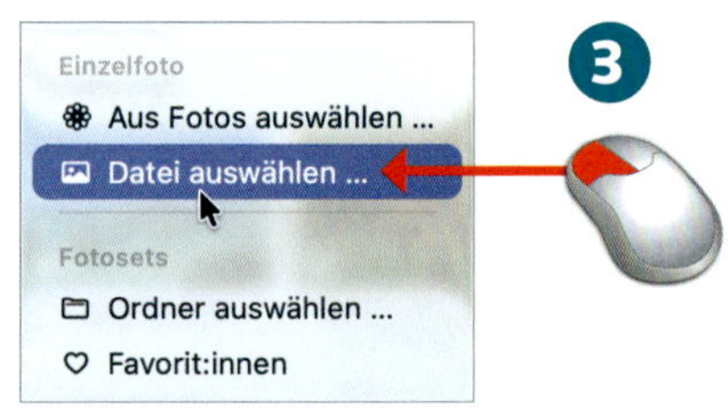

3

1. Klicken Sie mit der rechten Maustaste bzw. bei gedrückter control-Taste auf eine freie Fläche des Schreibtisches und wählen Sie im sich öffnenden Kontextmenü *Hintergrundbild ändern*.
2. Es stehen zahlreiche Standardhintergründe zur Verfügung, auch dynamische Hintergründe, die sich im Laufe des Tages ändern. Treffen Sie Ihre Auswahl per Mausklick. Um ein eigenes Bild auszuwählen, klicken Sie auf *Foto hinzufügen*.
3. Das Bild, das Sie verwenden möchten, befindet sich in einem beliebigen Ordner. Deshalb entscheiden Sie sich im Menü für *Datei auswählen*.

WISSEN

Für ein wenig Abwechslung zwischendurch und um Ihren Mac zu individualisieren, bietet es sich an, den Standard-Schreibtischhintergrund durch ein eigenes Bild zu ersetzen. Sie können unter zahlreichen Standardhintergründen auswählen, aber auch selbst aufgenommene Bilder zu diesem Zweck verwenden. Achten Sie darauf, dass die verwendeten Bilder über eine ausreichend hohe Auflösung verfügen.

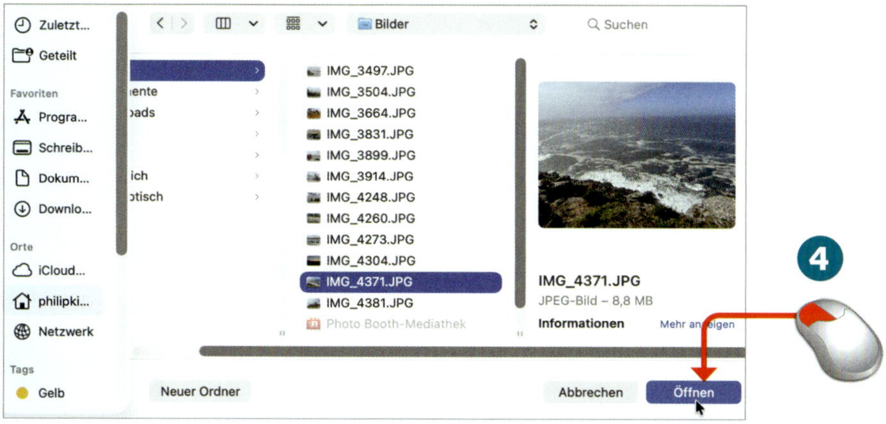

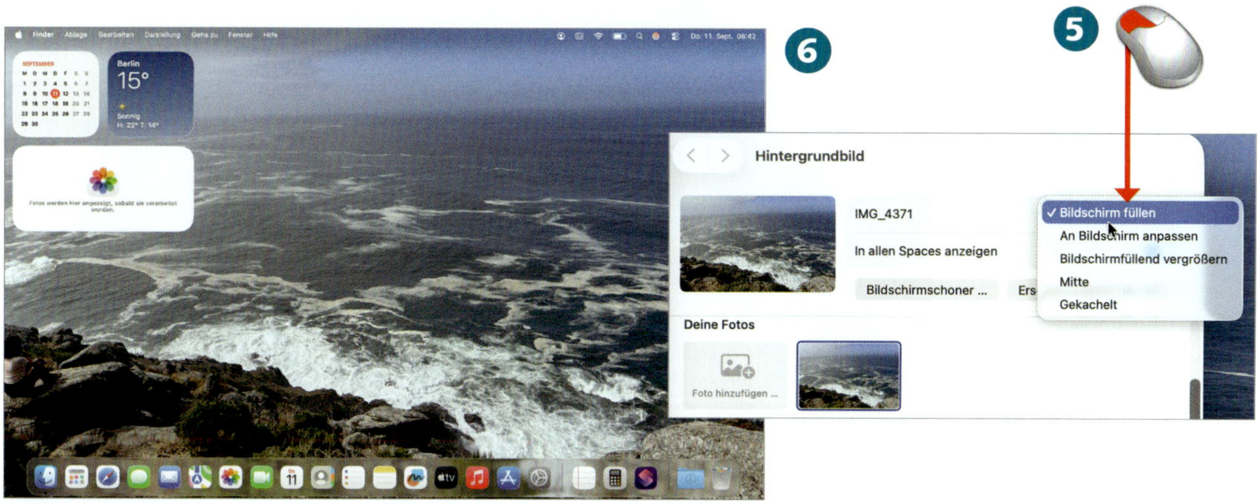

4 Klicken Sie die Bilddatei im folgenden Fenster an und bestätigen Sie mit der Schaltfläche *Öffnen*.

5 Passen Sie gegebenenfalls noch die Darstellungsoptionen des ausgewählten Bildes an. In diesem Fall soll das Bild mit der Option *Bildschirm füllen* dargestellt werden.

6 Schließen Sie die *Systemeinstellungen*, um das Ergebnis Ihrer Anpassungen zu prüfen. Gefällt Ihnen der neue Schreibtischhintergrund? Falls nicht, wählen Sie einfach einen anderen.

Ende

HINWEIS

Sie können sich in Schritt 3 auch für *Ordner auswählen* entscheiden, um Bildspeicherorte hinzuzufügen.

TIPP

Auch einen Bildschirmschoner können Sie einrichten, der nach einer bestimmten Zeit der Nichtnutzung dargestellt wird. Die Auswahl treffen Sie in den Einstellungen für den Hintergrund unter *Bildschirmschoner*.

Start

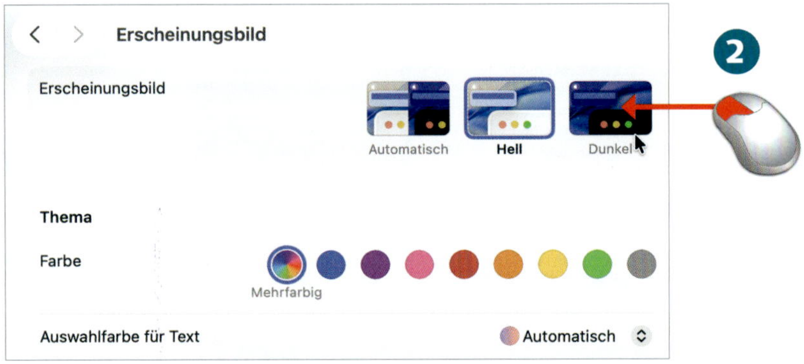

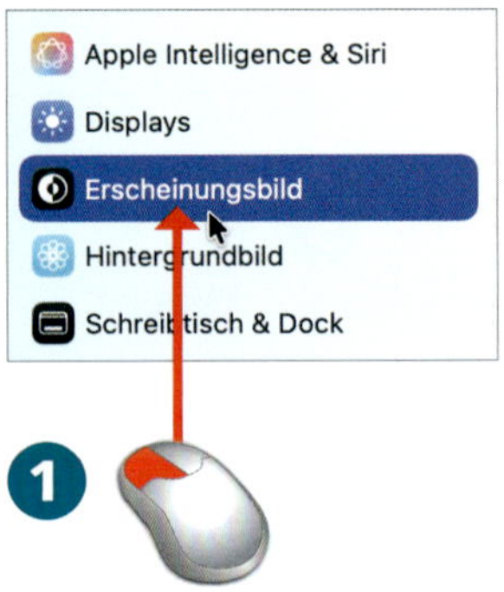

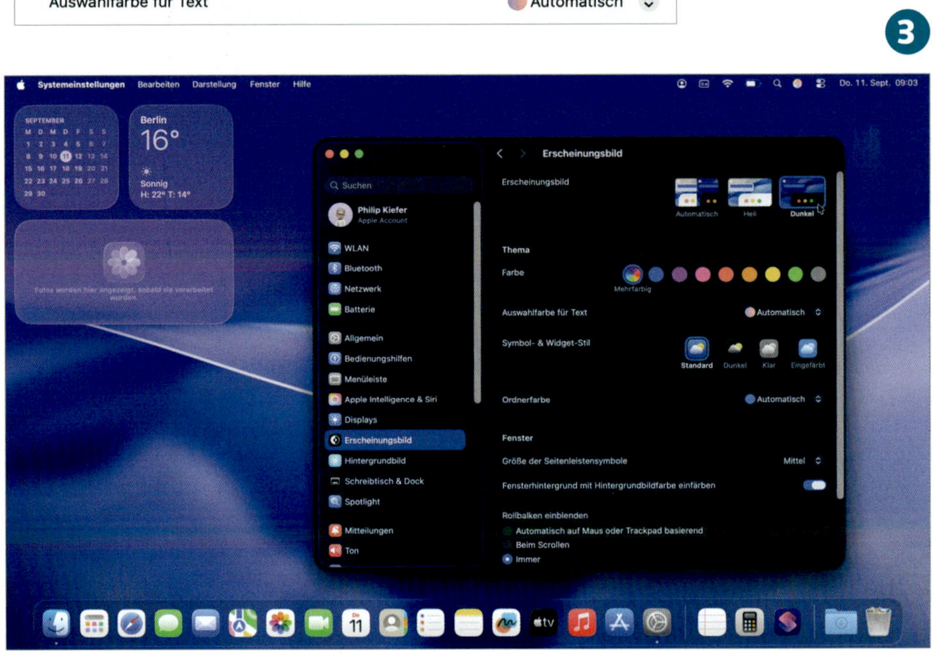

1. Öffnen Sie die *Systemeinstellungen* und wählen Sie die Kategorie *Erscheinungsbild*.

2. Um zum Beispiel das dunkle Erscheinungsbild auszuwählen, klicken Sie oben im Fenster auf die Schaltfläche *Dunkel*.

3. Das dunkle Erscheinungsbild wird prompt auf dem Bildschirm Ihres Macs dargestellt.

WISSEN

Auf Ihrem Mac mit macOS Tahoe können Sie verschiedene Einstellungen zum Erscheinungsbild vornehmen. Verbessern Sie mit einem dunklen Erscheinungsbild den Kontrast, verändern Sie die Darstellung der Symbole und Widgets oder passen Sie die Systemfarben an.

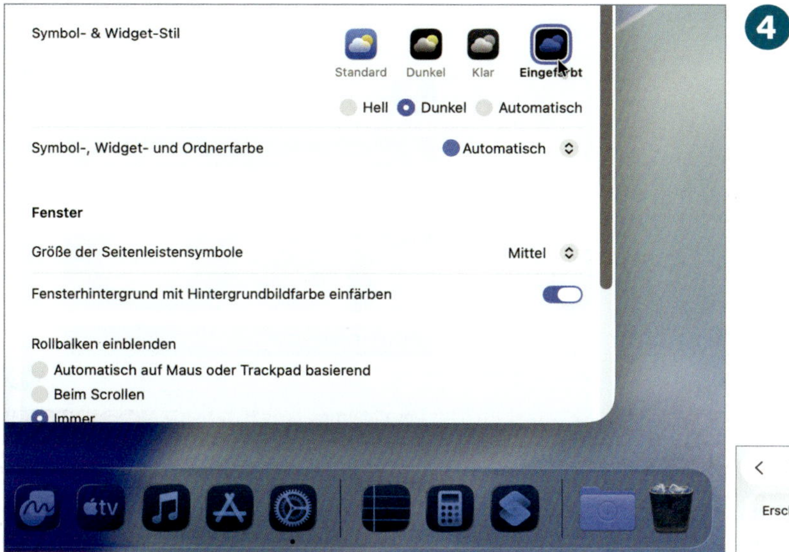

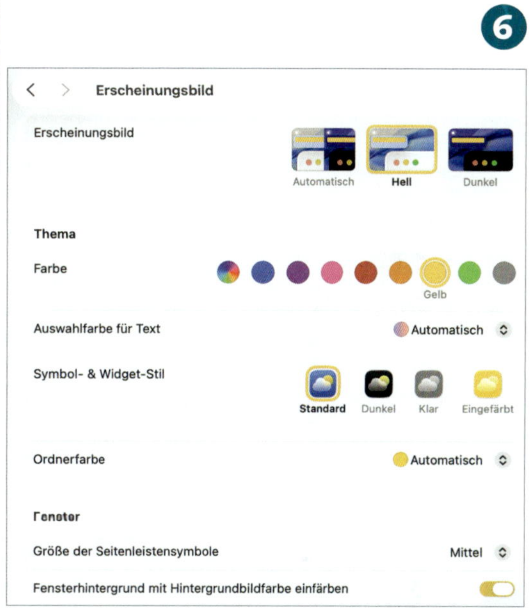

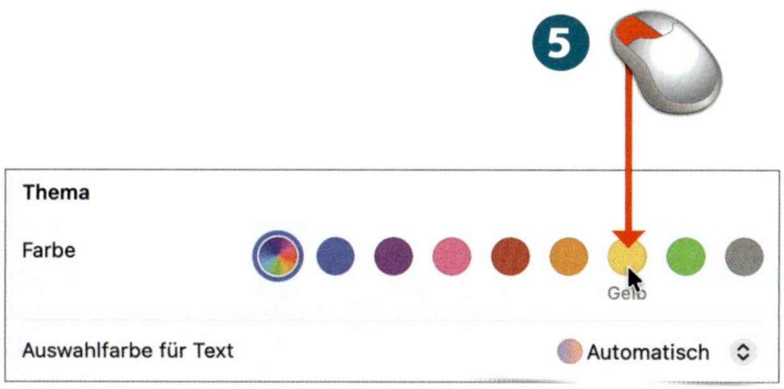

4 Die Anpassung der Symboldarstellung erfolgt unter *Symbol- & Widget-Stil*. Klicken Sie einfach eine Option an, die Ihnen zusagt.

5 Zum Anpassen der Systemfarben entscheiden Sie sich im Abschnitt *Thema* für eine Farbe, die Ihnen zusagt.

6 Ihre Anpassung ist sofort im geöffneten Fenster sichtbar.

Ende

TIPP

Möchten Sie verhindern, dass abhängig vom gewählten Erscheinungsbild auch Hintergründe in Fenstern angepasst werden können? Dann deaktivieren Sie den Schalter *Fensterhintergrund mit Hintergrundbildfarbe einfärben*.

HINWEIS

Entscheiden Sie sich in Schritt 2 für die Option *Automatisch*, wird das Erscheinungsbild abhängig von der Tageszeit automatisch eingestellt.

Start

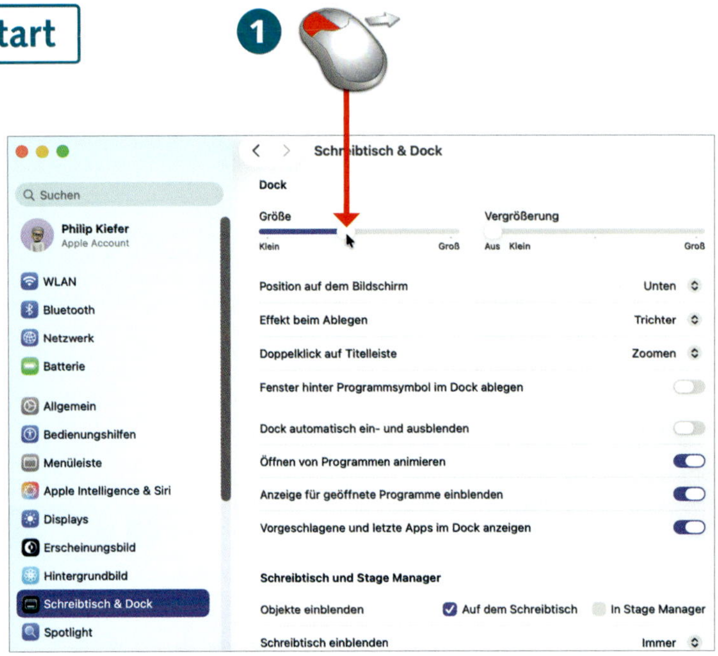

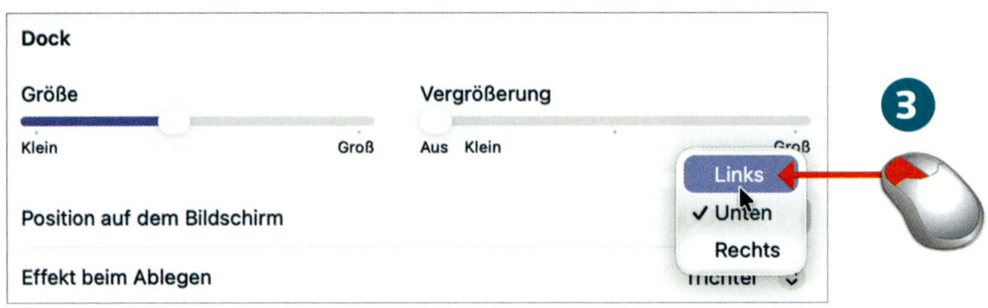

1 Entscheiden Sie sich in den *Systemeinstellungen* für die Kategorie *Schreibtisch & Dock*, werden Ihnen die verfügbaren Konfigurationsmöglichkeiten angezeigt. Möchten Sie das Dock vergrößern, ziehen Sie den Schieberegler *Größe* bei gedrückter Maustaste nach rechts.

2 Ziehen Sie hingegen den Schieberegler *Vergrößerung* nach rechts, wird bewirkt, dass die Symbole im Dock vergrößert dargestellt werden, wenn Sie den Mauszeiger darüber bewegen.

3 Das Dock kann außer am unteren Bildschirmrand auch am linken oder rechten Bildschirmrand dargestellt werden. Treffen Sie Ihre Auswahl bei *Position auf dem Bildschirm*.

WISSEN

Das Dock ist, wie bereits erwähnt, die Schaltzentrale für Ihre wichtigsten Apps. Ein Mausklick auf das entsprechende Symbol genügt, um eine App zu öffnen. Auch anderweitig geöffnete Apps werden im Dock angezeigt. Das Dock ist aber nicht in Stein gemeißelt, sondern lässt sich in mancherlei Hinsicht anpassen. Die in diesem Zusammenhang wichtigsten Funktionen stelle ich Ihnen auf dieser Doppelseite vor.

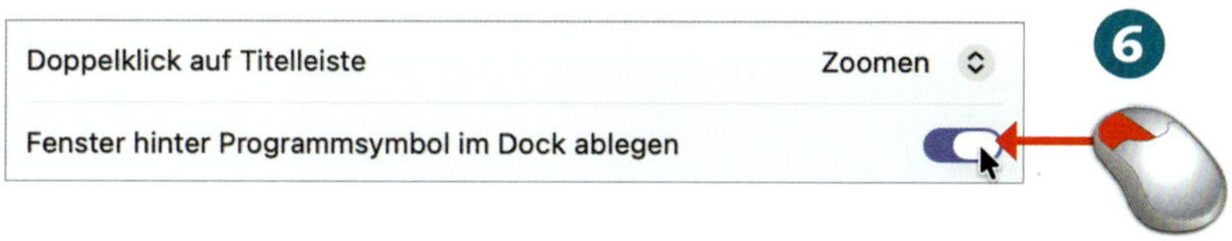

4 Ein App-Fenster statt per Symbol mit einem Doppelklick in die Titelleiste ausblenden: Wählen Sie dazu bei *Doppelklick auf Titelleiste* die Option *Minimieren*.

5 Soll das Dock nur bei Bedarf eingeblendet werden, wenn Sie den Mauszeiger an den unteren (bzw. linken oder rechten) Bildschirmrand bewegen? Dazu aktivieren Sie den Schalter *Dock automatisch ein- und ausblenden*.

6 Ausgeblendete App-Fenster werden standardmäßig im rechten Bereich des Docks abgelegt. Zum Ablegen im linken Bereich aktivieren Sie den Schalter *Fenster hinter Programmsymbol im Dock ablegen*.

Ende

TIPP

Das Dock lässt sich bei gedrückter Maustaste vergrößern oder verkleinern: Klicken Sie dazu im Dock auf den Trennstrich zwischen linkem und rechtem Bereich und ziehen Sie bei gedrückter Maustaste.

TIPP

Standardmäßig werden Ihnen im Dock auch die zuletzt verwendeten Apps angezeigt. Falls Sie dies nicht wünschen, deaktivieren Sie das Kontrollkästchen *Vorgeschlagene und letzte Apps im Dock anzeigen*.

Start

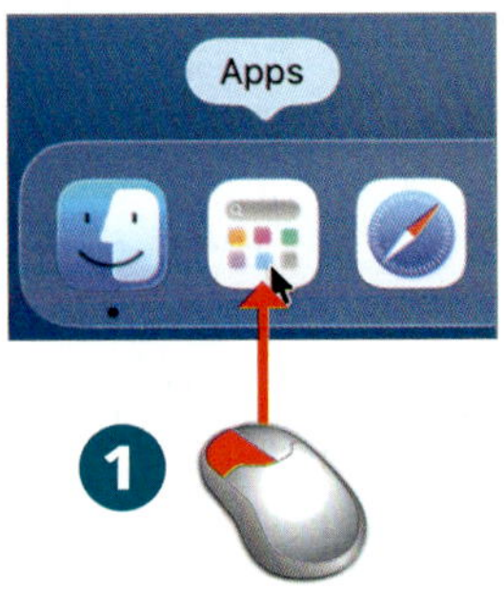

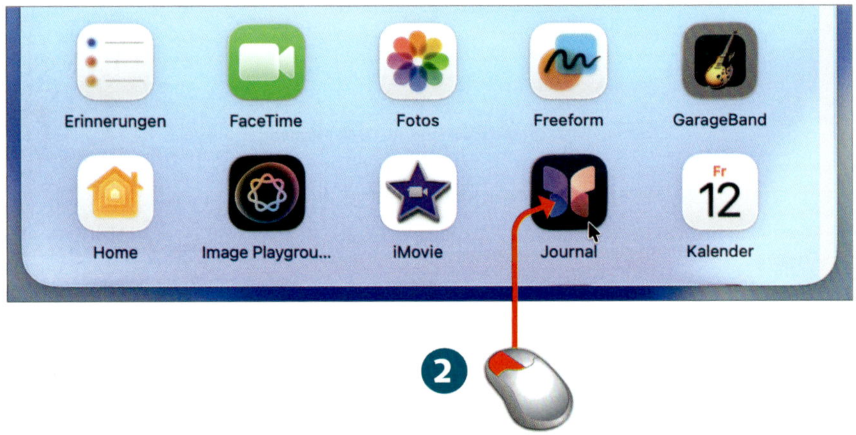

1. Rufen Sie zunächst die App-Bibliothek auf, um eine Übersicht über die auf Ihrem Mac installierten Apps zu erhalten.
2. Klicken Sie die App, die Sie dem Dock hinzufügen möchten, mit der Maus an und halten Sie die linke Maustaste gedrückt.
3. Ziehen Sie die App bei gedrückter Maustaste in den linken Bereich des Docks (links neben dem Trennstrich) und lassen Sie dann die Maustaste los.

WISSEN

Legen Sie all diejenigen Apps ins Dock, die Sie häufig benötigen – das Öffnen in der App-Bibliothek braucht mindestens einen Mausklick mehr. Achten Sie aber darauf, dass das Dock nicht unübersichtlich wird! Auf dieser Doppelseite stelle ich Ihnen zwei Methoden vor, um dem Dock eine App hinzuzufügen. Ich zeige Ihnen außerdem, wie Sie nicht benötigte Symbole wieder aus dem Dock entfernen.

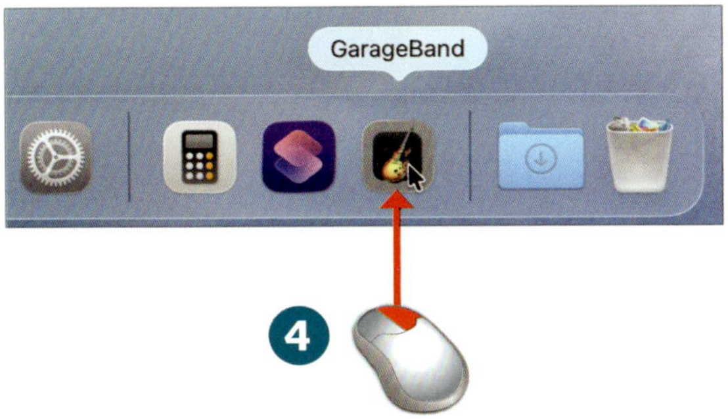

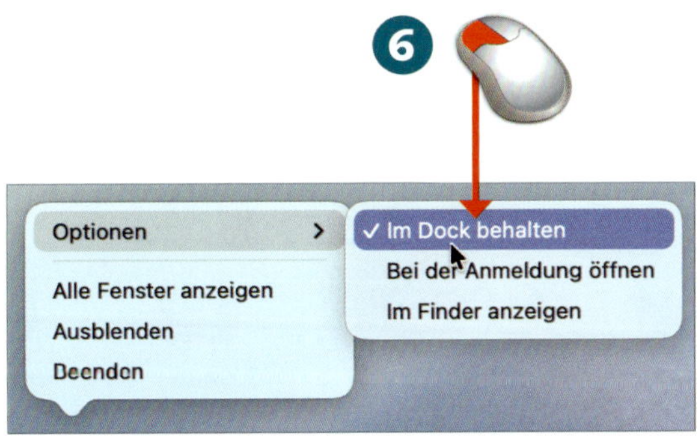

4 Wenn eine App bereits geöffnet ist, klicken Sie das App-Symbol im Dock mit der rechten Maustaste bzw. bei gedrückter control-Taste an.

5 Im Kontextmenü wählen Sie anschließend *Optionen/Im Dock behalten*.

6 Um ein Symbol wieder aus dem Dock zu entfernen, öffnen Sie ebenfalls das Kontextmenü aus Schritt 5 und wählen erneut *Optionen/Im Dock behalten*, um das zugehörige Häkchen zu entfernen.

Ende

HINWEIS

Sie finden in der App-Bibliothek auch die »App« Mission Control. Legen Sie diese ins Dock, um eine zusätzliche Option zum Aufrufen der Mission Control zu erhalten.

TIPP

Auch so können Sie ein Symbol aus dem Dock entfernen: Klicken Sie es an und ziehen Sie es bei gedrückter Maustaste in den oberen Bereich des Schreibtisches.

Start

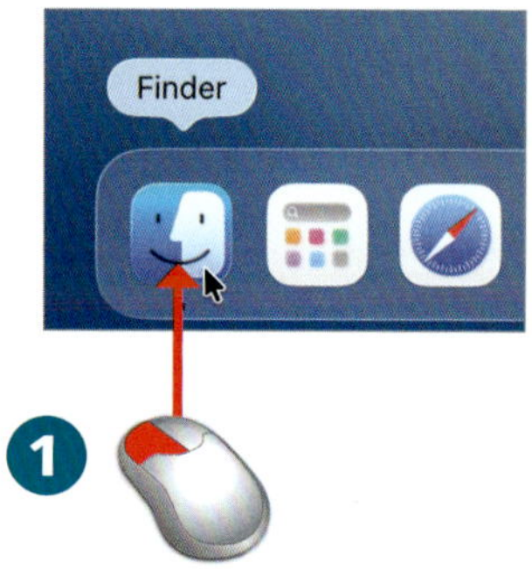

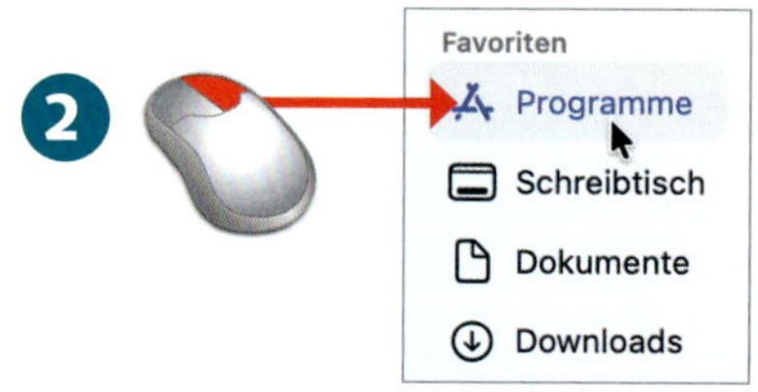

1. Klicken Sie ganz links im Dock auf das Symbol des Finders.
2. Über die verschiedenen Funktionen des Finders machen Sie sich zu diesem Zeitpunkt noch keine Gedanken. Sie klicken nur mit der rechten Maustaste bzw. bei gedrückter control-Taste auf den Eintrag *Programme*.
3. Im Kontextmenü entscheiden Sie sich für den Eintrag *Zum Dock hinzufügen*.

WISSEN

Falls Ihnen die Nutzung der App-Bibliothek in macOS Tahoe nicht zusagt, können Sie als Alternative den Programmordner im Dock ablegen. Der Programmordner ist einfach derjenige Ordner, in dem die auf Ihrem Mac installierten Apps gespeichert werden. Machen Sie in diesem Zusammenhang erste Bekanntschaft mit dem Finder.

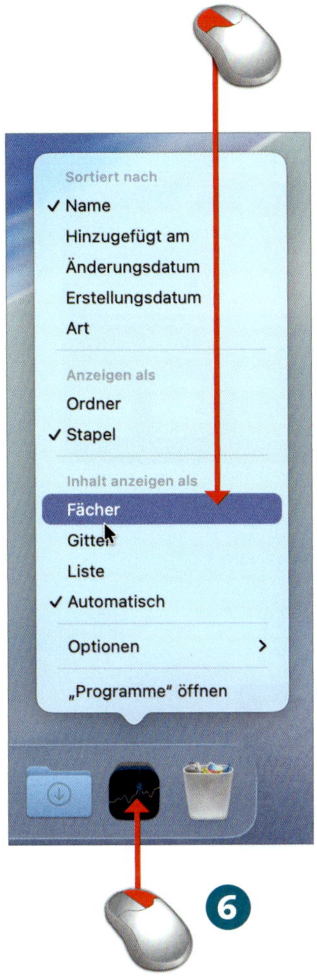

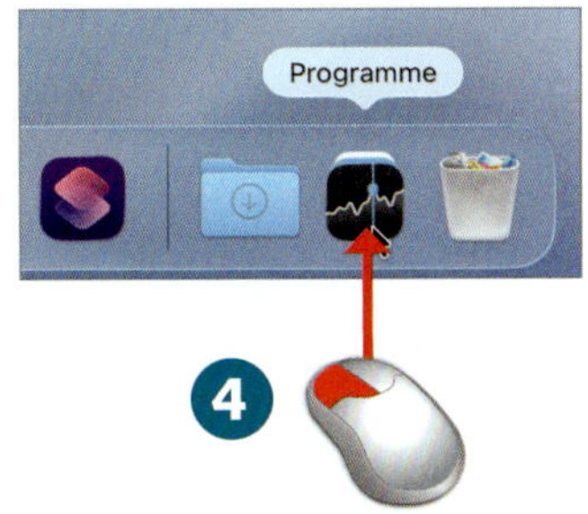

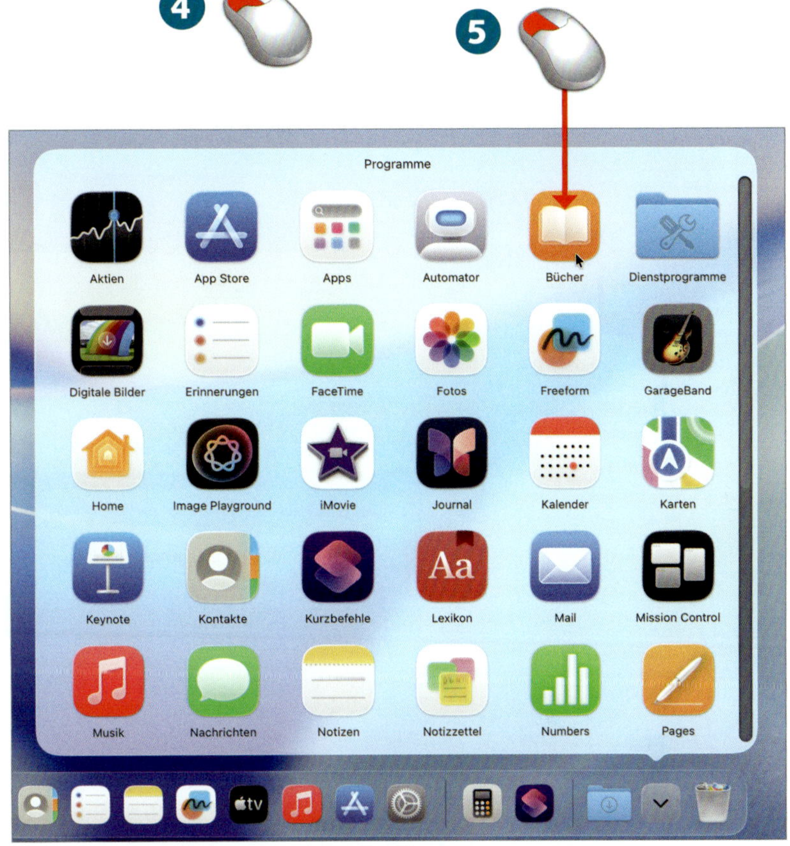

4. Der Ordner befindet sich nun im rechten Bereich des Docks. Klicken Sie ihn an, um ihn zu öffnen.
5. Klicken Sie eine App an, um diese zu starten.
6. Pfiffigere Darstellung gewünscht? Dann klicken Sie mit der rechten Maustaste bzw. bei gedrückter control-Taste auf den Ordner. Entscheiden Sie sich nun für *Fächer*.

Ende

HINWEIS

Nicht nur der Programmordner, sondern auch andere häufig benötigte Ordner lassen sich auf diese Weise dem Dock hinzufügen.

HINWEIS

Wie bei den Apps können Sie auch einen Ordner bei gedrückter Maustaste ins Dock ziehen, in diesem Fall in den rechten Bereich (rechts neben dem Trennstrich).

Start

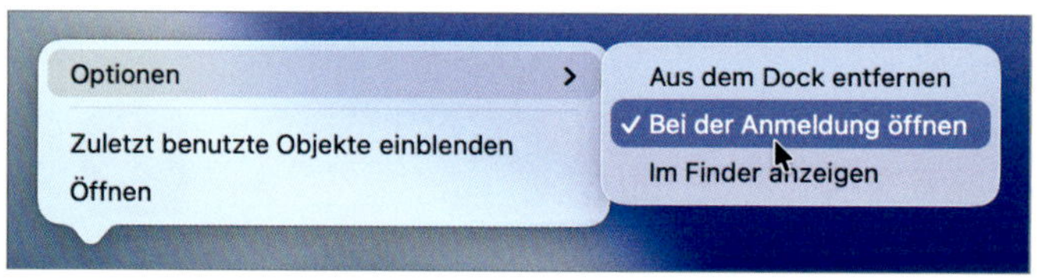

1. Klicken Sie die App, die beim Mac-Start automatisch geöffnet werden soll, im Dock mit der rechten Maustaste bzw. bei gedrückter *control*-Taste an.
2. Im Kontextmenü wählen Sie nun *Optionen/Bei der Anmeldung öffnen*.
3. Wenn Sie das Menü erneut aufrufen, stellen Sie fest, dass der Eintrag *Bei der Anmeldung öffnen* mit einem Häkchen versehen ist. Um es wieder zu entfernen, klicken Sie den Eintrag einfach erneut an.

WISSEN

Wenn Sie eine App nach dem Start Ihres Macs sowieso jedes Mal aufrufen, lassen Sie diese doch automatisch öffnen. Sie steht dann sofort zur Verfügung. Fügen Sie aber nicht zu viele Apps den »Anmeldeobjekten« hinzu, damit der Start des Computers sich nicht unnötig verzögert! Das automatische Starten einer App konfigurieren Sie mit wenigen Mausklicks.

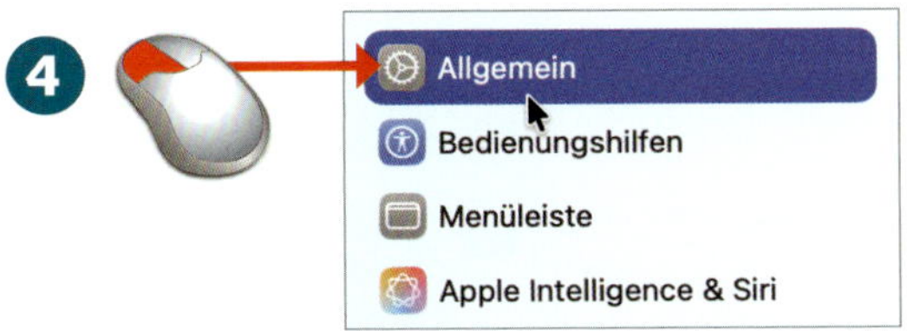

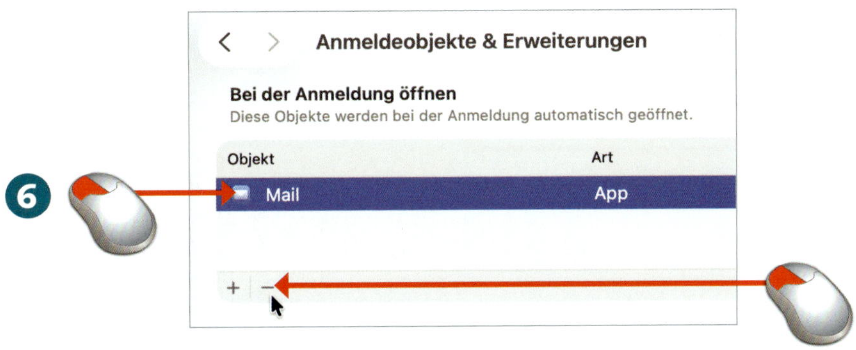

4. Eine Übersicht über Ihre Anmeldeobjekte erhalten Sie, wenn Sie sich in den *Systemeinstellungen* für die Kategorie *Allgemein* entscheiden.
5. Klicken Sie anschließend auf den Reiter *Anmeldeobjekte & Erweiterungen*.
6. Um ein Anmeldeobjekt hier zu entfernen, wählen Sie es aus und klicken dann auf das Minussymbol [−].

Ende

HINWEIS

Die Schritte 1 bis 3 funktionieren auch mit Apps, die Sie nicht dauerhaft im Dock liegen haben. In diesem Fall öffnen Sie die App zunächst.

TIPP

Um weitere Anmeldeobjekte direkt in der Übersicht hinzuzufügen, klicken Sie im Fenster aus Schritt 6 auf das Plussymbol [+].

Start

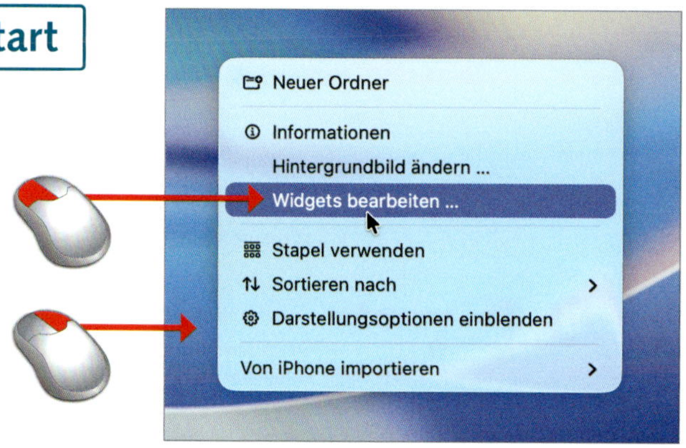

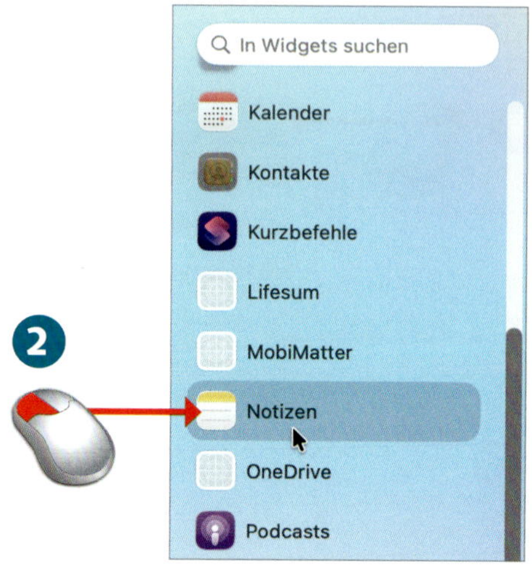

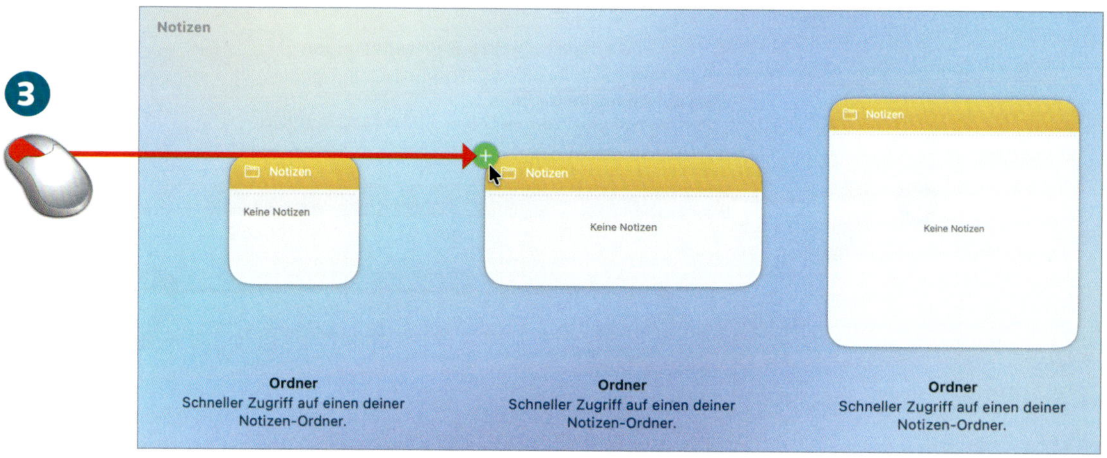

1. Klicken Sie mit der rechten Maustaste auf eine freie Fläche des Schreibtisches und entscheiden Sie sich im Kontextmenü für den Eintrag *Widgets bearbeiten*.
2. Wählen Sie eine App aus, von der Sie ein Widget auf den Schreibtisch legen möchten, hier im Beispiel die App *Notizen*.
3. Entscheiden Sie sich für eines der angebotenen Widgets. Um ein Widget hinzuzufügen, klicken Sie auf das grüne Plussymbol ⊕.

WISSEN

Mit Widgets erhalten Sie die Informationen und Funktionen vieler Apps direkt auf dem Schreibtisch serviert. Erfahren Sie auf dieser Doppelseite, wie Sie neue Widgets hinzufügen und bereits vorhandene Widgets bearbeiten.

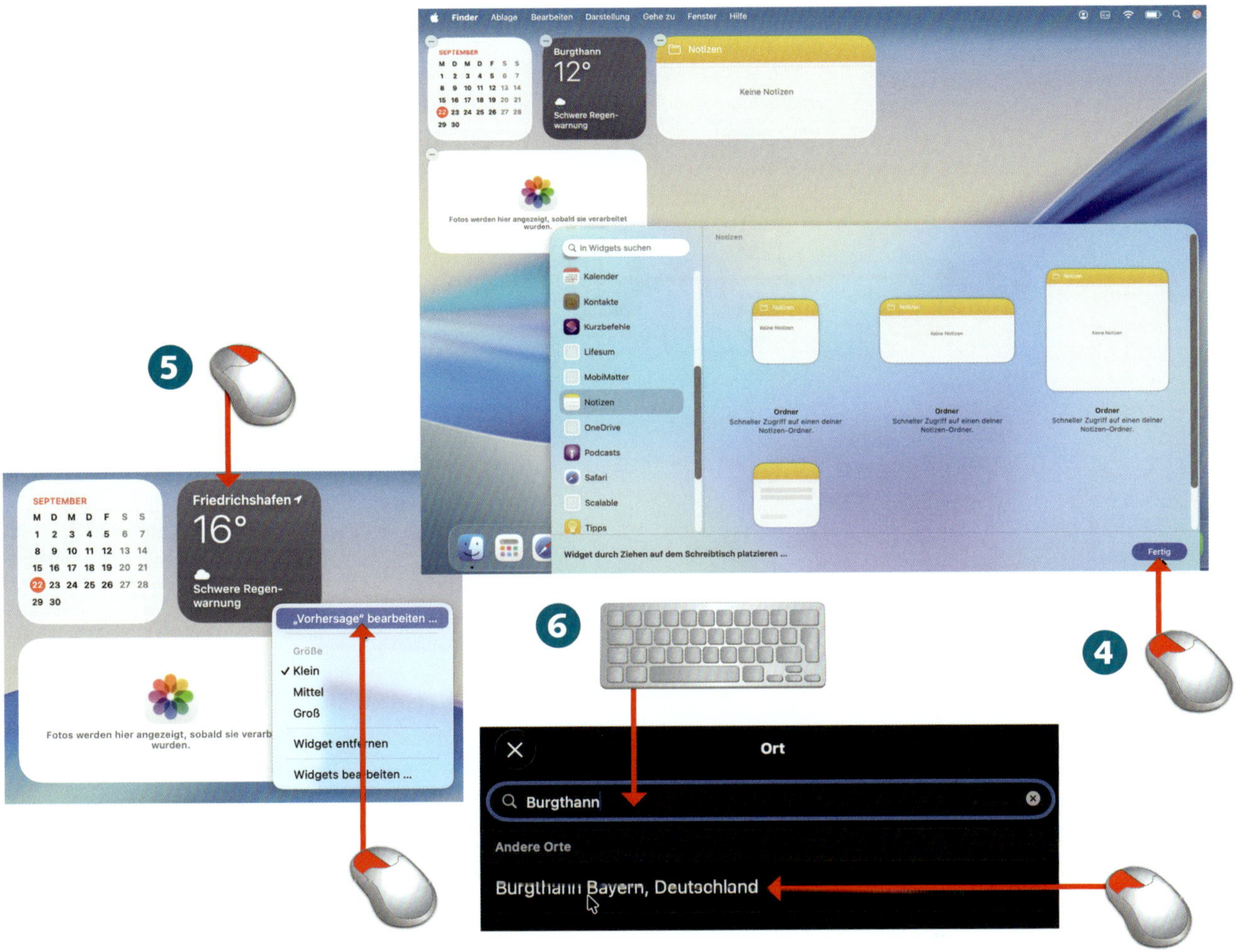

4. Das Widget steht nun auf dem Schreibtisch zur Verfügung. Zum Entfernen klicken Sie auf das Minussymbol ⊖. Um die Bearbeitung zu beenden, klicken Sie auf die Schaltfläche *Fertig*.
5. Bei einigen Widgets möchten Sie weitere Einstellungen vornehmen. Klicken Sie z. B. das Wetter-Widget an und wählen Sie im Kontextmenü den Eintrag *„Vorhersage" bearbeiten*.
6. Nun können Sie den Ort ändern, für den das Wetter im Widget angezeigt wird.

Ende

TIPP

Ein Schreibtisch-Widget lässt sich auch nachträglich jederzeit in eine andere Position bringen, indem Sie es anklicken und bei gedrückter Maustaste ziehen.

HINWEIS

Haben Sie ein Widget der Mitteilungszentrale hinzugefügt (vgl. Kapitel 7), können Sie es auch von dort bei gedrückter Maustaste auf den Schreibtisch ziehen – und umgekehrt.

Start

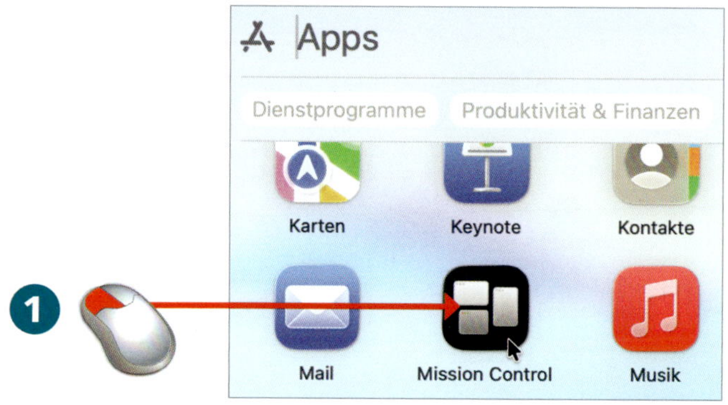

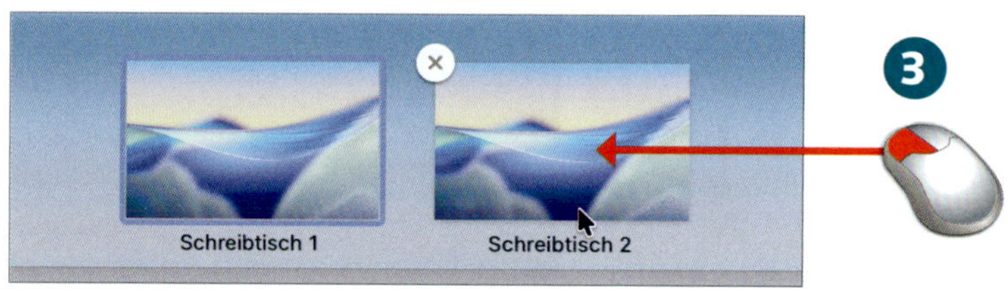

1. Rufen Sie die Mission Control auf – entweder per Tastatur, wie bereits kennengelernt, oder wie hier per Symbol in der App-Bibliothek.

2. Bewegen Sie den Mauszeiger in die rechte obere Ecke des Bildschirms und klicken Sie auf die Schaltfläche mit dem Pluszeichen.

3. Der Schreibtisch wird eingerichtet. Klicken Sie ihn in der Mission Control an, um ihn auszuwählen.

WISSEN

Wenn Sie viele Objekte auf dem Schreibtisch ablegen, können Sie diese auch auf mehreren Schreibtischen anordnen. Der Wechsel zwischen den Schreibtischen erfolgt in der Mission Control, durch Streichen auf Magic Mouse oder Trackpad oder mit den Tasten [control]+[→] bzw. [control]+[←].

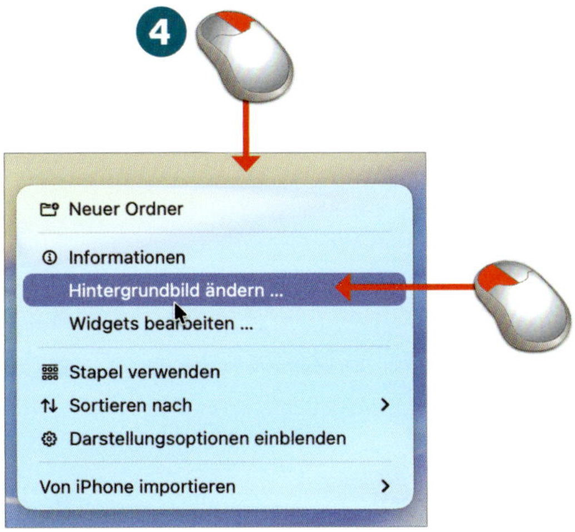

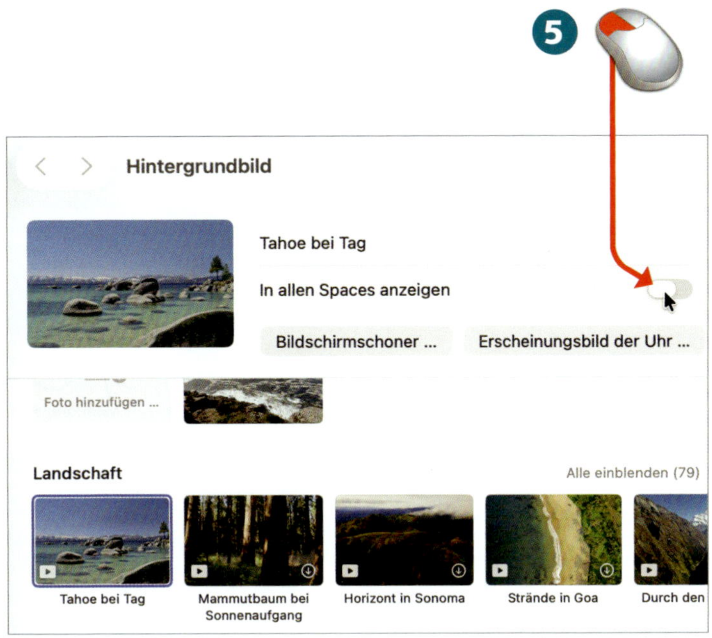

4 Um die Schreibtische besser unterscheiden zu können, verpassen Sie jedem Schreibtisch einen eigenen Hintergrund. Also: mit rechtem Mausklick bzw. bei gedrückter control-Taste auf den Schreibtisch klicken und *Hintergrundbild ändern* wählen.

5 Achten Sie darauf, den Schalter *In allen Spaces anzeigen* zu deaktivieren. Legen Sie dann den gewünschten Schreibtischhintergrund per Mausklick fest.

6 Auch in der Mission Control wird der neue Schreibtischhintergrund dargestellt.

Ende

TIPP

Einen Schreibtisch wieder entfernen: Bewegen Sie in der Mission Control den Mauszeiger darauf und klicken Sie auf das dadurch eingeblendete Symbol ⊗.

TIPP

Die Schreibtische anders anordnen: Ziehen Sie einen Schreibtisch in der Mission Control bei gedrückter Maustaste in die gewünschte Position.

Start

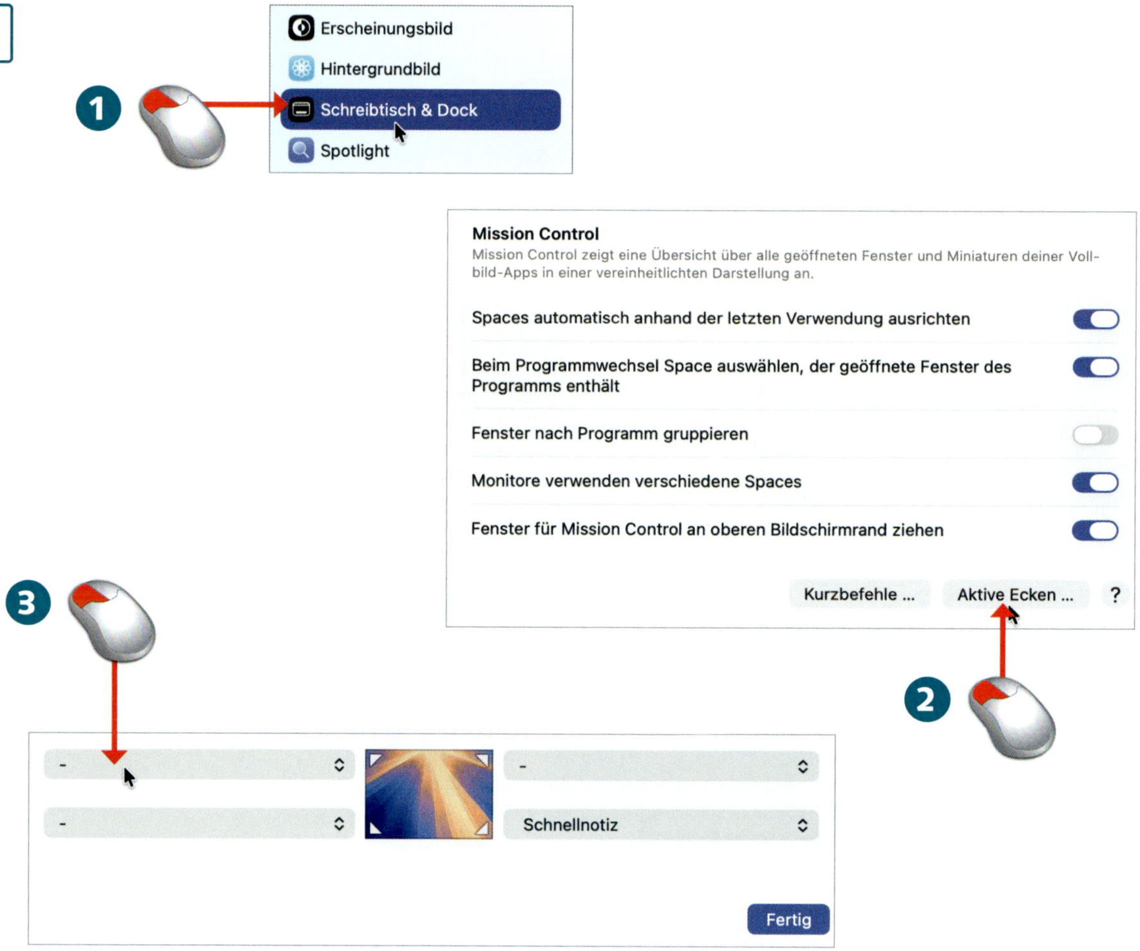

1. Öffnen Sie die *Systemeinstellungen* und wählen Sie die Kategorie *Schreibtisch & Dock*.

2. Klicken Sie anschließend ganz unten im Fenster auf die Schaltfläche *Aktive Ecken*.

3. Die vier Ecken werden in Form von Menüs dargestellt. Für die rechte untere Ecke steht die Funktion *Schnellnotiz* bereits zur Verfügung. Klicken Sie auf ein weiteres Menü.

WISSEN

Mithilfe von »aktiven Ecken« lassen sich bestimmte Systemfunktionen auf Ihrem Mac schneller aufrufen – ganz einfach dadurch, dass Sie den Mauszeiger in eine Ecke des Bildschirms bewegen. Wie Sie die Ecken der Benutzeroberfläche mit Funktionen belegen, zeige ich Ihnen auf dieser Doppelseite.

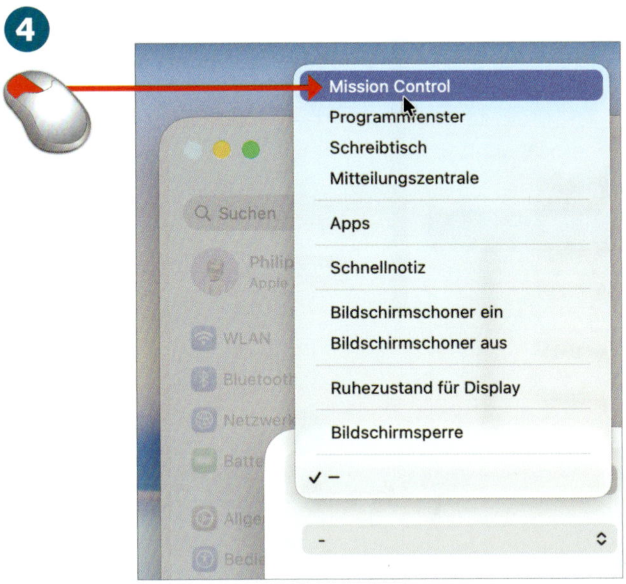

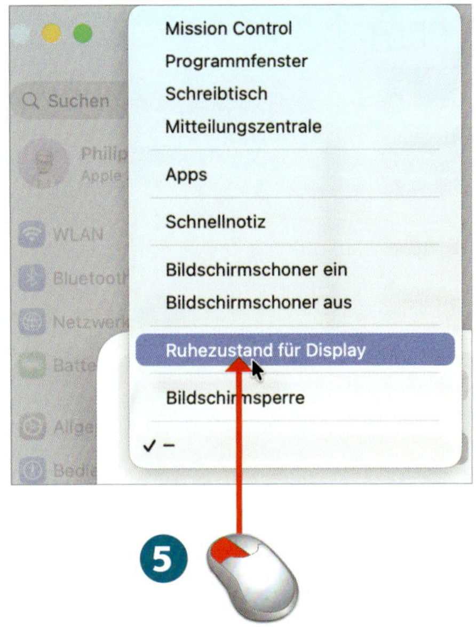

4. Wählen Sie eine Funktion für die aktive Ecke aus. In diesem Fall entscheide ich mich für das Aufrufen der Mission Control, wenn ich den Mauszeiger in die linke obere Ecke bewege.
5. Wiederholen Sie das Ganze gegebenenfalls mit weiteren Ecken.
6. Bestätigen Sie Ihre Einstellungen mit *Fertig*.

Ende

TIPP

Eine empfehlenswerte Funktion ist *Ruhezustand für Display* (vgl. Schritt 5) – damit schalten Sie den Bildschirm in Pausen aus, ohne dass sich gleich der ganze Rechner in den Ruhezustand begibt.

HINWEIS

Sie möchten eine aktive Ecke wieder deaktivieren? Dann wählen Sie unten im Menü aus Schritt 4 und Schritt 5 den Bindestrich aus.

Start

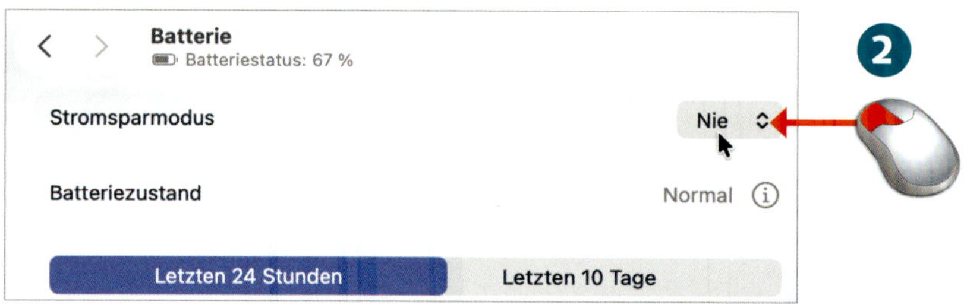

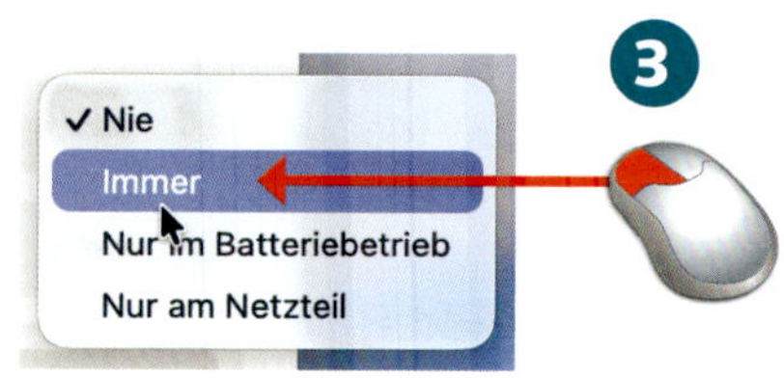

1 Öffnen Sie die *Systemeinstellungen* und wählen Sie auf einem MacBook die Kategorie *Batterie*.

2 Sie erhalten eine Übersicht über den Batteriezustand. Bei *Stromsparmodus* können Sie außerdem einen dauerhaften Stromsparmodus einstellen, dazu öffnen Sie das entsprechende Menü.

3 Für einen dauerhaften Stromsparmodus entscheiden Sie sich nun für die Option *Immer*.

WISSEN

Macs sind trotz ihrer Leistung relativ sparsam. Durch Energieeinstellungen, die an Ihr Nutzungsverhalten angepasst sind, lässt sich der Stromverbrauch noch weiter reduzieren. Nutzen Sie den Stromsparmodus und sorgen Sie dafür, dass das Display bei Nichtnutzung abgeschaltet wird.

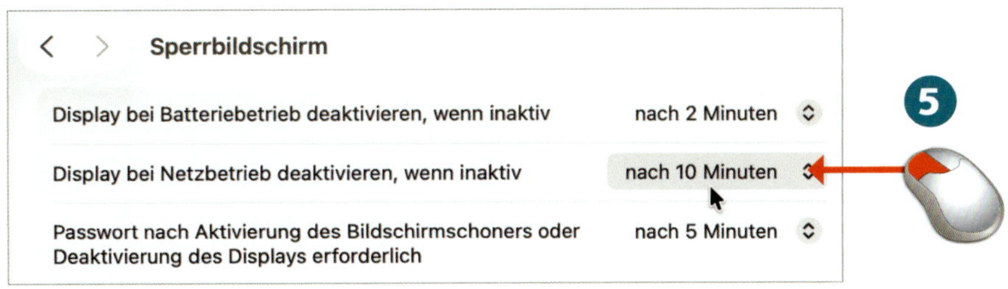

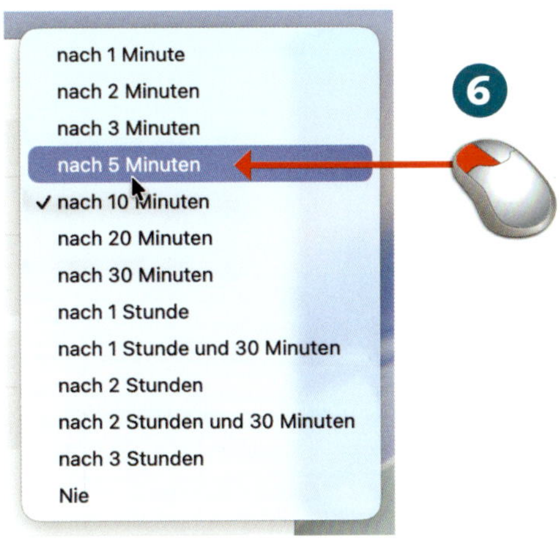

4 Nun möchten Sie bestimmen, wann das Display ausgeschaltet werden soll. Dazu entscheiden Sie sich in den *Systemeinstellungen* für die Kategorie *Sperrbildschirm*.

5 Öffnen Sie das Menü bei »Batteriebetrieb« oder »Netzbetrieb«, hier wähle ich das Menü bei *Display bei Netzbetrieb deaktivieren, wenn inaktiv*.

6 Bestimmen Sie nun einfach im Menü die gewünschte Minutenzahl.

Ende

TIPP

Um weniger Strom zu verbrauchen, können Sie – etwa im Kontrollzentrum – die Displayhelligkeit noch etwas mehr reduzieren.

HINWEIS

Sie wissen bereits: Im Apfelmenü unter dem Symbol finden Sie den Eintrag *Ruhezustand*, um Ihren Mac manuell in den Ruhezustand zu versetzen.

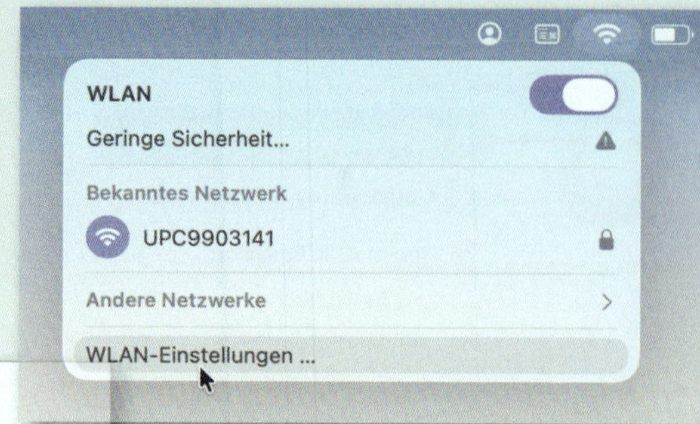
WLAN
Geringe Sicherheit...
Bekanntes Netzwerk
UPC9903141
Andere Netzwerke
WLAN-Einstellungen ...

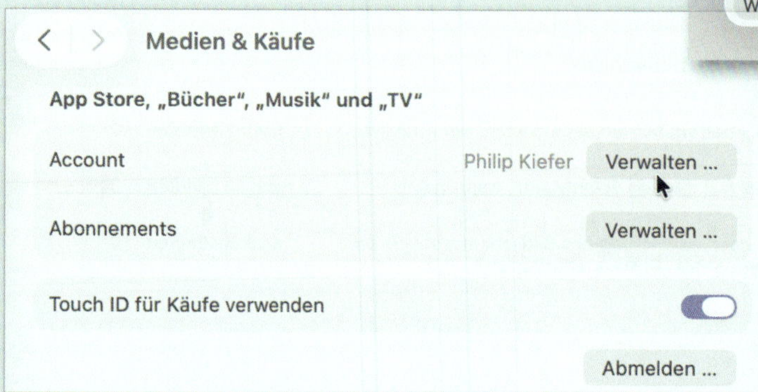
Medien & Käufe
App Store, „Bücher“, „Musik“ und „TV“
Account
Philip Kiefer
Verwalten ...
Abonnements
Verwalten ...
Touch ID für Käufe verwenden
Abmelden ...

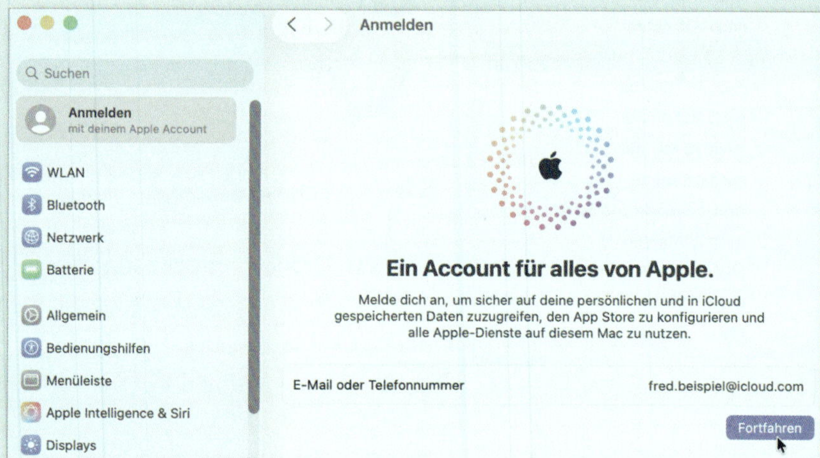
Anmelden
Suchen
Anmelden
mit deinem Apple Account
WLAN
Bluetooth
Netzwerk
Batterie
Allgemein
Bedienungshilfen
Menüleiste
Apple Intelligence & Siri
Displays
Ein Account für alles von Apple.
Melde dich an, um sicher auf deine persönlichen und in iCloud gespeicherten Daten zuzugreifen, den App Store zu konfigurieren und alle Apple-Dienste auf diesem Mac zu nutzen.
E-Mail oder Telefonnummer
fred.beispiel@icloud.com
Fortfahren

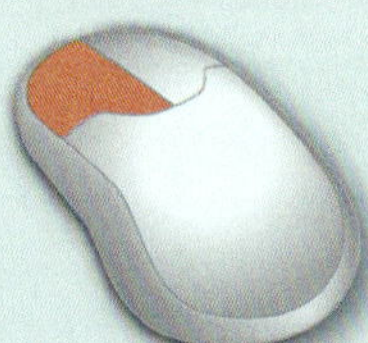

Orte
iCloud Drive
philipkiefer
Philips iPhone
AirDrop
Netzwerk
Papierkorb

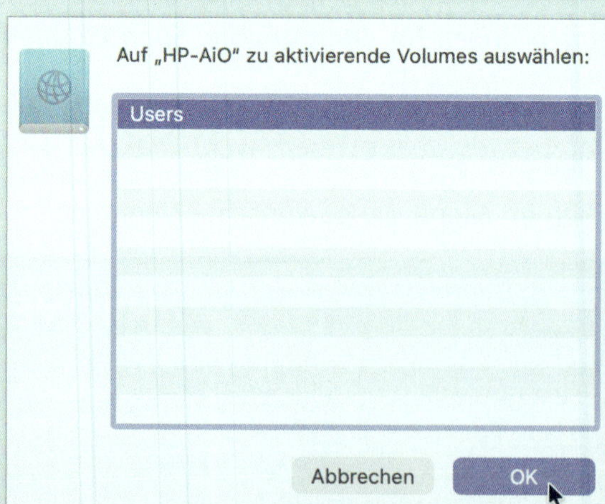
Auf „HP-AiO“ zu aktivierende Volumes auswählen:
Users
Abbrechen
OK

3

Heimnetzwerk, Internet, Cloud im Griff

Mit nicht geringer Wahrscheinlichkeit verwenden Sie zu Hause neben Ihrem Mac noch weitere Geräte, etwa ein iPhone, ein iPad oder einen Windows-PC. Und natürlich möchten Sie Daten zwischen diesen Geräten möglichst komfortabel austauschen. Verwenden Sie für den Datenaustausch entweder ein Heimnetzwerk oder synchronisieren Sie die Daten in einer Cloud im Internet.

In diesem Kapitel lesen Sie, wie Sie eine WLAN-Verbindung herstellen, um ins Internet zu gelangen, wie Sie einen neuen Apple Account (vormals: Apple-ID) einrichten, Ihre iCloud-Einstellungen verwalten und Dateien in einem lokalen Netzwerk austauschen. Falls Sie neben Ihrem Mac auch ein iPhone oder iPad nutzen: Auch der Datenaustausch mit diesen Geräten wird beschrieben. Sie erfahren außerdem, wie Sie weitere Geräte mithilfe von Bluetooth verbinden.

Start

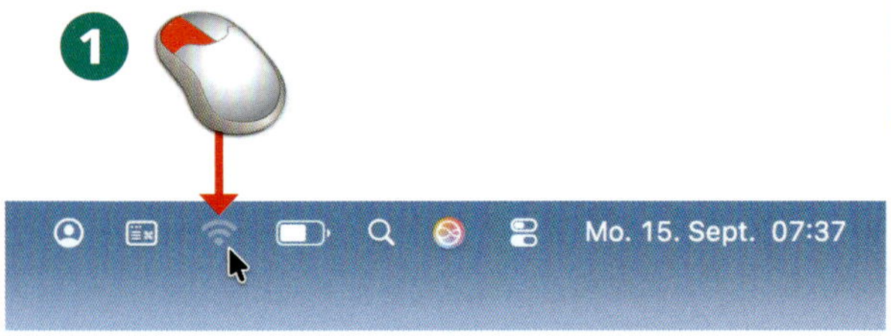

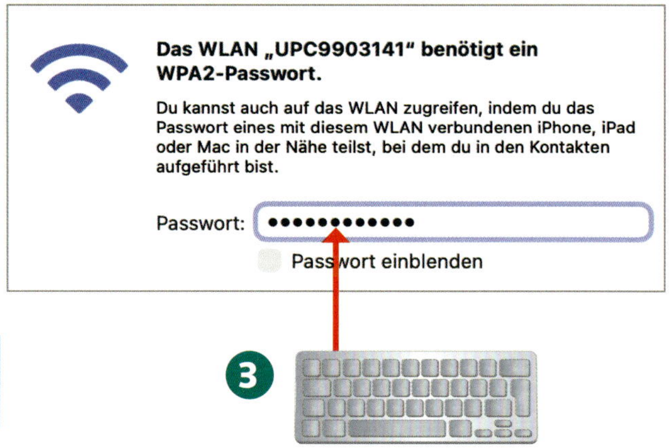

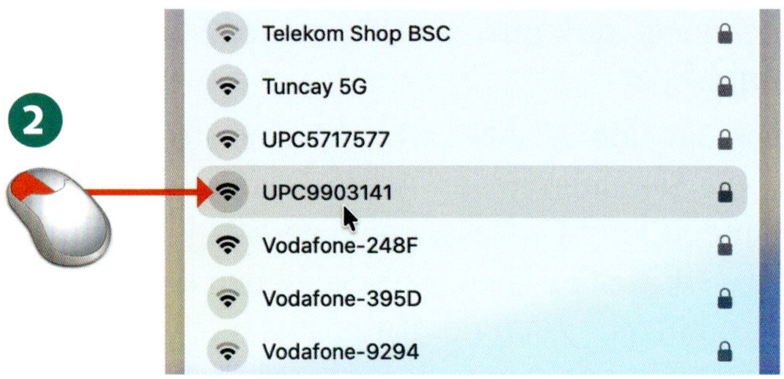

1. Klicken Sie rechts oben auf dem Bildschirm auf das bei nicht hergestellter WLAN-Verbindung blasse WLAN-Menulet .
2. Wählen Sie das gewünschte WLAN in der Liste aus. Auch WLAN-Netzwerke aus der Nachbarschaft können Sie in der Liste sehen.
3. Geben Sie das zum WLAN gehörende Passwort ein. Dieses wird auch als Sicherheitsschlüssel bezeichnet.

WISSEN

Egal, ob zu Hause oder unterwegs – in den meisten Fällen werden Sie mit Ihrem Mac über ein WLAN (auch Wi-Fi genannt) ins Internet gehen. Hierbei wird eine Verbindung mit einem WLAN-Router hergestellt, der wiederum die Verbindung mit dem Internet aufbaut. Falls Sie noch nicht über ein funktionierendes WLAN verfügen sollten, lassen Sie es sich von Ihrem Telefonanbieter oder Kabelnetzanbieter einrichten.

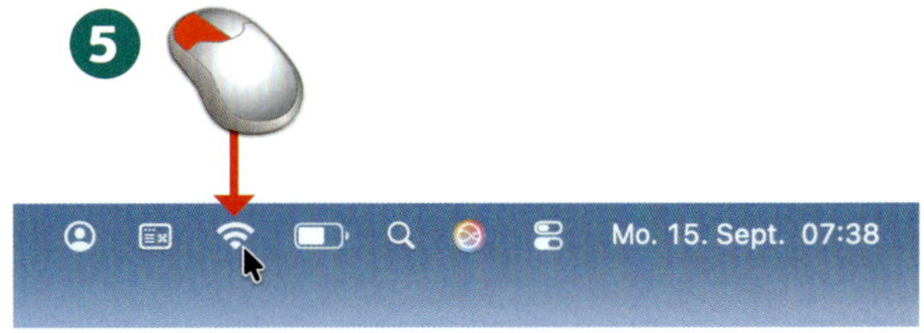

4 Klicken Sie auf die Schaltfläche *Verbinden*.

5 Die Verbindung wird hergestellt. Um eine Verbindung wieder zu trennen, klicken Sie auf das jetzt ausgefüllte WLAN-Menulet .

6 Das WLAN wird unter *Bekanntes Netzwerk* angezeigt und kann dort per Mausklick deaktiviert und wieder aktiviert werden.

Ende

HINWEIS

Unterwegs stellen Sie die WLAN-Verbindung auf die gleiche Weise her – Sie benötigen nur die Zugangsdaten. WLAN-Hotspots gibt es an Flughäfen, in vielen Hotels etc.

HINWEIS

Unterwegs können Sie eine WLAN-Verbindung über ein Smartphone herstellen. Aktivieren Sie dort in den *Einstellungen* die Option *Persönlicher Hotspot*, können Sie auf dem Mac unter dem Symbol darauf zugreifen.

Start

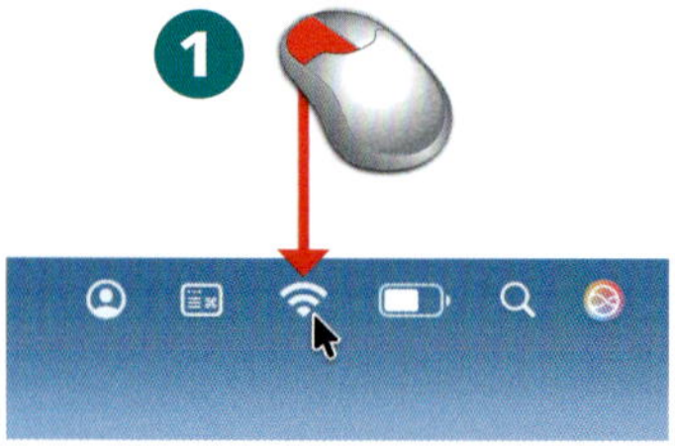

1. Klicken Sie auf das WLAN-Menulet .
2. Klicken Sie ganz unten im Menü auf den Eintrag *WLAN-Einstellungen*.
3. Klicken Sie beim aktuellen WLAN auf die Schaltfläche *Details*.

WISSEN

Für die Verwaltung Ihrer WLANs gehen Sie wieder in die *Systemeinstellungen* Ihres Macs. Auch dort haben Sie die Möglichkeit, ein WLAN auszuwählen. Sie können außerdem ein nicht mehr benötigtes WLAN aus Ihrer Liste entfernen.

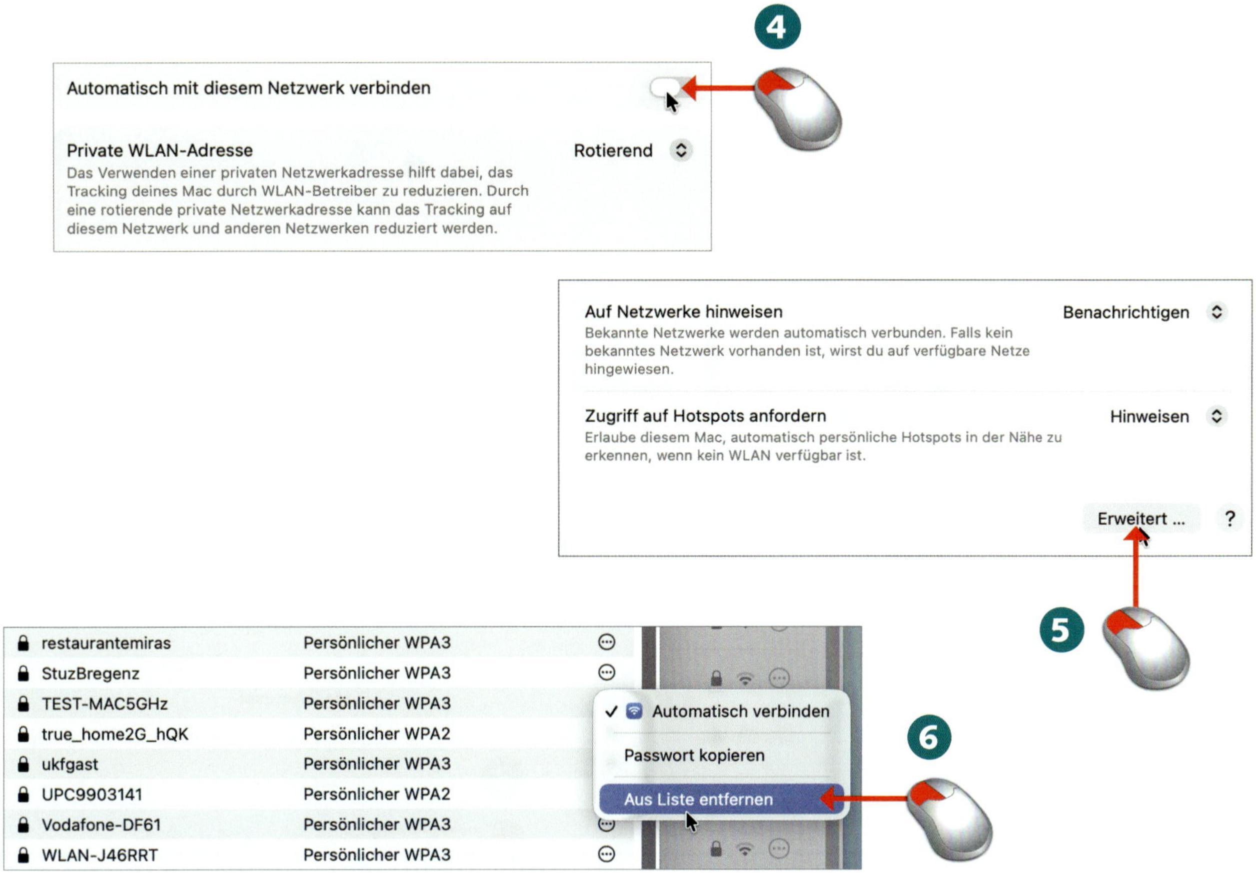

4 Deaktivieren Sie z. B. den Schalter *Automatisch mit diesem Netzwerk verbinden*, wenn Sie eine Verbindung zukünftig nur noch manuell herstellen möchten.

5 Um eine Liste aller gespeicherten WLANs zu erhalten, klicken Sie ganz unten in den WLAN-Einstellungen auf die Schaltfläche *Erweitert*.

6 Sie erhalten die Liste. Unter dem jeweiligen Symbol ⊙ rufen Sie die Verwaltungsoptionen auf, etwa *Aus Liste entfernen*.

Ende

FACHWORT

Die Abkürzung WLAN steht für **W**ireless **L**ocal **A**rea **N**etwork – übersetzt bedeutet das in etwa »drahtloses lokales Netzwerk«.

HINWEIS

Ein Netzwerk des Typs Ethernet stellt ein LAN her – ein **L**ocal **A**rea **N**etwork. In diesem Fall erfolgt die Verbindung zum Router, z. B. bei einem iMac, mithilfe eines Netzwerkkabels.

Start

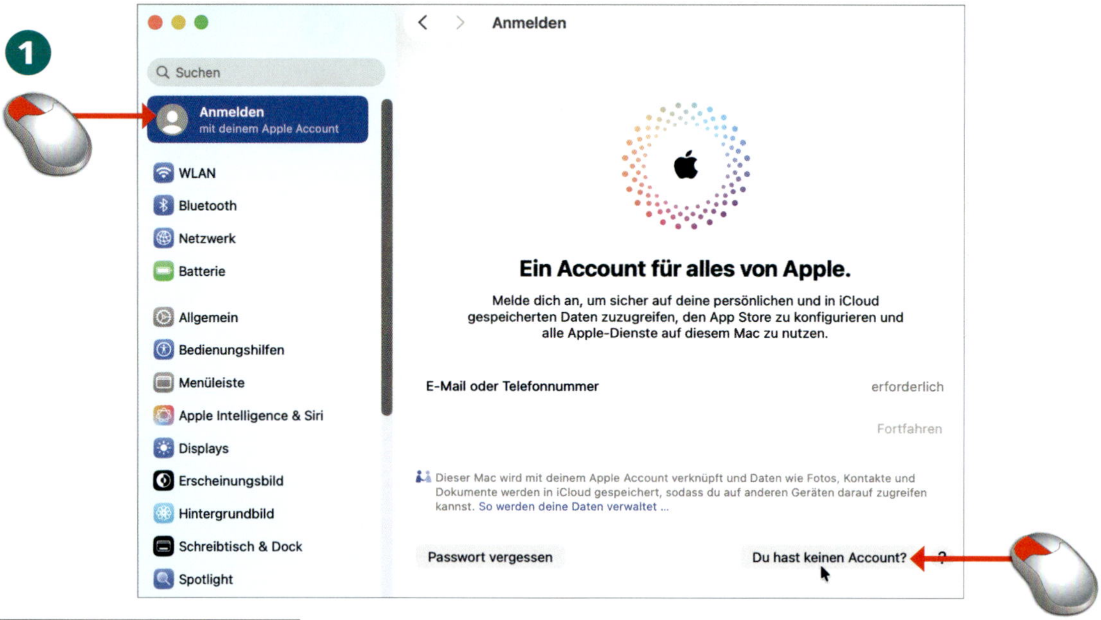

1. Klicken Sie in den *Systemeinstellungen* links auf *Anmelden* und entscheiden Sie sich anschließend für *Du hast keinen Account?*
2. Geben Sie im sich öffnenden Assistenten Ihren Namen und Ihr Geburtsdatum ein und bestätigen Sie Ihre Angaben mit *Fortfahren*.
3. Falls Sie eine bestehende Mailadresse für Ihren Apple Account nutzen möchten, geben Sie sie an. Sonst wählen Sie *Keine E-Mail-Adresse vorhanden?* und folgen den anschließenden Anweisungen.

WISSEN

Einen Apple Account benötigen Sie unbedingt. Er ist das Internetbenutzerkonto für Ihren Mac und alle möglichen Apple-Dienste. So brauchen Sie den Apple Account beispielsweise zum Herunterladen neuer Apps oder von Medieninhalten. Und auch für den Online-Speicher- und Synchronisierungsdienst iCloud ist der Apple Account erforderlich. Falls Sie nicht sowieso schon einen Apple Account beim Einrichten Ihres Macs erstellt haben, legen Sie nun einen an.

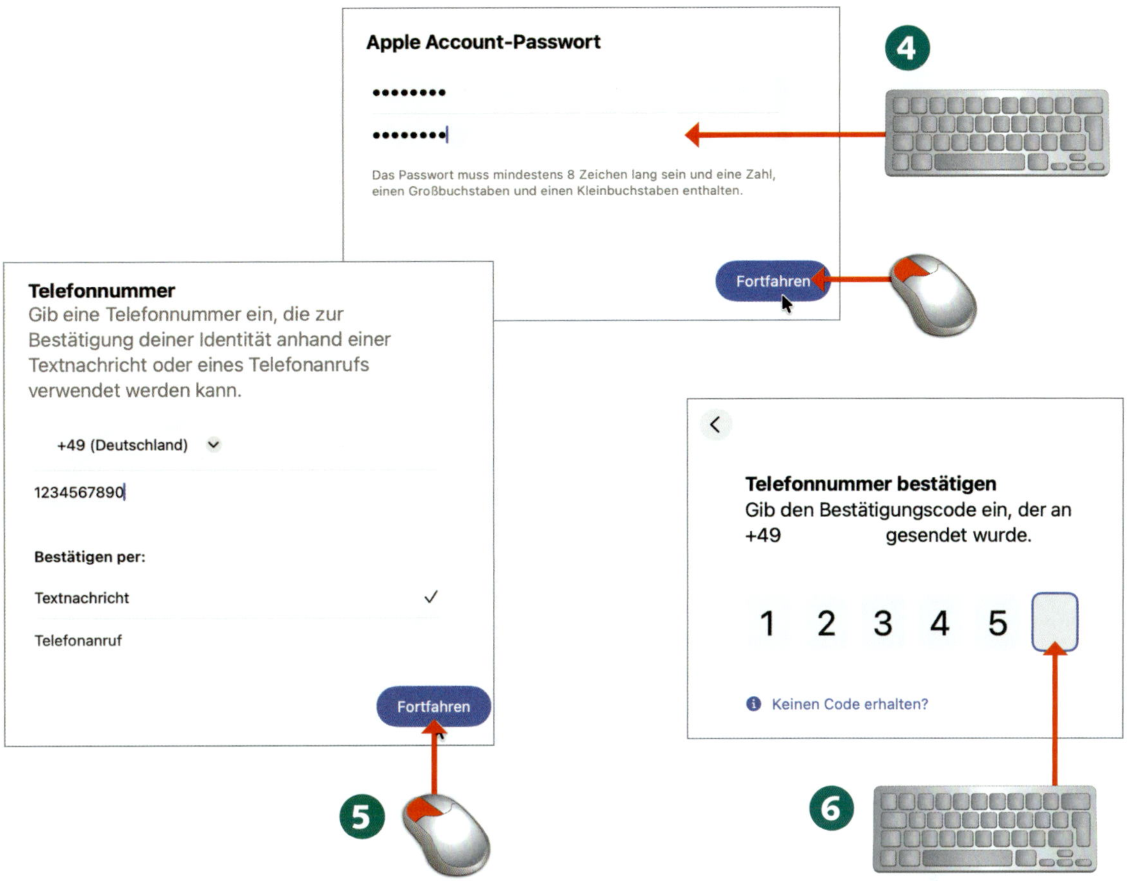

4 Wählen Sie ein sicheres Passwort. Es muss aus mindestens acht Zeichen bestehen und mindestens einen Großbuchstaben, einen Kleinbuchstaben sowie eine Zahl beinhalten. Bestätigen Sie mit *Fortfahren*.

5 Geben Sie Ihre Rufnummer ein und entscheiden Sie, ob Sie den Code per Textnachricht oder Telefonanruf erhalten möchten. Bestätigen Sie mit *Fortfahren*.

6 Tippen Sie den erhaltenen Code ein und schließen Sie das Erstellen des Apple Accounts ab.

Ende

TIPP

Einen Apple Account können Sie auch auf der Webseite *https://account.apple.com/account* anlegen. Diese Webseite dient gleichzeitig der Verwaltung Ihres Apple Accounts.

HINWEIS

Wichtig: Halten Sie die Zugangsdaten Ihres Apple Accounts genauso geheim wie die zu Ihrer Bankkarte gehörende Geheimzahl! Mit einem Apple Account lassen sich viele Dinge anstellen.

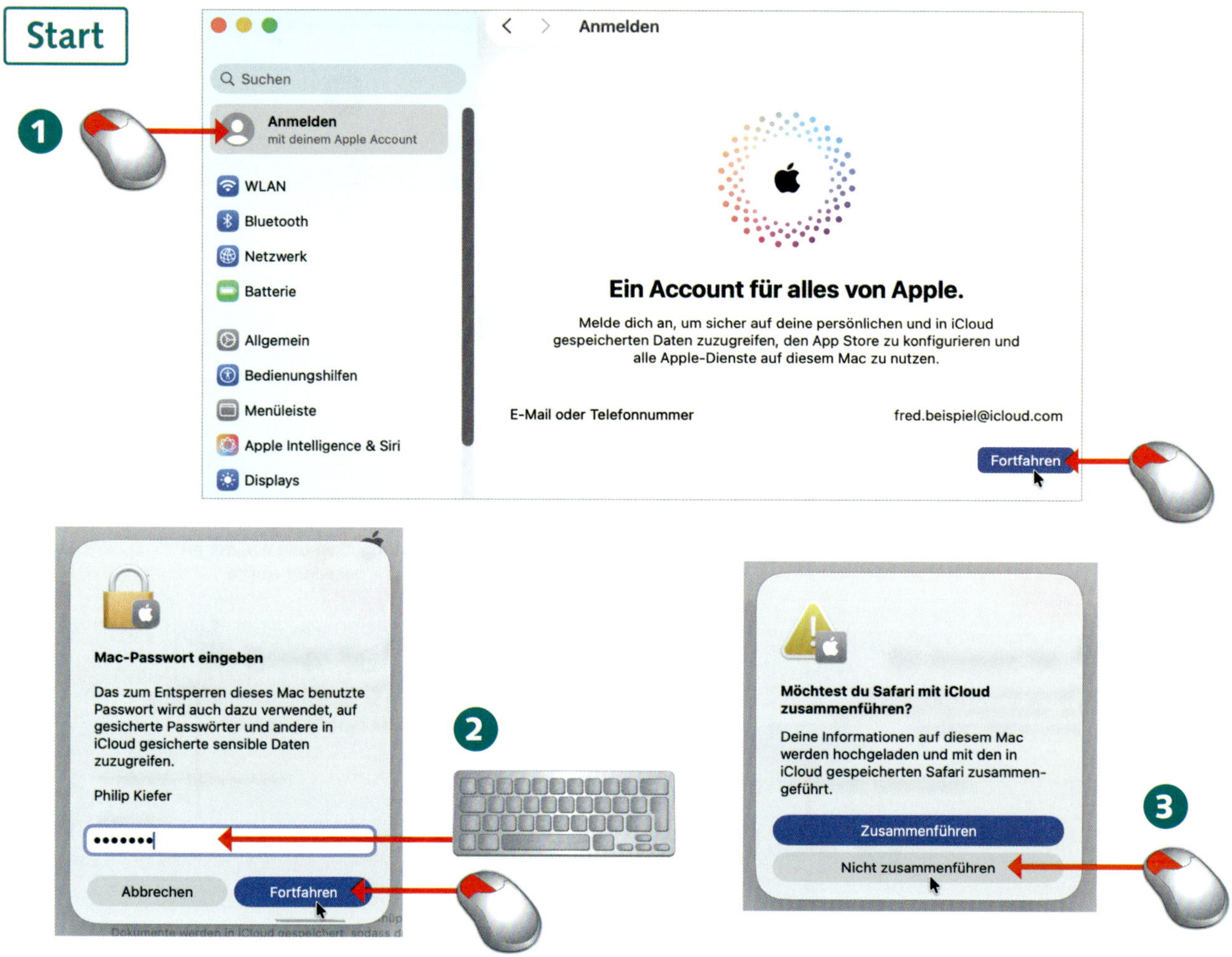

1. Öffnen Sie die *Systemeinstellungen* und wählen Sie links oben *Anmelden*. Melden Sie sich mit den zu Ihrem Apple Account gehörenden Zugangsdaten an und bestätigen Sie mit *Fortfahren*.

2. Geben Sie nach der Anmeldung mit Ihrem Apple Account noch Ihr Mac-Passwort ein und bestätigen Sie erneut mit *Fortfahren*.

3. Wünschen Sie, dass auf dem Mac gespeicherte Daten mit iCloud zusammengeführt werden sollen oder nicht? Entscheiden Sie dies, wenn entsprechende Hinweisfenster erscheinen. Hier wähle ich die Option *Nicht zusammenführen*.

WISSEN

Der Online-Speicherdienst iCloud hat viele nützliche Funktionen zu bieten, besonders das unkomplizierte Synchronisieren von Daten zwischen mehreren Apple-Geräten, aber beispielsweise auch eine Fernortung Ihres MacBooks übers Internet oder eine Familienfreigabe, die bis zu sechs Personen unter anderem die gemeinsame Verwendung von Einkäufen bei Apple ermöglicht. Das Einrichten von iCloud ist schnell erledigt.

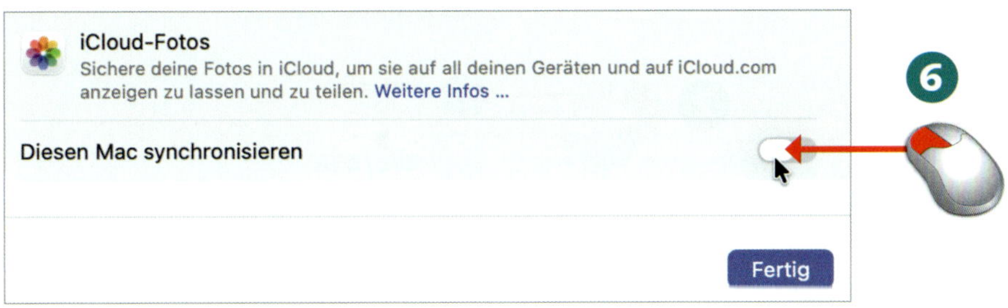

4 Wollen Sie die Funktion *Meinen Mac suchen* verwenden, etwa, um Ihren Mac zu orten, wählen Sie bei der entsprechenden Nachfrage *Erlauben*.

5 Nach der Anmeldung wählen Sie den Eintrag *iCloud*.

6 Nun entscheiden Sie bei den einzelnen Einträgen per Schalter, welche Daten mit iCloud synchronisiert werden sollen und welche nicht.

Ende

TIPP

Fügen Sie Ihrem Apple Account ein Bild hinzu, indem Sie in den *Systemeinstellungen* Ihren Apple Account wählen und dann auf den Platzhalter klicken. Sie können entweder ein bereits vorhandenes Foto auswählen oder ein Foto direkt aufnehmen.

TIPP

Sie möchten Ihrem Apple Account weitere E-Mail-Adressen hinzufügen oder sonstige Anpassungen vornehmen? Wählen Sie dazu in den *Systemeinstellungen* Ihren Apple Account und klicken Sie auf *Persönliche Daten*.

Start

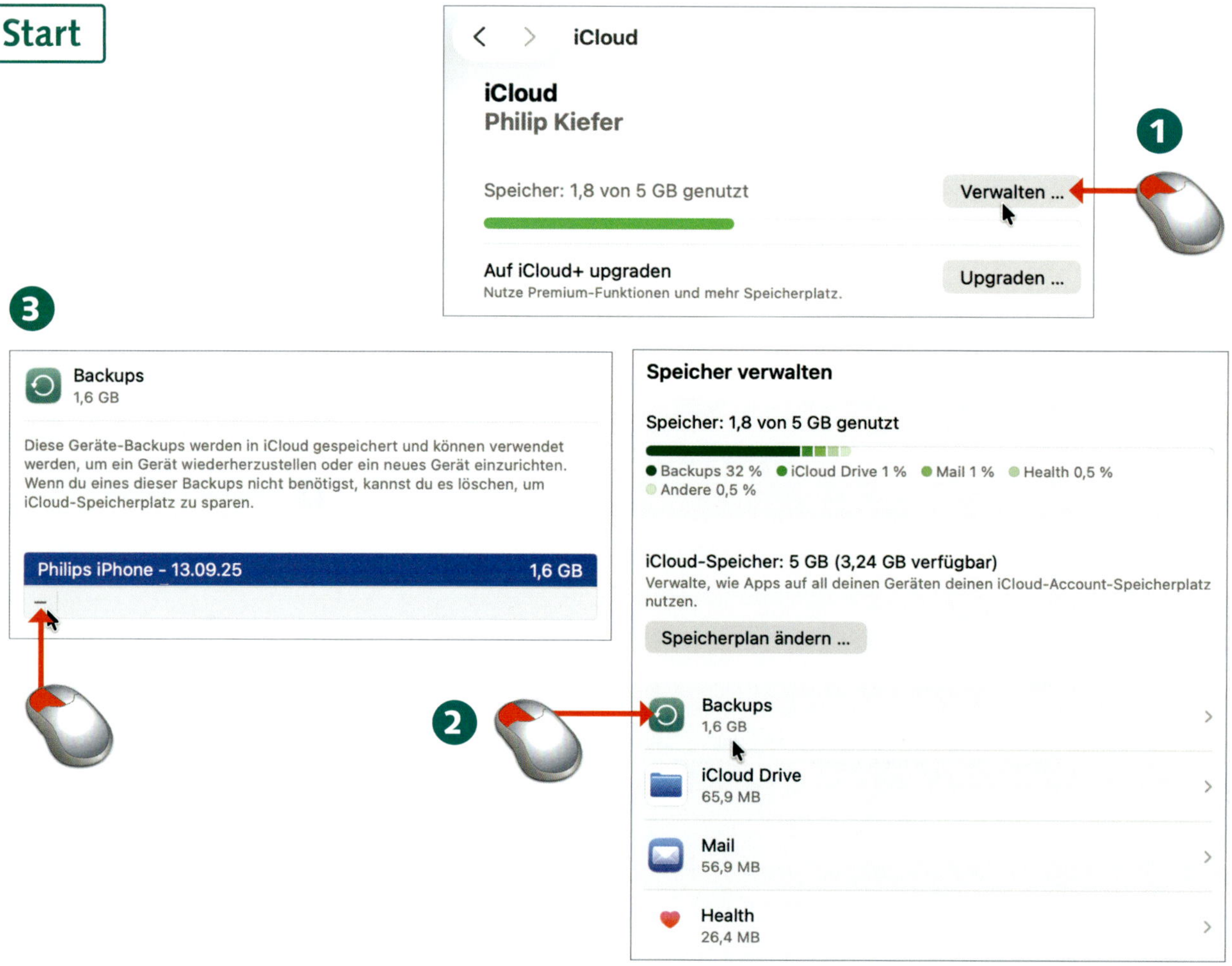

1. Wenn Sie in den *Systemeinstellungen* links auf Ihren Apple Account klicken und dann *iCloud* wählen, sehen Sie eine Leiste, die Ihnen über die Speicherbelegung Auskunft gibt. Klicken Sie dort auf *Verwalten*.

2. Nun werden Ihnen nähere Informationen zur Speichernutzung angezeigt. Außerdem sehen Sie, welche Daten in iCloud gespeichert sind. Wählen Sie eine Kategorie aus, um dort ggf. Daten zu entfernen.

3. Zum Löschen wählen Sie einen Dateneintrag aus und klicken auf das Minussymbol [–].

WISSEN

Es stehen nur 5 GB iCloud-Speicher kostenlos zur Verfügung. Besonders dann, wenn Sie mehrere Apple-Geräte verwenden und Ihre Aufnahmen und viele weitere Daten online speichern, ist dieser unter Umständen schnell verbraucht. Wie Sie den iCloud-Speicher auf Ihrem Mac verwalten, zeige ich Ihnen auf dieser Doppelseite.

FACHWORT

Der Begriff Cloud (»Wolke«) bedeutet übrigens einfach, dass Sie Daten statt lokal auf dem eigenen Gerät im Internet speichern und übers Internet verwenden können.

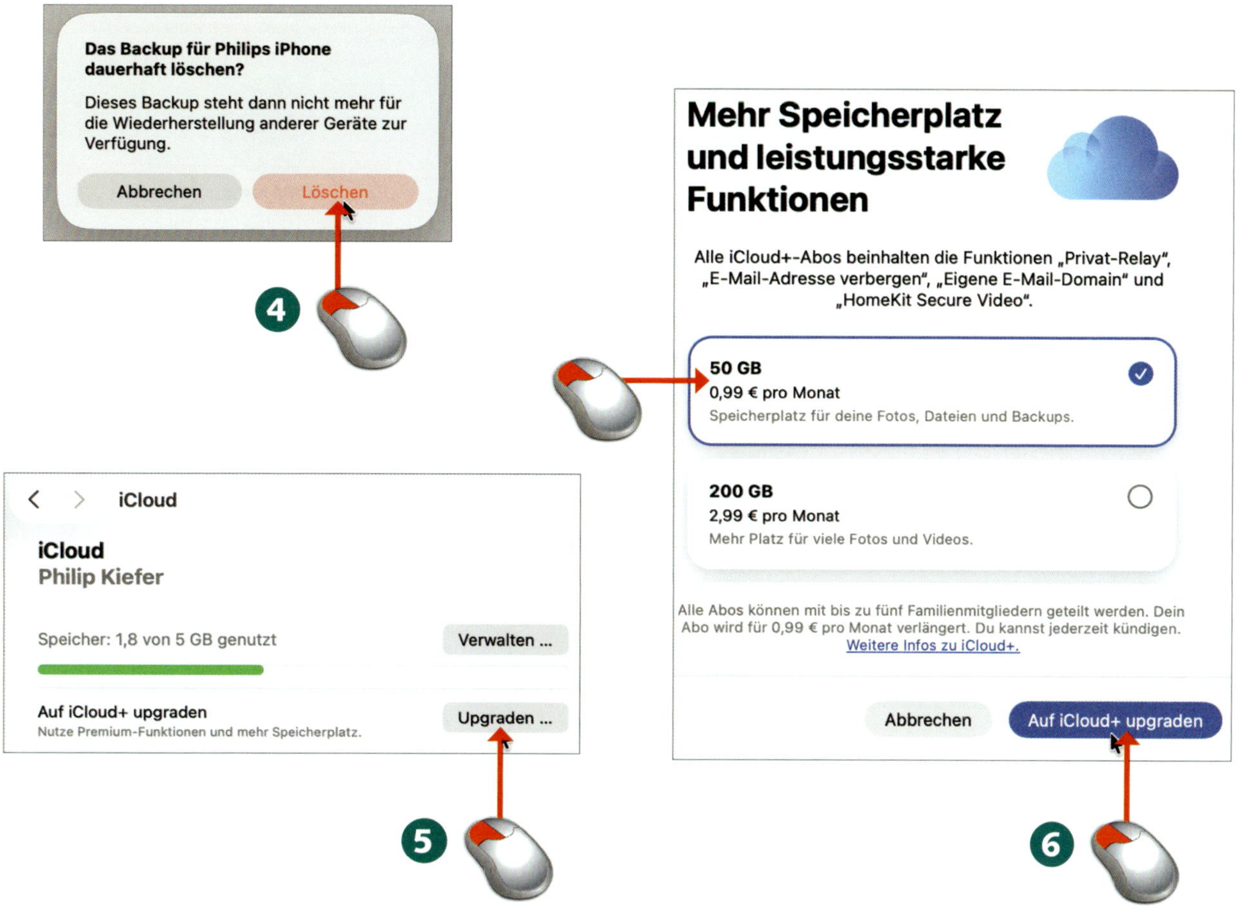

4 Das Löschen muss anschließend noch mal bestätigt werden.

5 Möchten Sie iCloud-Speicher nachrüsten? Dazu klicken Sie in den *Systemeinstellungen* unter *iCloud* auf *Upgraden*.

6 Wählen Sie einen der Abo-Pläne aus und bestätigen Sie das Abonnement. Hierfür muss der Apple Account allerdings bereits mit Zahlungsdaten versehen sein, wie ich es Ihnen auf der folgenden Doppelseite vorstelle.

Ende

TIPP

Wählen Sie ein kostenpflichtiges iCloud-Abo, profitieren Sie auch von einigen »iCloud+«-Funktionen wie einem »Privat-Relay« zum anonymen Surfen im Internet oder der Möglichkeit, Ihre E-Mail-Adresse bei Ihren Internetaktivitäten zu verbergen.

TIPP

Wenn Sie ein iCloud-Abo oder ein sonstiges Abo wieder beenden möchten, finden Sie diese Option ebenfalls, wenn Sie in den *Systemeinstellungen* Ihren Apple Account anklicken, und zwar unter *Medien & Käufe*.

Start

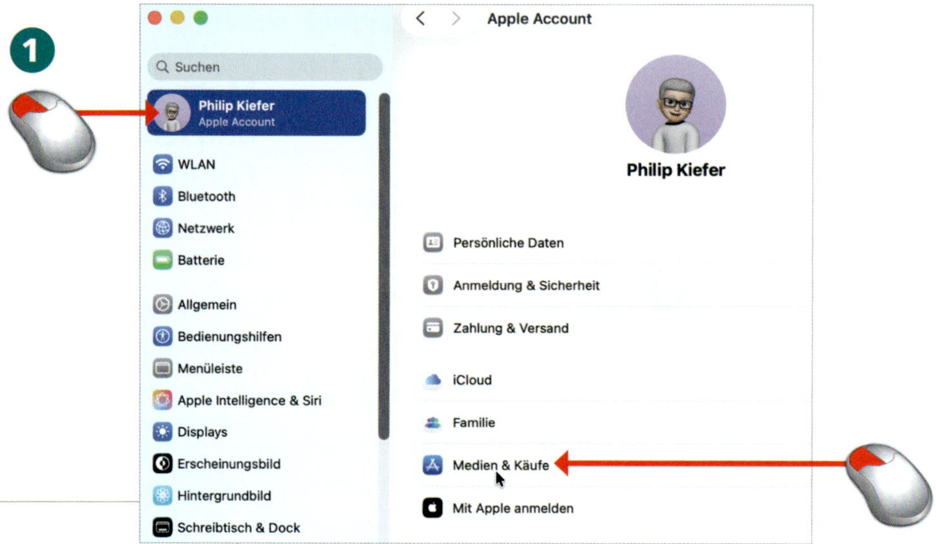

1. Entscheiden Sie sich in den *Systemeinstellungen* für Ihren Apple Account und klicken Sie auf den Eintrag *Medien & Käufe*.
2. Klicken Sie bei *Account* auf die Schaltfläche *Verwalten*.
3. Melden Sie sich mit Ihrem Apple Account an und klicken Sie dann auf *Zahlungen verwalten*.

WISSEN

Möchten Sie mit Ihrem Apple Account Käufe tätigen, etwa im App Store oder zum Kauf von Musik, müssen Sie Ihrem Apple Account eine Zahlungsmethode hinzufügen. Dabei kann es sich um eine Kreditkarte handeln. Aber auch PayPal und Handy-Rechnung werden akzeptiert.

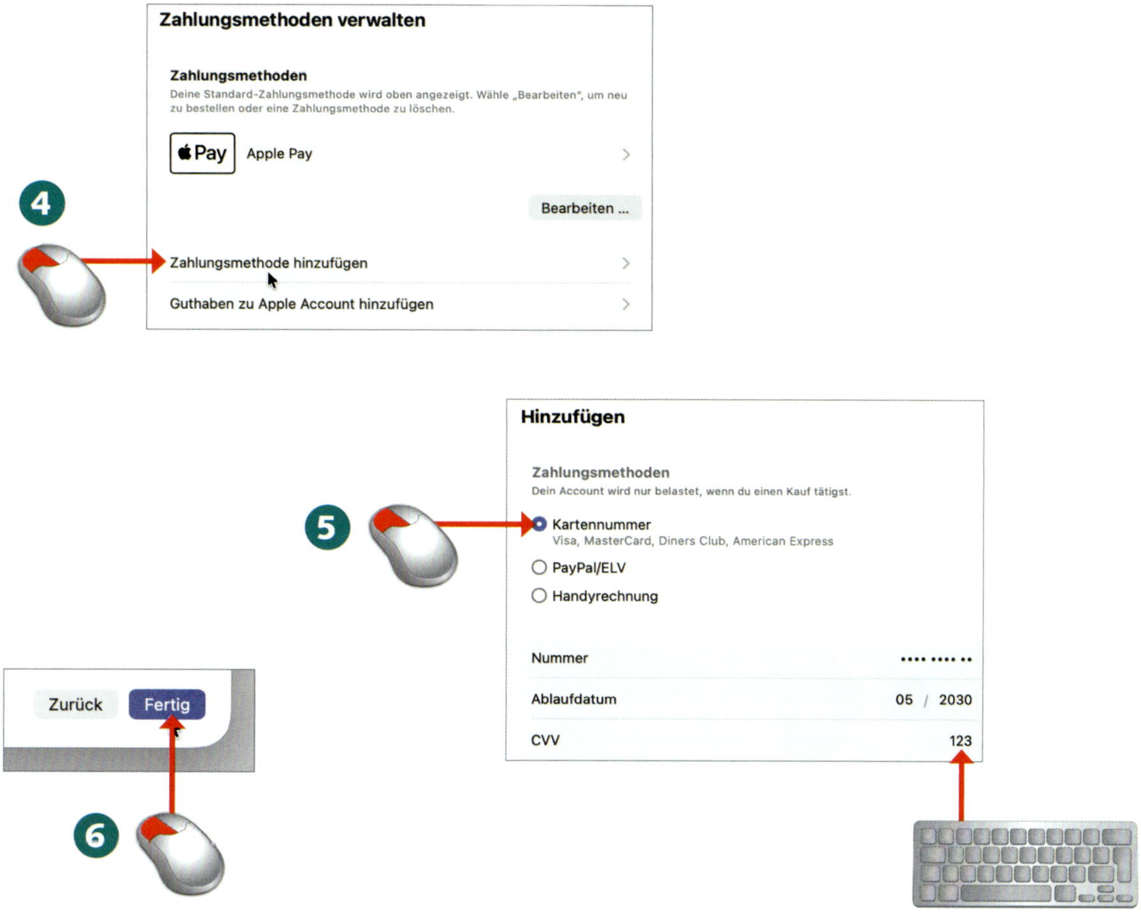

4 Klicken Sie auf die Schaltfläche *Zahlungsmethode hinzufügen*.

5 Wählen Sie die gewünschte Zahlungsmethode aus und machen Sie Ihre Angaben dazu.

6 Bestätigen Sie zum Schluss unten im Fenster mit der Schaltfläche *Fertig*.

Ende

TIPP

Mit Guthabenkarten für iTunes Store, App Store & Co. können Sie Geld sparen! Die Karten gibt es nämlich hin und wieder irgendwo mit Rabatt. Halten Sie nach solchen Aktionen Ausschau! Die Guthabenkarten werden direkt in den einzelnen Stores eingelöst.

HINWEIS

Im Zusammenhang mit Ihrem Apple Account verwalten Sie nicht nur Zahlungsdaten, sondern auch Abos, Geräte und Co.

Start

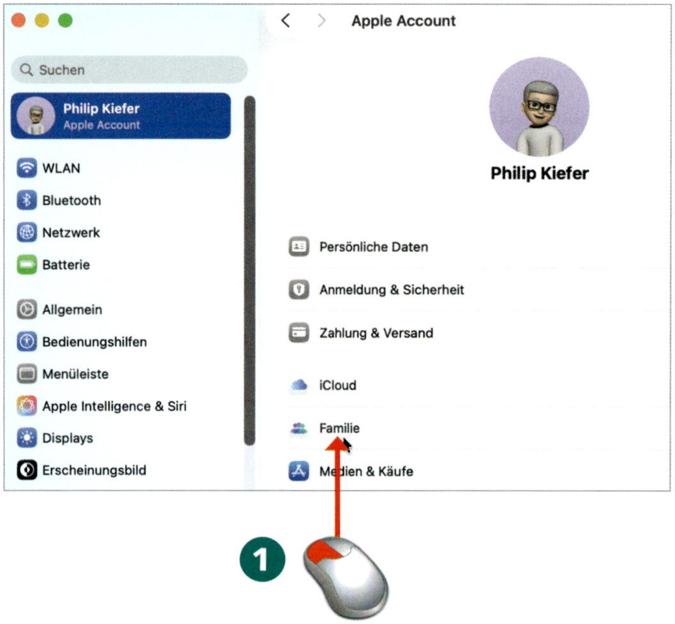

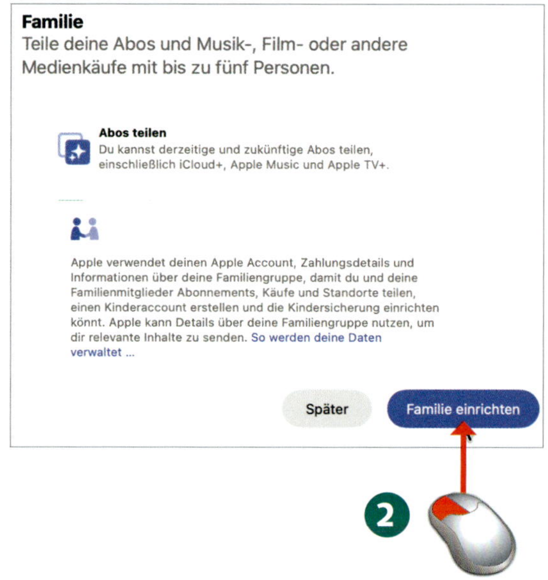

1. Wählen Sie in den *Systemeinstellungen* Ihren Apple Account und klicken Sie auf den Eintrag *Familie*.

2. Ihnen werden einige Hinweise zur Familienfreigabe angezeigt. Klicken Sie nach dem Durchlesen auf die Schaltfläche *Familie einrichten*.

3. Klicken Sie auf *Personen einladen*. Um der Familie ein Kind hinzuzufügen, würden Sie hingegen *Kinderaccount erstellen* wählen.

WISSEN

Vorausgesetzt, Sie sind bei iCloud angemeldet, können Sie nun von der Familienfreigabe Gebrauch machen, bei der bis zu sechs Familienmitglieder unter anderem die Käufe im App Store und Co. gemeinsam nutzen können. Gerne zeige ich Ihnen Schritt für Schritt, wie Sie zum Einrichten der Familienfreigabe vorgehen.

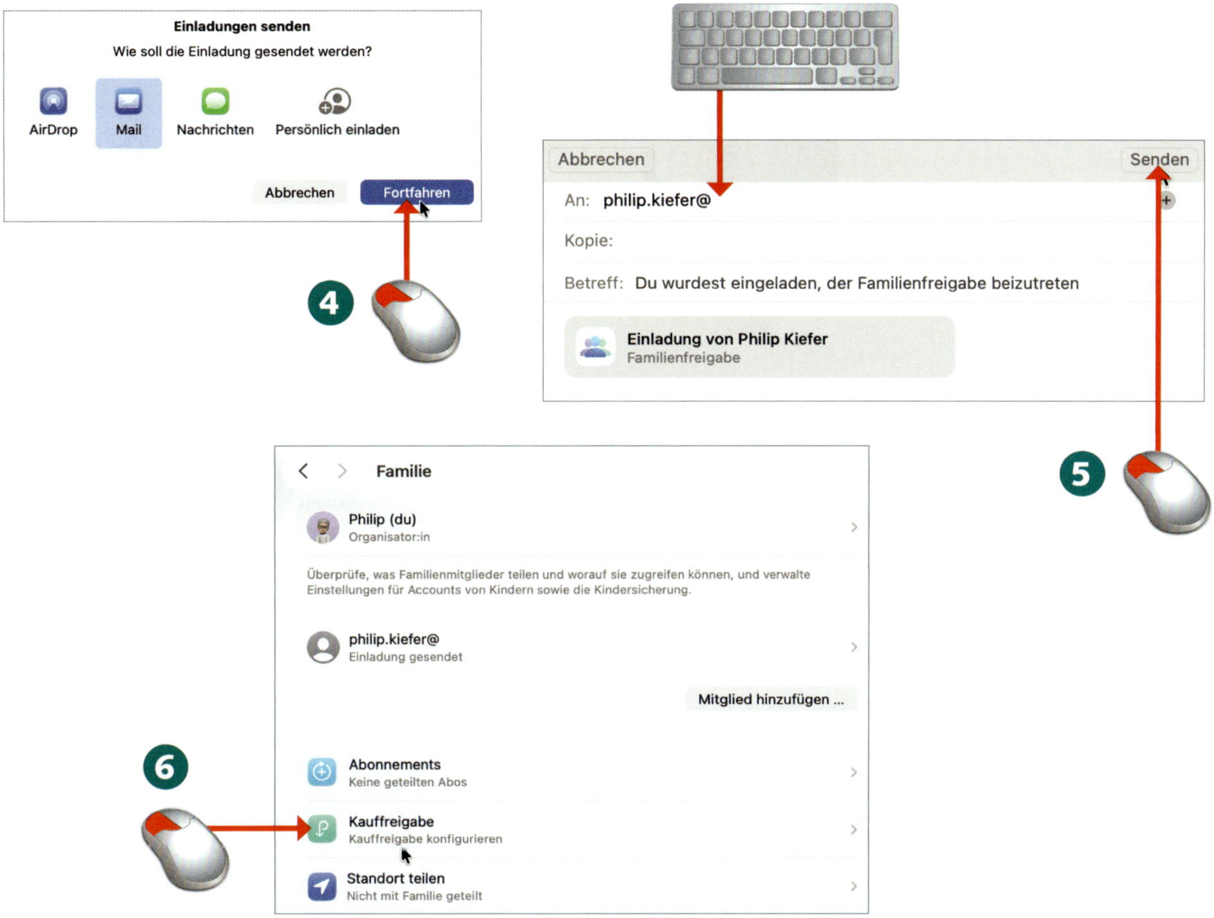

4 Wählen Sie aus, in welcher Form Sie die Einladung überbringen möchten, und bestätigen Sie mit der Schaltfläche *Fortfahren*. Hier wähle ich den Versand per E-Mail.

5 Geben Sie den Einladungsempfänger an und bringen Sie die Einladung mit *Senden* auf den Weg.

6 Als Organisator der Familienfreigabe können Sie nun die gewünschten Freigabeeinstellungen vornehmen, richten Sie z. B. die Kauffreigabe ein.

Ende

HINWEIS

Zum Teilen von Aufnahmen: Mit der Familienfreigabe können Sie auch eine geteilte iCloud-Fotomediathek nutzen.

TIPP

Wenn Sie eine Familienfreigabe wieder beenden möchten, wählen Sie unter *Familienfreigabe* Ihren eigenen Account aus und klicken auf *Nutzung der Familienfreigabe beenden.*

TIPP

Auf Apple-Geräten kann die App *Wo ist?* genutzt werden, um die freigegebenen Standorte der Familienmitglieder zu verfolgen.

Start

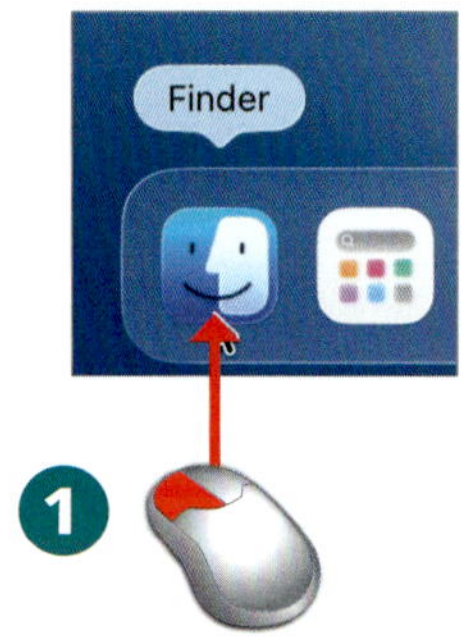

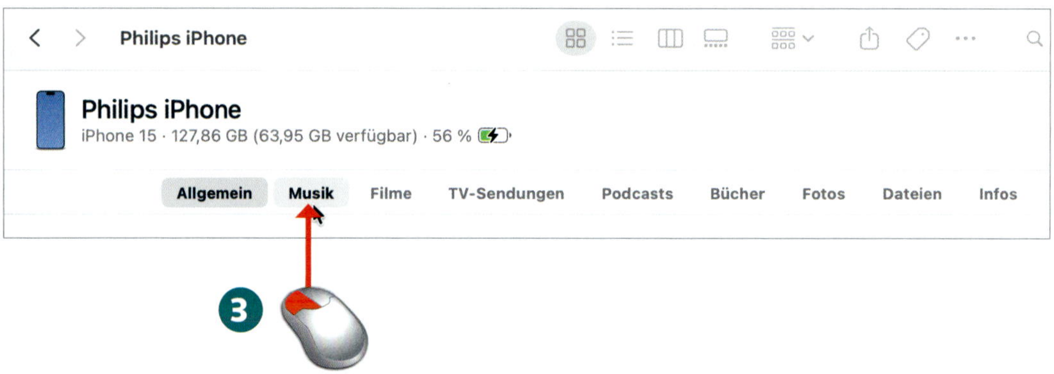

1. Verbinden Sie das iPhone oder iPad mit dem Mac. Erlauben Sie das Verbinden des Zubehörs. Öffnen Sie ein Finder-Fenster.

2. Klicken Sie in der Seitenleiste des Finders im Abschnitt *Orte* Ihr Gerät an. Hinweis: Bei der ersten Verbindung werden Sie aufgefordert, dem Gerät »zu vertrauen«.

3. Entscheiden Sie sich in der Leiste oben für eine Kategorie, in der Sie eine Synchronisierung zwischen Mac und iPhone oder iPad durchführen möchten. Hier wähle ich die Kategorie *Musik*.

WISSEN

Für den Datenaustausch zwischen Mac und iPhone oder iPad verwenden Sie auf Ihrem Mac den Finder. Es lassen sich Daten verschiedener Art übertragen, unter anderem Musik und Filme. Wie einfach die Synchronisierung zwischen dem Mac und einem iPhone oder iPad funktioniert, lesen Sie auf dieser Doppelseite. Theoretisch ermöglicht die App *iPhone-Synchronisierung* eine Display-Spiegelung auf Ihrem Mac. Die Funktion war allerdings bei Redaktionsschluss für macOS Tahoe noch nicht in der EU verfügbar.

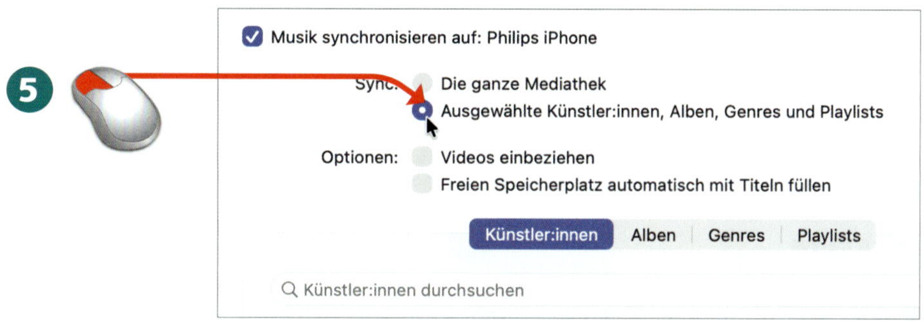

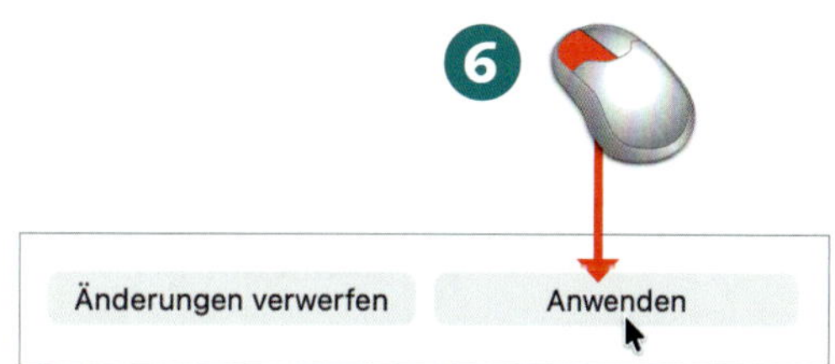

4. Aktivieren Sie – per Kontrollkästchen – die Synchronisierung.

5. In diesem Fall muss ich mich nun noch entscheiden, ob ich die gesamte Musikmediathek oder nur bestimmte Dateien übertragen möchte, die dann gesondert auszuwählen wären.

6. Klicken Sie rechts unten im Finder auf die Schaltfläche *Anwenden*, um die Synchronisierung zu starten.

Ende

TIPP

Unten im Finder wird Ihnen jeweils angezeigt, wie viel freier Speicher noch auf dem iPhone oder iPad zur Verfügung steht.

HINWEIS

Ein iPhone oder iPad kann immer nur mit einer Mediathek synchronisiert werden. Haben Sie eine Synchronisierung bereits auf einem anderen Computer vorgenommen, werden die bestehenden Daten gelöscht.

Start

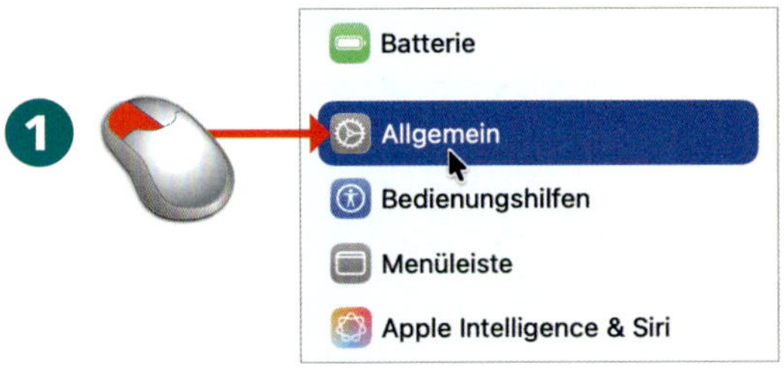

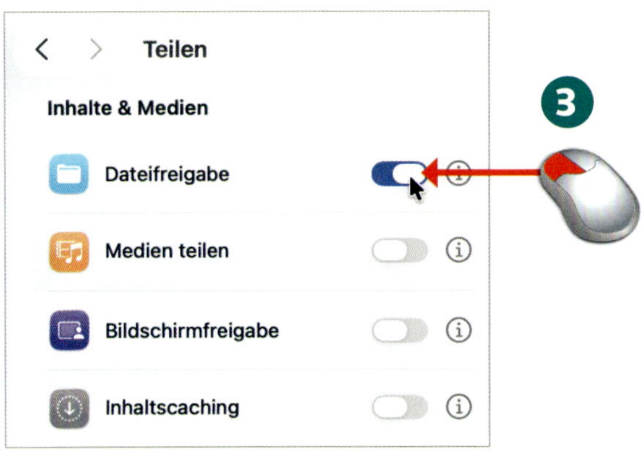

1. Wählen Sie in den *Systemeinstellungen* die Kategorie *Allgemein*.

2. Klicken Sie sodann auf den Eintrag *Teilen*.

3. Die verschiedenen Freigabeoptionen lassen sich per Schalter aktivieren bzw. deaktivieren. Achten Sie darauf, dass der Schalter *Dateifreigabe* aktiviert ist.

WISSEN

Ein WLAN oder LAN haben Sie bereits hergestellt. Alle Computer, die mit dem gleichen Router verbunden sind, bilden zusammen ein Netzwerk. In einem solchen Netzwerk lassen sich verschiedene Dateien und Funktionen austauschen. Hier zeige ich Ihnen zunächst, wie eine Freigabe im Netzwerk erfolgt.

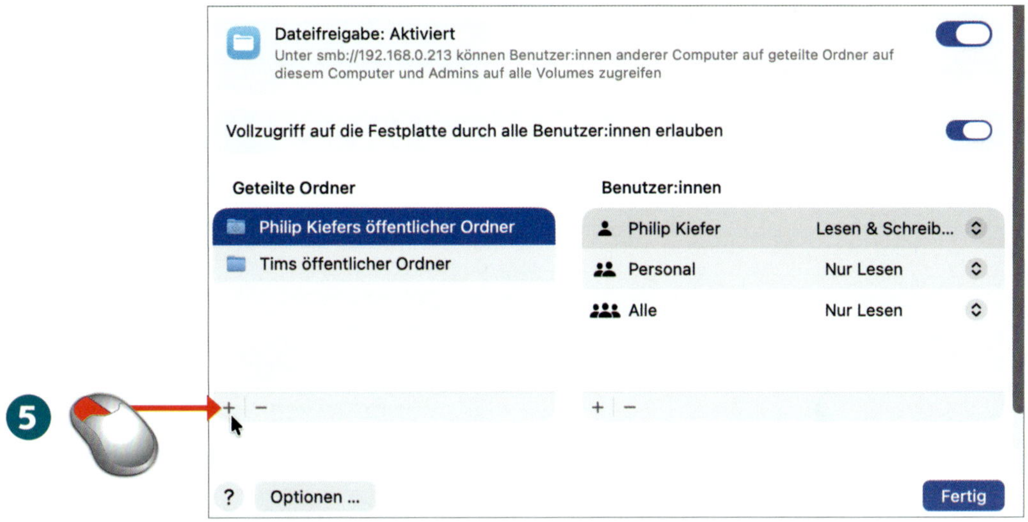

4 Klicken Sie rechts neben dem aktivierten Schalter *Dateifreigabe* auf das Symbol ⓘ.

5 Wählen Sie nun im Bereich *Geteilte Ordner* über das Plussymbol + die Speicherorte aus, die Sie im Netzwerk freigeben möchten.

6 Andere Benutzer sollen einen Ordner nicht nur betrachten, sondern auch Änderungen durchführen dürfen? Machen Sie im Abschnitt *Benutzer:innen* Angaben zu den Nutzungsrechten, bevor Sie mit *Fertig* bestätigen.

Ende

HINWEIS

Außer Ordnern und Dateien lassen sich auch Drucker und weitere Funktionen freigeben. Aktivieren Sie dazu jeweils den Schalter und nehmen Sie unter dem Symbol ⓘ die Einstellungen dazu vor.

TIPP

Im Fenster aus Schritt 5 wird die Adresse angezeigt, unter der auf anderen Computern auf die freigegebenen Ordner zugegriffen werden kann.

Start

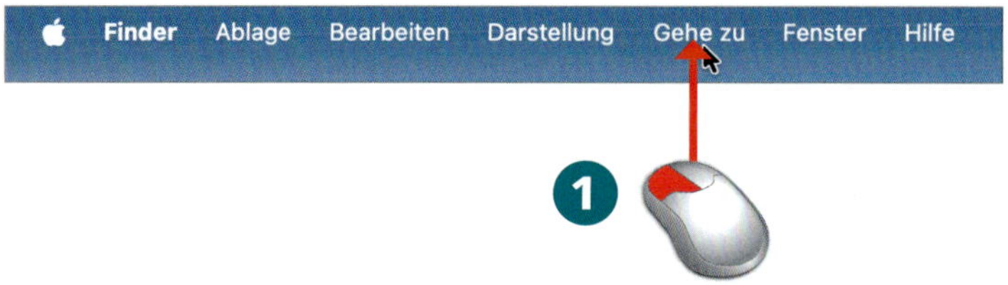

3

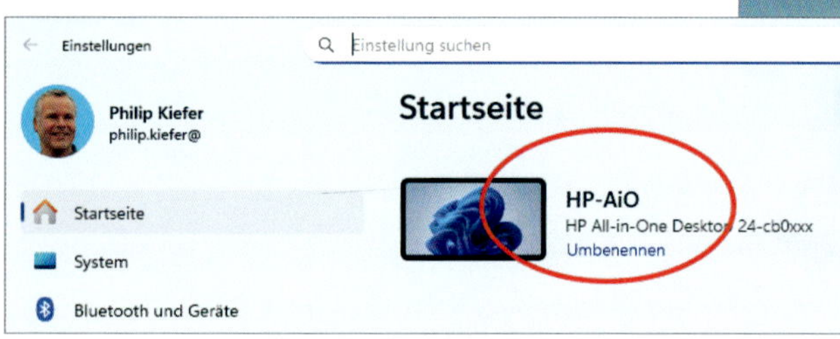

1. Entscheiden Sie sich in der Menüleiste des Finders für *Gehe zu*.

2. Klicken Sie im Menü auf den Eintrag *Mit Server verbinden*.

3. Sie benötigen den Namen des Computers. Unter Windows 11 wird Ihnen dieser zum Beispiel in den *Einstellungen* unter *System* oben angezeigt.

WISSEN

Sie können natürlich nicht nur selbst Ordner freigeben, sondern sich auch die Freigaben anderer zunutze machen. Auf dieser Doppelseite erfahren Sie, wie Sie auf die Freigaben beispielsweise eines Windows-PCs zugreifen. Wieder kommt hierbei der Finder zur Anwendung.

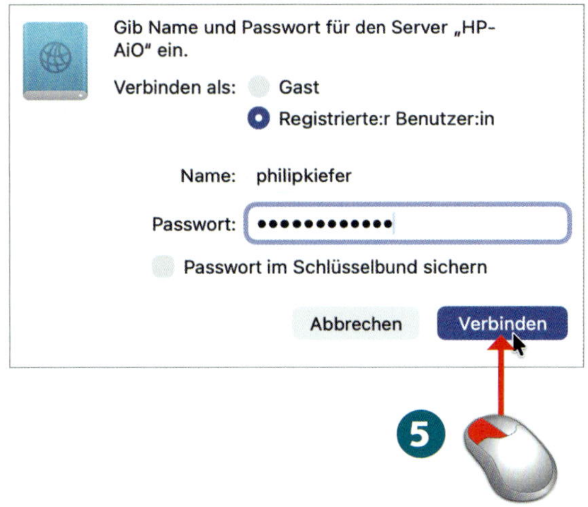

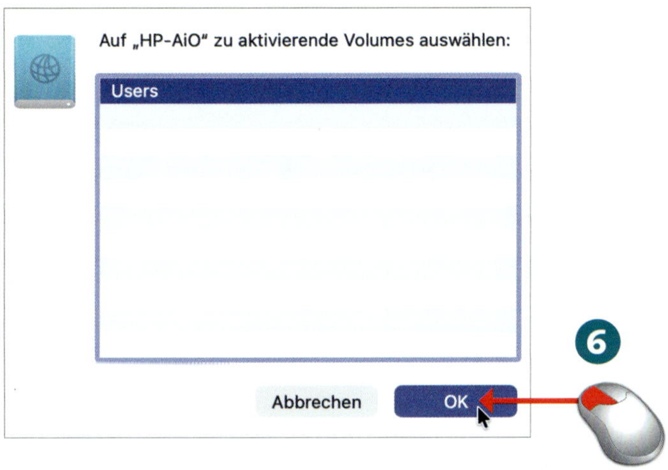

4 Geben Sie den Computernamen auf dem Mac ein, wobei Sie diesem *smb://* voranstellen. SMB ist ein Netzwerkprotokoll, die Abkürzung steht für **S**erver **M**essage **B**lock. Klicken Sie auf *Verbinden*.

5 Melden Sie sich mit einem auf dem Windows-PC verfügbaren Benutzerkonto an und bestätigen Sie erneut mit *Verbinden*.

6 Wählen Sie einen freigegebenen Speicherort aus und bestätigen Sie mit *OK*. Anschließend haben Sie im Finder Zugriff auf den freigegebenen Ordner.

Ende

TIPP

Um eine Netzwerkverbindung wieder zu beenden, wählen Sie den Rechner im Finder und dort im Abschnitt *Netzwerk* aus. Klicken Sie rechts oben auf die Schaltfläche *Trennen*.

HINWEIS

Damit Sie die Daten des Benutzerkontos in Schritt 5 nicht jedes Mal erneut eingeben müssen, aktivieren Sie das Kontrollkästchen *Passwort im Schlüsselbund sichern*, bevor Sie *Verbinden* wählen.

Start

1

2

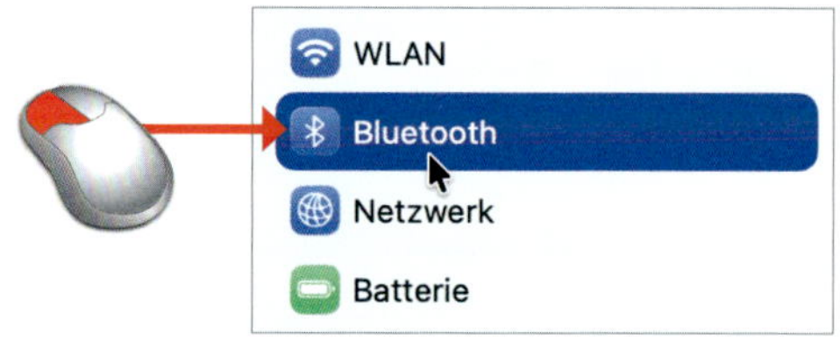

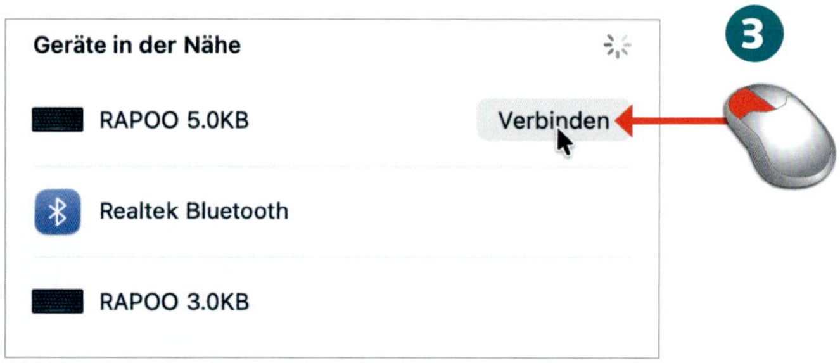

3

1. Schalten Sie das Bluetooth-Gerät zunächst ein und aktivieren Sie gegebenenfalls die Bluetooth-Funktion. In diesem Fall schalte ich eine Bluetooth-Tastatur per Schalter unten am Gerät ein; dann drücke ich gemäß der Bedienungsanleitung der Tastatur zwei Tasten.
2. Öffnen Sie die *Systemeinstellungen* und wählen Sie die Kategorie *Bluetooth*.
3. Das erkannte Bluetooth-Gerät wird in der Liste angezeigt. Bewegen Sie den Mauszeiger darauf und klicken Sie auf *Verbinden*.

WISSEN

Außer in einem WLAN lassen sich Geräte auch mit der Bluetooth-Technologie drahtlos verbinden. Die Reichweite ist allerdings stark eingeschränkt – auf ca. 10 m. Zum Verbinden von Mäusen, Tastaturen, Headsets und einigen weiteren Geräten eignet sich eine Bluetooth-Verbindung aber optimal. Hier stelle ich die Vorgehensweise anhand einer Bluetooth-Tastatur dar.

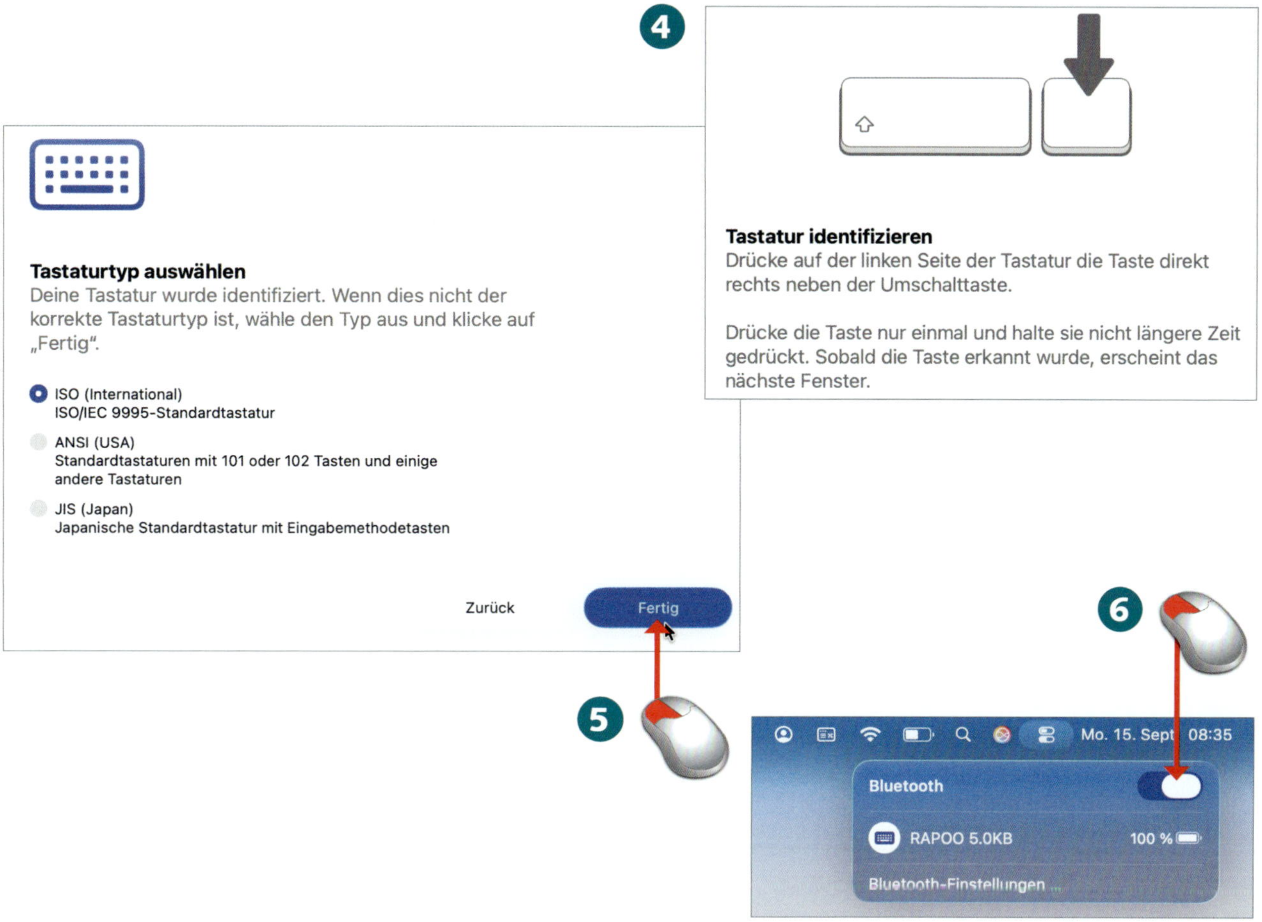

4 Es öffnet sich ein Assistent. Um die Bluetooth-Tastatur zu identifizieren, muss darauf die angezeigte Taste gedrückt werden.

5 Schließen Sie den Assistenten mit *Fertig* ab. Im Fenster aus Schritt 3 lässt sich eine Bluetooth-Verbindung jederzeit wieder trennen.

6 Wenn Sie in der Menüleiste auf das Menulet klicken und im so geöffneten Kontrollzentrum den Eintrag *Bluetooth* wählen, werden Ihnen ebenfalls alle verbundenen Bluetooth-Geräte angezeigt.

Ende

HINWEIS

Auch ein Bluetooth-Menulet können Sie direkt in der Menüleiste einblenden. Klicken Sie im Kontrollzentrum bei gedrückter *control*-Taste auf die Bluetooth-Schaltfläche und wählen Sie *Zur Menüleiste hinzufügen.*

TIPP

Falls Sie Bluetooth sowieso nicht nutzen, deaktivieren Sie die Funktion per Schalter im Kontrollzentrum (vgl. Schritt 3 und Schritt 6).

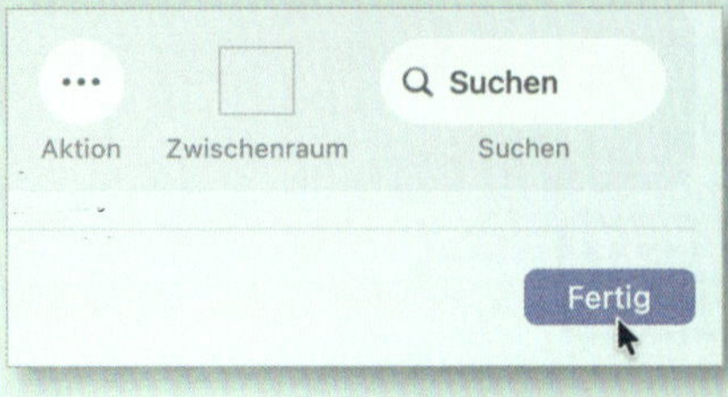
Suchen
Aktion
Zwischenraum
Suchen
Fertig

SanDisk
esc
tab
caps lock

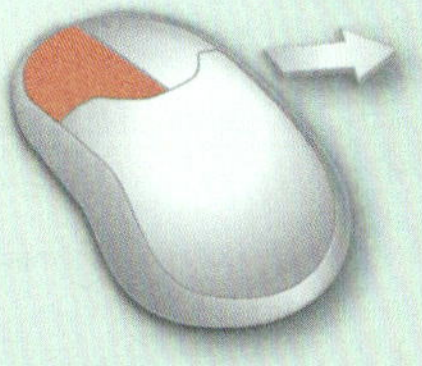

Finder

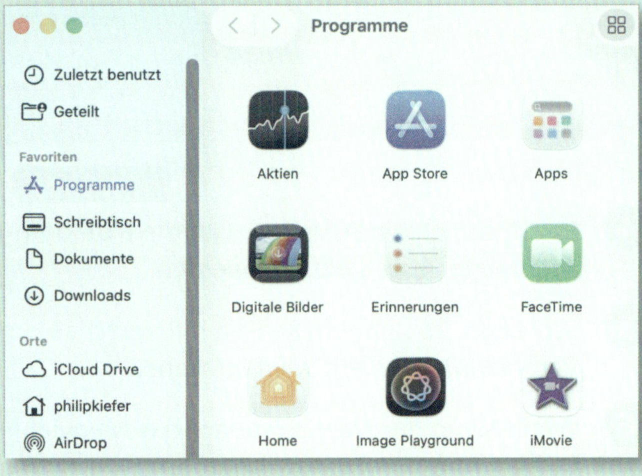
Programme
Zuletzt benutzt
Geteilt
Favoriten
Programme
Schreibtisch
Dokumente
Downloads
Orte
iCloud Drive
philipkiefer
AirDrop
Aktien
App Store
Apps
Digitale Bilder
Erinnerungen
FaceTime
Home
Image Playground
iMovie

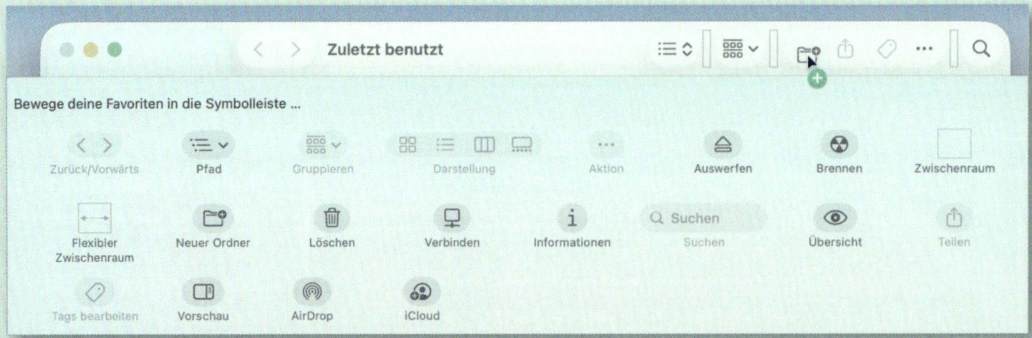
Zuletzt benutzt
Bewege deine Favoriten in die Symbolleiste ...
Zurück/Vorwärts
Pfad
Gruppieren
Darstellung
Aktion
Auswerfen
Brennen
Zwischenraum
Flexibler Zwischenraum
Neuer Ordner
Löschen
Verbinden
Informationen
Suchen
Suchen
Übersicht
Teilen
Tags bearbeiten
Vorschau
AirDrop
iCloud

4

Dateien und Speicherorte verwalten

Nutzen Sie Ihren Mac rege, werden sich darauf im Lauf der Zeit eine Menge Daten ansammeln. Um Ihre Dateien, Ordner und Laufwerke komfortabel zu verwalten, verwenden Sie den Finder, den Sie in diesem Kapitel ausführlich kennenlernen werden. Der Finder steht nach dem Start des Macs stets zur Verfügung, damit Sie jederzeit auf Ihre Dateien zugreifen können.

Lesen Sie auf den folgenden Seiten, wie die Datenverwaltung reibungslos abläuft und wie Sie an die Dateiinformationen kommen, wie Sie Dateien komprimieren, intelligente Ordner erstellen oder Dateien per Copy and Paste transferieren. Auch die Verwendung von USB-Speichermedien wird Ihnen vorgestellt. Erfahren Sie außerdem, wie Sie im Dateisystem mithilfe des Papierkorbs immer Ordnung und Übersicht bewahren.

Start

1

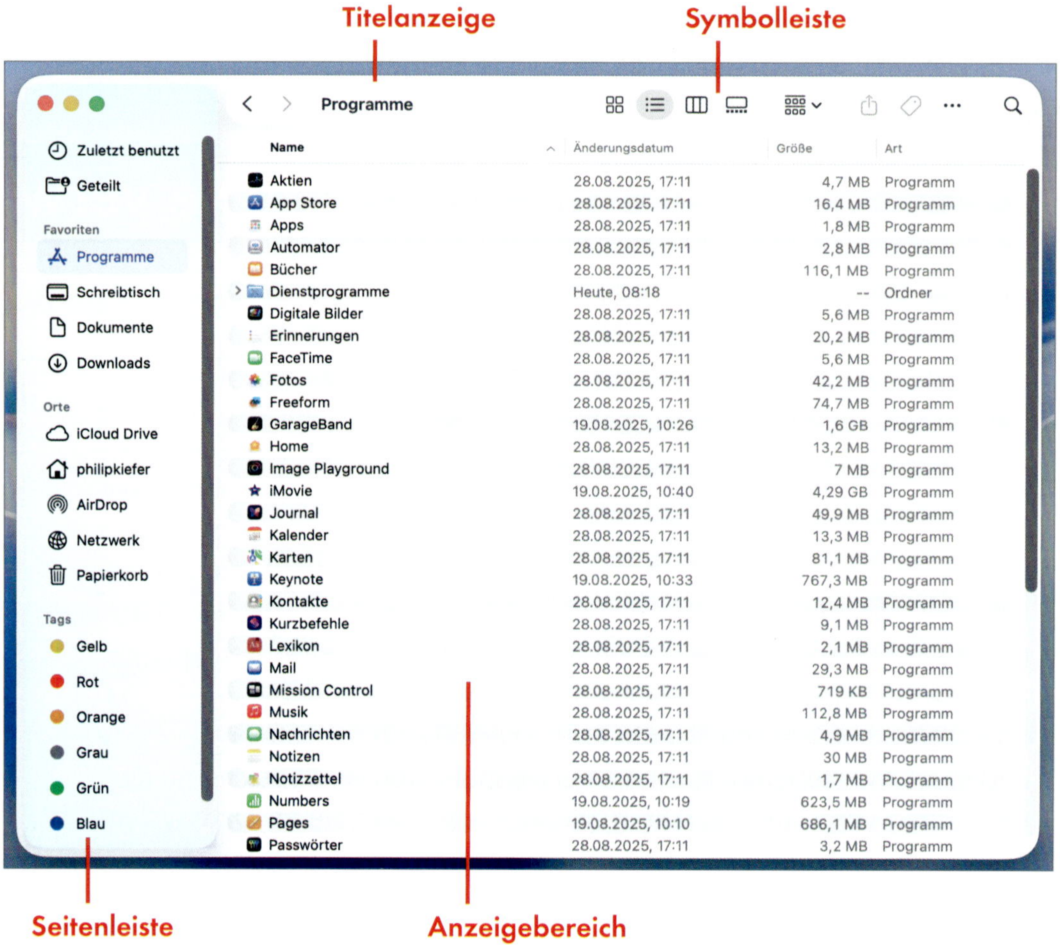

1 Die Benutzeroberfläche des Finders ist recht übersichtlich: Sie sehen links eine Seitenleiste, in der Sie einen Speicherort sowie weitere Funktionen auswählen. Im großen Anzeigebereich werden Ihnen die Inhalte des ausgewählten Speicherorts angezeigt – das Öffnen eines angezeigten Elements erfolgt jeweils per Doppelklick darauf. Oberhalb von Seitenleiste und Anzeigebereich finden Sie eine Symbolleiste mit Ansichts-, Sortier- und weiteren Optionen. Rechts in der Symbolleiste finden Sie außerdem eine Suchfunktion, um Dateien und Speicherorte schnell aufzuspüren. Zudem sehen Sie eine Titelanzeige; hier wird der jeweils geöffnete Speicherort genannt.

WISSEN

Der Finder kam bereits in den vorangegangenen Kapiteln zum Einsatz, und Sie werden ihn im Mac-Alltag immer wieder benötigen. Wenn keine andere App aktiv ist, wird in der Menüleiste stets die Menüleiste des Finders angezeigt. Über das Symbol links unten im Dock rufen Sie den Finder in einem Fenster auf – wobei selbst der Schreibtisch dem Finder untergeordnet ist. Machen Sie sich zunächst mit der Benutzeroberfläche des Finders vertraut.

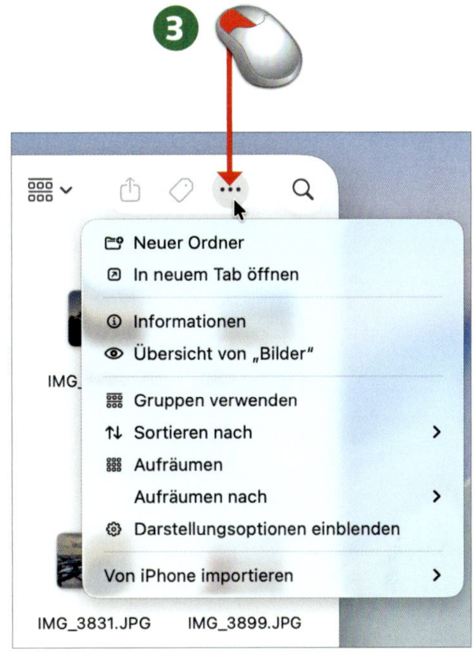

2 In der Seitenleiste werden nicht nur lokale Orte dargestellt. Hier wähle ich beispielsweise *iCloud Drive* aus, um auf die von verschiedenen Apps in iCloud gespeicherten Daten zuzugreifen.

3 Um ein Symbol in der Symbolleiste auszuwählen, klicken Sie es ebenfalls an. Sie erhalten dadurch entweder ein Menü oder bewirken direkt eine Funktion.

Mit den Pfeilsymbolen ‹ und › wechseln Sie zwischen den zuletzt geöffneten Speicherorten hin und her. Die Ansichtsoptionen wählen Sie mit den Symbolen ⊞ (*Als Symbole*), ☰ (*Als Liste*), ◫ (*Als Spalten*) und ▭ (*Als Galerie*), ggf. steht auch ein Auswahlsymbol zur Verfügung, das sich jeweils der gewählten Ansichtsoption anpasst (z. B. ⊞ ⌃ bei Galerieansicht). Gruppieroptionen gibt es unter dem Symbol ⊞ ⌄, und unter dem Symbol ••• erhalten Sie verschiedene Optionen und Informationen zum ausgewählten Element. Auf das Lupensymbol 🔍 klicken Sie, wenn Sie die Suchfunktion verwenden möchten. Zum Teilen einer ausgewählten Datei verwenden Sie das Symbol ⇪ und zum »Taggen« das Symbol ◇.

Ende

TIPP

Unten im Finder können Sie auch noch eine Statusleiste mit nützlichen Infos einblenden. Wählen Sie dazu in der Menüleiste des Finders *Darstellung* und dann *Statusleiste einblenden*.

TIPP

Im Finder lassen sich mehrere Speicherorte gleichzeitig in Registerkarten (Tabs) öffnen. Blenden Sie dazu ggf. zunächst mit *Darstellung/Tableiste einblenden* die Tableiste ein.

Start

1

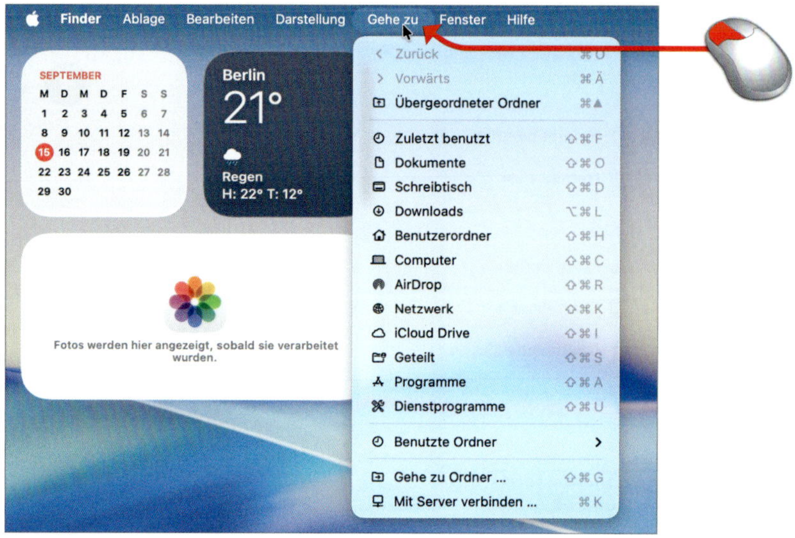

2

3

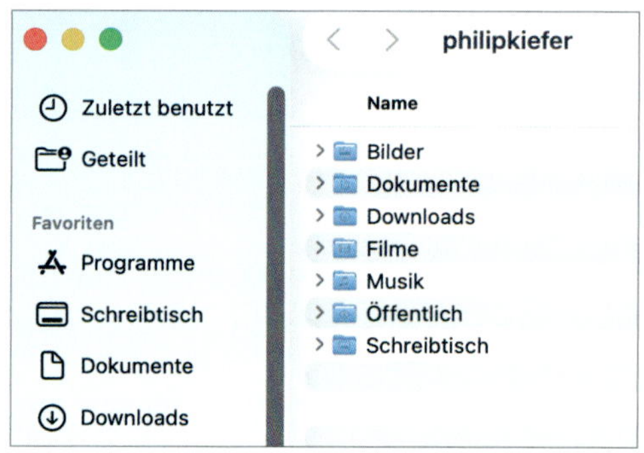

1. Für den Zugriff auf wichtige Speicherorte auf Ihrem Mac klicken Sie in der Menüleiste des Finders auf *Gehe zu* und wählen anschließend den gewünschten Speicherort aus.

2. Entscheiden Sie sich für den Speicherort *Computer*, so erhalten Sie einen Überblick über die auf Ihrem Mac zur Verfügung stehenden Laufwerke.

3. Für jeden Benutzer auf Ihrem Mac werden verschiedene Benutzerordner angelegt, in denen die eigenen Dateien gespeichert werden. Wählen Sie den Speicherort *Benutzerordner*, um auf diese Ordner zuzugreifen.

WISSEN

Speicherorte sind die Laufwerke und Ordner, die der Speicherung Ihrer Daten – in Form sogenannter Dateien – dienen. Achten Sie von vornherein darauf, Ihre Dateien am richtigen Speicherort einzuordnen, damit später, wenn Sie viele Dateien gespeichert haben, kein Chaos eintritt. Auf dieser Doppelseite lernen Sie einige wichtige Speicherorte kennen.

4

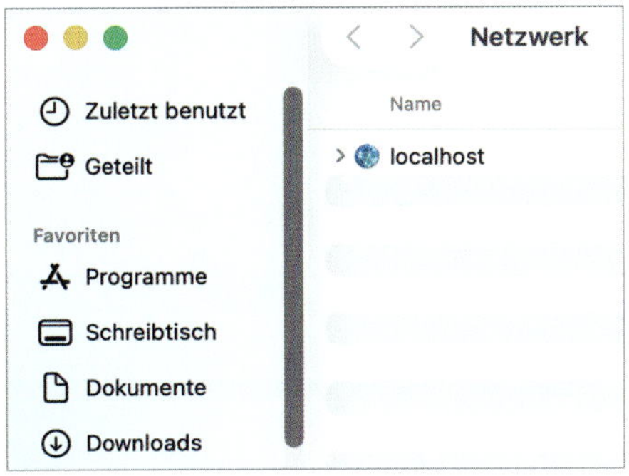

5

6

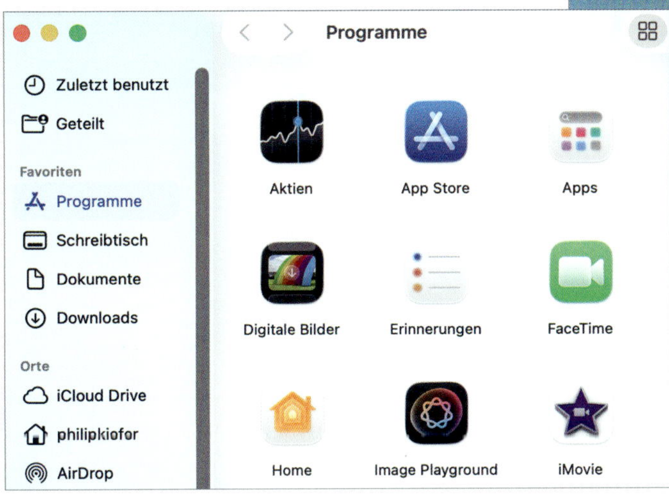

4 Den Speicherort *Netzwerk* kennen Sie bereits aus Kapitel 3 – hier greifen Sie auf freigegebene Dateien anderer Computer im Netzwerk zu.

5 Dateien, die Sie aus dem Internet auf den Mac herunterladen, werden standardmäßig im Ordner *Downloads* abgelegt.

6 Am Speicherort *Programme* (Sie kennen ihn bereits aus Kapitel 2) werden alle auf Ihrem Mac installierten Apps aufgeführt.

Ende

TIPP

Sie möchten den gerade geöffneten Speicherort der Seitenleiste hinzufügen? Drücken Sie hierzu die Tastenkombination *control* + *command* + *T*.

HINWEIS

Als fortgeschrittener User werden Sie später auch hin und wieder auf den Systemordner *Library* zugreifen wollen. Halten Sie in Schritt 1 zusätzlich die *option*-Taste gedrückt, um diesen einzublenden.

Start

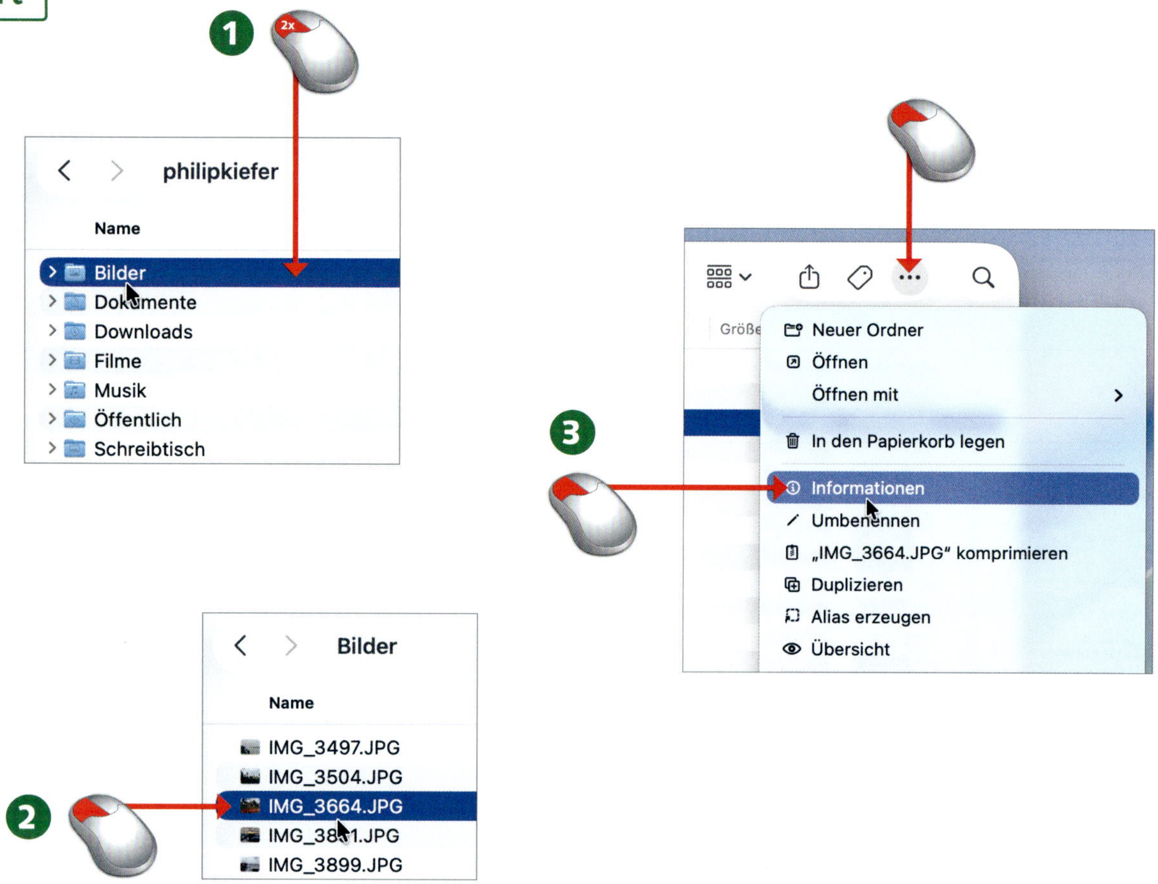

1. Wählen Sie im Finder mit einem Doppelklick den Speicherort aus, an dem sich die Datei befindet, zu der Sie Informationen aufrufen möchten.

2. Klicken Sie die Datei an, um sie auszuwählen.

3. Nun klicken Sie in der Symbolleiste auf das Symbol ••• und wählen im Menü *Informationen*.

WISSEN

Manchmal benötigen Sie Informationen zu einer Datei oder Sie möchten diese mit Kommentaren oder Zugriffsrechten versehen. Kein Problem: Zu jedem Element im Finder lässt sich das Fenster *Informationen* einblenden, in dem Sie Informationen und Optionen erhalten. Lernen Sie das Fenster *Informationen* auf dieser Doppelseite kennen.

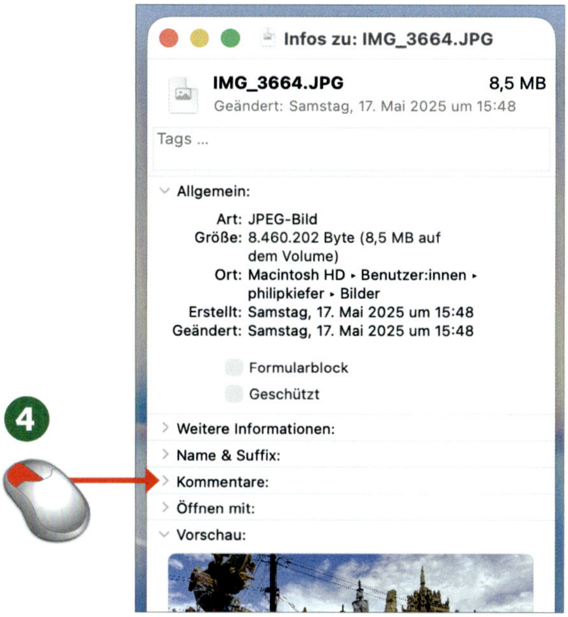

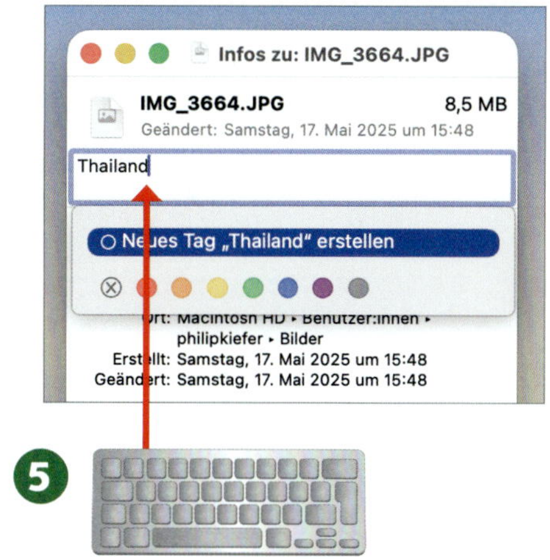

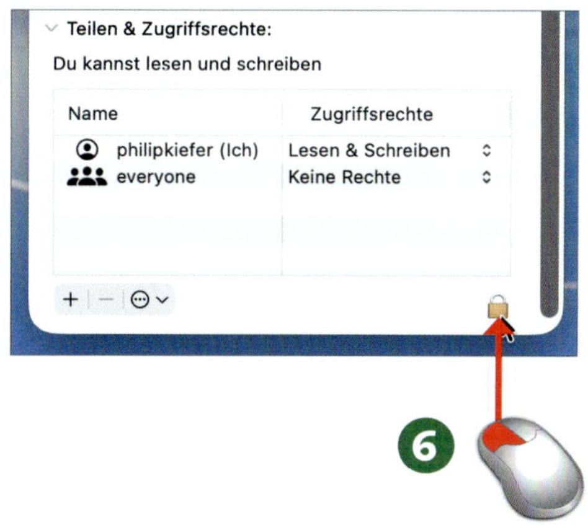

4 Das Fenster *Informationen* wird eingeblendet. Klicken Sie auf den nach rechts weisenden Pfeil [>], um einen Abschnitt einzublenden, bzw. auf den nach unten weisenden Pfeil [v], um einen eingeblendeten Abschnitt wieder auszublenden.

5 Sie können direkt im Fenster *Informationen* verschiedene Angaben machen, zum Beispiel wie hier die Datei taggen.

6 Für manche Änderungen sind Administratorrechte erforderlich. Um diese zu erhalten, klicken Sie rechts unten im Fenster *Informationen* auf das Symbol 🔒 und bestätigen mit Ihrem Benutzerpasswort bzw. auf einem MacBook mit Touch ID.

Ende

TIPP

Wenn Sie ein Element mit der rechten Maustaste bzw. bei gedrückter [*control*]-Taste anklicken, erhalten Sie die Optionen, die Sie auch unter dem Symbol [•••] finden.

TIPP

Das Fenster *Informationen* können Sie auch per Tastenkombination aufrufen: Drücken Sie dazu die Tasten [*command*]+[*I*].

Start

1

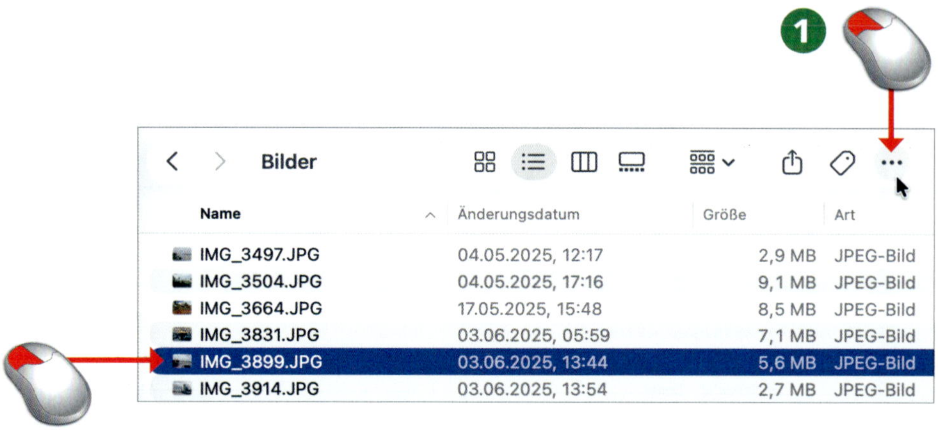

2

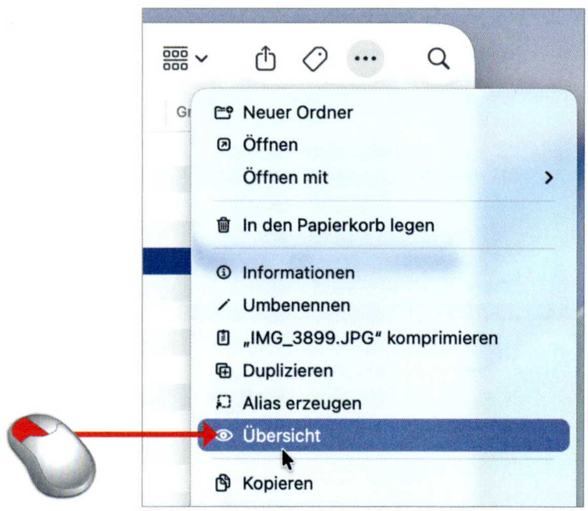

3

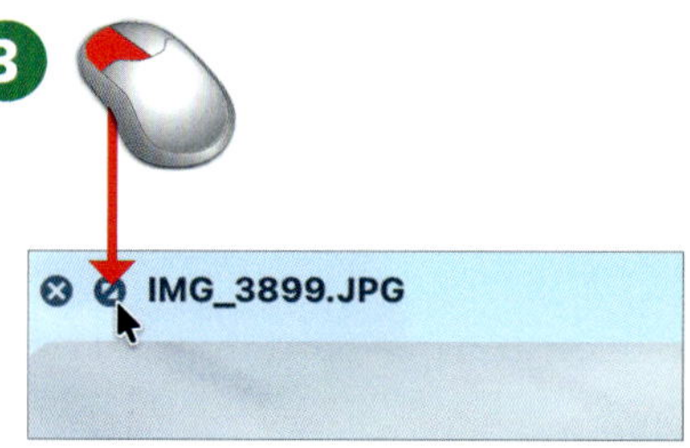

1. Wählen Sie eine Datei durch Anklicken aus und entscheiden Sie sich in der Menüleiste für das Symbol •••. Alternativ wählen Sie ein Bild aus und drücken dann einfach die Taste *Leer*.
2. Im Menü wählen Sie nun den Eintrag *Übersicht*.
3. Das Übersichtsfenster wird geöffnet. Wünschen Sie eine Darstellung im Vollbild, klicken Sie links oben im Fenster auf das Symbol ⊘.

WISSEN

Um auf die Schnelle Einblick in eine Datei zu erhalten, müssen Sie diese nicht gleich öffnen. Ihr Mac bietet die nützliche Funktion *QuickLook*, bei der eine Datei schnell in einem Übersichtsfenster angezeigt werden kann. Besonders bei Bildern ist das äußerst praktisch, um diese im Großformat zu betrachten.

4

5

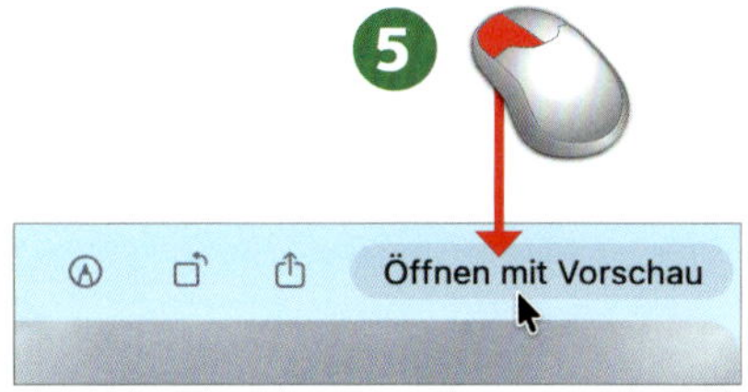

6

4 Wenn Sie eine Datei weiterreichen möchten, klicken Sie im Übersichtsfenster auf das Symbol und entscheiden sich für eine Option zum Teilen.

5 Die Datei lässt sich direkt aus dem Übersichtsfenster heraus in der dafür vorgesehenen App öffnen. Hierzu finden Sie rechts oben die Schaltfläche *Öffnen mit Vorschau*.

6 Das Foto wurde in der App *Vorschau* geöffnet, die weitere Optionen rund um die Datei bietet.

Ende

HINWEIS

Um zu bestimmen, mit welcher App eine Datei generell geöffnet werden soll, wählen Sie diese im Fenster *Informationen* im Abschnitt *Öffnen mit* aus.

HINWEIS

Mehrere Bilder in einem Ordner lassen sich im Übersichtsfenster komfortabel durchsehen. Blättern Sie diese bei geöffnetem Übersichtsfenster mit der Taste [→] durch.

Start

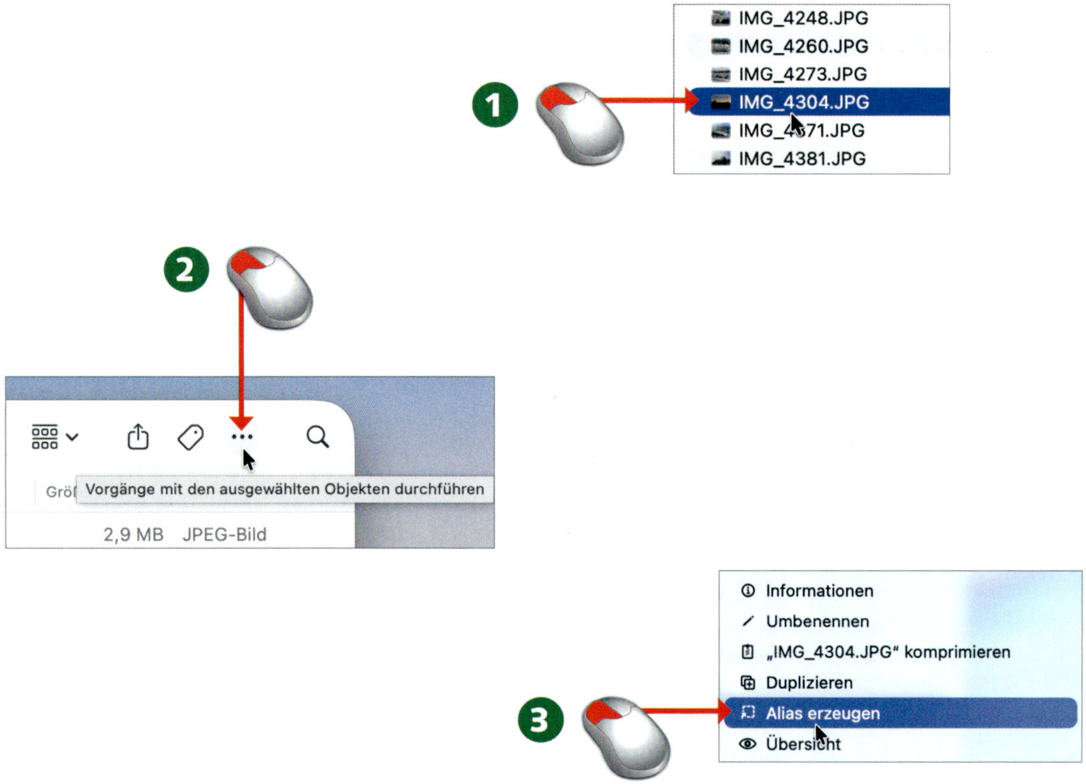

1. Um einen Alias zu erstellen, wählen Sie das Element im Finder aus.

2. Klicken Sie in der Symbolleiste auf das Symbol •••.

3. Wählen Sie im Menü den Eintrag *Alias erzeugen*. Der Alias wird im gleichen Ordner angelegt, in dem sich auch das Element befindet.

WISSEN

Aus jedem Element im Finder lässt sich ein sogenannter Alias erzeugen. Hierbei handelt es sich einfach um eine Verknüpfung, die auf das eigentliche Element verweist, d. h., Sie können per Doppelklick auf einen Alias das verknüpfte Element öffnen. Wenn Sie den Alias löschen, bleibt das Element aber selbstverständlich erhalten. Der Alias ist besonders praktisch, um ein Element auf dem Schreibtisch verfügbar zu machen.

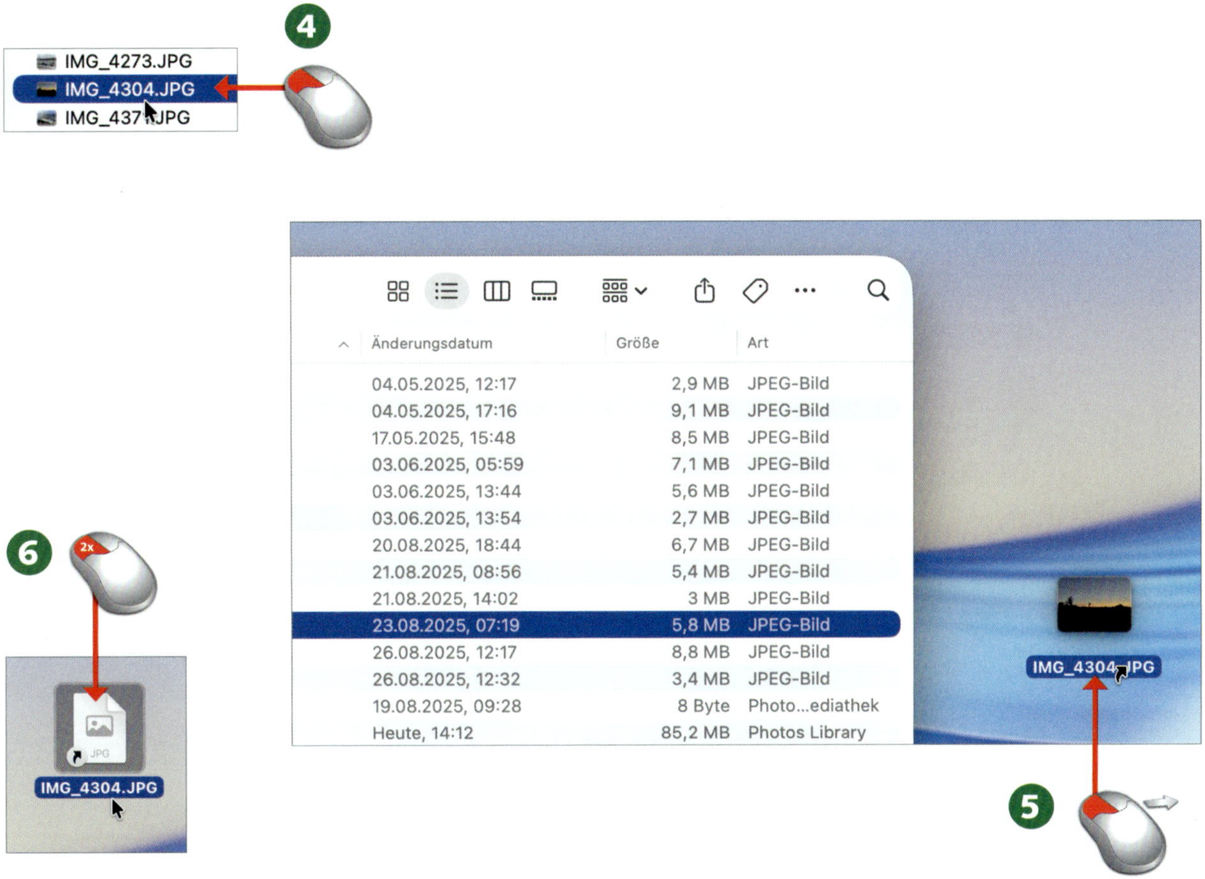

4 Um einen Alias direkt auf dem Schreibtisch zu erzeugen, gibt es noch eine einfachere Möglichkeit: Klicken Sie das Element an und drücken Sie gleichzeitig die Tasten *option* + *command*.

5 Ziehen Sie das Element bei gedrückten Tasten aus dem Finder-Fenster auf den Schreibtisch.

6 Lassen Sie zunächst die Maustaste und dann die Tasten los. Sie sehen: Der Alias steht auf dem Schreibtisch zur Verfügung. Die verknüpfte Datei lässt sich mit einem Doppelklick auf den Alias öffnen.

Ende

TIPP

Sie möchten die Originaldatei eines Alias aufrufen? Klicken Sie den Alias dazu mit der rechten Maustaste bzw. bei gedrückter *control*-Taste an und wählen Sie *Original zeigen*.

TIPP

Oder so: Drücken Sie die Tastenkombination *command* + *R*, um sich das Original des ausgewählten Alias anzeigen zu lassen.

Start

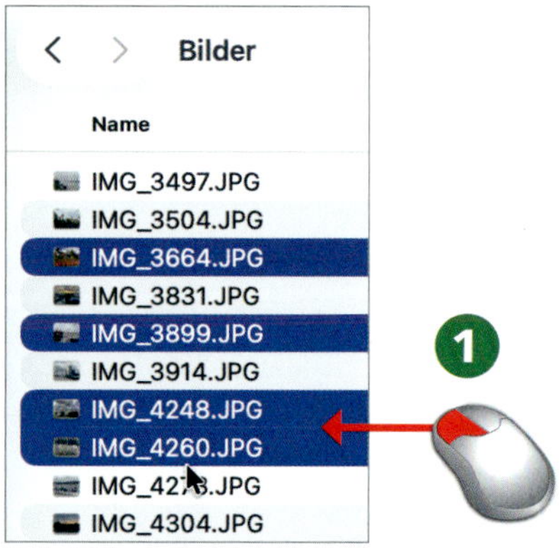

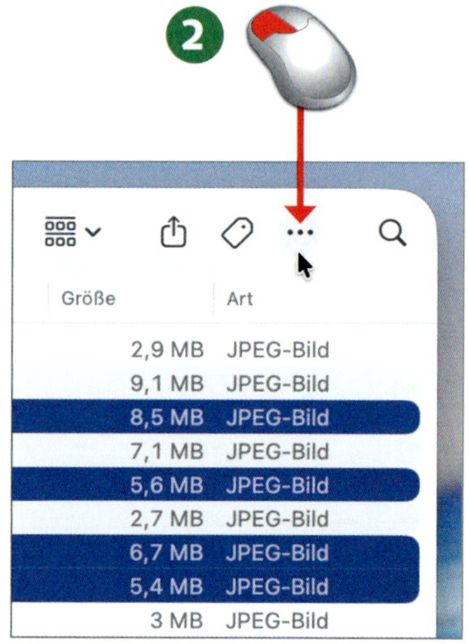

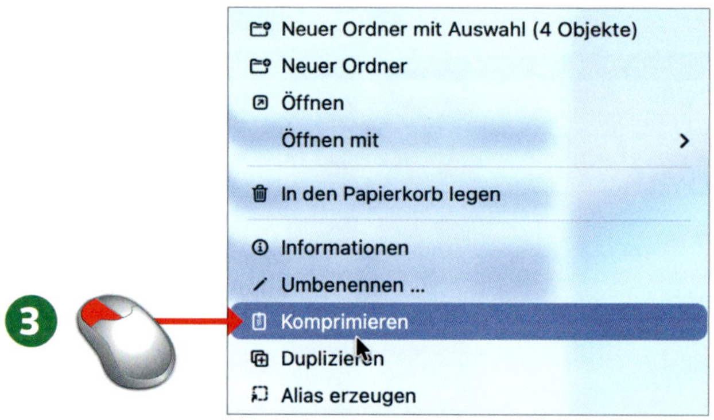

1. Markieren Sie im ersten Schritt die Dateien, die Sie komprimieren möchten. Sind es mehrere Dateien, klicken Sie diese bei gedrückter *command*-Taste an.
2. Entscheiden Sie sich in der Symbolleiste für das Symbol •••.
3. Im Menü klicken Sie nun auf den Eintrag *Komprimieren*.

WISSEN

Das Komprimieren von Dateien im ZIP-Format bietet nicht nur eine gute Möglichkeit, selten benötigte Dateien auf dem Computer zu archivieren. Das Komprimieren ist insbesondere auch zum Weiterreichen mehrerer Dateien als einzelnes Element äußerst praktisch. ZIP-Archive lassen sich nicht nur auf einem Mac, sondern auch auf anderen Plattformen wieder »entpacken«.

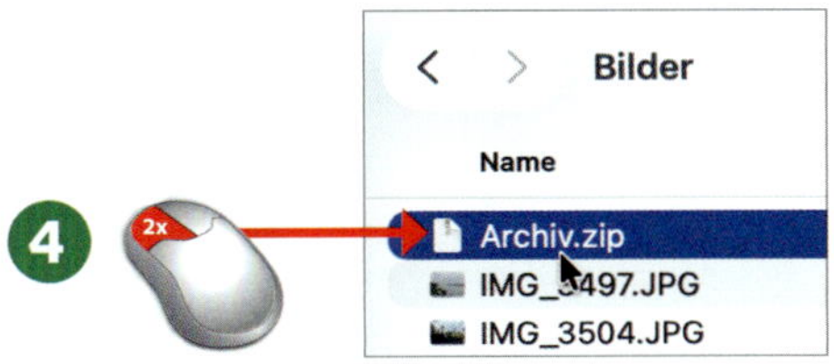

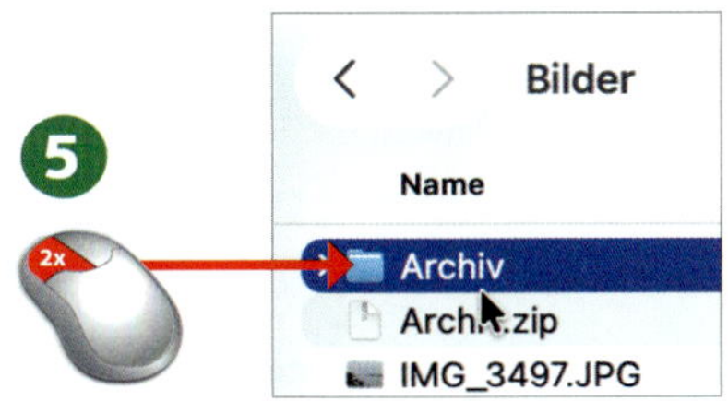

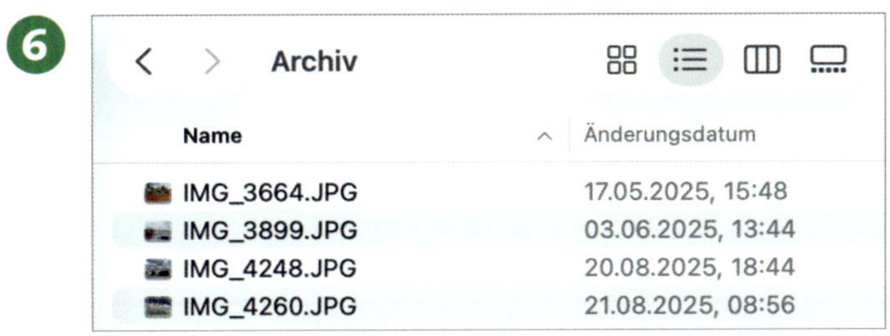

4 Das ZIP-Archiv wird am gleichen Speicherort angelegt. Um ein ZIP-Archiv wieder zu entpacken, doppelklicken Sie darauf.

5 Doppelklicken Sie anschließend auf den zum Vorschein kommenden Ordner, um diesen zu öffnen.

6 Prompt erhalten Sie Zugriff auf die enthaltenen Dateien. Genauso gehen Sie zum »Entpacken« auch vor, wenn Sie selbst ein ZIP-Archiv zugeschickt bekommen. Entpacken Sie aus Sicherheitsgründen aber nur die Archive bekannter Absender!

Ende

HINWEIS

Um ein Archiv – aber auch sonstige Elemente – umzubenennen, klicken Sie zweimal langsam hintereinander darauf und geben den gewünschten neuen Namen ein.

TIPP

Um mehrere Archivtypen entpacken zu können, entscheiden Sie sich für eine Zusatzsoftware wie etwa die kostenlose App *The Unarchiver*. Zum Download neuer Apps dann alles in Kapitel 5.

Start

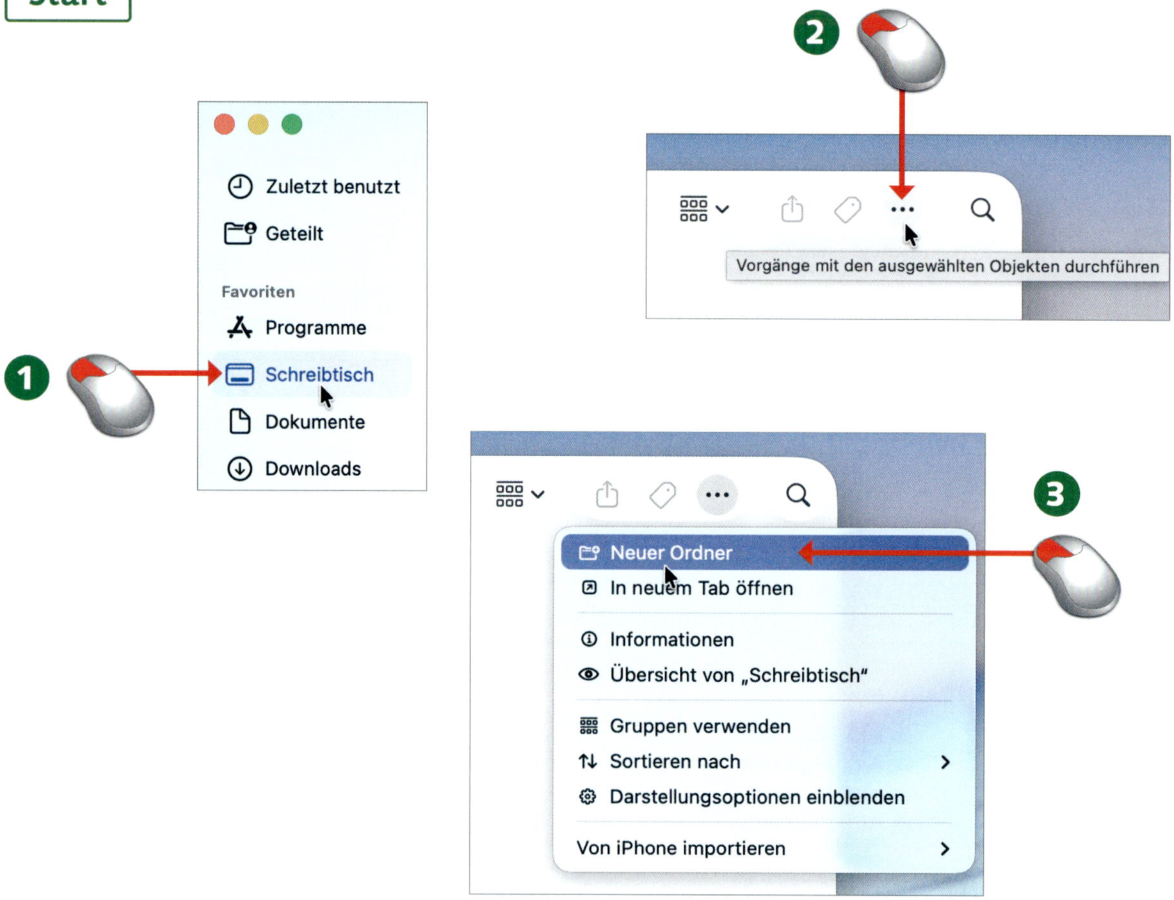

1. Wählen Sie den Speicherort aus, an dem der neue Ordner erstellt werden soll. Hier entscheide ich mich beispielsweise für den Speicherort *Schreibtisch*.
2. Klicken Sie in der Symbolleiste auf das Symbol **•••**.
3. Im sich öffnenden Menü entscheiden Sie sich für den Eintrag *Neuer Ordner*.

WISSEN

So wie Sie in einem Aktenschrank verschiedene Ordner anlegen, um Unterlagen zu sortieren, legen Sie im Finder Ordner an – und wenn gewünscht weitere Ordner innerhalb eines Ordners. Die Möglichkeiten, Ihre Dateien thematisch zu sortieren, sind dadurch unbegrenzt, und Sie finden so auch bei vielen gespeicherten Dateien stets die gesuchte.

4

5

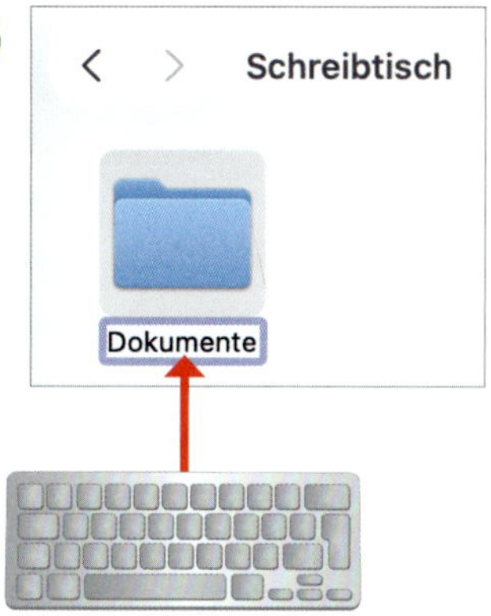

6

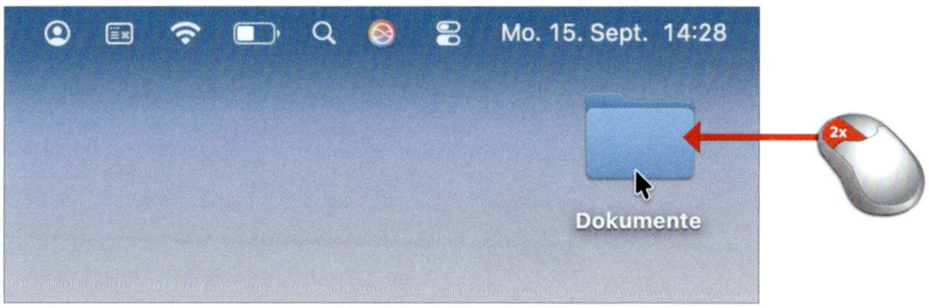

4 Der neue Ordner wird am ausgewählten Speicherort erstellt. Das Feld für den Ordnernamen ist automatisch aktiviert.

5 Tippen Sie einen sinnvollen Ordnernamen ein. Bestätigen Ihre Eingabe mit der [↵]-Taste.

6 Schon ist der Ordner aufnahmebereit für die passenden Dateien. Das Öffnen auf dem Schreibtisch erfolgt per Doppelklick.

Ende

TIPP

Einen neuen Ordner per Tastenkombination erstellen: Drücken Sie dazu [⇧]+[command]+[N].

HINWEIS

Einen Ordner gegen Änderungen schützen: Öffnen Sie dazu – wie bereits kennengelernt – das Fenster *Informationen* und aktivieren Sie das Kontrollkästchen *Geschützt*.

Start

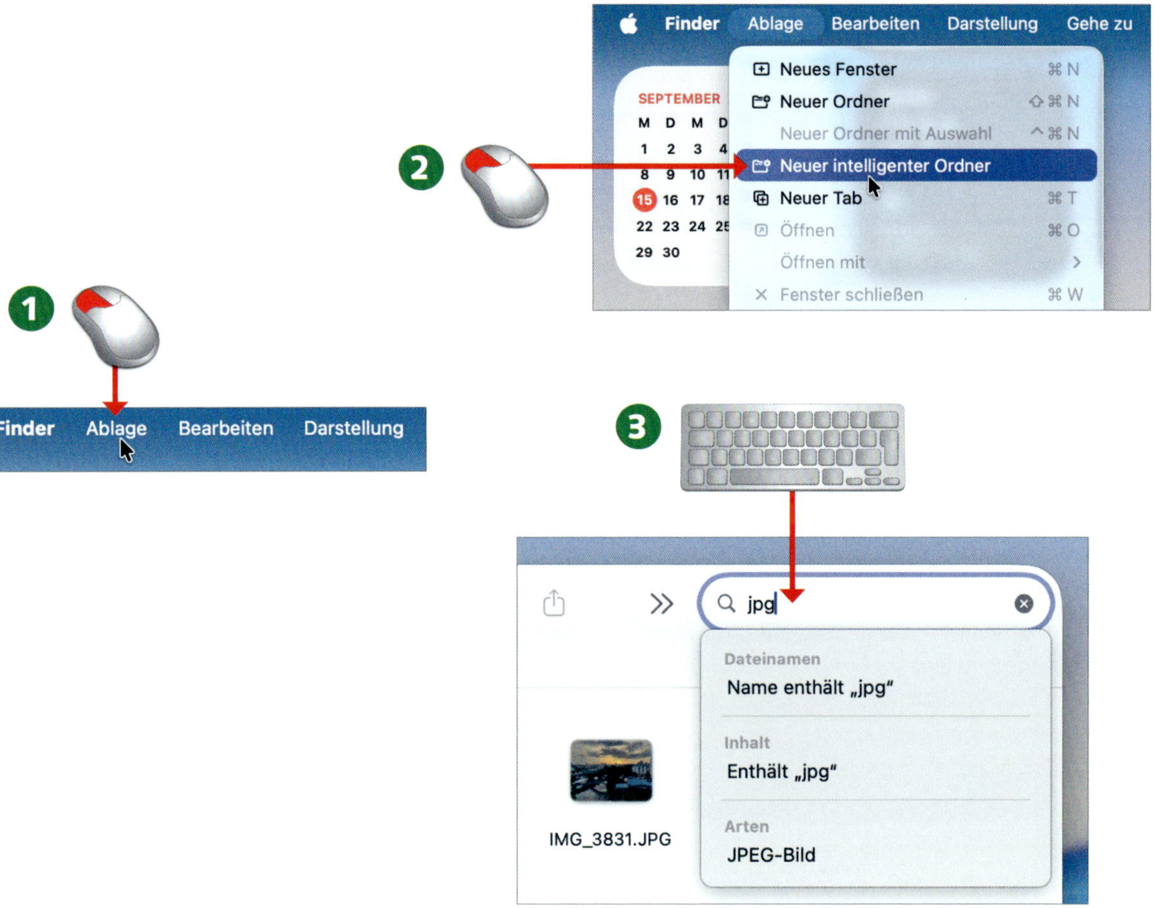

1. Entscheiden Sie sich in der Menüleiste des Finders für *Ablage*. – Auch in der Menüleiste lassen sich alle bisher kennengelernten Optionen aufrufen.

2. Im sich öffnenden Menü wählen Sie den Eintrag *Neuer intelligenter Ordner*.

3. Geben Sie einen oder mehrere Suchbegriffe ein – die Suche dient als Basis für den intelligenten Ordner.

WISSEN

Eine Alternative zum herkömmlichen Ordner bietet der »intelligente Ordner«, bei dem einfach eine Suche durchgeführt wird – die passenden Elemente werden in den Ordner aufgenommen, ohne dass deren ursprünglicher Speicherort verändert wird. Neue Dateien, die von der Suche erfasst werden, nimmt der intelligente Ordner automatisch auf.

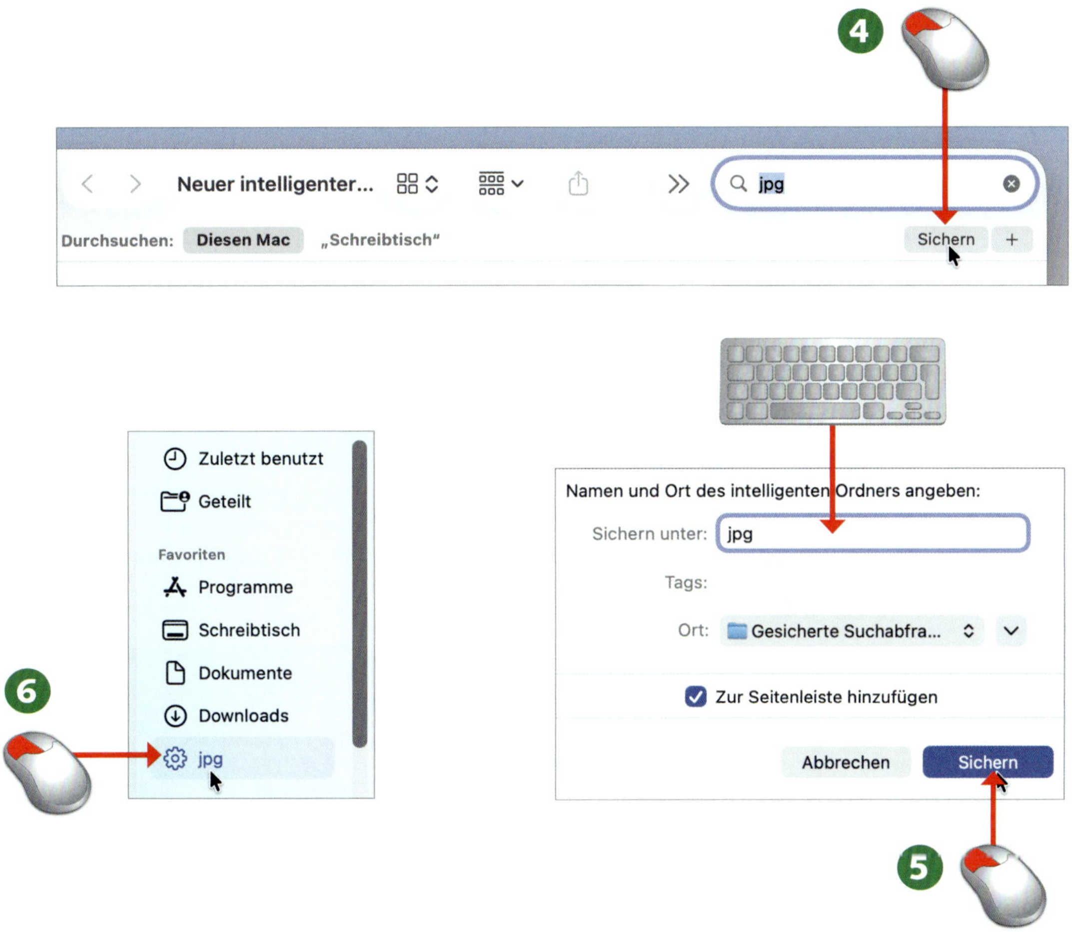

4 Liefert die Suche das gewünschte Ergebnis? Dann klicken Sie unterhalb des Suchfeldes auf die Schaltfläche *Sichern*. Sie können die Suche ansonsten noch verfeinern.

5 Geben Sie dem intelligenten Ordner eine sinnvolle Bezeichnung und bestätigen Sie mit *Sichern*.

6 Um die durchgeführte Suche jederzeit erneut aufzurufen, klicken Sie den intelligenten Ordner in der Seitenleiste des Finders an.

Ende

HINWEIS

Um die Suche zu verfeinern, klicken Sie rechts neben der Schaltfläche *Sichern* auf das Plussymbol +.

TIPP

Auch für das Anlegen eines neuen intelligenten Ordners gibt es eine Tastenkombination, nämlich option + command + N.

Start

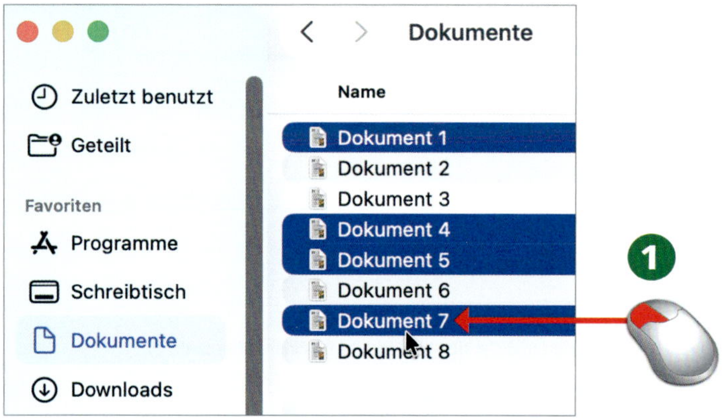

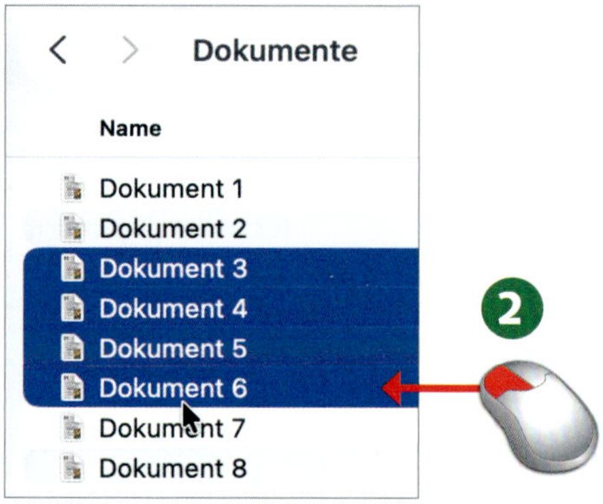

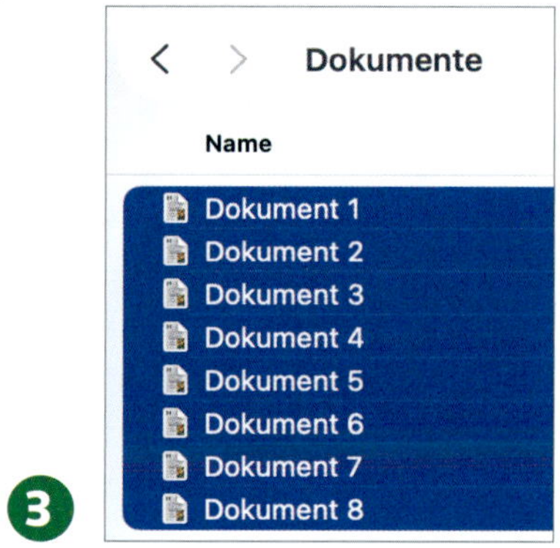

1. Markieren Sie zunächst die Dateien, die Sie kopieren oder verschieben möchten. Mehrere Dateien klicken Sie dazu bei gedrückter *command*-Taste an.

2. Oder wollen Sie mehrere Dateien in einer Reihe auswählen? Dazu klicken Sie zunächst die erste Datei an und dann, bei gedrückter ⇧-Taste, die letzte Datei. Das funktioniert allerdings nicht in der Symbolansicht.

3. Auch alle Elemente in einem Ordner lassen sich auswählen. Drücken Sie dazu die Tastenkombination *command*+*A*. Alternativ wählen Sie in der Menüleiste des Finders *Bearbeiten/Alles auswählen.*

WISSEN

Copy and Paste – das Kopieren und Einsetzen – verwenden Sie, um Elemente von einem Speicherort zu einem anderen zu transferieren. Sie können dabei entscheiden, ob die Elemente am ursprünglichen Speicherort erhalten bleiben sollen oder nicht. Wie Sie Dateien auswählen und kopieren oder verschieben, zeige ich Ihnen auf dieser Doppelseite.

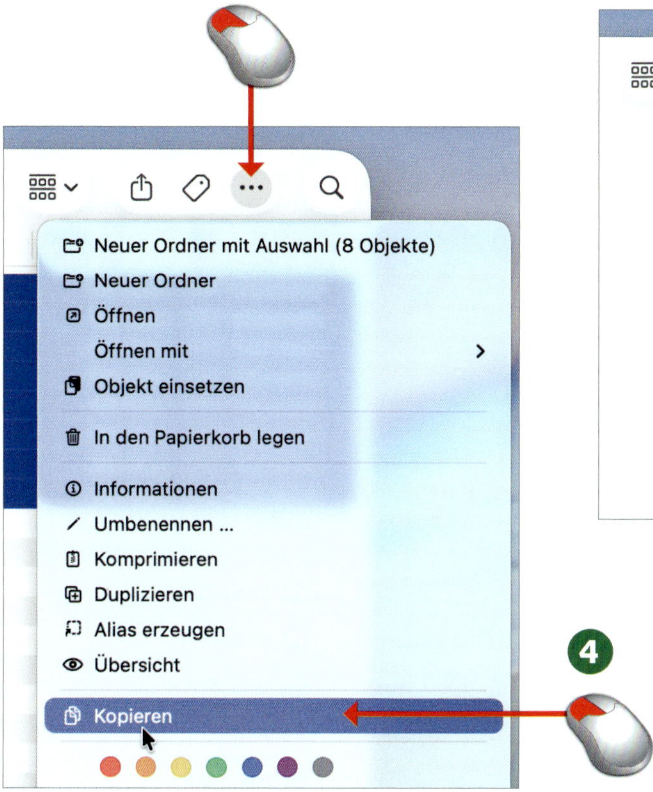

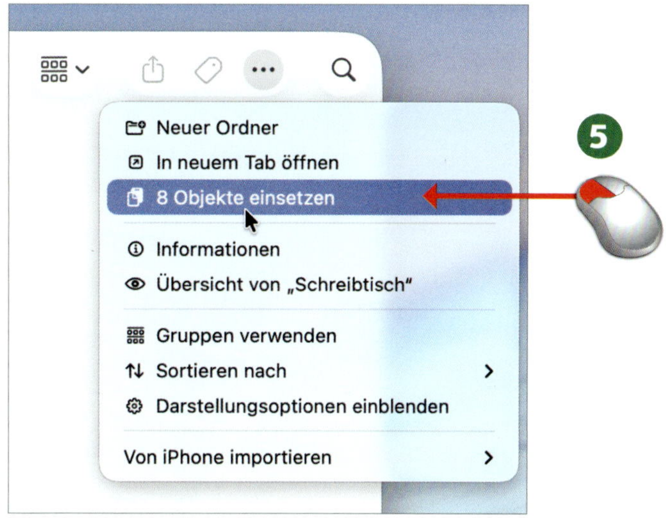

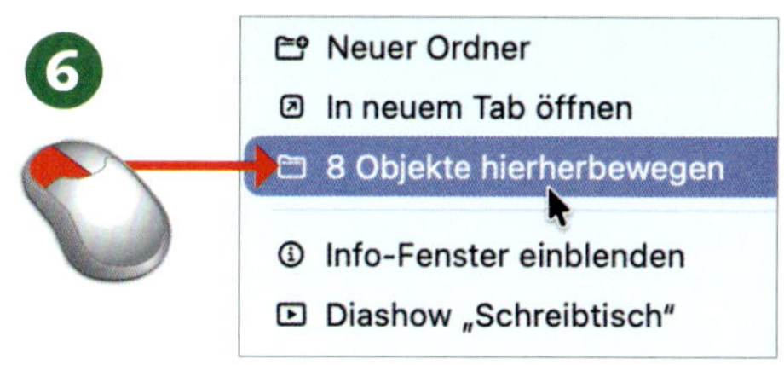

4 Klicken Sie in der Symbolleiste auf das Symbol ••• und wählen Sie den Eintrag *Kopieren*.

5 Zum Kopieren der Elemente – diese bleiben dann am ursprünglichen Speicherort erhalten – öffnen Sie den gewünschten neuen Speicherort und wählen unter dem Symbol ••• den Eintrag *Objekte einsetzen*.

6 Zum Verschieben der Elemente – diese werden dann am ursprünglichen Speicherort gelöscht – öffnen Sie den gewünschten neuen Speicherort, klicken auf das Symbol ••• und drücken gleichzeitig die option-Taste. Wählen Sie den auf diese Weise eingeblendeten Eintrag *Objekte hierherbewegen*.

Ende

TIPP

Das Ganze geht ebenfalls per Tastenkombination: Drücken Sie command+C zum Kopieren, command+V zum Einsetzen bzw. option+command+V zum Verschieben.

HINWEIS

Wenn Sie in der Menüleiste ein Menü öffnen und die option-Taste drücken, ändern sich häufig einige Optionen. Außerdem lassen sich Auslassungszeichen (...) wegzaubern und dadurch Funktionen direkt ausführen.

Start

1

2

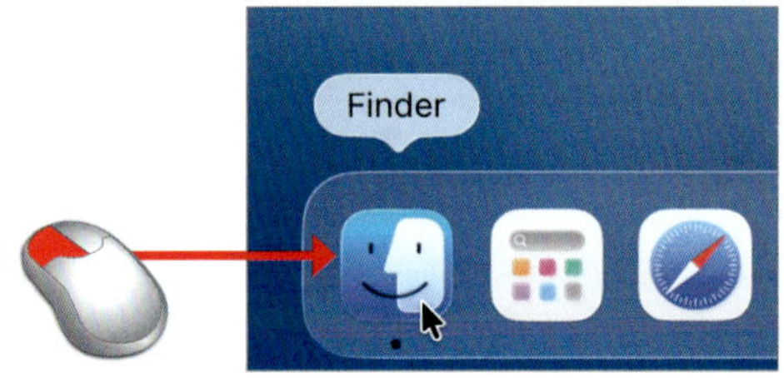

3

1. Stöpseln Sie den USB-Speicherstick in einen der USB-Anschlüsse Ihres Macs ein. In diesem Fall wird für den Anschluss eines herkömmlichen USB-Sticks an ein MacBook ein zusätzlicher Adapter benötigt (USB-C/USB-A).
2. Öffnen Sie den Finder.
3. Wählen Sie den USB-Speicherstick in der Seitenleiste im Abschnitt *Orte* aus, um auf die darauf enthaltenen Dateien zuzugreifen.

WISSEN

USB-Speichersticks bzw. Wechseldatenträger im Allgemeinen sind auch im Cloud-Zeitalter eine nützliche Sache, um Daten von A nach B zu tragen, etwa Fotos, die Sie auf dem Smart-TV eines Freundes vorführen möchten. Die kennengelernte Copy-and-Paste-Funktion nutzen Sie auch bei USB-Speichermedien. Hier möchte ich Ihnen aber noch eine weitere Methode vorstellen: Drag and Drop – Ziehen und Loslassen.

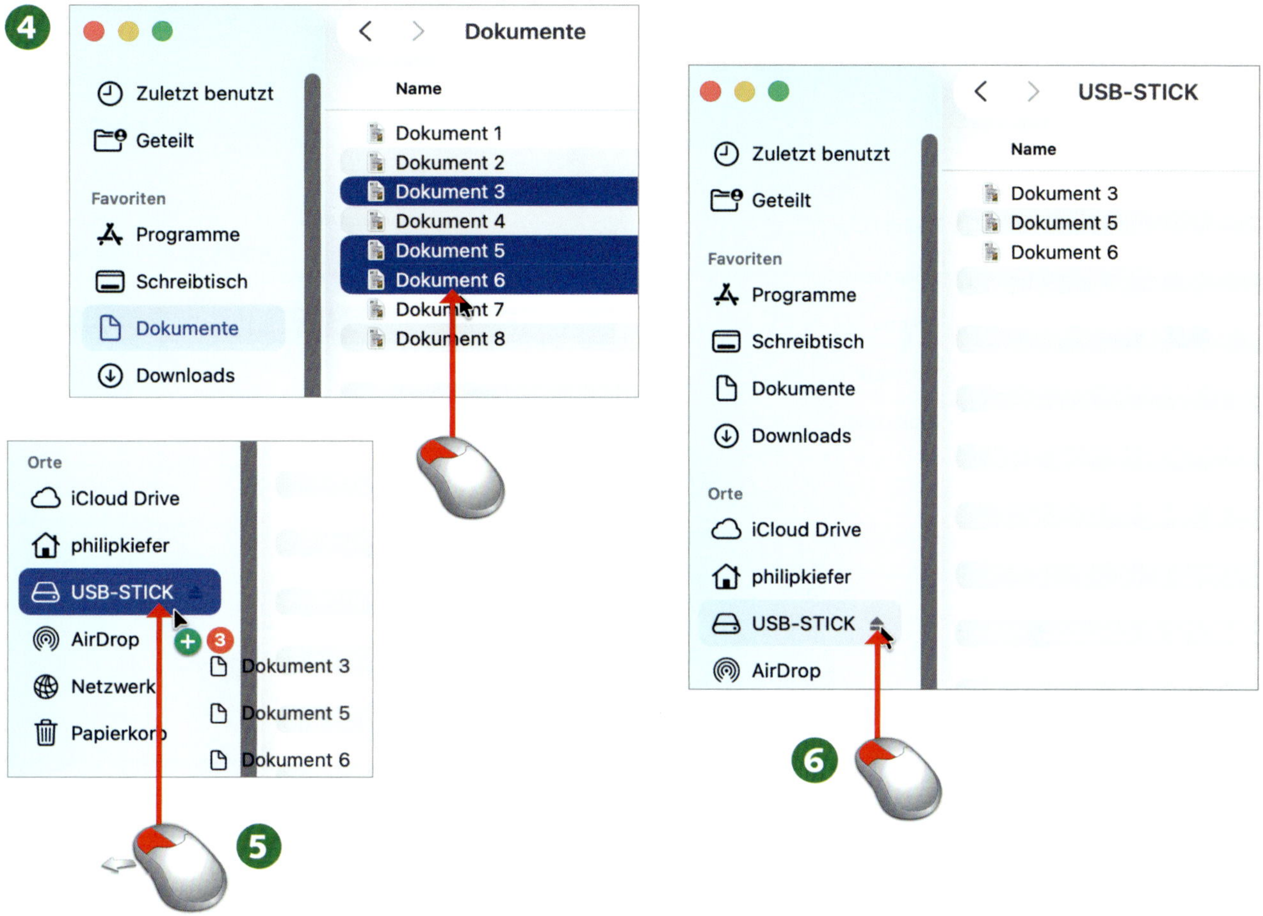

4 Um den USB-Speicherstick mit weiteren Dateien zu füttern, öffnen Sie den entsprechenden Speicherort. Die Auswahl der Dateien erfolgt wie gehabt per Mausklick bei gedrückter *command*-Taste.

5 Nun geht es ans Drag and Drop: Ziehen Sie die ausgewählten Elemente bei gedrückter Maustaste auf den Eintrag des USB-Sticks in der Seitenleiste und lassen Sie dann die Maustaste los.

6 Sie können auch noch Elemente von anderen Speicherorten auf den USB-Speicherstick kopieren. Wenn Sie fertig sind, klicken Sie neben dem entsprechenden Eintrag in der Seitenleiste auf das Symbol ⏏, um den USB-Speicherstick auszuwerfen.

Ende

HINWEIS

Wenn Sie ein USB-Speichermedium vom Mac entfernen, ohne es vorher auszuwerfen, erscheint ein Fehlerhinweis. In den meisten Fällen passiert aber sonst nichts Schlimmes, Sie sollten es dennoch vermeiden, um etwaigem Datenverlust vorzubeugen.

TIPP

Ein USB-Speichermedium umbenennen oder Informationen dazu aufrufen: Klicken Sie den Eintrag in der Seitenleiste mit der rechten Maustaste bzw. bei gedrückter *control*-Taste an, um entsprechende Optionen zu erhalten.

Start

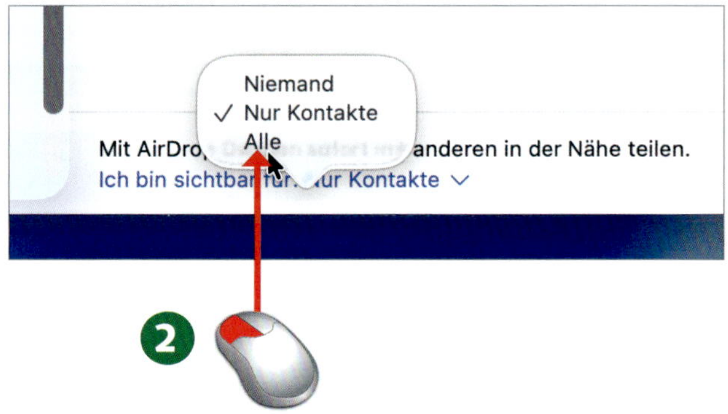

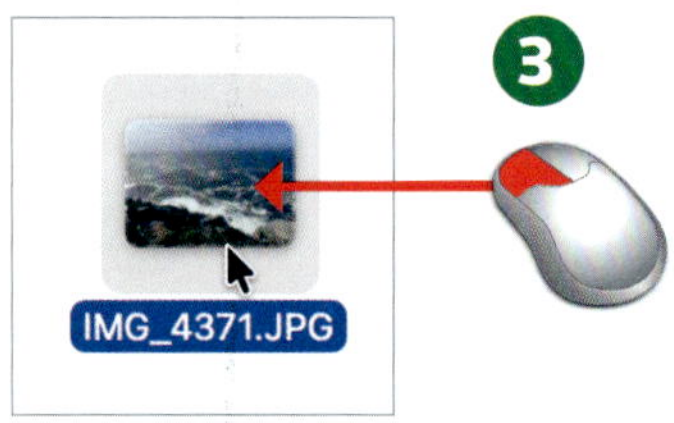

1. Entscheiden Sie sich in der Seitenleiste des Finders für den Eintrag *AirDrop*.
2. Standardmäßig sind Sie nur für Kontakte, die Sie gespeichert haben, über AirDrop erreichbar. Per Menü können Sie jedoch festlegen, dass auch solche Personen Ihnen Dateien per AirDrop senden können, die nicht in Ihren Kontakten verfügbar sind.
3. Wählen Sie nun im Finder die Datei aus, die Sie per AirDrop senden möchten. Hier entscheide ich mich für eine Bilddatei.

WISSEN

Nun möchte ich Ihnen die Funktion AirDrop näher vorstellen, die ich bereits zuvor erwähnt hatte. AirDrop dient dazu, drahtlos Dateien zwischen Apple-Geräten auszutauschen, die sich in der Nähe befinden. Die entsprechenden Dateien werden direkt in den passenden Apple-Apps gespeichert, also z. B. Bilder in der App *Fotos*. Bluetooth muss für die AirDrop-Nutzung aktiviert sein. Welche weiteren Schritte erforderlich sind, zeigt Ihnen diese Anleitung.

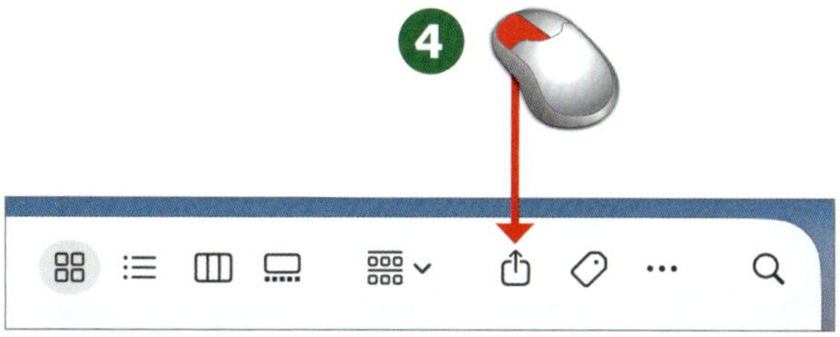

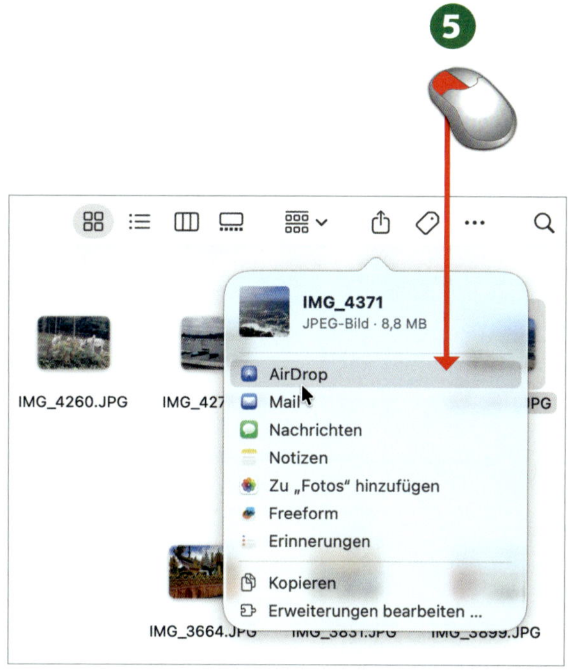

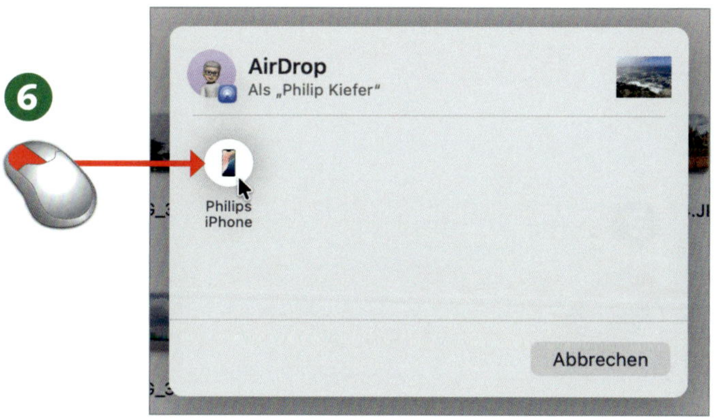

4 Klicken Sie in der Symbolleiste des Finders auf das Symbol .

5 Entscheiden Sie sich im Menü für den Eintrag *AirDrop*.

6 Klicken Sie im folgenden Fenster den AirDrop-Nutzer an, an den Sie die Datei senden möchten. Auch dieser muss AirDrop entsprechend aktiviert und den Bildschirm entsperrt haben. Die empfangene Bilddatei wird in der App *Fotos* gespeichert.

Ende

HINWEIS

Die AirDrop-Funktion können Sie auch aus anderen Apps heraus nutzen, etwa *Fotos*, *Notizen*, *Karten* usw.

HINWEIS

Falls Sie AirDrop in der Seitenleiste des Finders ausgeblendet haben sollten, entscheiden Sie sich in der Menüleiste des Finders für *Gehe zu/AirDrop*.

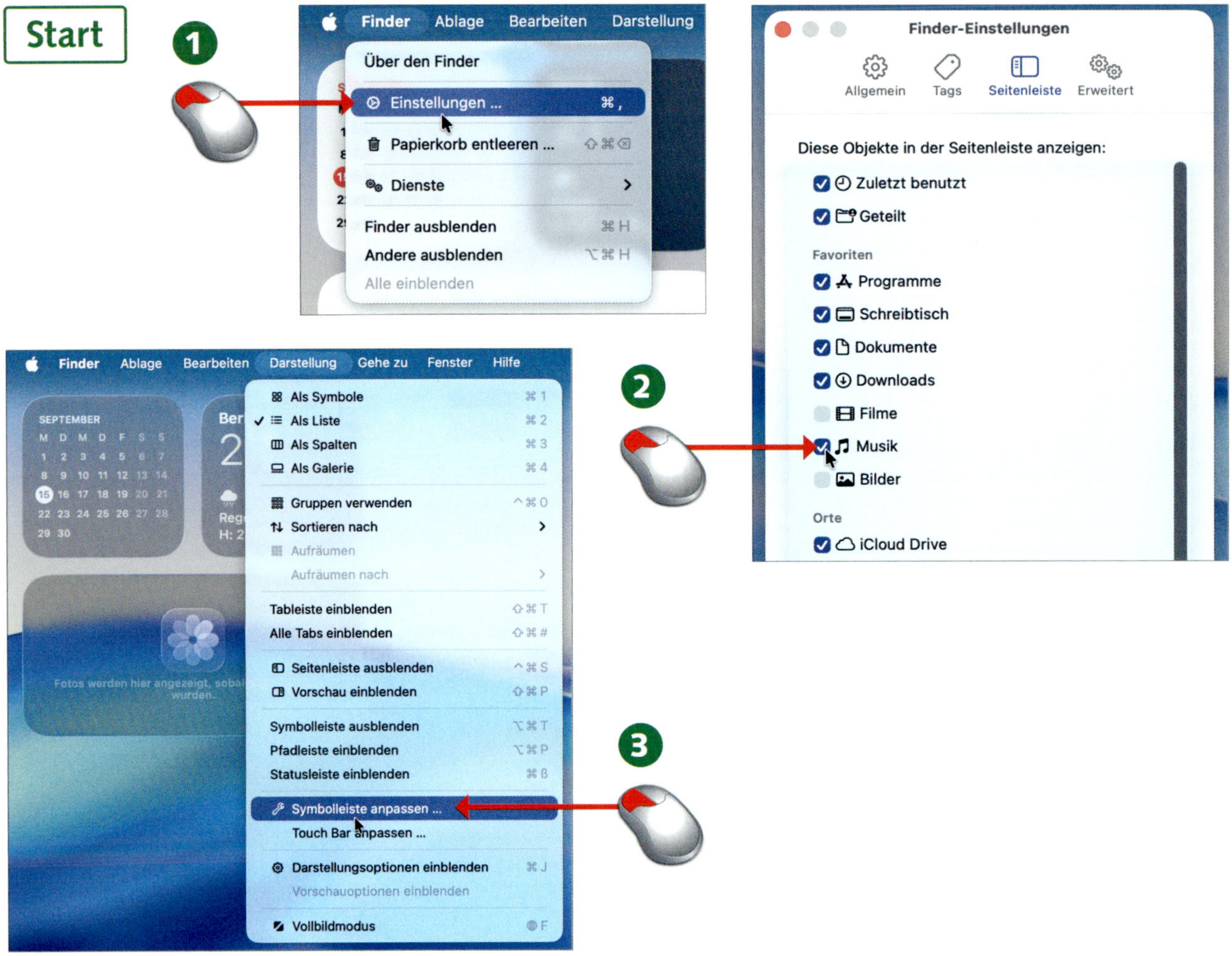

1 Um die Einstellungen des Finders zu bearbeiten, klicken Sie in der Menüleiste des Finders auf *Finder* und dann auf *Einstellungen*.

2 Hier passe ich beispielsweise unter *Seitenleiste* an, welche Elemente in der Seitenleiste des Finders angezeigt werden sollen und welche nicht.

3 Sie möchten die Symbolleiste anpassen? Dazu klicken Sie – bei geöffnetem Finder-Fenster – auf *Darstellung* und dann auf *Symbolleiste anpassen*.

WISSEN

Bestimmte Elemente in der Seitenleiste des Finders ein- oder ausblenden, per Symbol einen neuen Ordner erstellen und mehr: Der Finder lässt sich individuell anpassen. Wie Sie dazu vorgehen, zeige ich Ihnen auf dieser Doppelseite.

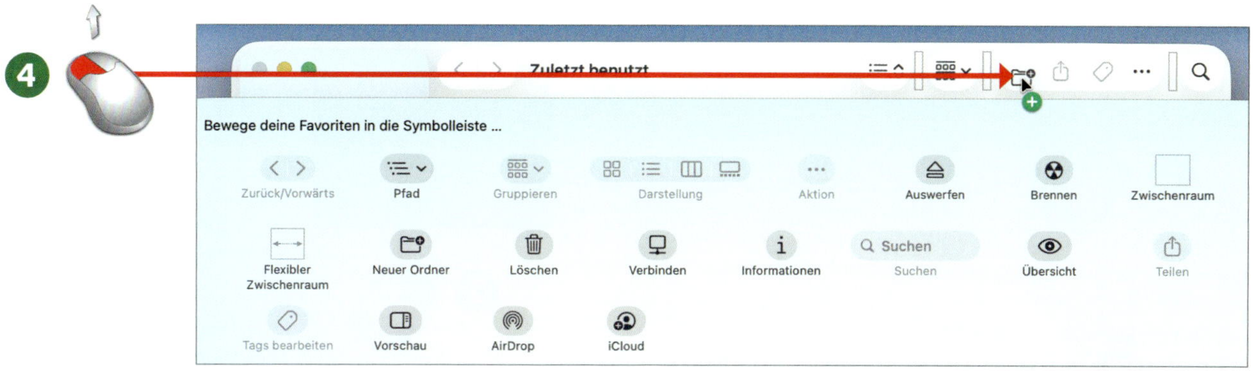

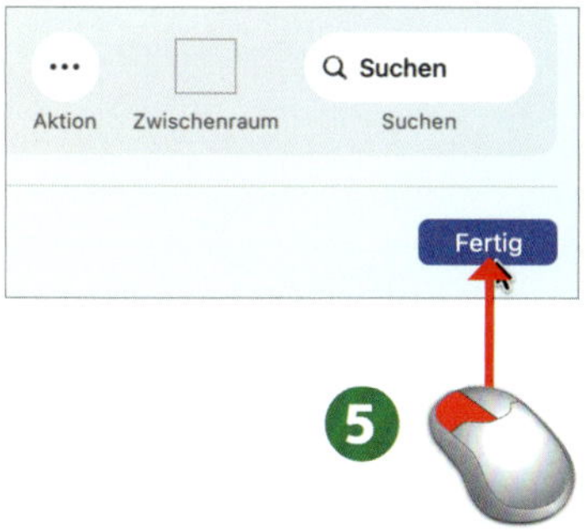

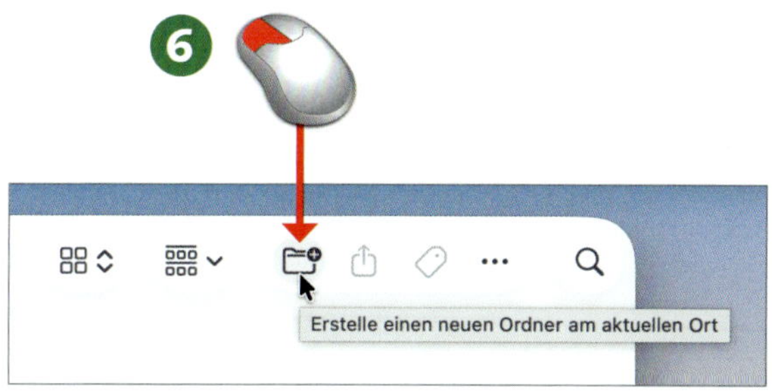

4 Ziehen Sie die gewünschten Symbole bei gedrückter Maustaste in die Symbolleiste.

5 Bestätigen Sie Ihre Auswahl anschließend mit *Fertig*. Auf ähnliche Weise lässt sich die Symbolleiste übrigens auch in weiteren Apps anpassen.

6 Die neuen Symbole stehen zur Verfügung. Klicken Sie ein Symbol an, um die entsprechende Funktion auszuführen.

Ende

TIPP

Um ein Symbol aus der Symbolleiste zu entfernen, ziehen Sie es einfach bei gedrückter Maustaste zurück ins Fenster *Symbolleiste anpassen*.

TIPP

Sie wünschen eine andere Anordnung in der Symbolleiste? Ziehen Sie ein Symbol bei gedrückter Maustaste an eine andere Position.

Start

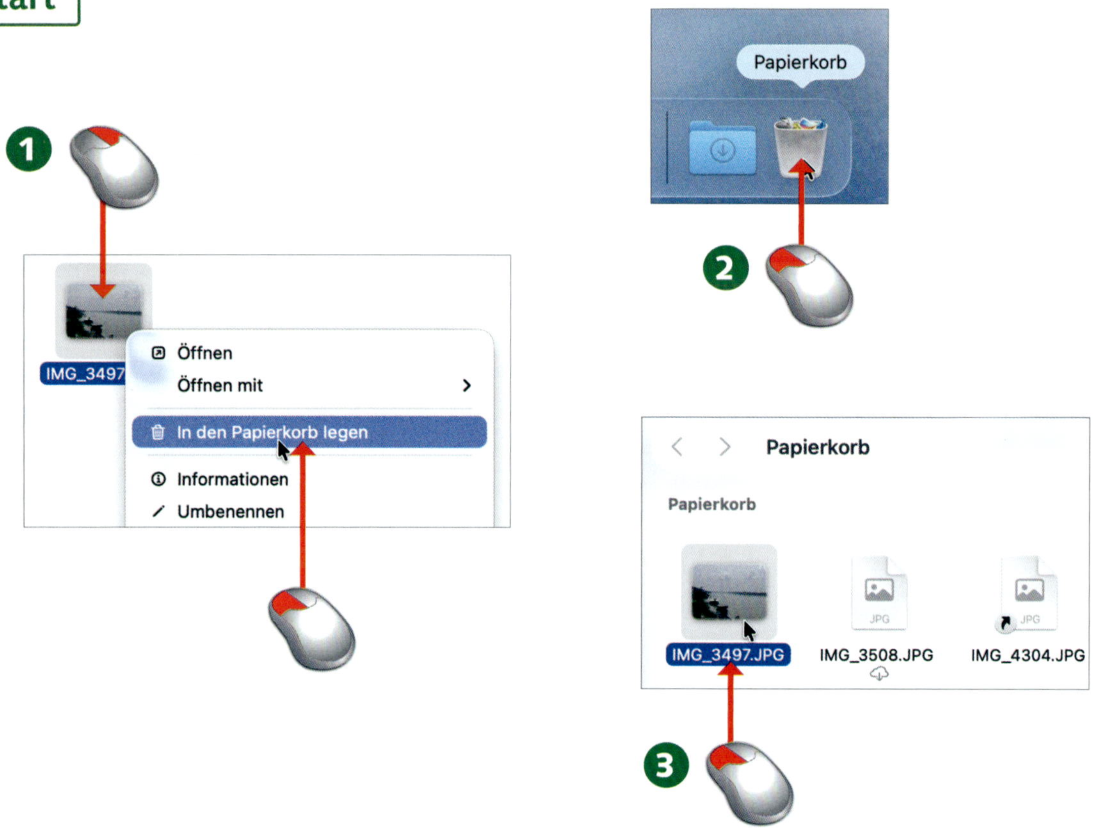

1. Zum Löschen von Elementen klicken Sie diese mit der rechten Maustaste bzw. bei gedrückter control-Taste an und wählen die Option *In den Papierkorb legen*. Alternativ ziehen Sie die Elemente einfach bei gedrückter Maustaste auf das Papierkorbsymbol.

2. Um sich die Inhalte des Papierkorbs anzusehen, klicken Sie auf das Papierkorbsymbol rechts im Dock.

3. Möchten Sie ein Element aus dem Papierkorb am ursprünglichen Speicherort wiederherstellen, wählen Sie dieses aus.

WISSEN

Zu einer gesunden Ordnung gehört bekanntlich auch ein Papierkorb. Auf Ihrem Mac finden Sie einen solchen im Dock. Wie Sie Elemente dorthin verschieben und den Papierkorb leeren oder aber versehentlich gelöschte Elemente aus dem Papierkorb wiederherstellen, erfahren Sie hier.

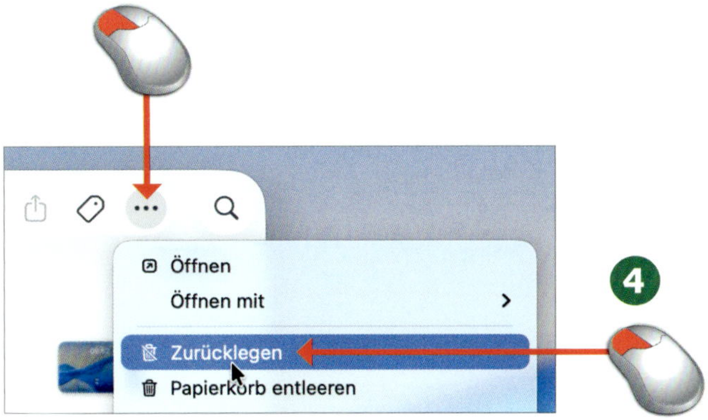

4

5

6

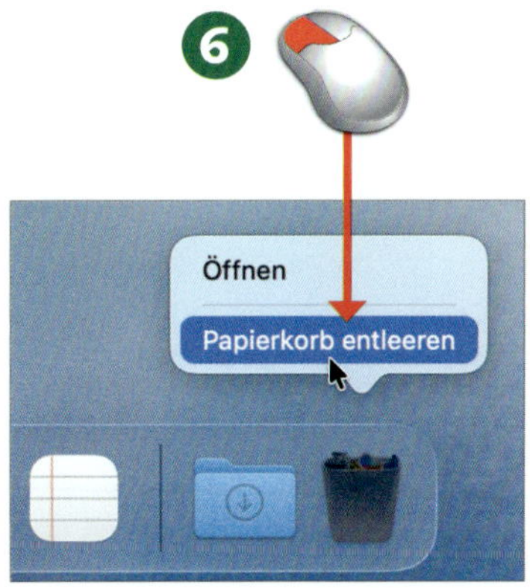

4 Klicken Sie anschließend in der Symbolleiste auf das Symbol [•••] und wählen Sie im Menü den Eintrag *Zurücklegen*.

5 Wenn Sie sämtliche Elemente aus dem Papierkorb löschen möchten, klicken Sie das Papierkorbsymbol mit der rechten Maustaste bzw. bei gedrückter [*control*]-Taste an.

6 Wählen Sie im Kontextmenü *Papierkorb entleeren*.

Ende

TIPP

Auch so können Sie die ausgewählten Elemente löschen oder am ursprünglichen Speicherort wiederherstellen: Drücken Sie die Tasten [*command*]+[←].

HINWEIS

Um Elemente nach einem Monat automatisch aus dem Papierkorb zu entfernen, öffnen Sie mit *Finder/Einstellungen* die Finder-Einstellungen, wählen *Erweitert* und aktivieren das Kontrollkästchen *Objekte nach 30 Tagen aus dem Papierkorb löschen*.

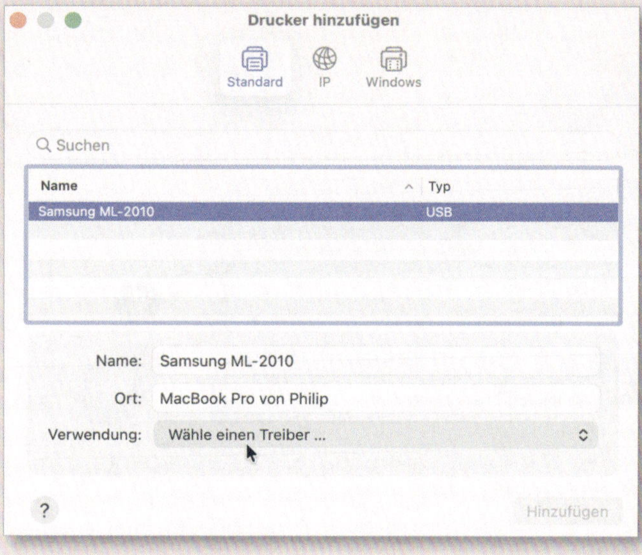
Drucker hinzufügen
Standard
IP
Windows
Suchen
Name
Typ
Samsung ML-2010
USB
Name: Samsung ML-2010
Ort: MacBook Pro von Philip
Verwendung: Wähle einen Treiber ...
?
Hinzufügen

Finder
Finder möchte „OmniFocus“ in den Papierkorb legen.
Verwende Touch ID oder gib dein Passwort ein, um dies zu erlauben.
Passwort verwenden ...
Abbrechen

Mission Control
Musik
OmniFocus
Pages

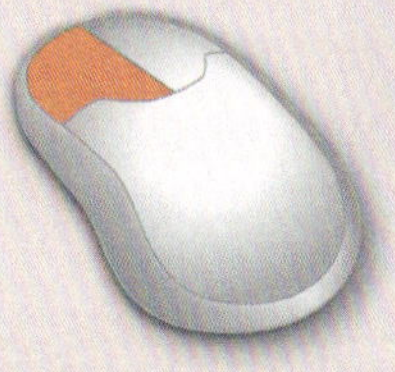

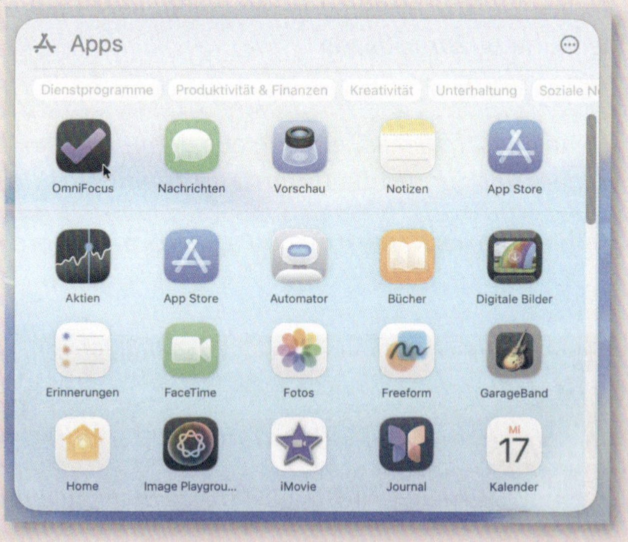
Apps
Dienstprogramme
Produktivität & Finanzen
Kreativität
Unterhaltung
OmniFocus
Nachrichten
Vorschau
Notizen
App Store
Aktien
App Store
Automator
Bücher
Digitale Bilder
Erinnerungen
FaceTime
Fotos
Freeform
GarageBand
Home
Image Playgrou...
iMovie
Journal
Kalender

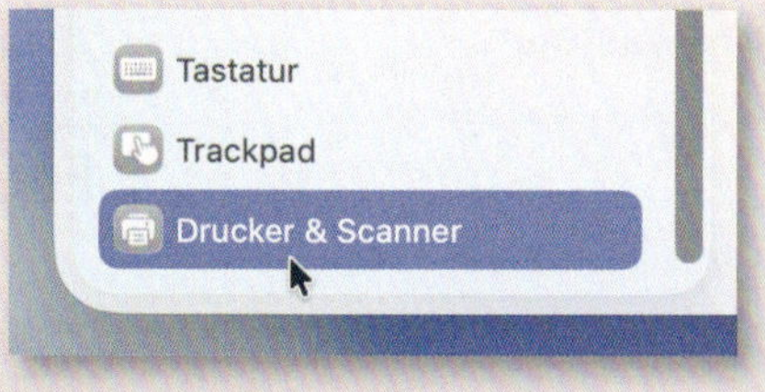
Tastatur
Trackpad
Drucker & Scanner

5 Neue Apps und Geräte installieren

Ihnen steht auf Ihrem Mac, wie Sie schon wissen, eine Vielzahl vorinstallierter Apps zur Verfügung. Um weitere Apps zu installieren, können Sie zum einen den in macOS Tahoe integrierten App Store nutzen, zum anderen lassen sich Apps aber auch auf konventionelle Weise installieren – seien es Programme aus dem Internet oder von einer Installations-DVD (sofern ein entsprechendes optisches Laufwerk mit dem Mac verbunden wurde). Schließlich lassen sich auch Zusatzgeräte, beispielsweise ein Drucker oder ein Scanner, installieren. In diesem Kapitel finden Sie alle Anleitungen, Tipps und Infos zu diesem Thema. Auch zeige ich Ihnen, wie Sie nicht mehr benötigte Apps wieder vollständig entfernen.

Start

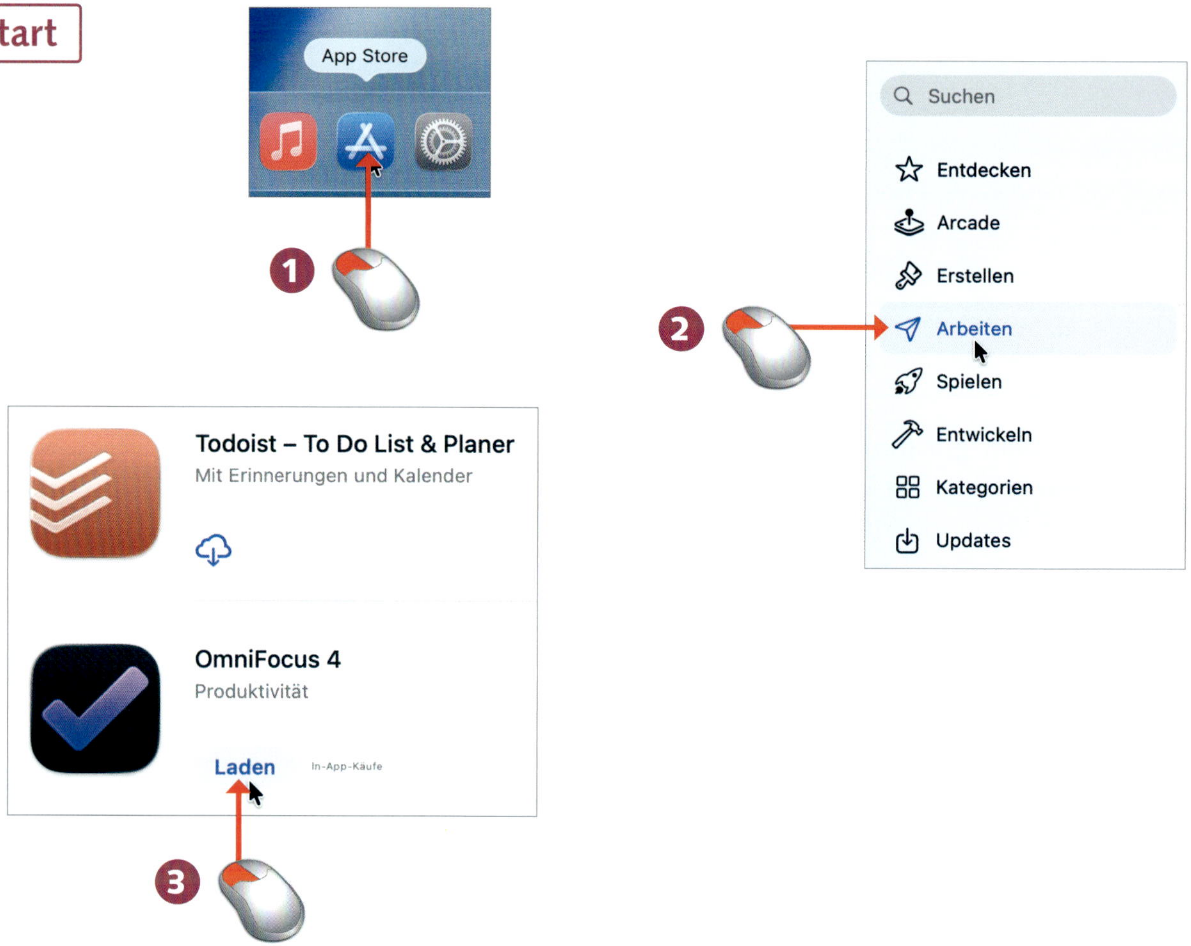

1. Entscheiden Sie sich im Dock für das Öffnen des App Stores.

2. Im App Store werden Ihnen verschiedene Rubriken angeboten, die Sie oben auswählen. Hier klicke ich beispielsweise auf die Rubrik *Arbeiten*.

3. Für weitere Informationen zu einer App, die Sie interessiert, klicken Sie sie an. Um sie herunterzuladen, klicken Sie auf *Laden* bzw. bei einer kostenpflichtigen App auf den angezeigten Preis.

WISSEN

Über den Mac App Store lassen sich neue Apps auf dem Mac völlig problemlos installieren. Viele Apps werden kostenlos angeboten bzw. sind in der Basisvariante kostenlos und lassen sich durch sogenannte In-App-Käufe aufrüsten. Hier zeige ich Ihnen den App-Download aus dem App Store.

TIPP

Gekaufte Apps, die nicht Ihren Vorstellungen entsprechen, geben Sie wieder zurück. Die Reklamation erfolgt unter *https://reportaproblem.apple.com*.

4

5

6

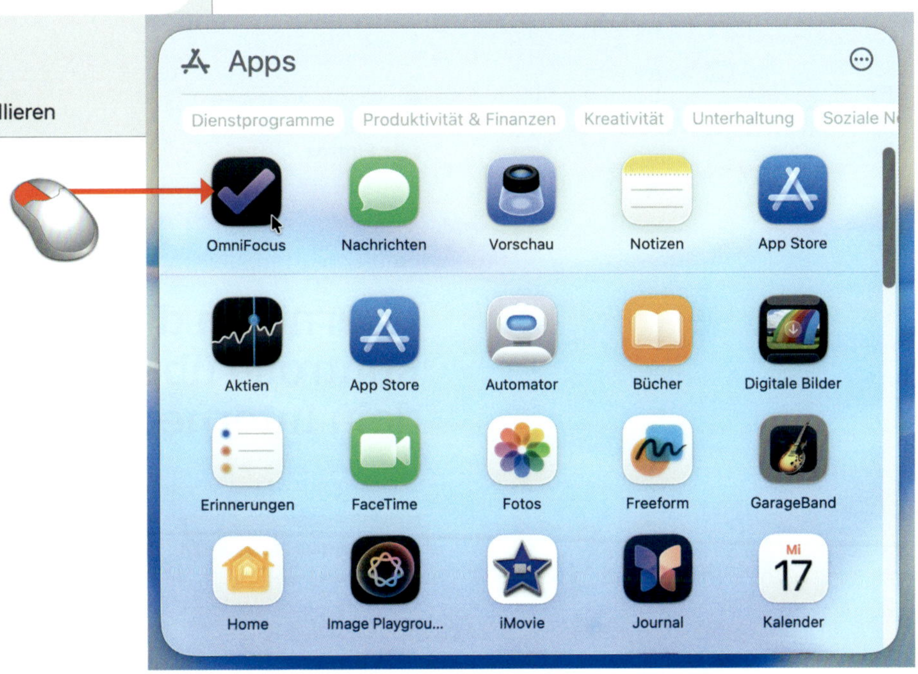

4 Bestätigen Sie den App-Download mit Ihrem Apple Account, hier z. B. auf einem MacBook per Touch ID.

5 Der Download-Fortschritt wird Ihnen im App Store angezeigt. Sie können den App Store nun schließen, das Laden der App erfolgt im Hintergrund weiter.

6 Die heruntergeladene App rufen Sie, wie die anderen Apps auch, in der App-Bibliothek auf.

Ende

HINWEIS

Einmal erworbene Apps lassen sich per Symbol jederzeit erneut herunterladen. Eine Übersicht über Ihre Apps finden Sie im App Store, wenn Sie links unten auf Ihren Benutzernamen klicken.

TIPP

Für Spielefans: Sie können im App Store ein Spiele-Abo namens *Apple Arcade* abschließen. Bei Redaktionsschluss waren dafür 6,99 Euro pro Monat fällig, Sie können es jedoch zunächst kostenlos testen.

Start

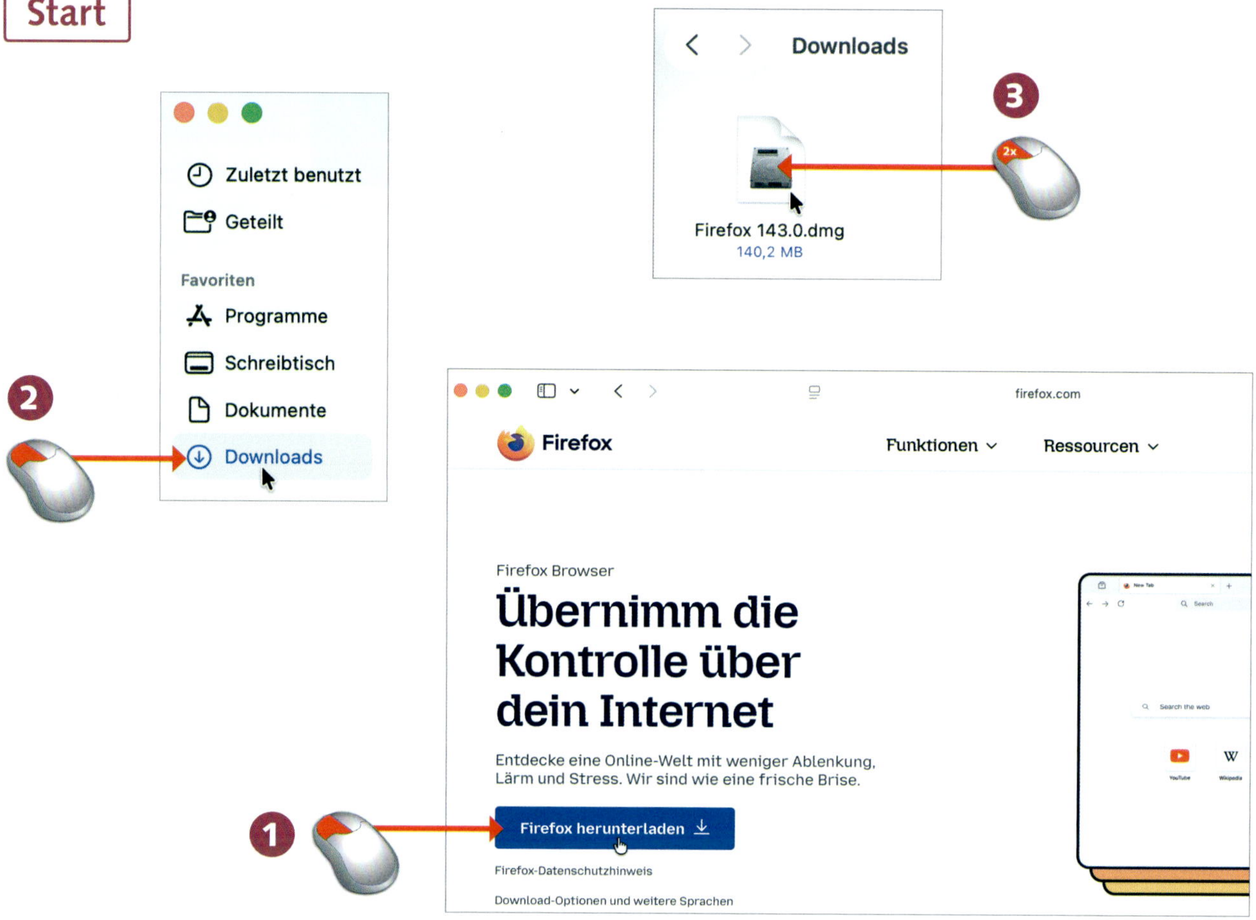

1. In diesem Fall möchte ich die App *Firefox* zum Betrachten von Webseiten installieren. Zunächst besorge ich die entsprechende Datei im Internet, und zwar unter der Webadresse *https://www.firefox.com/de*.
2. Heruntergeladene Apps befinden sich standardmäßig im Ordner *Downloads*. Öffnen Sie diesen.
3. Doppelklicken Sie auf die Datei, um diese auszuführen.

WISSEN

Auch auf Apps, die nicht im Mac App Store zur Verfügung stehen, müssen Sie nicht verzichten. Es lassen sich auch Apps aus dem World Wide Web sowie gegebenenfalls (bei verbundenem optischem Laufwerk) von DVD installieren. Das ist kein Hexenwerk, wie Ihnen diese Doppelseite beweist.

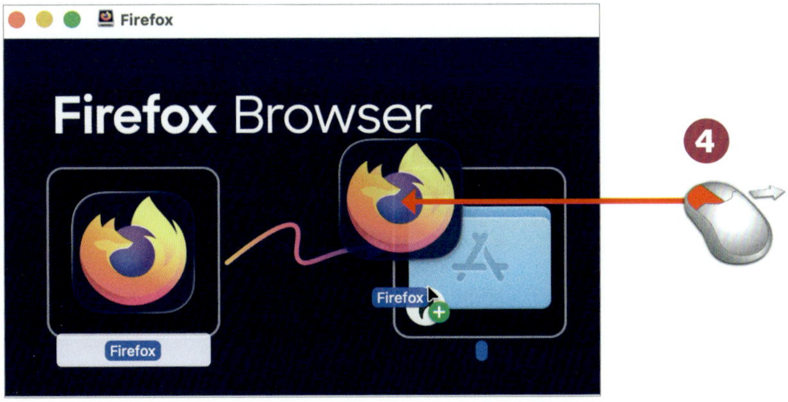

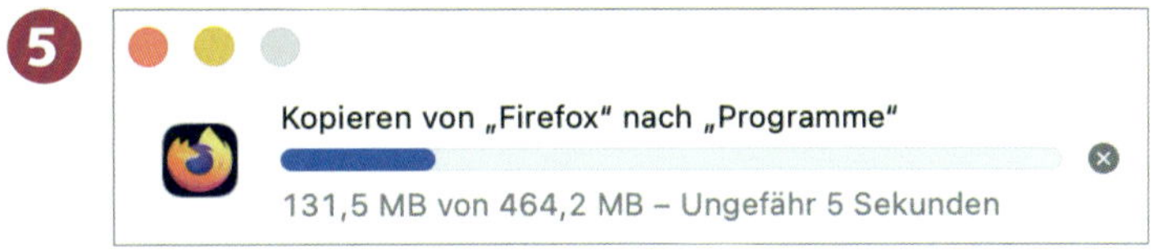

4 In vielen Fällen müssen Sie nun einfach bei gedrückter Maustaste die App in den Programmordner ziehen; in einigen Fällen starten Sie hingegen einen Installationsassistenten.

5 Ihr Mac kopiert die App anschließend in den Programmordner bzw. führt in einigen Fällen weitere Installationsschritte durch.

6 Anschließend steht die App in der App-Bibliothek zur Verfügung und kann dort per Mausklick gestartet werden.

Ende

TIPP

Wird eine heruntergeladene Datei nach dem Doppelklick direkt geöffnet, ziehen Sie sie im Finder aus dem Download-Ordner in den Programmordner.

FACHWORT

Die Endung *.dmg* bei den App-Dateien steht übrigens für Apple Disc Image. Es handelt sich um ein Format für Speicherabbilder.

Start

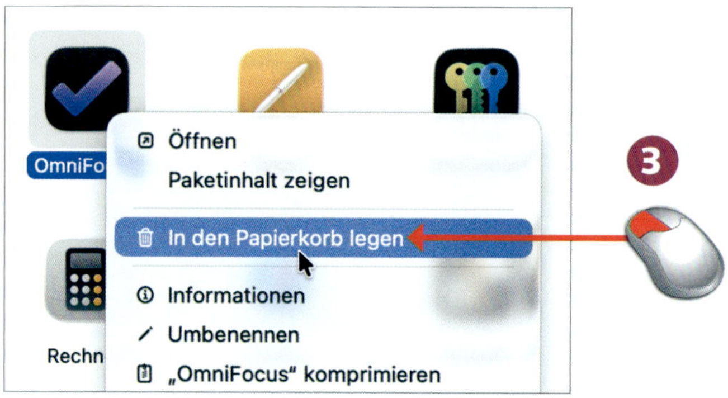

1. Zum Löschen einer App öffnen Sie ein Finder-Fenster und entscheiden sich für den Ordner *Programme*.
2. Klicken Sie die App, die Sie löschen möchten, bei gedrückter control-Taste bzw. mit der rechten Maustaste an.
3. Entscheiden Sie sich im Kontextmenü für den Eintrag *In den Papierkorb legen*. Sie können die App alternativ auch auf den Papierkorb im Dock ziehen.

WISSEN

Wie Sie eine App löschen, hängt davon ab, wie Sie diese installiert haben. Lassen Sie mich Ihnen auf dieser Doppelseite die Methoden vorstellen, mit denen Sie nicht mehr benötigte Apps sicher und vollständig wieder von Ihrem Mac entfernen. Neben der Standardfunktion gehört dazu auch die Nutzung der sehr empfehlenswerten App *AppCleaner*.

4

5

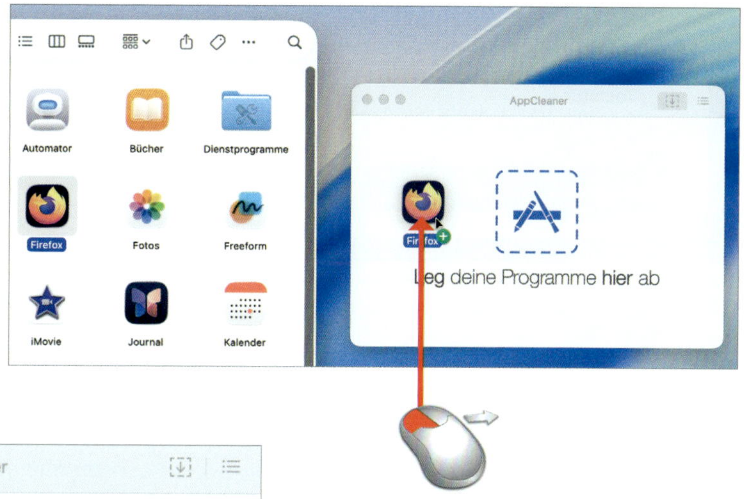

6

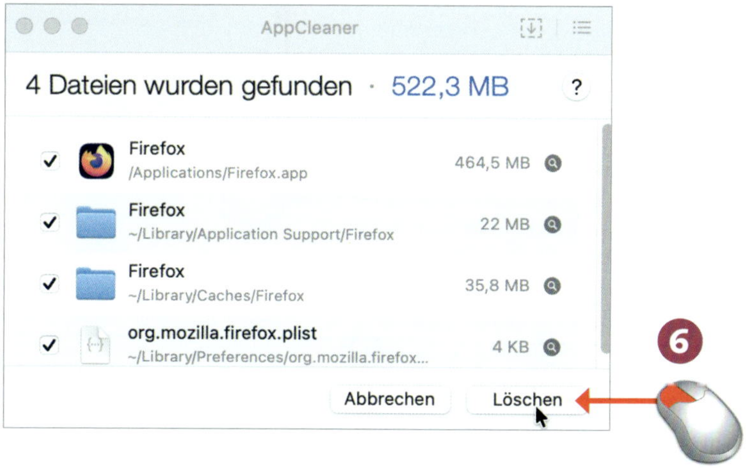

4 Bestätigen Sie das Löschen der App, hier z. B. per Touch ID auf einem MacBook

5 Eine App mitsamt etwaigen Programmresten entfernen: Das ist kein Problem mit dem *AppCleaner*, den Sie unter der Webadresse *www.freemacsoft.net/appcleaner* herunterladen. Ziehen Sie eine App aus dem Programmordner in den *AppCleaner*.

6 Die App sammelt alle damit verbundenen Elemente, und diese können per Klick auf die Schaltfläche *Löschen* entfernt werden.

Ende

HINWEIS

Damit der *AppCleaner* seine Arbeit vollständig erledigen kann, müssen Sie ihm erlauben, Änderungen auf dem Mac durchzuführen. Es erscheint ein entsprechender Hinweis.

TIPP

Installieren Sie generell nur Apps aus sicheren Quellen und stets nur Apps, die Sie wirklich benötigen. So vermeiden Sie von vornherein Programmballast.

Start

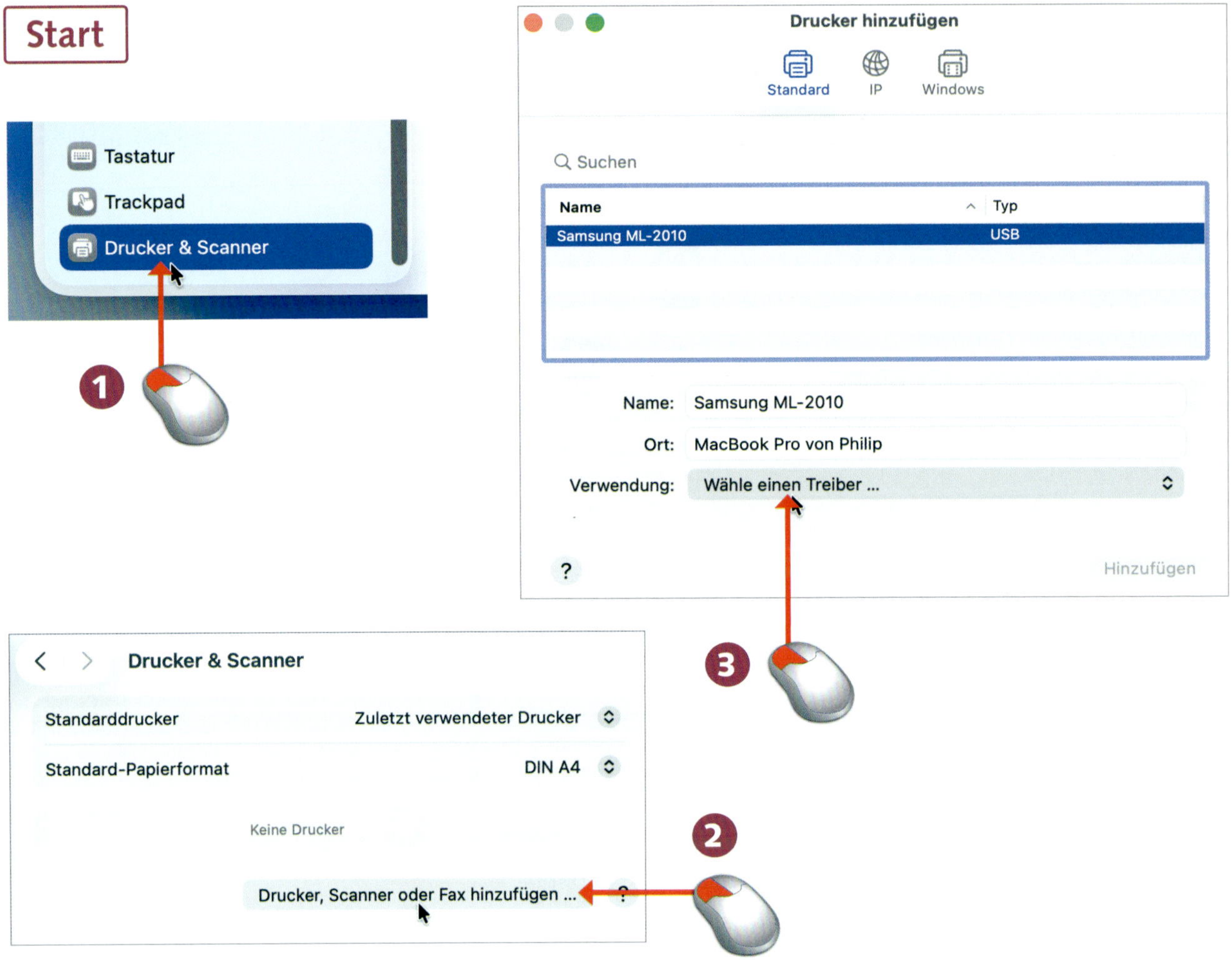

1. Verbinden Sie den Drucker mit Ihrem Mac. Schalten Sie den Drucker ein. Wählen Sie in den *Systemeinstellungen* die Kategorie *Drucker & Scanner*.
2. Es steht noch kein Drucker zur Verfügung? Um einen hinzuzufügen, klicken Sie auf die entsprechende Schaltfläche.
3. Klicken Sie den Drucker an und wählen Sie die passende Treibersoftware aus.

WISSEN

Ein Drucker ist neben dem Bildschirm das wichtigste Ausgabegerät Ihres Macs. Damit bringen Sie Dokumente, Fotos etc. zu Papier. Um einen Drucker am Mac nutzen zu können, müssen Sie diesen aber zuerst einrichten. Wie das geht, lesen Sie Schritt für Schritt auf dieser Doppelseite.

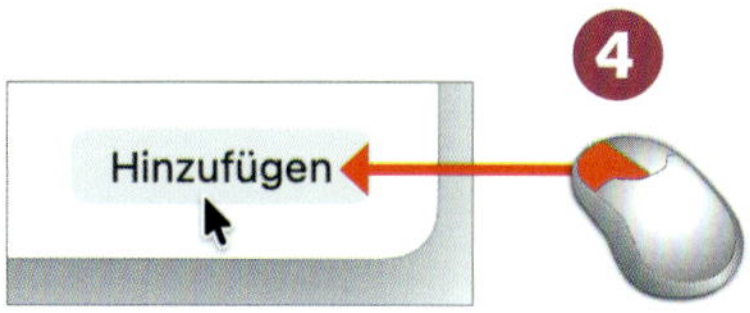

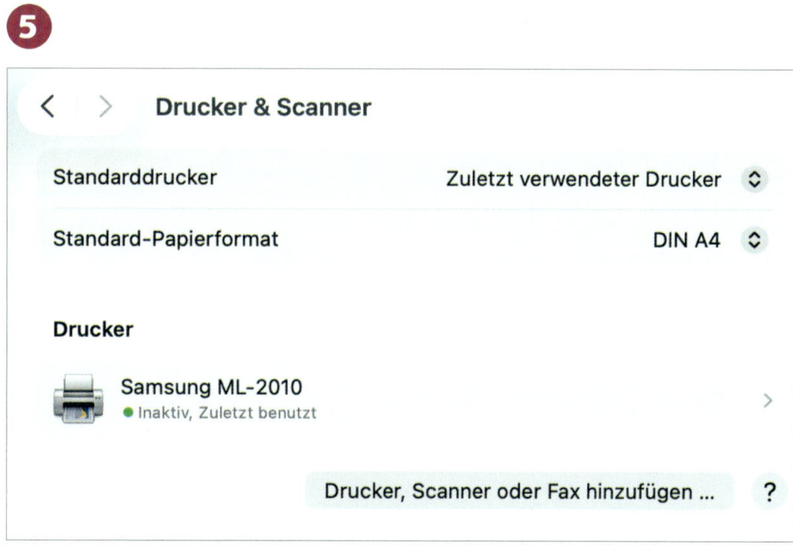

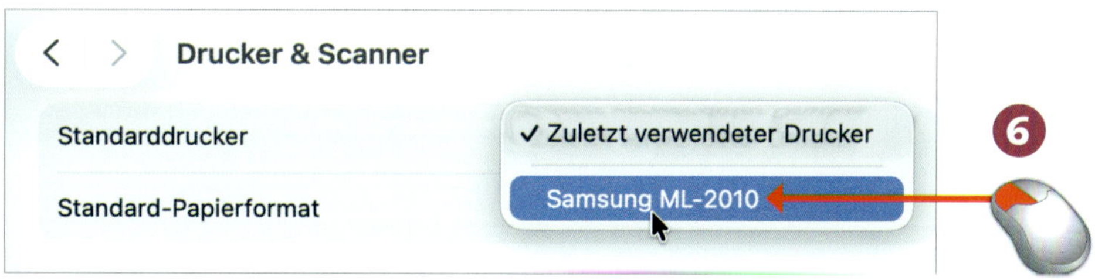

4 Bestätigen Sie mit der Schaltfläche *Hinzufügen*.

5 Der hinzugefügte Drucker wird nun in der Liste aufgeführt.

6 Falls mehrere Drucker verbunden sind, wählen Sie im Menü *Standarddrucker* aus, welcher Drucker standardmäßig für Ihre Ausdrucke verwendet werden soll.

Ende

TIPP

Falls Sie mit dem Drucker keinen passenden Gerätetreiber erhalten haben, werden Sie in der Regel, zumindest bei neueren Druckermodellen, auf der Webseite des Druckerherstellers fündig.

HINWEIS

Besonders empfehlenswert für den Mac, aber auch für iPhone und iPad sind Drucker mit AirPrint-Funktion, die völlig komplikationslos drahtloses Drucken ermöglichen.

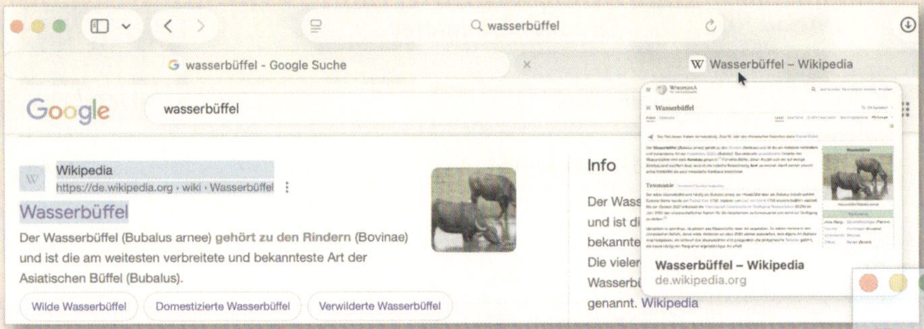
wasserbüffel
wasserbüffel - Google Suche
Wasserbüffel – Wikipedia
Google
wasserbüffel
Wikipedia
https://de.wikipedia.org › wiki › Wasserbüffel
Wasserbüffel
Der Wasserbüffel (Bubalus arnee) gehört zu den Rindern (Bovinae) und ist die am weitesten verbreitete und bekannteste Art der Asiatischen Büffel (Bubalus).
Wilde Wasserbüffel
Domestizierte Wasserbüffel
Verwilderte Wasserbüffel
Info
Wasserbüffel – Wikipedia
de.wikipedia.org
genannt. Wikipedia

Startseite
Tabgruppen
Recherche
wasserbüffel - Googl...
wilhelma - Google Su...

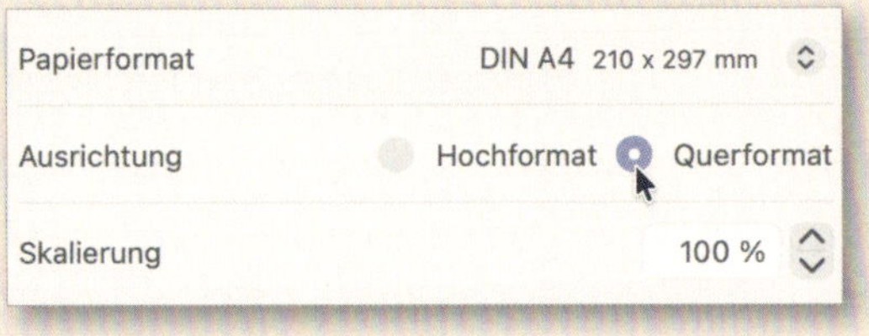
Papierformat
DIN A4 210 x 297 mm
Ausrichtung
Hochformat
Querformat
Skalierung
100 %

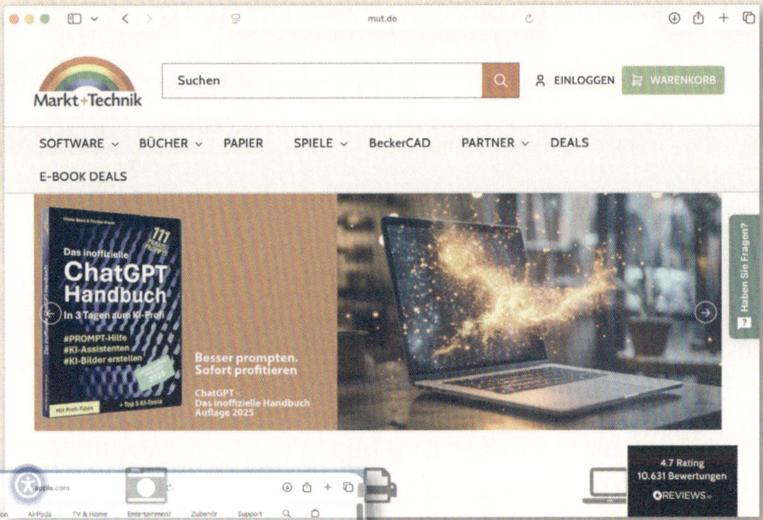
mut.de
Markt+Technik
Suchen
EINLOGGEN
WARENKORB
SOFTWARE
BÜCHER
PAPIER
SPIELE
BeckerCAD
PARTNER
DEALS
E-BOOK DEALS
Das inoffizielle ChatGPT Handbuch
In 3 Tagen zum KI-Profi
#PROMPT-Hilfe
#KI-Assistenten
#KI-Bilder erstellen
Besser prompten. Sofort profitieren
ChatGPT - Das inoffizielle Handbuch Auflage 2025
Haben Sie Fragen?
4.7 Rating
10.631 Bewertungen
REVIEWS

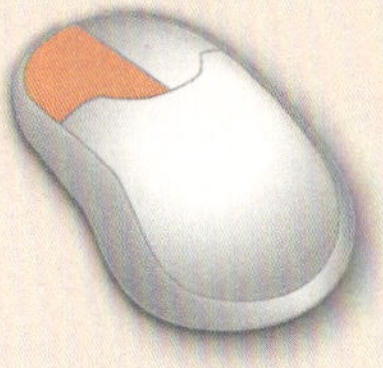

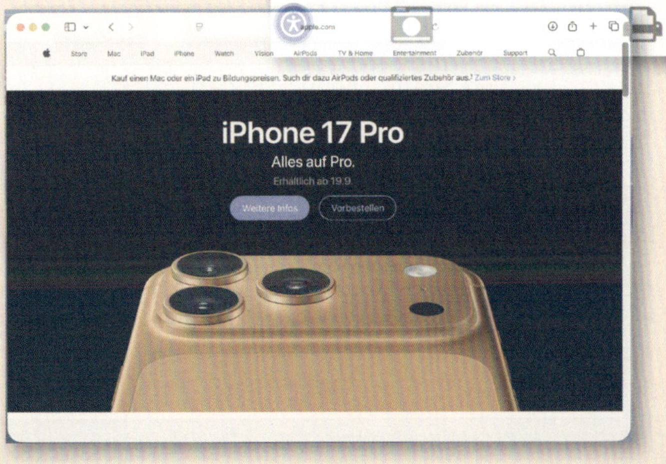
apple.com
Store
Mac
iPad
iPhone
Watch
Vision
AirPods
TV & Home
Entertainment
Zubehör
Support
Kauf einen Mac oder ein iPad zu Bildungspreisen. Such dir dazu AirPods oder qualifiziertes Zubehör aus.¹ Zum Store ›
iPhone 17 Pro
Alles auf Pro.
Erhältlich ab 19.9.
Weitere Infos
Vorbestellen

6

Auf dem Mac im Internet surfen

Auf Ihrem Mac möchten Sie nicht nur irgendwie im Internet surfen, sondern möglichst komfortabel und vor allen Dingen sicher. In diesem Kapitel lesen Sie, wie Sie zu diesem Zweck die App *Safari* einsetzen, die Ihnen auf dem Mac bereits zur Verfügung steht. Webseiten aufrufen und das World Wide Web durchsuchen, Links öffnen und Tabs verwalten, Lesezeichen speichern, Dateien herunterladen – alles gar kein Problem! Lernen Sie in diesem Kapitel diese und noch weitere wichtige Funktionen des Webbrowsers Safari Schritt für Schritt und Bild für Bild kennen.

Start

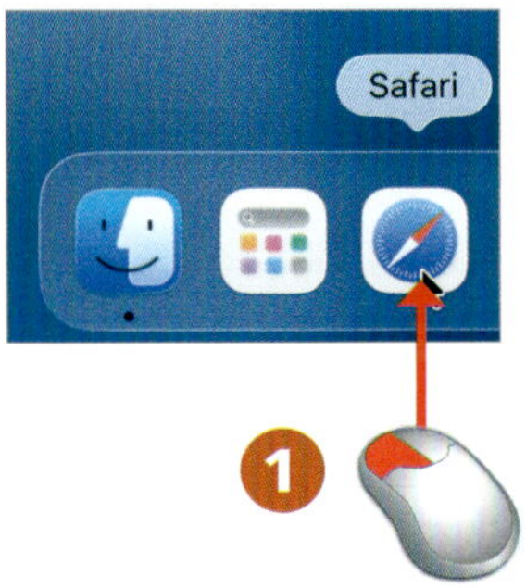

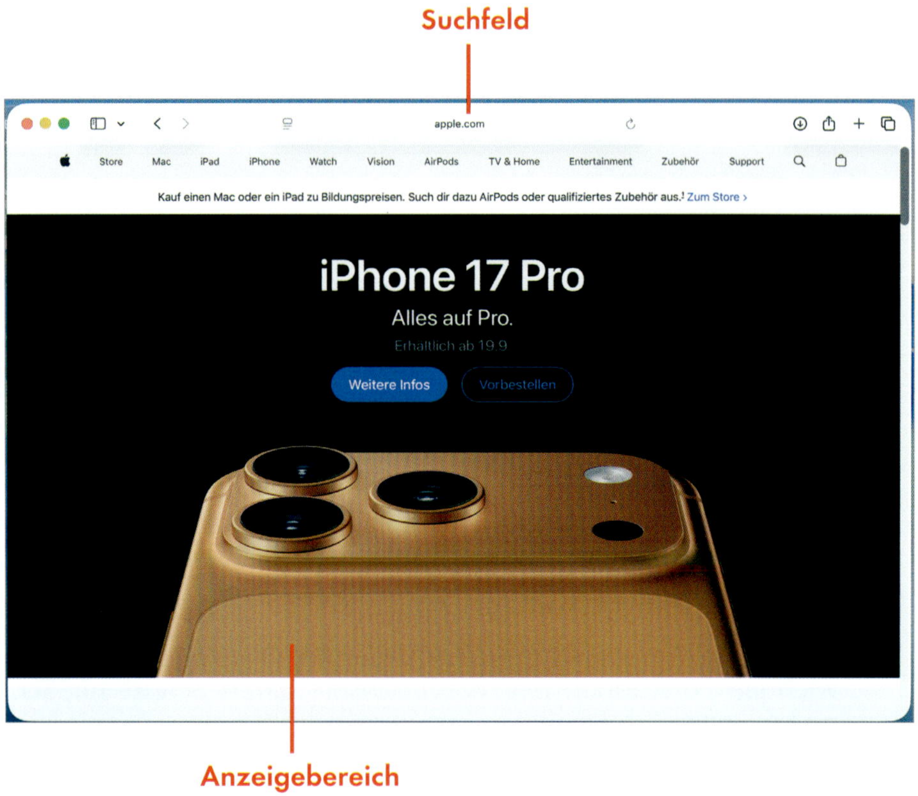

1 Klicken Sie im Dock auf das Symbol der App *Safari*, um diese zu öffnen. Die Benutzeroberfläche ist sehr einfach strukturiert: Sie besteht aus einem Suchfeld ganz oben im Fenster – hier werden Webadressen eingetragen, aber auch Suchbegriffe. Im großen Anzeigebereich wird jeweils dargestellt, was Sie aufgerufen haben, also Webseiten wie in diesem Fall eine Apple-Seite. Links und rechts neben dem Suchfeld sehen Sie darüber hinaus ein paar Symbole, um verschiedene App-Funktionen aufzurufen – diese finden Sie wie immer auch in der Menüleiste.

WISSEN

Um auf Ihrem Mac Webseiten aufzurufen – man spricht auch von »Surfen im Internet« – verwenden Sie einen sogenannten Webbrowser oder kurz Browser. Ein solcher Browser steht mit der App *Safari* bereits auf dem Mac zur Verfügung. Lernen Sie zunächst die Benutzeroberfläche der App kennen und rufen Sie erstmals eine Webadresse auf.

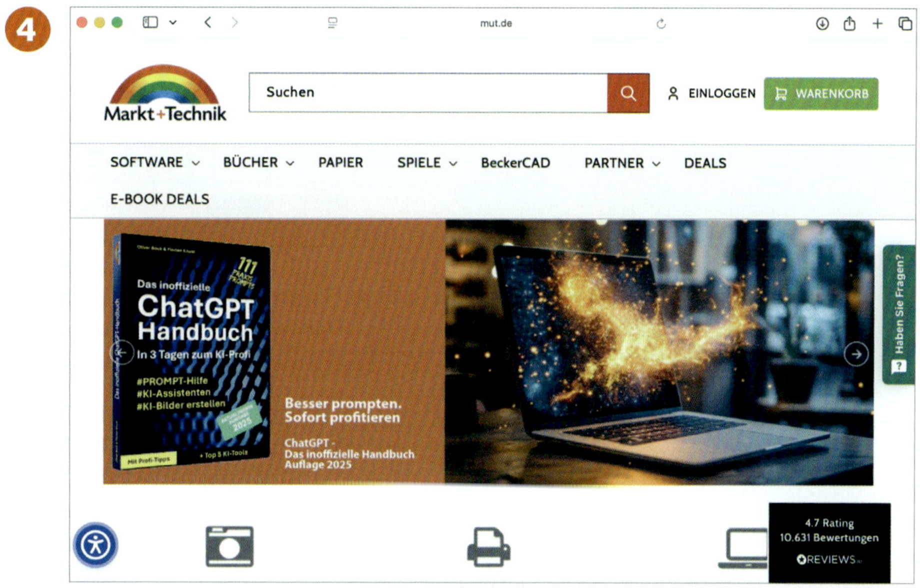

2 Um eine Webadresse in der App *Safari* aufzurufen, tippen Sie diese nun einfach in das Suchfeld ein, beispielsweise eine Adresse, die Ihnen in den Nachrichten empfohlen wurde.

3 Während der Eingabe werden Ihnen Vorschläge gemacht und Sie können einen Vorschlag per Mausklick auswählen. Ansonsten geben Sie die Webadresse fertig ein und bestätigen mit der ↵-Taste.

4 Die Webseite wird prompt geladen und Ihnen angezeigt, in diesem Fall die Webseite des Markt+Technik-Verlags unter *www.mut.de*.

Ende

HINWEIS

Das *http://* in einer Webadresse – es steht für **H**yper**t**ext **T**ransfer **P**rotocol – müssen Sie zum Öffnen der Webadresse nicht eingeben.

FACHWORT

Und wofür steht *www* in der Webadresse? Ganz einfach: für **W**orld **W**ide **W**eb.

Start

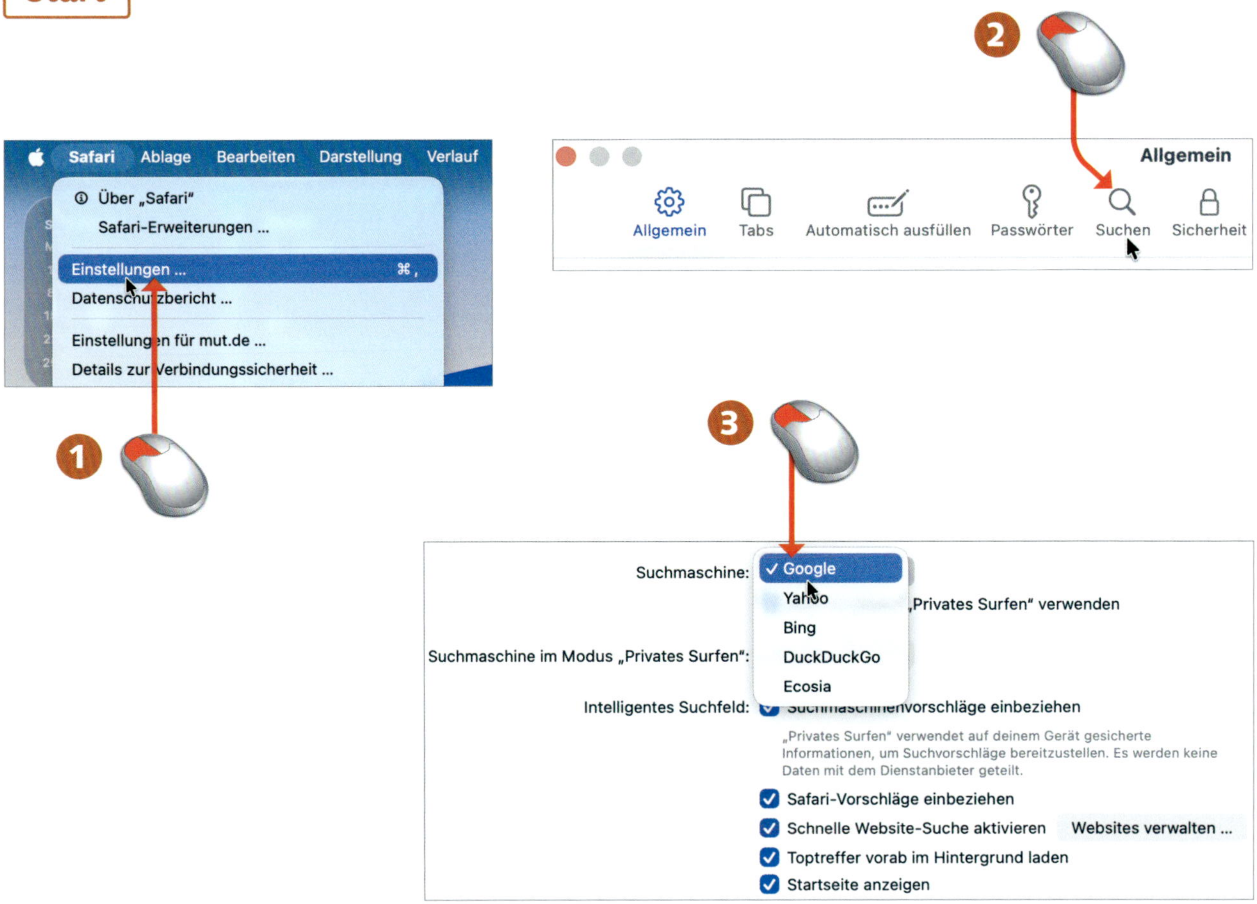

1. Um zunächst den Standardsuchanbieter festzulegen, wählen Sie in der Menüleiste von Safari *Safari* und dann *Einstellungen*.
2. Klicken Sie auf den Reiter *Suchen* und wählen Sie einen Suchanbieter aus.
3. Google und Bing sind die größten Suchmaschinen. DuckDuckGo bietet mehr Datenschutz, bei der Nutzung von Ecosia werden als Belohnung fürs Suchen Bäume gepflanzt.

WISSEN

Sie müssen selbstverständlich nicht mit einem Katalog von Webadressen im Kopf herumlaufen. Das World Wide Web lässt sich bequem mithilfe von Suchmaschinen nach beliebigen Suchbegriffen durchforsten. Webseiten, in denen der gesuchte Begriff vorkommt, werden Ihnen angezeigt. Auf dieser Doppelseite führen Sie eine Websuche in der App *Safari* durch.

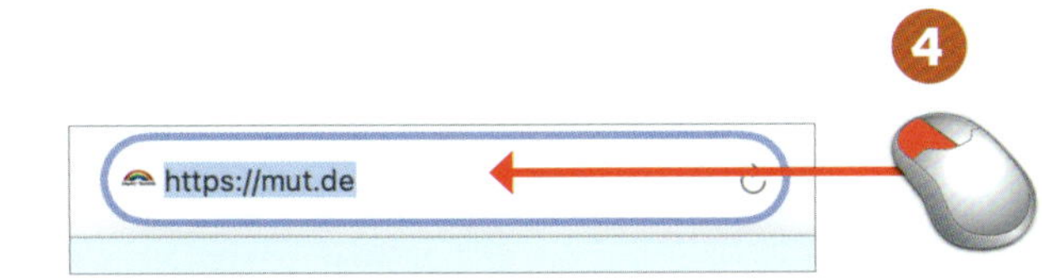

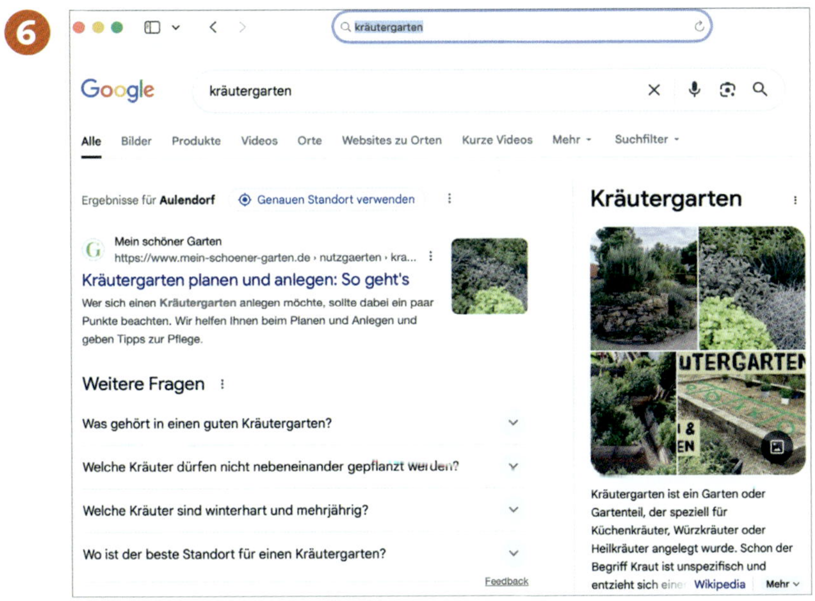

4 Um eine Websuche durchzuführen, klicken Sie in das Suchfeld oben in Safari.

5 Geben Sie Ihren Suchbegriff ein und bestätigen Sie mit der ↵-Taste. Wieder können Sie alternativ einen Vorschlag per Mausklick auswählen.

6 Die Suche wird mit dem Standardsuchanbieter durchgeführt, und die Treffer werden Ihnen angezeigt.

Ende

TIPP

Auch innerhalb einer Webseite lässt sich eine Suche starten. Dazu blenden Sie mit der Tastenkombination command + F ein zusätzliches Suchfeld ein.

HINWEIS

Sie erinnern sich: Auch mit der Spotlight-Suche, die Sie rechts oben auf der Mac-Benutzeroberfläche unter dem Lupensymbol 🔍 aufrufen, lässt sich eine Websuche starten.

Start

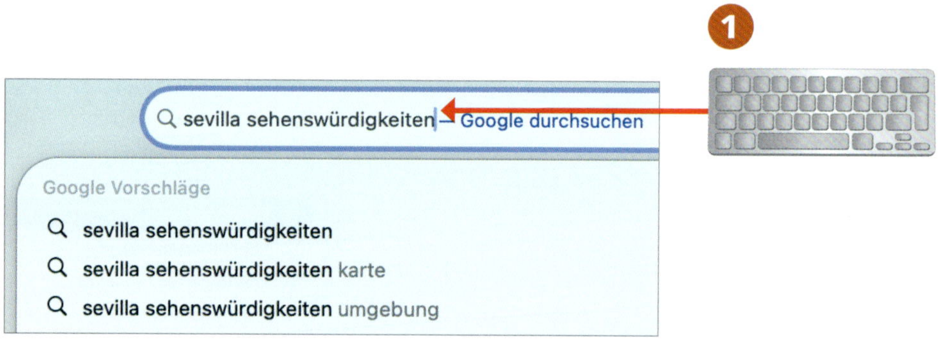

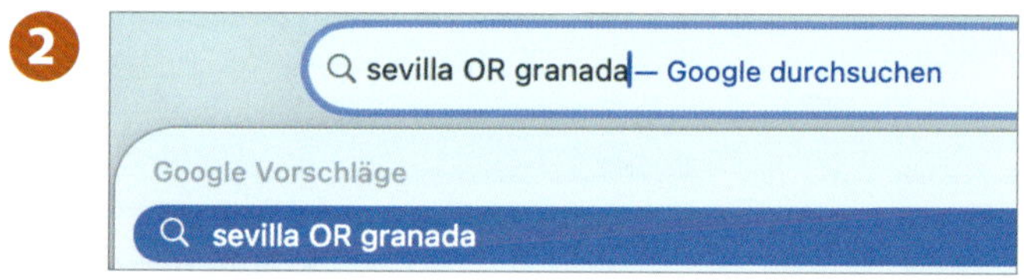

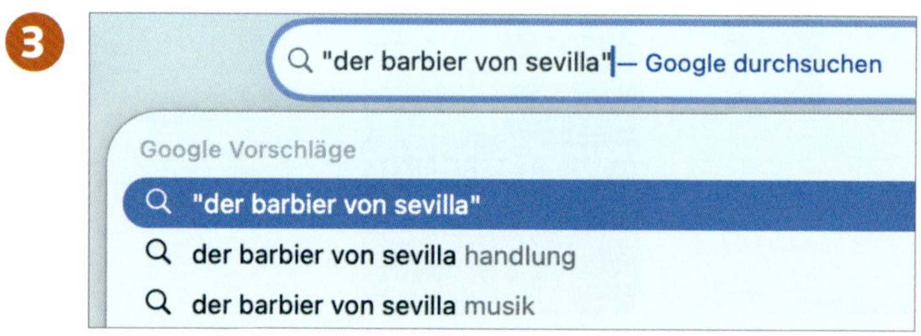

1. Geben Sie mehrere Suchbegriffe – durch Leerzeichen getrennt – ein. Diese werden automatisch durch ein unsichtbares *UND* verknüpft, d. h., alle eingegebenen Begriffe müssen auf einer Webseite vorhanden sein.

2. Soll entweder der eine oder der andere Suchbegriff auf einer Webseite vorkommen, verknüpfen Sie die Suchbegriffe hingegen durch den Operator *OR*.

3. Sollen Wörter in einer festgelegten Reihenfolge gesucht werden, beispielsweise ein Zitat oder ein Buchtitel, so geben Sie diese in Anführungszeichen ein.

WISSEN

Wenn Sie eine Websuche starten, kann es durchaus passieren, dass Sie Millionen Treffer erhalten. Meistens platzieren die Suchanbieter die wichtigsten Webseiten ganz oben. Sie können die Suche jedoch auch noch weiter einschränken, wie ich es Ihnen auf dieser Doppelseite anhand der Suchmaschine Google vorstelle.

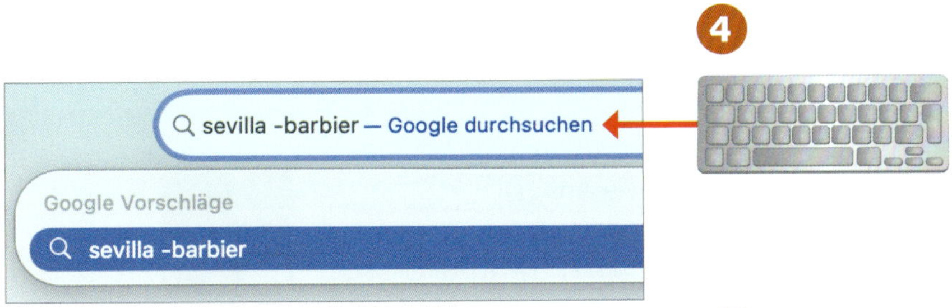

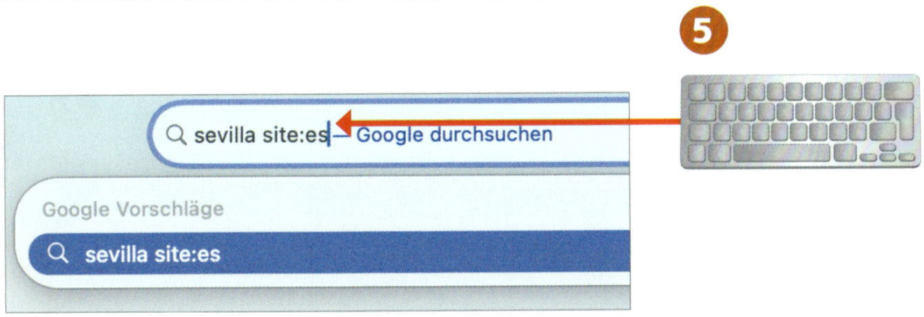

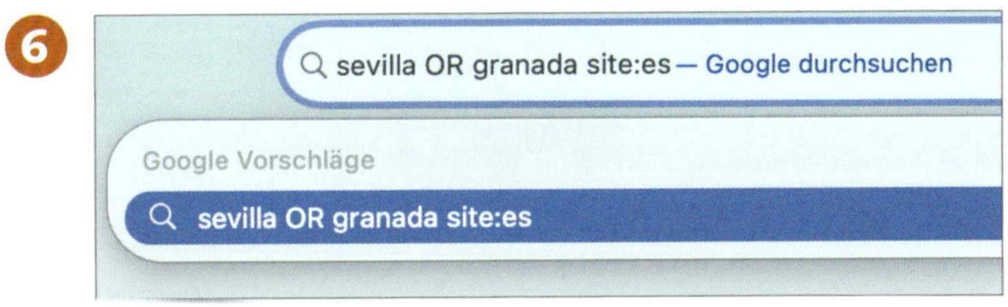

4 Um einen störenden Begriff von der Suche auszuschließen, stellen Sie dem Begriff ein Minuszeichen voran. Webseiten, auf denen dieser Begriff vorkommt, werden dann nicht angezeigt.

5 Die Suche können Sie auch auf eine bestimmte Domain – hier eine Top-Level-Domain – begrenzen: Dazu geben Sie nach dem Befehl *site*, durch einen Doppelpunkt getrennt, die Domain an. Diese Suchfunktion eignet sich auch für die Volltextsuche innerhalb einer Website.

6 Selbstverständlich lassen sich die einzelnen Suchfunktionen auch kombinieren – so werden Sie garantiert fündig!

Ende

HINWEIS

Mit Google lassen sich sogar Berechnungen durchführen. Verwenden Sie die Zeichen +, -, * und / für die Grundrechenarten.

TIPP

Wenn Sie die Google-Seite unter *www.google.de* aufrufen, klicken Sie auf *Einstellungen* und dann auf *Erweiterte Suche*, um weitere Suchfunktionen zu erhalten.

Start

1

2

3

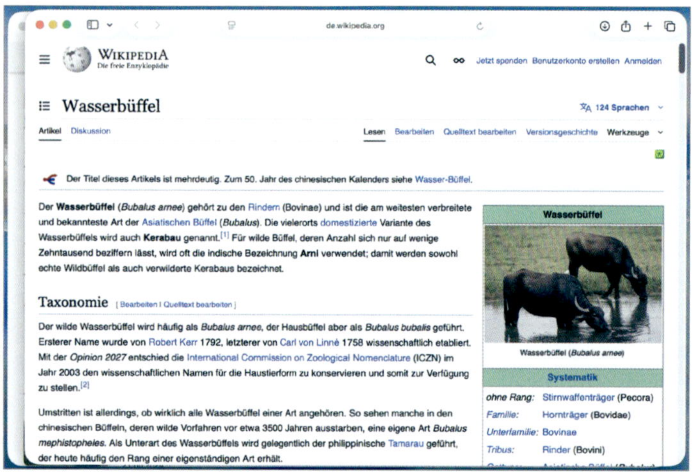

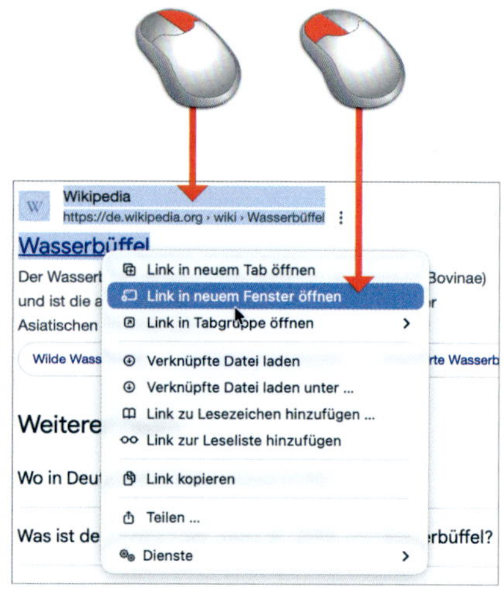

1. Um einen Link im gleichen Fenster oder im gleichen Tab (in der gleichen Registerkarte) zu laden, klicken Sie ihn einfach an.

2. Möchten Sie den Link in einem neuen Fenster aufrufen, klicken Sie ihn mit der rechten Maustaste bzw. bei gedrückter control-Taste an und wählen im Menü den Eintrag *Link in neuem Fenster öffnen*.

3. Die mit dem Link verknüpfte Webseite wird in diesem Fall in einem neuen Fenster der App *Safari* geladen.

WISSEN

Die Navigation zwischen den Webseiten erfolgt durch Links – Verknüpfungen. Diese werden häufig durch unterstrichenen oder anderweitig kenntlich gemachten Text gekennzeichnet, können sich aber auch hinter Bildern oder weiteren Elementen verbergen. Auf dieser Doppelseite stelle ich Ihnen mehrere Möglichkeiten vor, einen Link zu öffnen.

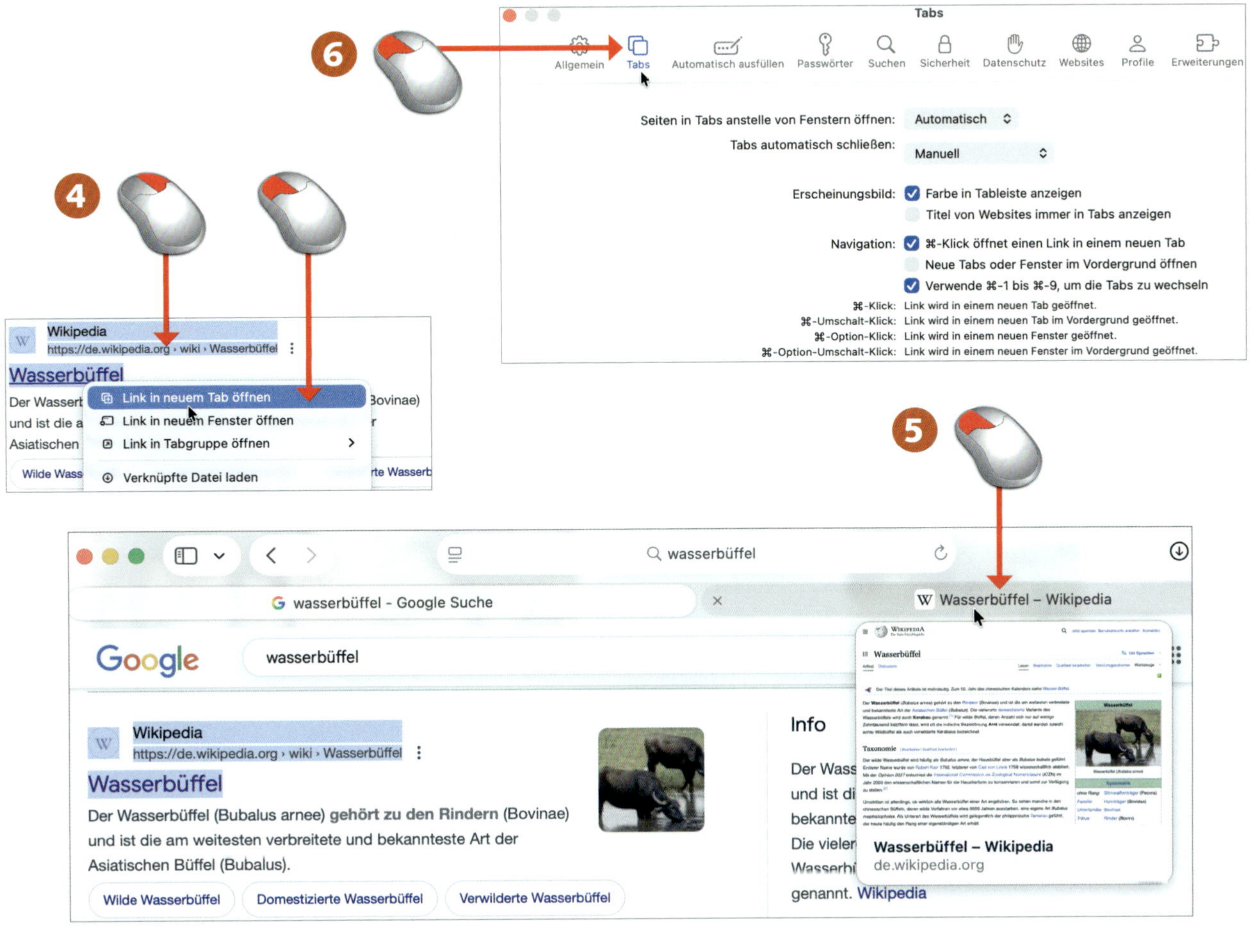

4 Oder soll das Aufrufen des Links in einem neuen Tab innerhalb des Fensters erfolgen? Dazu klicken Sie den Link mit der rechten Maustaste bzw. bei gedrückter control-Taste an und wählen im Menü *Link in neuem Tab öffnen*.

5 Der neue Tab wird standardmäßig im Hintergrund geöffnet. Klicken Sie ihn an, um sich die geöffnete Webseite anzusehen.

6 Sie möchten neue Tabs im Vordergrund öffnen oder weitere Einstellungen zu den Tabs vornehmen?. Die Auswahl treffen Sie in den Safari-*Einstellungen* unter *Tabs*.

Ende

TIPP

Um einen Link in einem neuen Tab zu öffnen, können Sie diesen auch einfach bei gedrückter command-Taste anklicken.

TIPP

Zum Öffnen eines Links in einem neuen Fenster halten Sie alternativ beim Anklicken die Tasten option + command gedrückt.

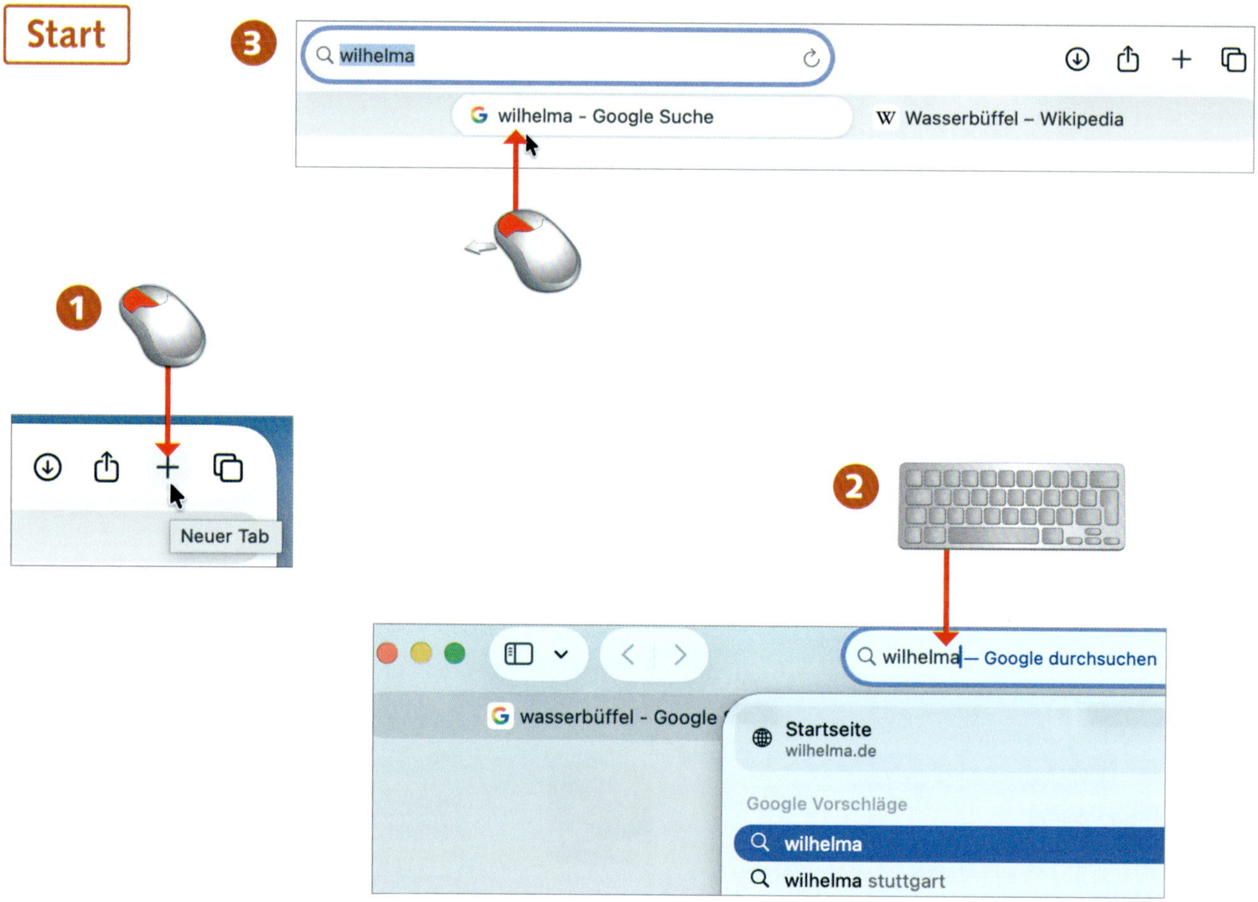

1. Um einen neuen Tab zu erstellen, klicken Sie rechts oben in Safari auf das Plussymbol +.
2. In diesem Fall wird die Standard-Startseite angezeigt, die Favoriten und häufig besuchte Seiten enthält, einen Datenschutzbericht und noch mehr. Geben Sie, wie zuvor kennengelernt, eine Webadresse in das Suchfeld ein bzw. starten Sie eine Websuche.
3. Die Tabs lassen sich anders anordnen. Klicken Sie dazu einen Tab an und ziehen Sie ihn bei gedrückter Maustaste in die gewünschte Position.

WISSEN

Im World Wide Web verirrt man sich schnell mal, deshalb sind Tabs das perfekte Mittel, um bei Webrecherchen wichtige Webseiten geöffnet zu halten. Der Umgang mit den Tabs ist das reinste Kinderspiel. Auf dieser Doppelseite lernen Sie die wichtigsten Funktionen rund um die Tabs kennen.

4

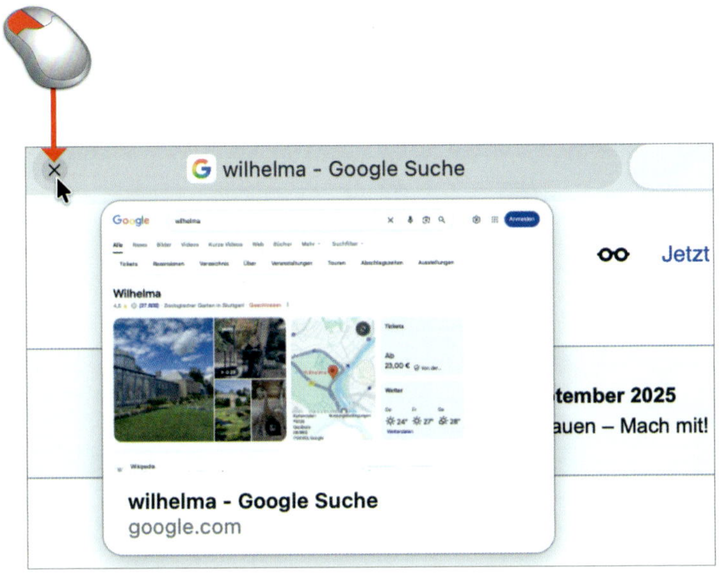

5

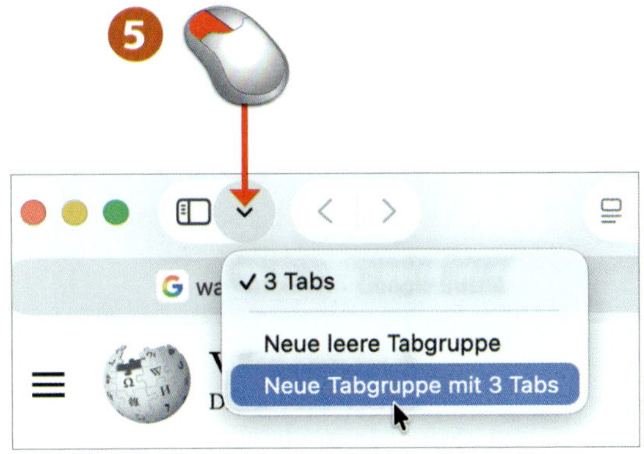

6

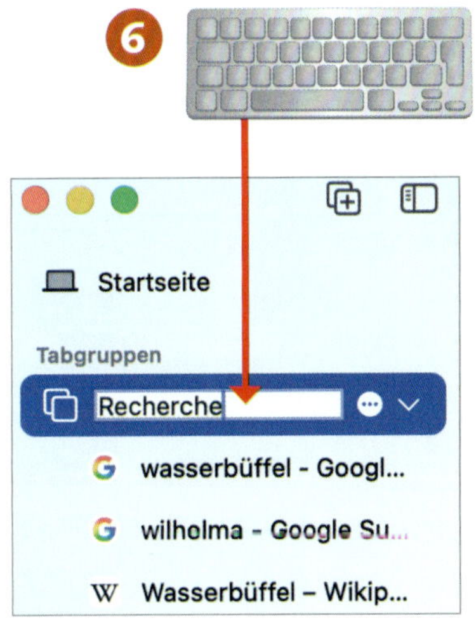

4 Um einen Tab zu schließen, bewegen Sie den Mauszeiger auf einen Tab und klicken auf das eingeblendete Kreuzsymbol ☒.

5 Sie können mehrere geöffnete Tabs gruppieren. Dazu klicken Sie links oben auf den zum Symbol ◫⌄ gehörenden Pfeil und wählen den Gruppierungseintrag aus.

6 Geben Sie der Tabgruppe anschließend eine sinnvolle Bezeichnung und bestätigen Sie mit der return-Taste.

Ende

TIPP

Klicken Sie bei gedrückter option-Taste auf das ☒-Symbol eines Tabs, werden alle Tabs außer diesem geschlossen.

TIPP

Auf Ihre Tab-Gruppen können Sie übrigens nicht nur auf Ihrem Mac, sondern gegebenenfalls auch auf anderen Apple-Geräten wie einem iPhone oder iPad zugreifen.

Start

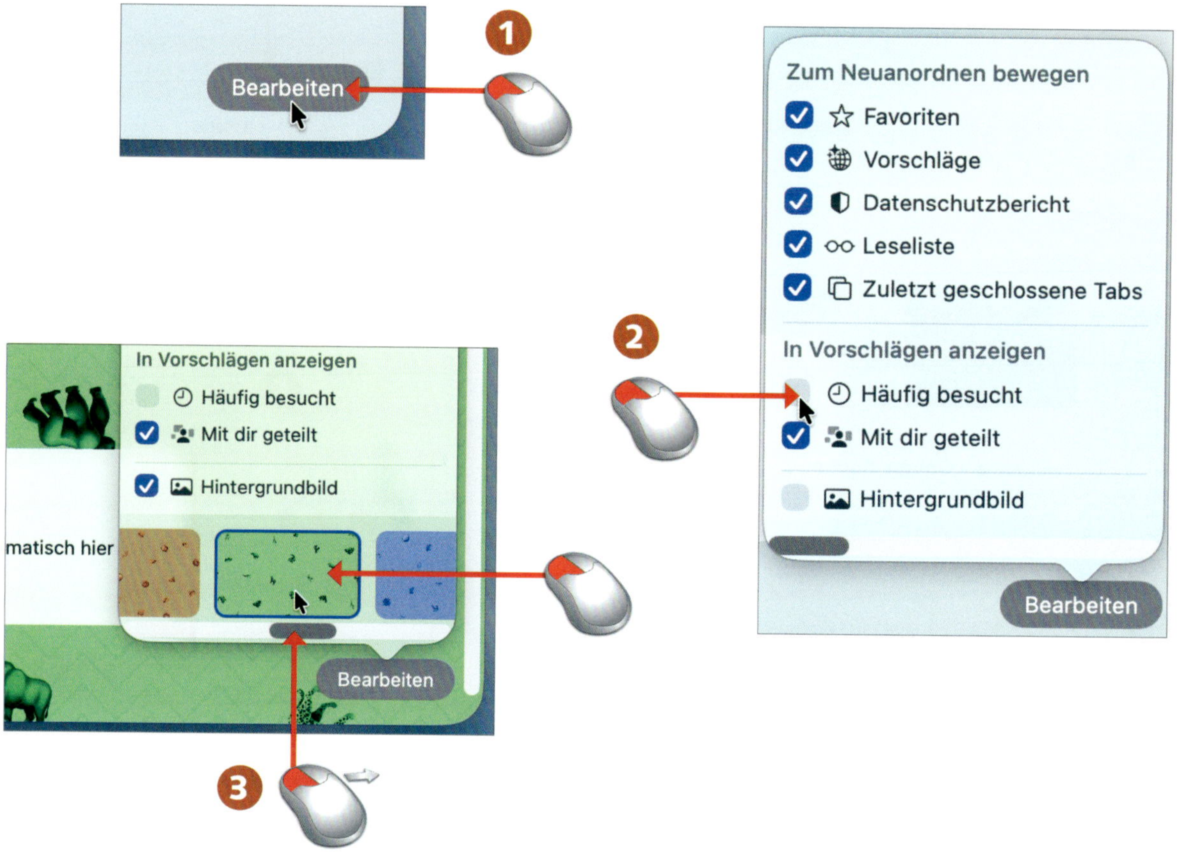

1. Um die Standard-Startseite anzupassen, klicken Sie rechts unten auf der Seite auf *Bearbeiten*.

2. Welche Informationen auf der Standard-Startseite dargestellt werden sollen, bestimmen Sie per Kontrollkästchen.

3. Möchten Sie eines der vorhandenen Hintergrundbilder für die Startseite auswählen? Dazu scrollen Sie die Bilder mithilfe der Bildlaufleiste durch und klicken das gewünschte Bild an.

WISSEN

Die Standard-Startseite in Safari, die Sie auf der vorherigen Doppelseite kennengelernt haben, ist nicht in Stein gemeißelt, sondern lässt sich individuell anpassen. Sie können selbst entscheiden, welche Informationen dargestellt werden sollen. Legen Sie außerdem ein Hintergrundbild fest, das Ihnen zusagt.

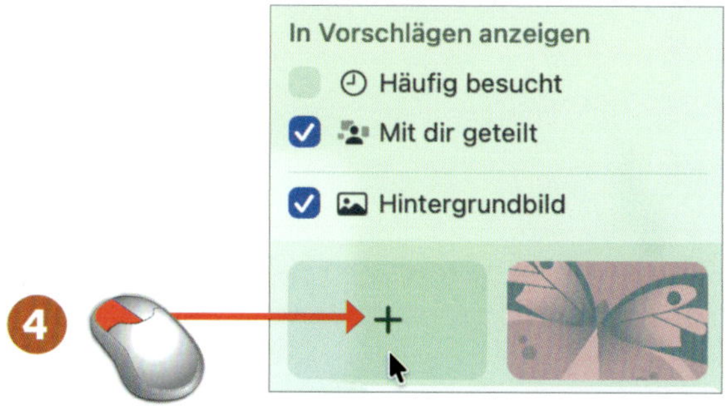

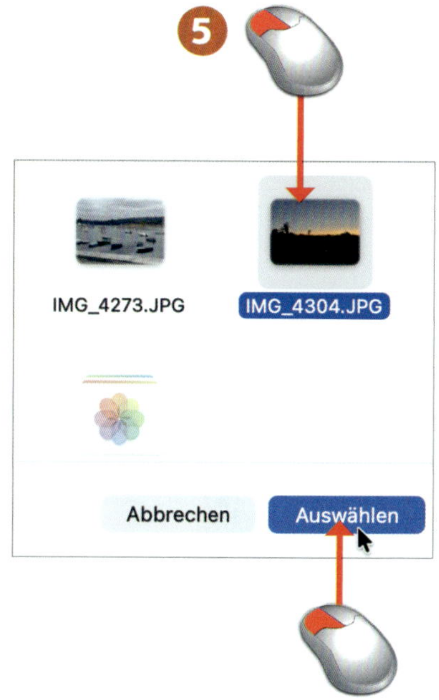

6

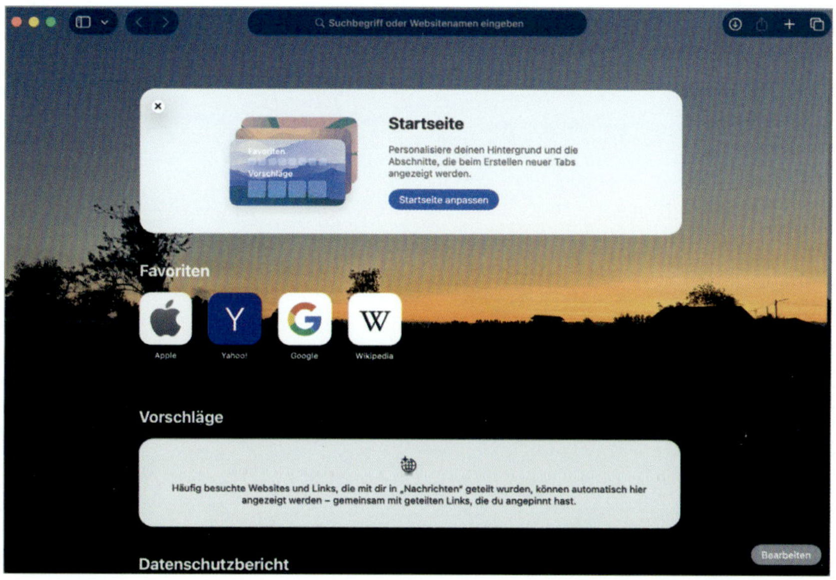

4 Auch ein eigenes Hintergrundbild lässt sich festlegen. Zu diesem Zweck klicken Sie auf die große Plus-Schaltfläche links neben den Bildern.

5 Klicken Sie im folgenden Fenster die gewünschte Bilddatei an und bestätigen Sie mit der Schaltfläche *Auswählen*.

6 Hier wurde ein eigenes Hintergrundbild für die Standard-Startseite festgelegt.

Ende

TIPP

Möchten Sie für die Standard-Startseite gar kein Hintergrundbild verwenden? Dann deaktivieren Sie unter *Bearbeiten* das Kontrollkästchen *Hintergrundbild*. Das Auswahlmenü für die Hintergrundbilder wird dann ausgeblendet.

HINWEIS

Um ein eigenes Hintergrundbild wieder zu entfernen, rufen Sie unter *Bearbeiten* das Konfigurationsmenü auf und klicken bei dem Bild auf das Kreuzsymbol ⊗.

Start

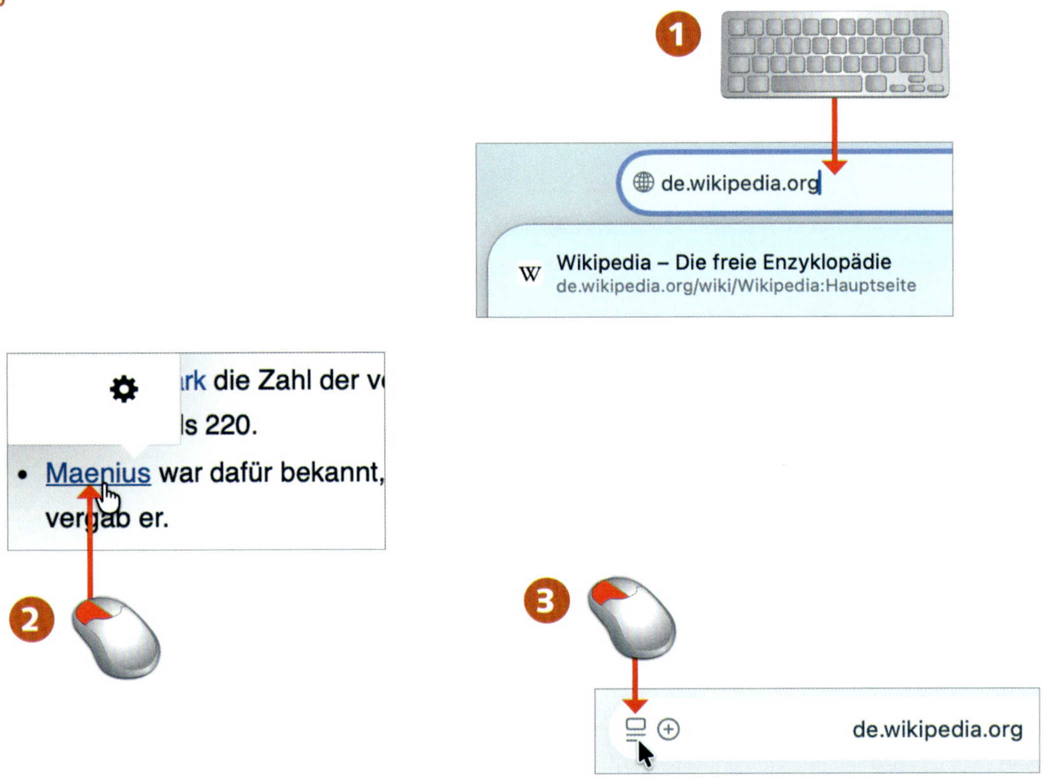

1. Öffnen Sie zunächst, wie bereits kennengelernt, eine Webseite – entweder durch das Anklicken eines Links oder die Eingabe einer Webadresse.
2. Für die erste Seite eines Webauftritts wird häufig noch keine Reader-Ansicht benötigt. Wählen Sie einen Artikel aus.
3. Die Reader-Ansicht sowie die Option zum Ausblenden ablenkender Elemente auf einer Webseite rufen Sie unter dem Symbol auf, das Sie innerhalb des Suchfeldes anklicken.

WISSEN

Störende Navigationsleisten oder blinkende Werbung – das Lesen von Webartikeln kann manchmal richtig verwirrend sein. Dank der in Safari angebotenen Reader-Ansicht und der zusätzlichen Möglichkeit, ablenkende Elemente auf Webseiten auszublenden, lässt sich dieses Problem jedoch beheben.

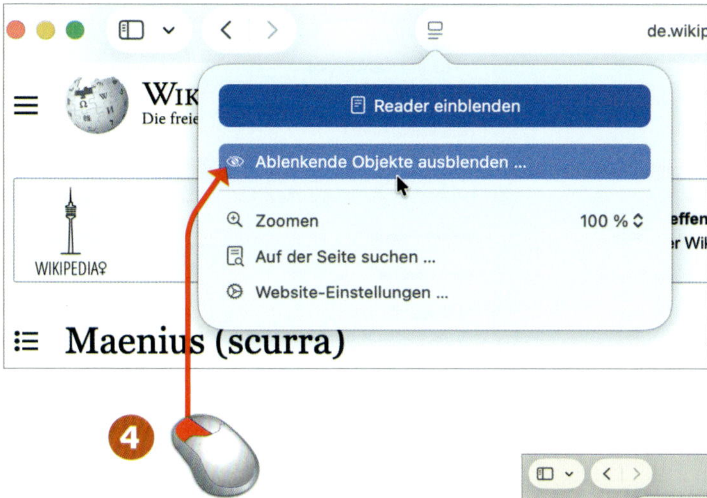

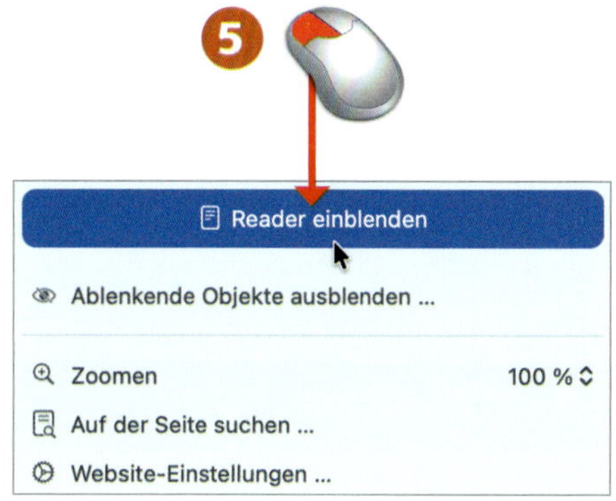

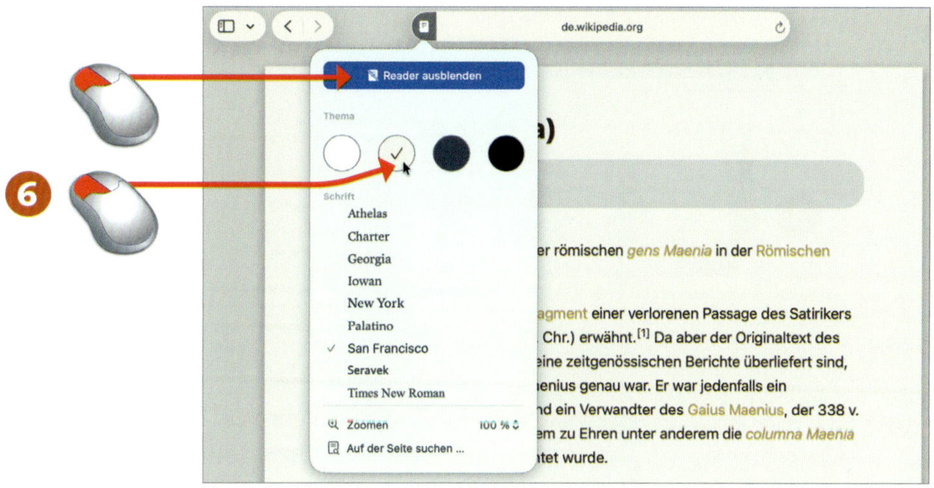

4 Das Ausblenden ablenkender Elemente auf einer Webseite erfolgt unter der Schaltfläche *Ablenkende Objekte ausblenden*.

5 Wünschen Sie eine andere Schriftart, -größe oder eine andere Hintergrundfarbe? Dann öffnen Sie per Schaltfläche *Reader einblenden* die Reader-Ansicht für die geöffnete Webseite.

6 Schon erhalten Sie die gewünschten Optionen. Hier wird z. B. die Hintergrundfarbe angepasst. Um die Reader-Ansicht wieder auszublenden, finden Sie unten im Reader-Menü die entsprechende Schaltfläche.

Ende

HINWEIS

Schrift vergrößern per Tastenkombination: Drücken Sie dazu die Tasten *command* + *+*. Mit *command* + *-* verkleinern Sie die Schrift, mit *command* + *0* erhalten Sie wieder die ursprüngliche Schriftgröße.

TIPP

Die Reader-Ansicht können Sie bei Verfügbarkeit auch per Tastenkombination aufrufen: Verwenden Sie dazu die Tasten ⇧ + *command* + *R*.

Start

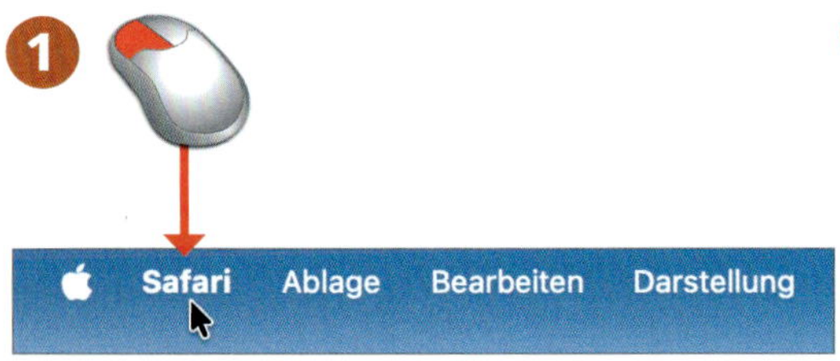

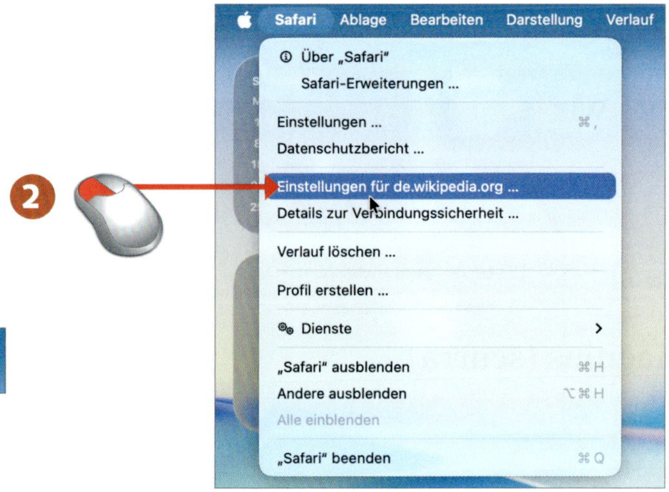

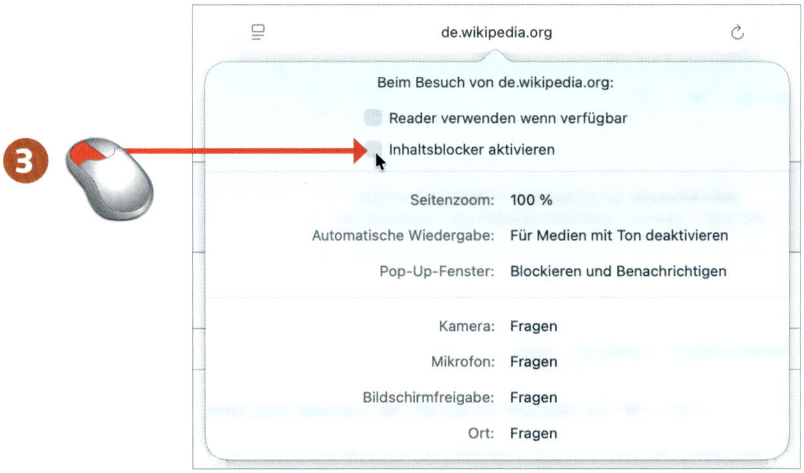

1. Rufen Sie die Website auf, für die Sie die Einstellungen vornehmen möchten. Entscheiden Sie sich dann in der Menüleiste für *Safari*.

2. Klicken Sie im sich öffnenden Menü auf *Einstellungen für …* .

3. Es öffnet sich ein Fenster, in dem Sie per Kontrollkästchen festlegen, ob beim Aufrufen der Website automatisch der Reader oder der Inhaltsblocker aktiviert werden soll oder nicht.

WISSEN

Mit dem Safari-Browser können Sie bestimmte Einstellungen für jede Website einzeln festlegen. Soll der Reader verwendet werden? Soll eine bestimmte Zoomstufe eingestellt werden? Wie Sie diese und weitere Website-Einstellungen vornehmen, erfahren Sie auf dieser Doppelseite.

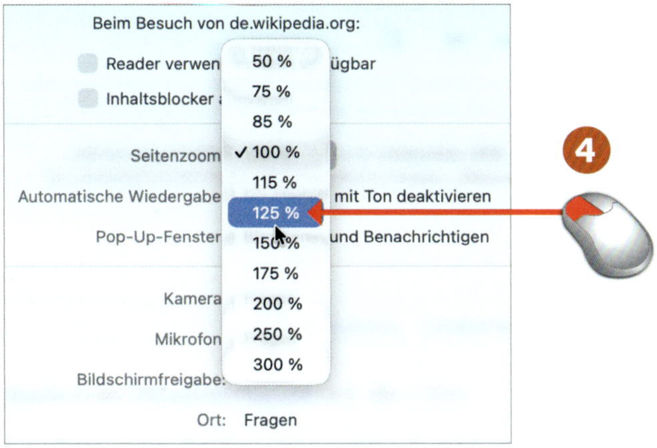

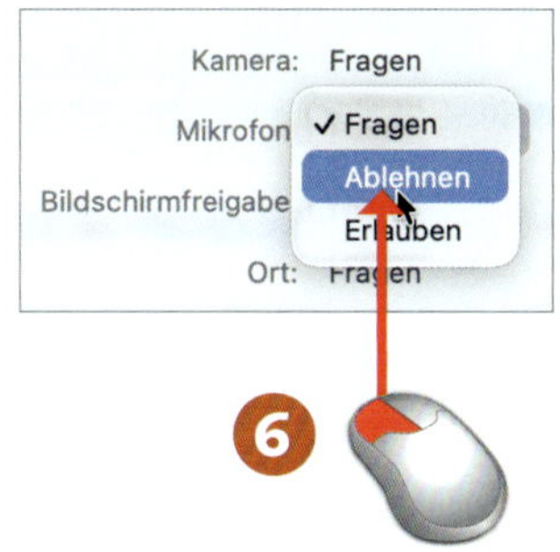

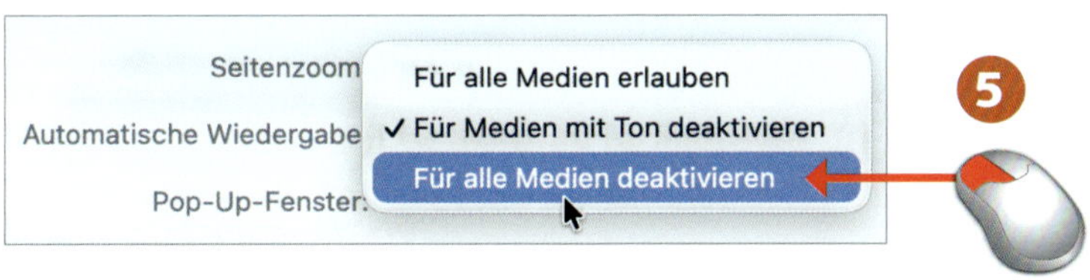

4 Mit dem Menü *Seitenzoom* bestimmen Sie die Zoomstufe beim Aufrufen der Website.

5 Sollen Medien auf der Website automatisch wiedergegeben werden? Das legen Sie mit dem Menüpunkt *Automatische Wiedergabe* fest.

6 Schließlich lassen sich noch verschiedene Datenschutzeinstellungen für die Website individuell festlegen: Entscheiden Sie mit den Menüs *Kamera*, *Mikrofon*, *Bildschirmfreigabe* und *Ort*, ob Sie den Zugriff auf die jeweilige Funktion erlauben oder nicht.

Ende

HINWEIS

Um die Einstellungen für die einzelnen Websites zu verwalten, wählen Sie *Safari/Einstellungen* und entscheiden sich anschließend für *Websites*.

TIPP

Oder so: Klicken Sie mit der rechten Maustaste bzw. bei gedrückter control-Taste ins Adressfeld und wählen Sie im Kontextmenü *Einstellungen für …* .

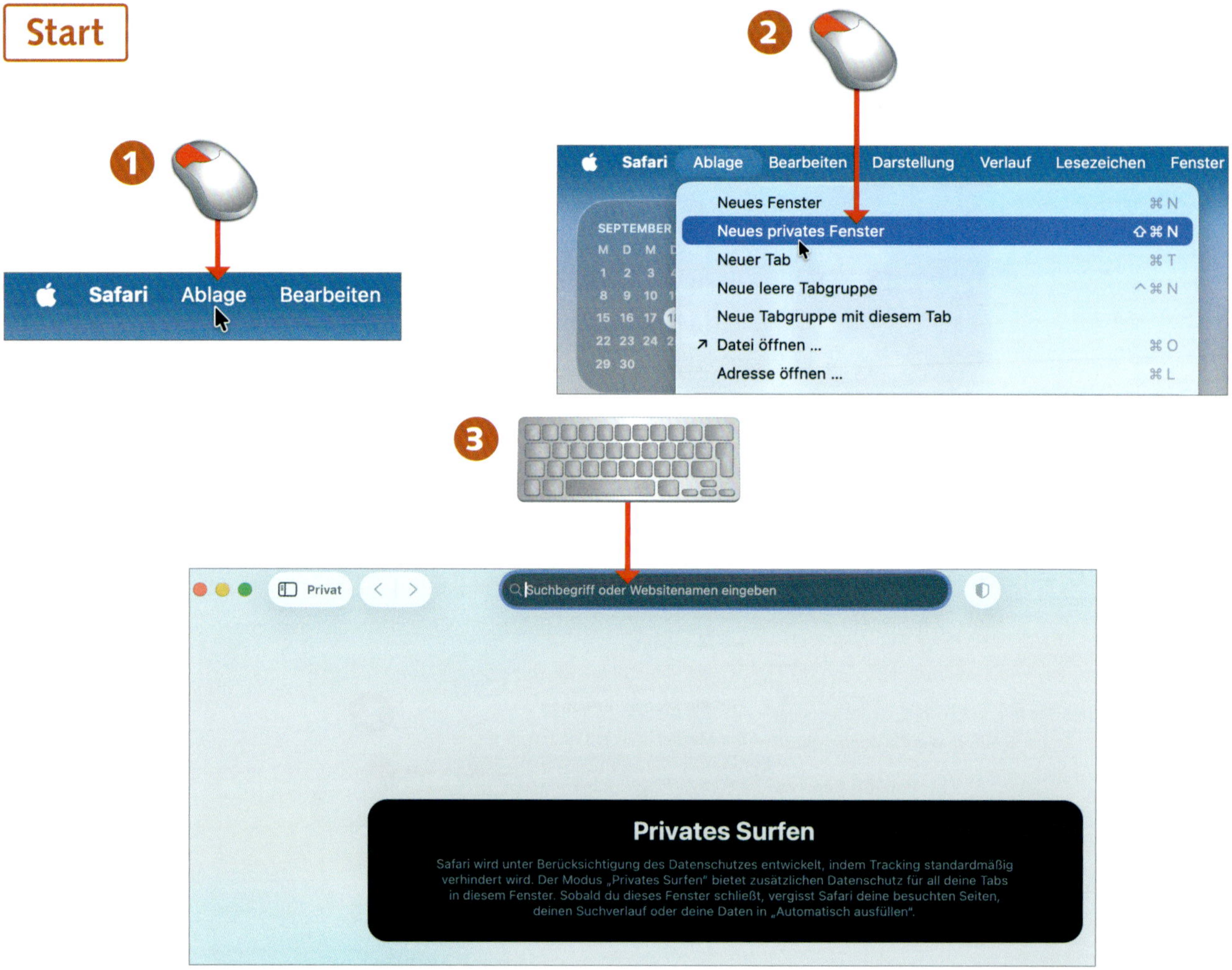

1. Um ein »privates Fenster« zu öffnen, entscheiden Sie sich in der Menüleiste von Safari für *Ablage*.

2. Im sich öffnenden Menü klicken Sie auf den Eintrag *Neues privates Fenster*.

3. Das private Fenster wird geöffnet und durch ein grau unterlegtes Suchfeld angezeigt. Geben Sie wie gewohnt eine Webadresse oder einen Suchbegriff ein, um im Internet zu surfen.

WISSEN

In manchen Fällen werden Sie nicht wollen, dass Daten zu den von Ihnen besuchten Webseiten auf Ihrem Mac gespeichert werden. In der Safari-App lässt sich dies ganz einfach durch das Surfen in einem »privaten Fenster« verhindern. Beachten Sie aber, dass dadurch keine Anonymität im Internet entsteht – durch die sogenannte IP-Adresse ist Ihr Mac jederzeit identifizierbar!

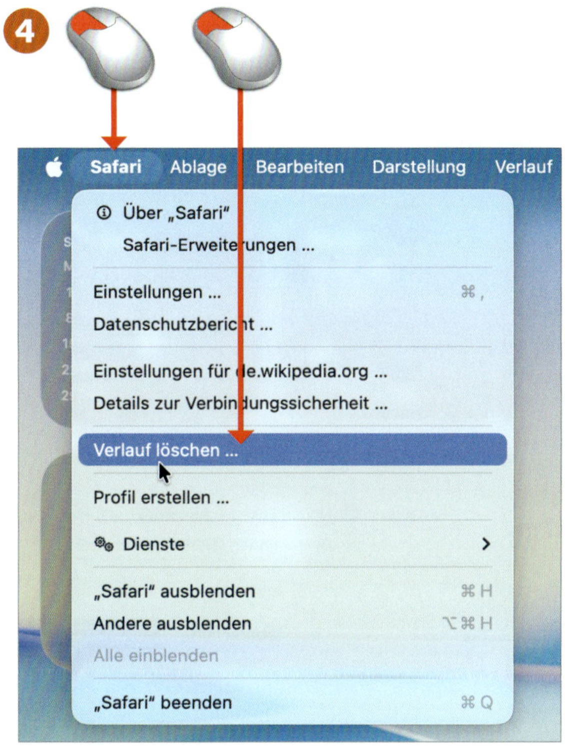

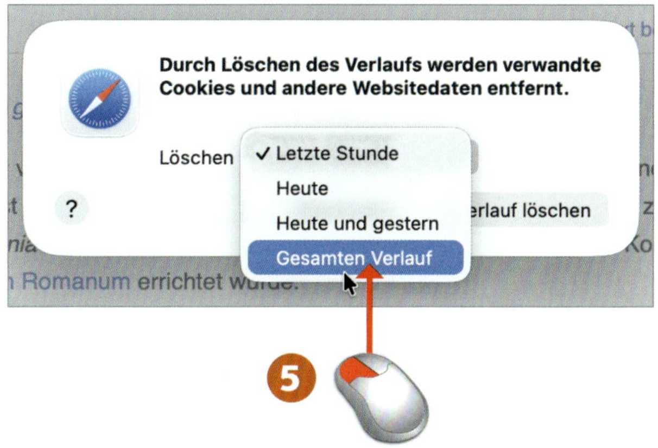

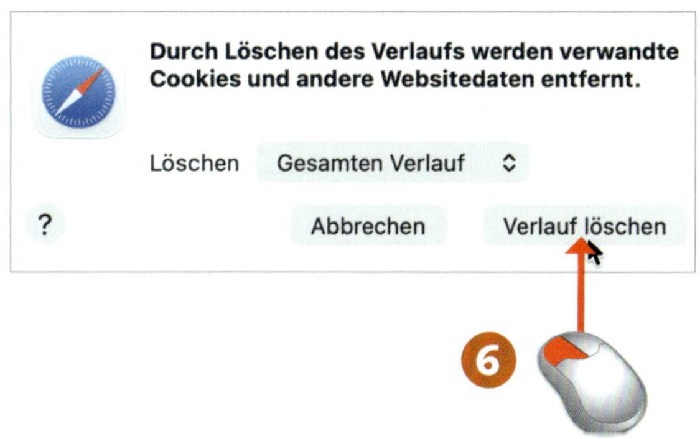

4 Bereits gespeicherte Daten lassen sich selbstverständlich jederzeit beseitigen. Dazu klicken Sie in der Safari-Menüleiste auf *Safari*. Wählen Sie nun im Menü den Eintrag *Verlauf löschen*.

5 Entscheiden Sie sich im Menü *Löschen* für das Löschen des gesamten Verlaufs.

6 Bestätigen Sie mit der Schaltfläche *Verlauf löschen*.

Ende

HINWEIS

Auch so können Sie ein privates Fenster öffnen, sofern bereits ein Fenster geöffnet wurde: Klicken Sie mit der rechten Maustaste bzw. bei gedrückter control-Taste auf das Safari-Symbol im Dock und wählen Sie *Neues privates Fenster*.

TIPP

So geht's per Tastenkombination: Drücken Sie ⇧+command+N, um ein neues privates Fenster aufzurufen.

1. Wählen Sie in der Menüleiste unter *Safari* den Eintrag *Profil erstellen*.

2. Die Safari-Einstellungen werden mit dem Reiter *Profile* angezeigt. Klicken Sie auf die Schaltfläche *Profile verwenden*.

3. Geben Sie dem ersten Profil eine sinnvolle Bezeichnung, wählen Sie ein passendes Symbol und eventuell eine andere Farbe, bevor Sie mit *Profil erstellen* bestätigen.

WISSEN

Sie können in Safari mehrere Surfprofile anlegen und so etwa Ihre beruflichen und privaten Surfaktivitäten voneinander trennen, und zwar auch, was die gespeicherten Website-Daten betrifft. Wie Sie Profile anlegen und zwischen Ihren Profilen wechseln, erfahren Sie hier.

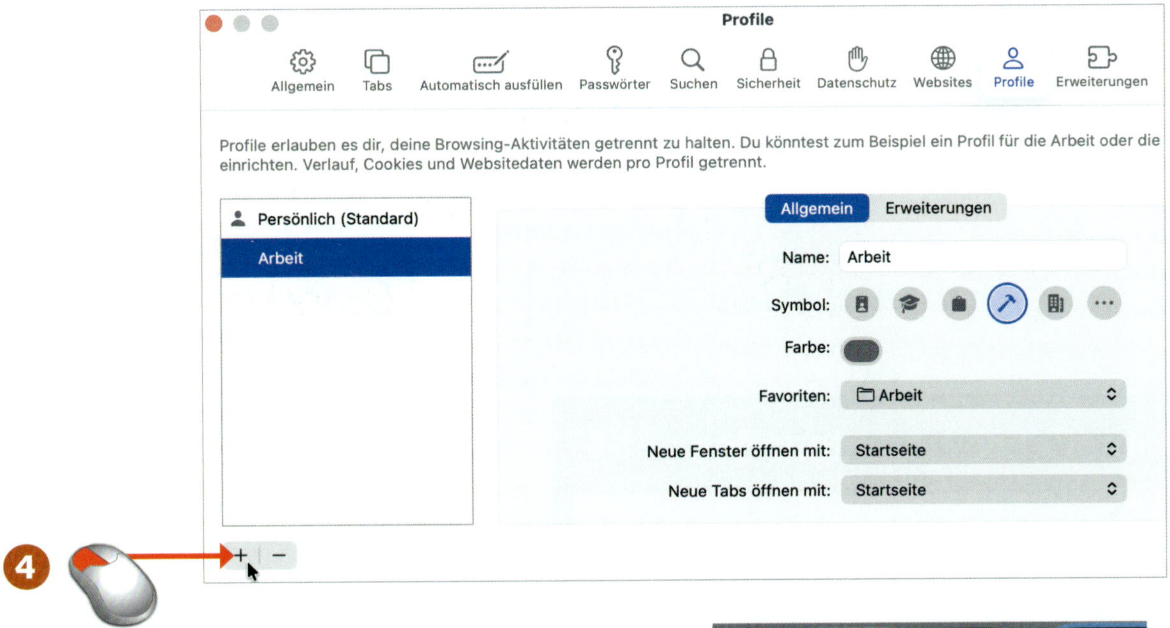

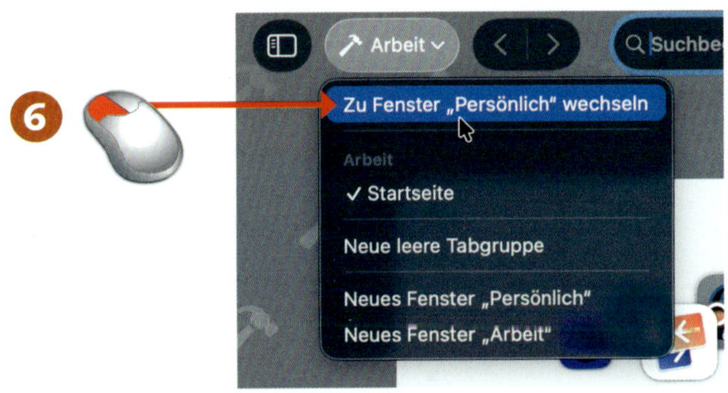

4 Zum Anlegen weiterer Profile klicken Sie auf das Plussymbol + und machen Ihre Angaben. Bestehende Profile lassen sich im Hinblick auf Name, Symbol usw. nachträglich anpassen.

5 Das gerade ausgewählte Profil wird links neben dem Adressfeld angezeigt. Um das Profil zu wechseln, klicken Sie das aktuelle Profil an.

6 Entscheiden Sie sich im Menü für das gewünschte andere Profil. Übrigens: Das Profil *Persönlich* wird nach dem Anlegen eines weiteren Profils automatisch erstellt.

Ende

HINWEIS

Zum Verwalten bestehender Profile können Sie später in der Menüleiste *Safari/Profile verwalten* wählen und gelangen dadurch ebenfalls zu den Safari-Einstellungen.

HINWEIS

Zum Löschen eines Profils wählen Sie dieses im Fenster aus Schritt 4 aus und klicken auf das Minussymbol −.

Start

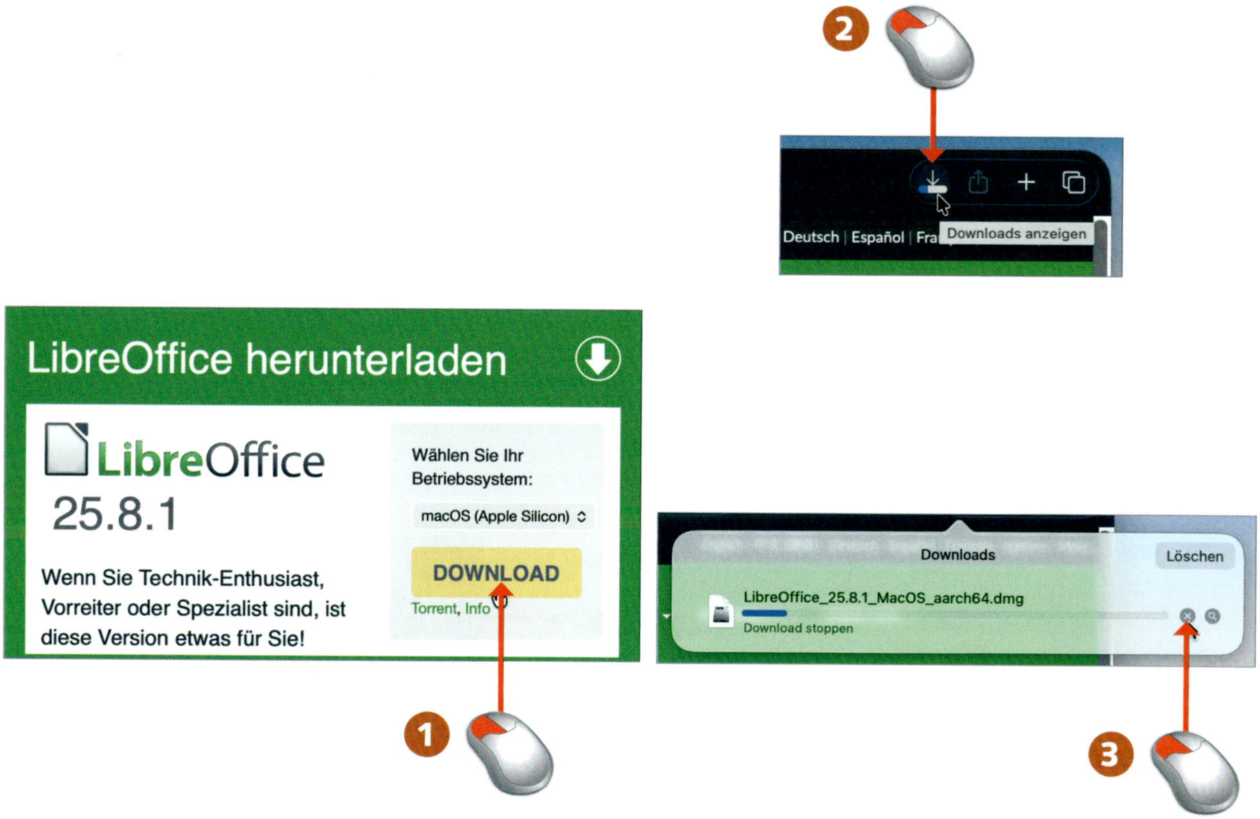

1. Um einen Download zu tätigen, klicken Sie auf einer Webseite auf einen Download-Link – in der Regel wird dieser durch eine entsprechende Angabe gekennzeichnet.
2. Der Download wird automatisch gestartet. Sie erhalten per Symbol rechts oben in Safari eine Information über den Download-Fortschritt. Für weitere Informationen klicken Sie das Symbol an.
3. Sie erhalten detaillierte Informationen zur Dateigröße und zum Download-Fortschritt. Einen versehentlich gestarteten Download brechen Sie mit dem Symbol ab.

WISSEN

Das Herunterladen von Dateien aller Art ist mit Safari kein Problem, egal ob es sich um ein Dokument oder eine App handelt. Achten Sie beim Download aber stets auf seriöse Quellen! Auf dieser Doppelseite zeige ich Ihnen Schritt für Schritt, wie simpel ein Download funktioniert.

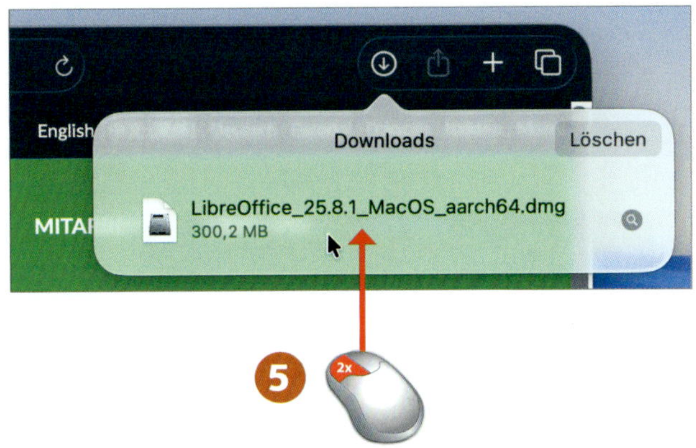

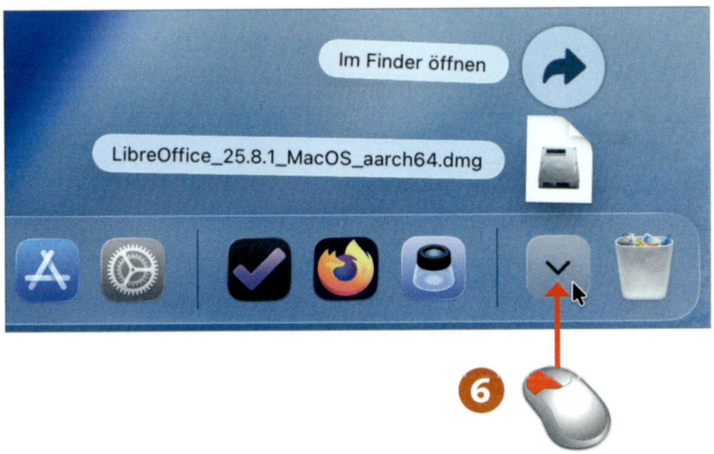

4 Das Herunterladen erfolgt im Hintergrund. Nach dem Abschluss des Downloads klicken Sie rechts oben in Safari auf das Symbol ⓘ.

5 Doppelklicken Sie auf die heruntergeladene Datei, um sie zu öffnen.

6 Standardmäßig werden die Dateien im Ordner *Downloads* gespeichert – dieser lässt sich wiederum standardmäßig im rechten Bereich des Docks aufrufen.

Ende

TIPP

Einen anderen Download-Ordner wählen: Klicken Sie dazu mit der rechten Maustaste bzw. bei gedrückter control-Taste auf einen Download-Link und wählen Sie *Verknüpfte Datei laden unter*.

TIPP

Um den Download-Verlauf zu löschen, klicken Sie unter dem Symbol ⓘ auf die Schaltfläche *Löschen* – die heruntergeladenen Dateien bleiben erhalten.

Start

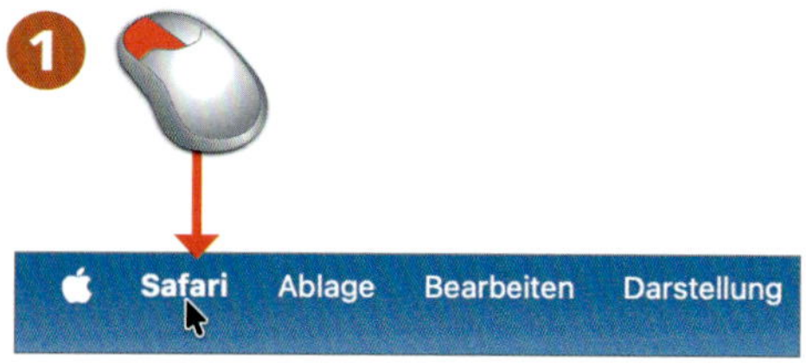

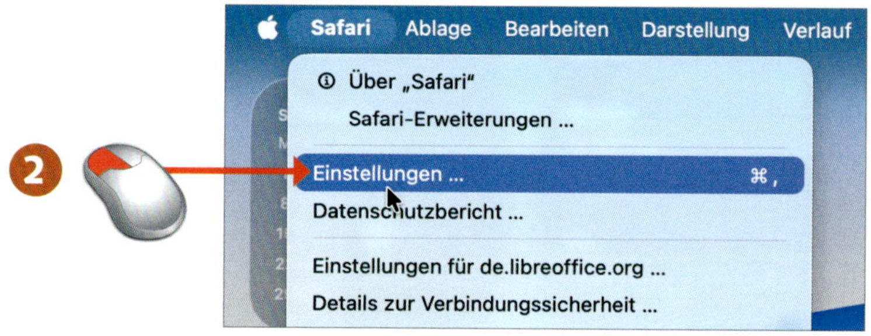

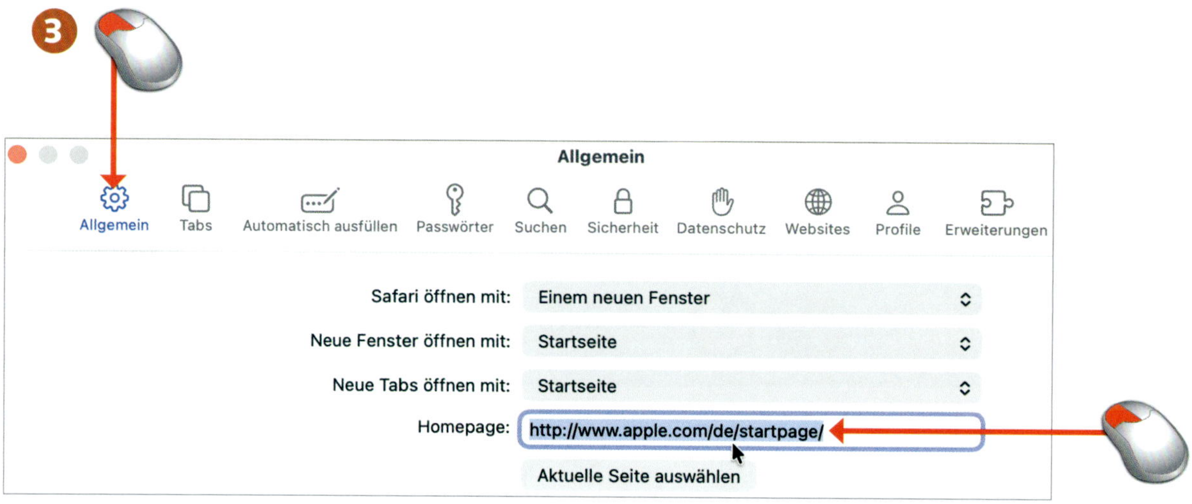

1. Um eine individuelle Homepage festzulegen, klicken Sie zunächst in der Safari-Menüleiste auf *Safari*.

2. Wählen Sie im Menü den Eintrag *Einstellungen*.

3. Klicken Sie nun unter dem Reiter *Allgemein* in das Feld *Homepage*. (Homepage ist ein anderes Wort für Startseite, wobei der Begriff auch oft für einen Webauftritt insgesamt verwendet wird.)

WISSEN

In Safari lässt sich beim Browserstart statt der Standard-Startseite eine individuelle Homepage aufrufen, etwa die Webseite Ihrer Firma, Ihr Blog oder eine News-Seite. Wie Sie die Homepage einrichten, lesen Sie Schritt für Schritt auf dieser Doppelseite.

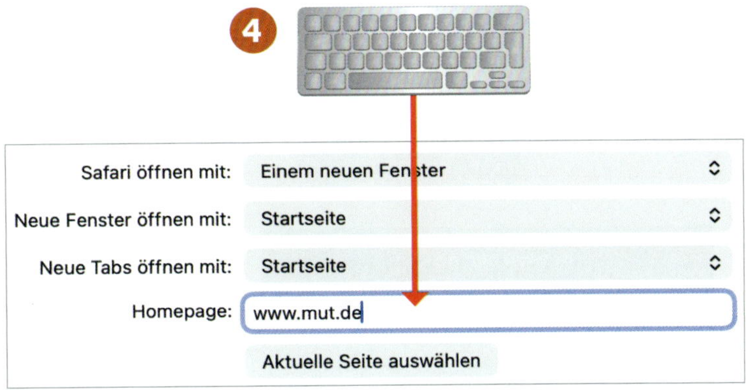

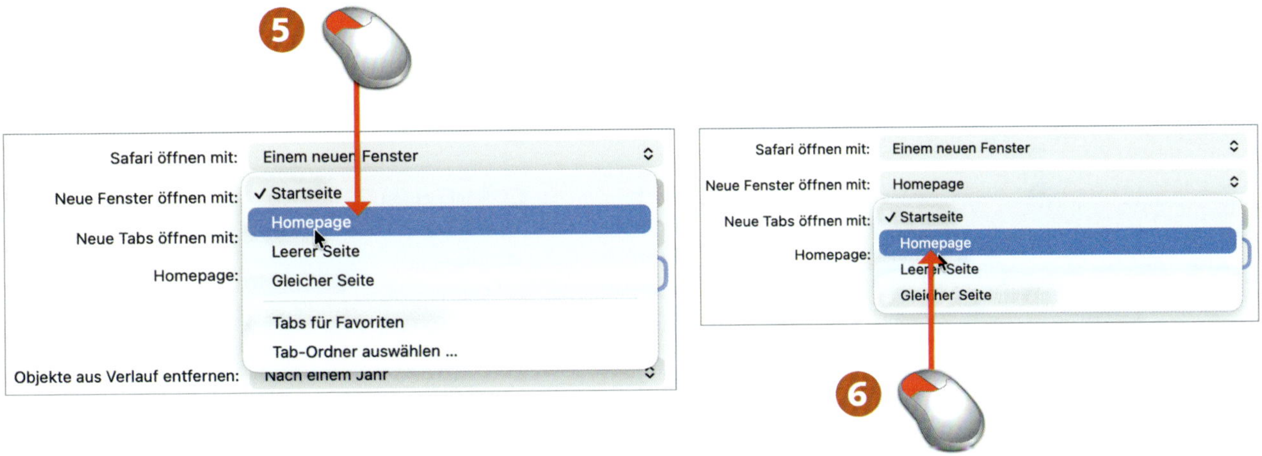

4 Überschreiben Sie die vorhandene Webadresse mit einer eigenen.

5 Sollen neue Fenster mit der gewählten Homepage geöffnet werden, klicken Sie nun auf das Menü *Neue Fenster öffnen mit* und wählen den Eintrag *Homepage*.

6 Sollen neue Tabs mit der gewählten Homepage geöffnet werden, klicken Sie auf das Menü *Neue Tabs öffnen mit* und wählen ebenfalls den Eintrag *Homepage*.

Ende

TIPP

Sie möchten stets in einem privaten Fenster surfen? Dann wählen Sie im Menü *Safari öffnen mit* den Eintrag *Neuem privaten Fenster*.

HINWEIS

Wenn Sie die gewünschte Startseite bereits geöffnet haben, sparen Sie sich in Schritt 4 Tipparbeit, indem Sie einfach auf die Schaltfläche *Aktuelle Seite auswählen* klicken.

Start

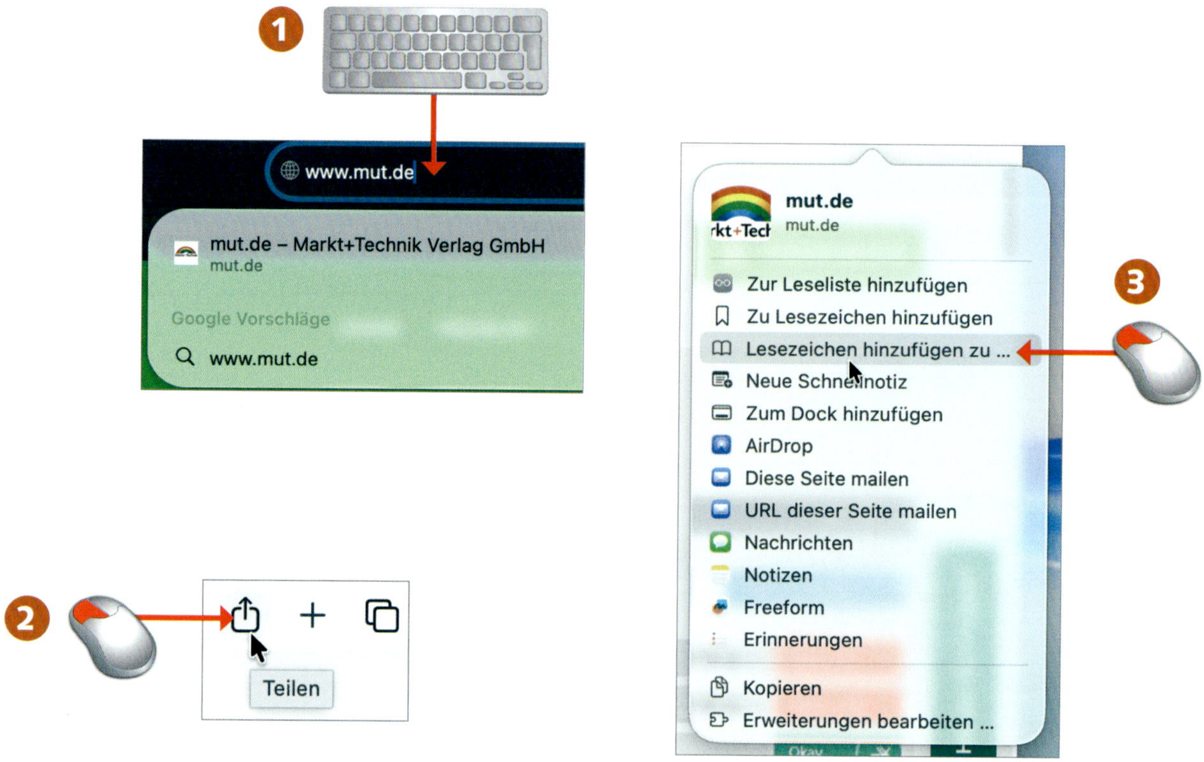

1. Öffnen Sie zunächst die Webseite, die Sie Ihren Lesezeichen hinzufügen möchten. Sie stellen dabei fest: Wenn Sie in das Suchfeld klicken, werden Ihnen die bereits vorhandenen Lesezeichen-Favoriten zur Auswahl angeboten.
2. Klicken Sie nun rechts oben in Safari auf das Symbol ⎙.
3. Wählen Sie im Menü den Eintrag *Lesezeichen hinzufügen zu*.

WISSEN

Webadressen, die Sie später erneut aufrufen möchten, fügen Sie Ihren Lesezeichen hinzu – eine Art persönliches Adressbuch, das es Ihnen ermöglicht, entsprechend gespeicherte Webadressen durch Anklicken zu laden. Wie das geht, erfahren Sie auf dieser Doppelseite.

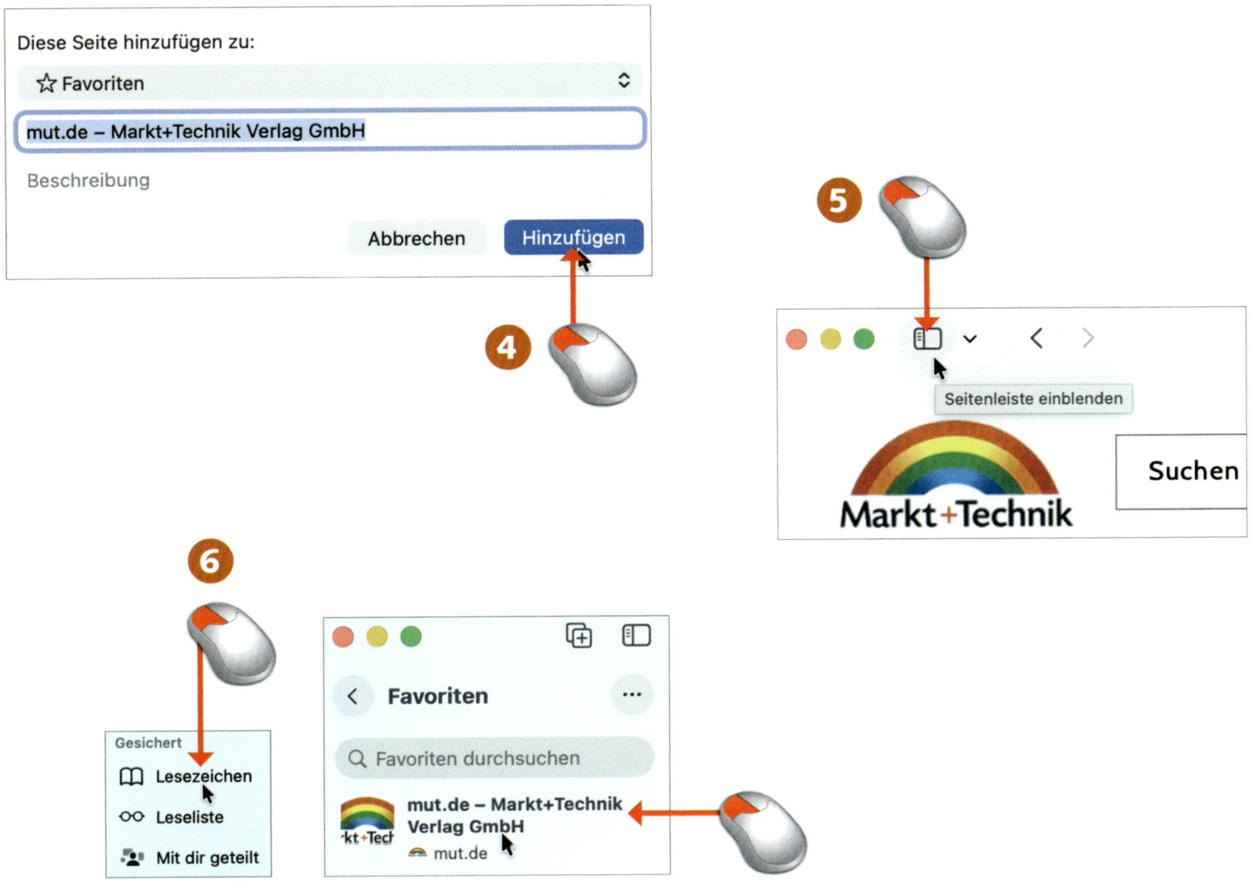

4 Passen Sie gegebenenfalls noch den Ort und die Bezeichnung für das Lesezeichen an, bevor Sie es mit der Schaltfläche *Hinzufügen* anlegen.

5 Auf Ihre Favoriten können Sie, wie bereits erwähnt, per Mausklick ins Suchfeld zugreifen. Um Zugriff auf alle Lesezeichen zu erhalten, klicken Sie oben in Safari auf das Symbol .

6 Lassen Sie sich nun – per Mausklick auf die entsprechende Option unten in der Seitenleiste – die *Lesezeichen* anzeigen.

Ende

HINWEIS

Klicken Sie mit der rechten Maustaste bzw. bei gedrückter control-Taste in die Seitenleiste, um dort weitere Lesezeichenordner anlegen zu können.

TIPP

Auch das Hinzufügen eines Lesezeichens gelingt per Tastenkombination, nämlich command+D.

Start

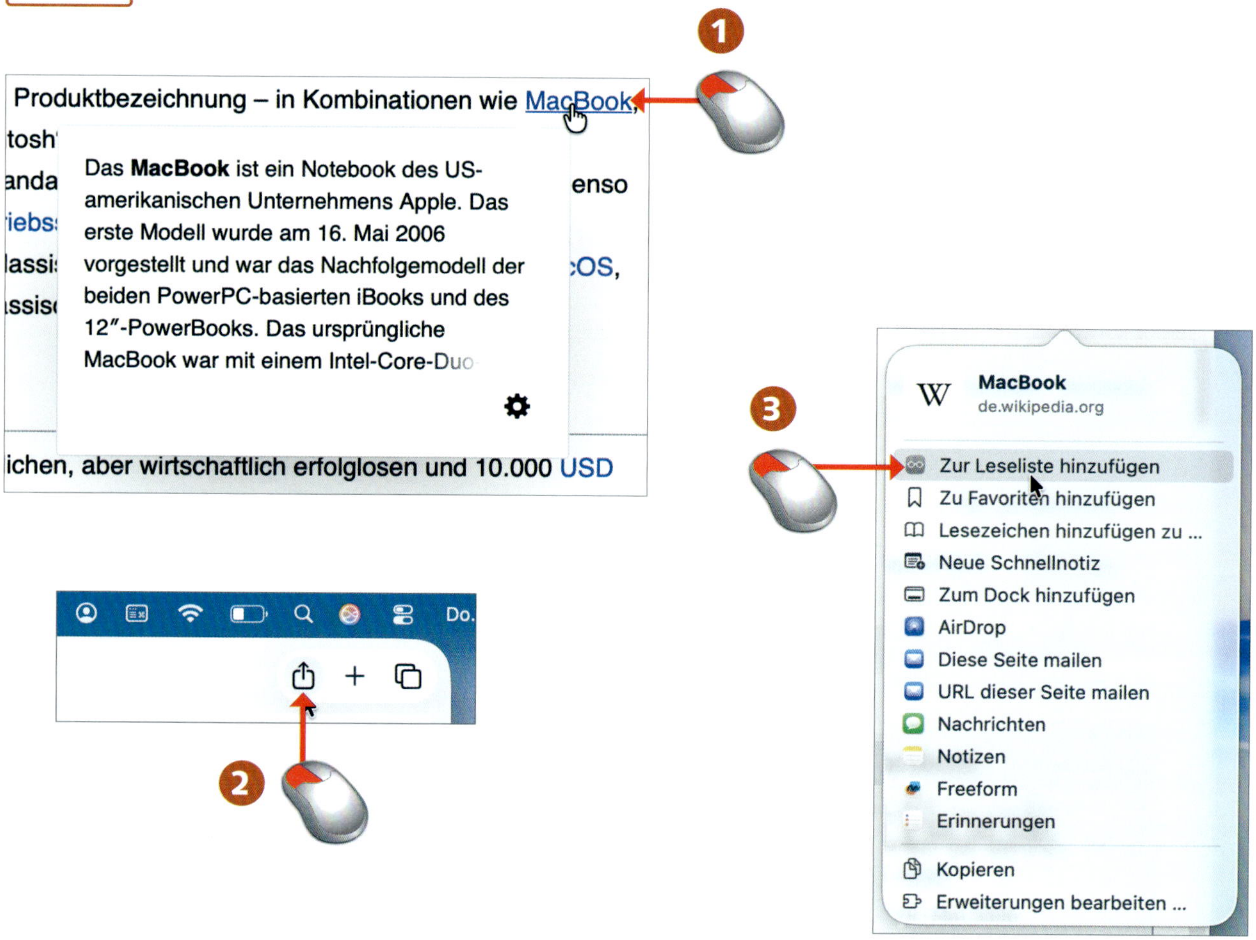

1. Rufen Sie eine Webseite auf, die Sie Ihrer Leseliste hinzufügen möchten. Hier klicke ich dazu einen Link auf einer Webseite an.
2. Klicken Sie rechts oben in Safari auf das Symbol .
3. Wählen Sie den Eintrag *Zur Leseliste hinzufügen*.

WISSEN

Bei Lesezeichen werden nur die Webadressen gespeichert. Sie können aber auch eine Leseliste verwenden, bei der tatsächlich die Webseiten gespeichert werden, um diese später auch ohne Internetverbindung lesen zu können, sofern Sie diese Option in den Safari-Einstellungen unter *Erweitert* aktivieren. Die Leseliste lässt sich sehr einfach verwenden, wie Sie auf dieser Doppelseite erfahren.

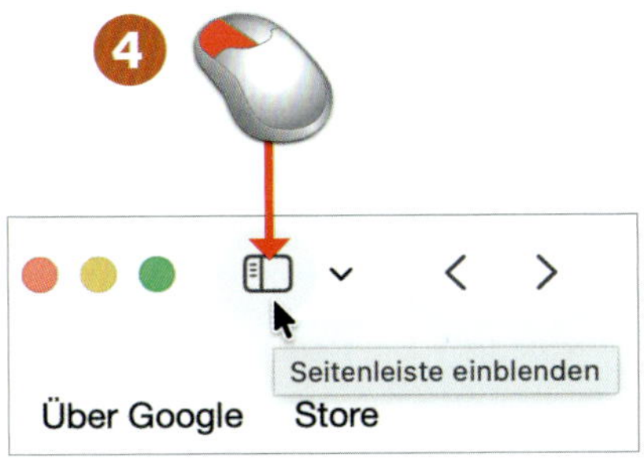

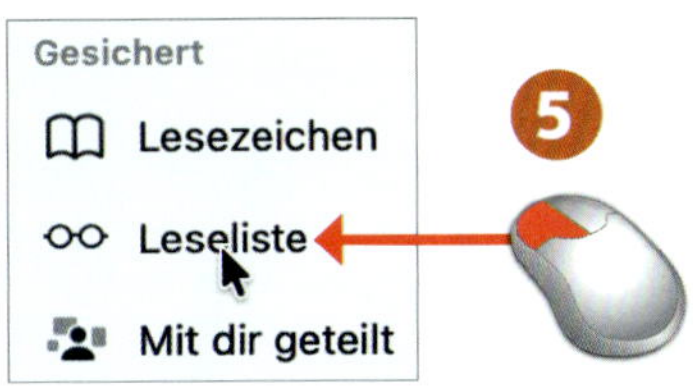

4 Zum Aufrufen Ihrer Leseliste blenden Sie wieder über das Symbol [Seitenleiste-Symbol] die Seitenleiste ein.

5 Entscheiden Sie sich in der Seitenleiste für das Einblenden der *Leseliste*.

6 Klicken Sie einen Eintrag in der Leseliste an, um die entsprechende Webseite zu lesen. Einzelne Artikel sichern Sie zum Offlinelesen, indem Sie einen Eintrag mit der rechten Maustaste bzw. bei gedrückter control-Taste anklicken und dann im Kontextmenü *Offline sichern* wählen.

Ende

HINWEIS

Ein Eintrag kann wieder aus der Leseliste entfernt werden: Klicken Sie ihn dazu mit der rechten Maustaste bzw. bei gedrückter control-Taste an und wählen Sie *Löschen*.

TIPP

Und auch das Hinzufügen zur Leseliste funktioniert per Tastenkombination: Dazu drücken Sie die Tasten ⇧ + command + D.

Start

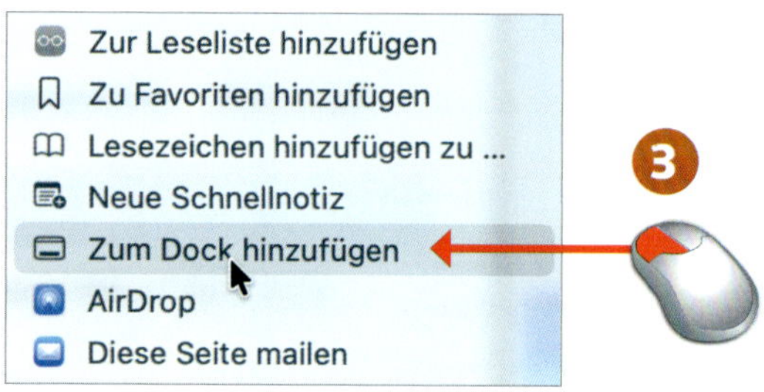

1. Öffnen Sie in Safari die Website, die Sie dem Dock hinzufügen möchten. Hier wähle ich als Beispiel die Webadresse der Online-Enzyklopädie Wikipedia.
2. Die Website wurde aufgerufen. Klicken Sie nun auf das Symbol ⎙ rechts oben in der App *Safari*.
3. Im Menü klicken Sie auf den Eintrag *Zum Dock hinzufügen*.

WISSEN

Um schneller auf Ihre am häufigsten besuchten Websites zuzugreifen, erstellen Sie daraus eine Website-App, die sich dann mit einem einfachen Mausklick öffnen lässt. Die Vorgehensweise wird auf dieser Doppelseite beschrieben.

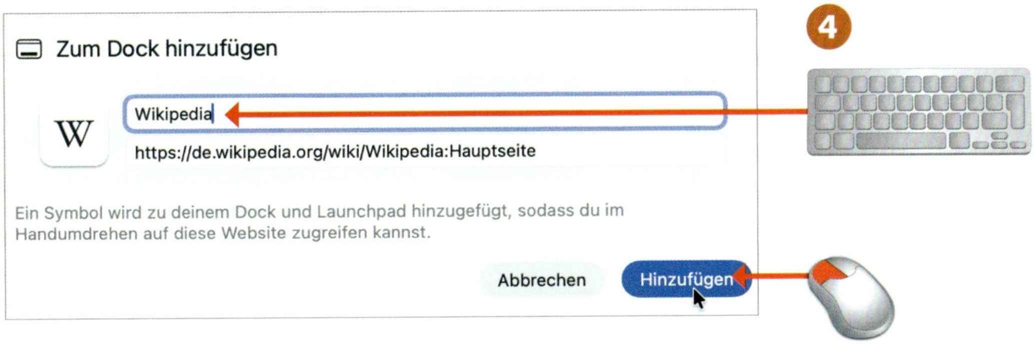

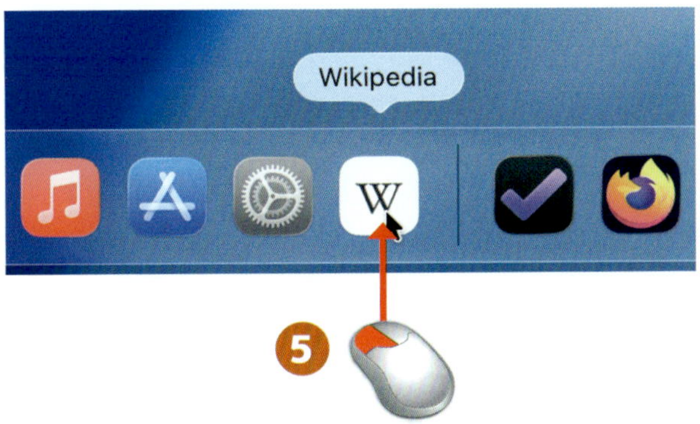

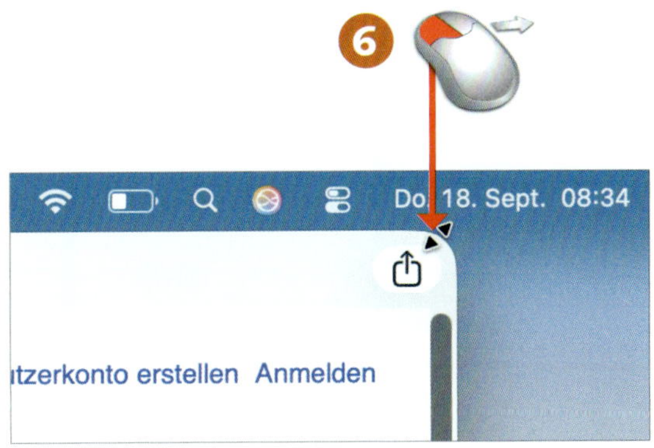

4. Geben Sie eine sinnvolle App-Bezeichnung ein und bestätigen Sie mit der Schaltfläche *Hinzufügen*.

5. Zum Öffnen der Website-App klicken Sie auf das entsprechende Symbol im Dock.

6. Passen Sie gegebenenfalls noch die Fenstergröße an, wie Sie es ja schon im Zusammenhang mit anderen App-Fenstern kennengelernt haben.

Ende

HINWEIS

Die Website-App lässt sich nicht nur im Dock aufrufen, sondern auch in der App-Bibliothek. Dort bleibt sie auch erhalten, wenn Sie die App nur aus dem Dock entfernen.

HINWEIS

Zum Löschen einer Website-App gehen Sie vor wie beim Löschen einer aus dem App Store installierten App, also im Programmordner bei gedrückter `control`-Taste anklicken und im Kontextmenü *In den Papierkorb legen* wählen.

Start

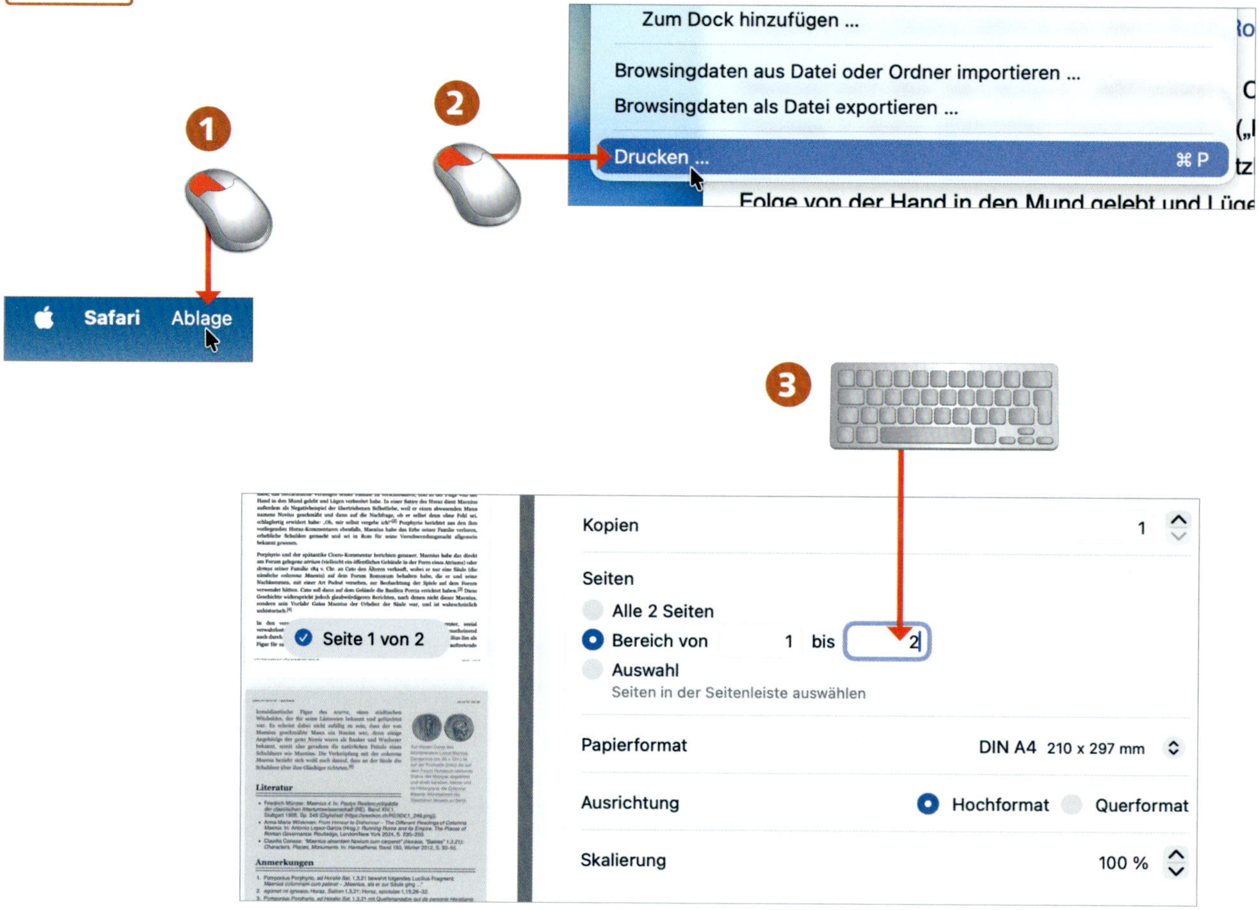

1. Um eine Webseite zu Papier zu bringen, klicken Sie in der Menüleiste auf *Ablage*. Die Druckoption finden Sie übrigens nicht nur in Safari, sondern auch in anderen Apps unter *Ablage*.
2. Entscheiden Sie sich im Menü für den Eintrag *Drucken*. Alternativ können Sie den Ausdruck auch per Tastenkombination *command*+*P* starten.
3. Bestimmen Sie im Abschnitt *Seiten* den Druckbereich, also die Seiten der Webseite, die zu Papier gebracht werden sollen.

WISSEN

Manchmal werden Sie eine Webseite mit interessanten oder wichtigen Informationen zu Papier bringen wollen. Sofern ein Drucker eingerichtet wurde, ist das eine Sache weniger Handgriffe. Drucken Sie aber wirklich nur benötigte Webseiten aus und denken Sie daran, dass besonders Farbausdrucke viel Geld kosten!

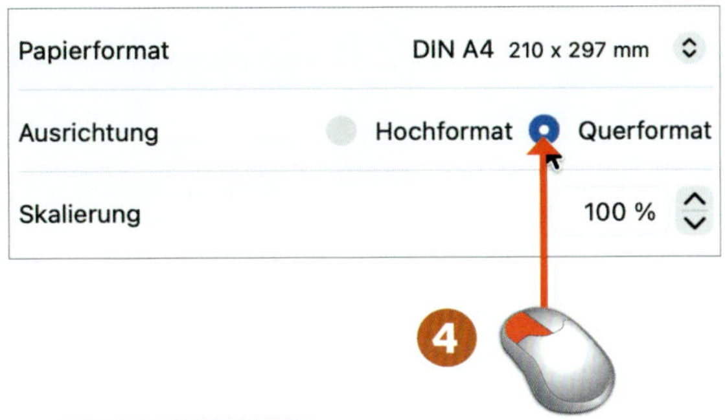

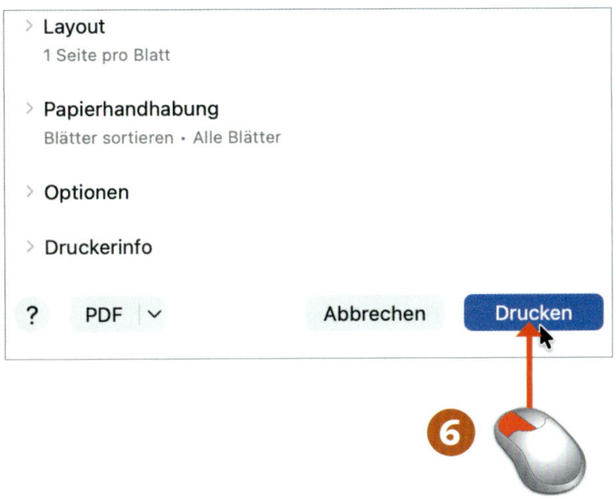

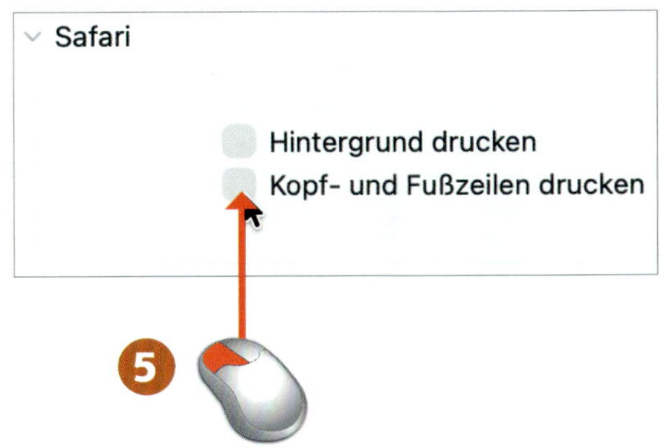

4 Möchten Sie vom Hoch- ins Querformat umschalten? Dazu wählen Sie bei *Ausrichtung* das entsprechende Optionsfeld.

5 Aktivieren oder deaktivieren Sie bestimmte Druckoptionen wie *Kopf- und Fußzeilen drucken* oder *Hintergrund drucken*.

6 Sie können z. B. auch noch die Seitenzahl pro Blatt festlegen. Klicken Sie schließlich auf die Schaltfläche *Drucken*, um die Webseite zu Papier zu bringen.

Ende

HINWEIS

Eine Webseite können Sie auch als Datei (Webarchiv) speichern: Dazu wählen Sie *Ablage* und dann *Sichern unter*.

TIPP

Eine Webseite als PDF-Datei speichern: Hierzu entscheiden Sie sich für *Ablage* und dann für *Als PDF exportieren*. Eine PDF-Option erhalten Sie alternativ auch in der Druckvorschau.

Start

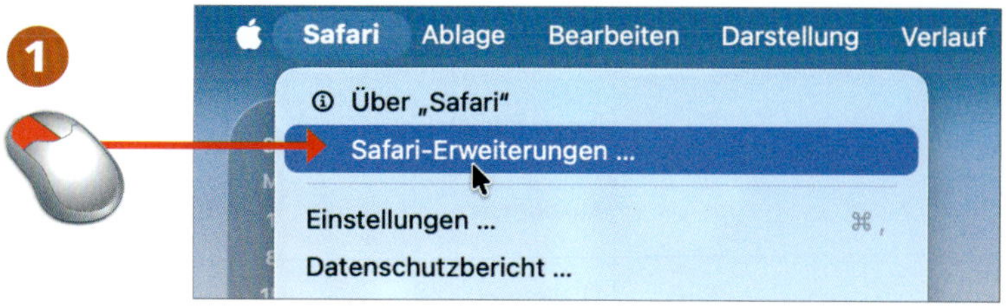

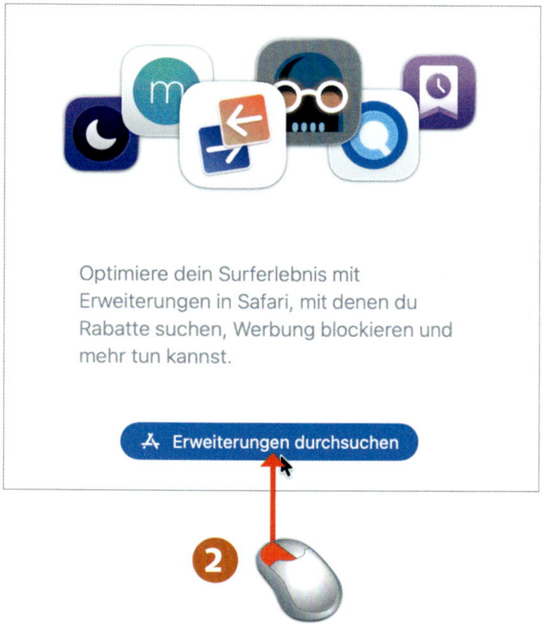

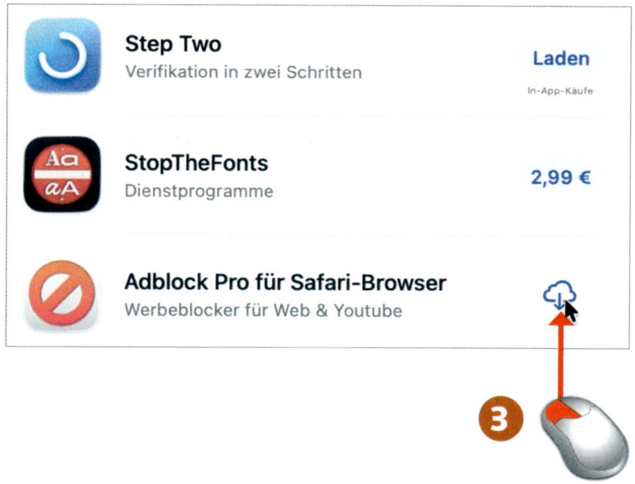

1. Entscheiden Sie sich in der Menüleiste der App *Safari* für *Safari/Safari-Erweiterungen*.

2. Entscheiden Sie sich in den geöffneten *Einstellungen* für die Schaltfläche *Erweiterungen durchsuchen*.

3. Der App Store wird geöffnet und Ihnen werden die verfügbaren Safari-Erweiterungen angezeigt. Gehen Sie zum Installieren wie bei einer herkömmlichen App vor (vgl. Kapitel 5).

WISSEN

Dank Erweiterungen, die Sie aus dem App Store beziehen, lässt sich der Funktionsumfang des Webbrowsers Safari noch um die unterschiedlichsten Funktionen ergänzen. Wie Sie Safari-Erweiterungen installieren und verwalten, erfahren Sie auf dieser Doppelseite.

4 Nun möchten Sie einzelne Funktionen der Safari-Erweiterungen aktivieren oder deaktivieren. Dazu wählen Sie in der Menüleiste erneut *Safari/Safari-Erweiterungen*.

5 Entscheiden Sie sich in den Safari-Einstellungen für die Rubrik *Erweiterungen*. Nun können Sie Funktionen der Safari-Erweiterung aufrufen. Per Kontrollkästchen lassen sich Funktionen aktivieren bzw. deaktivieren.

6 Die Safari-Erweiterung lässt sich auch in der App-Bibliothek aufrufen und wie eine herkömmliche App entfernen (vgl. Kapitel 5).

Ende

TIPP

Die Safari-Erweiterungen lassen sich auch direkt im App Store aufspüren: Wählen Sie dazu dort in der Seitenleiste *Kategorien* und dann *Safari-Erweiterungen*.

HINWEIS

Wie bei den herkömmlichen Apps gibt es auch bei den Safari-Erweiterungen solche, die In-App-Käufe anbieten.

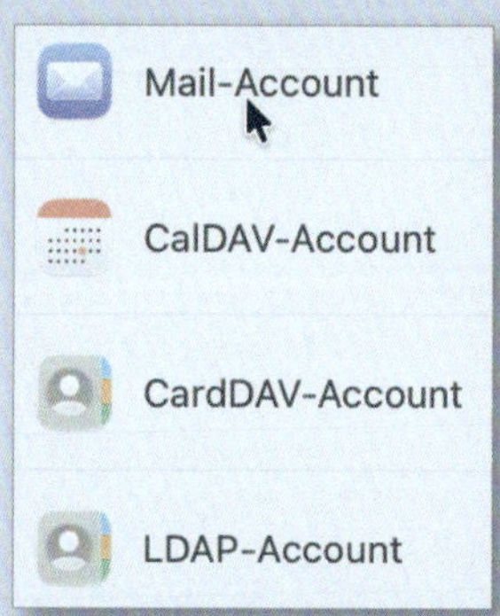
Mail-Account
CalDAV-Account
CardDAV-Account
LDAP-Account

Neu
Philip
Vorgeschlagen
Philip
PK
↙ Video
08:39

+

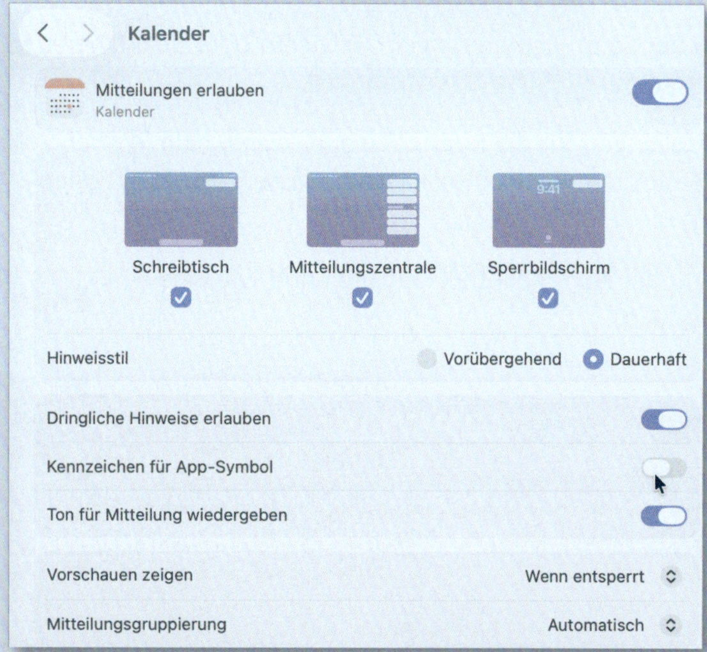
Kalender
Mitteilungen erlauben
Kalender
9:41
Schreibtisch
Mitteilungszentrale
Sperrbildschirm
Hinweisstil
Vorübergehend
Dauerhaft
Dringliche Hinweise erlauben
Kennzeichen für App-Symbol
Ton für Mitteilung wiedergeben
Vorschauen zeigen
Wenn entsperrt
Mitteilungsgruppierung
Automatisch

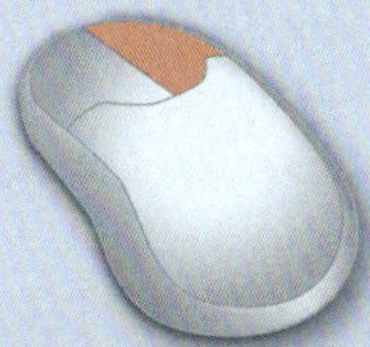

7

Per Mac mailen, chatten, telefonieren

Sie können mit Ihrem Mac auf vielfältige Weise kommunizieren – mit Menschen auf der ganzen Welt. Nutzen Sie dazu das Internet oder die Telefonfunktion Ihres iPhones. Erfahren Sie in diesem Kapitel, wie Sie E-Mails senden, empfangen und verwalten, wie Sie in Form kurzer Nachrichten mit anderen Personen chatten und wie Sie auf dem Mac telefonieren, entweder über das iPhone oder mit der FaceTime-Funktion. Sogar die Videoübertragung nach Übersee ist bei FaceTime-Telefonaten kein Problem. Auf den folgenden Seiten lesen Sie, wie das alles funktioniert.

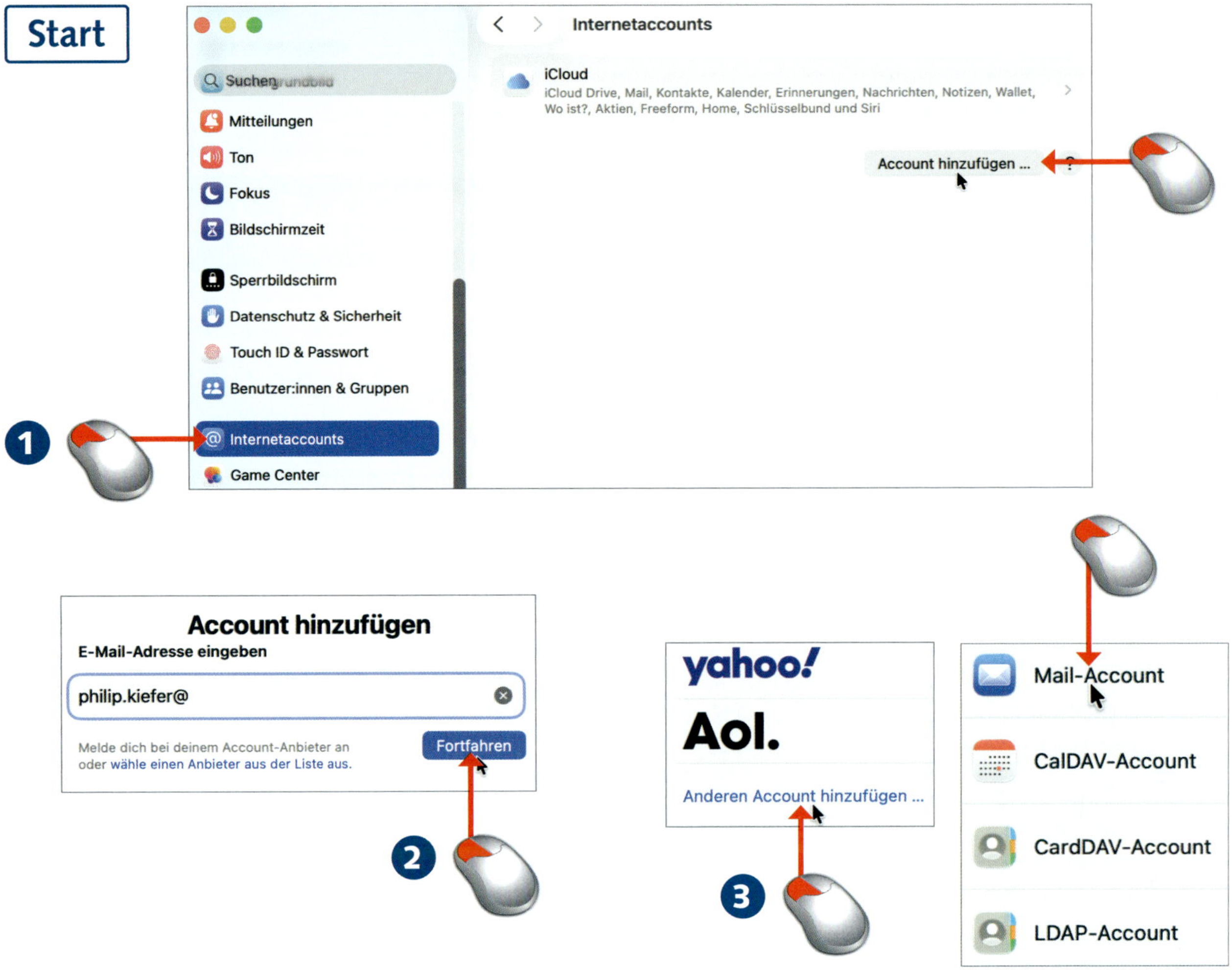

1. Um ein neues E-Mail-Konto anzulegen, öffnen Sie auf Ihrem Mac die *Systemeinstellungen* und wählen in der Kategorie *Internetaccounts* die Schaltfläche *Account hinzufügen*.
2. Geben Sie Ihre E-Mail-Adresse ein und bestätigen Sie mit *Fortfahren*.
3. Wird der Anbieter nicht erkannt, wählen Sie einen der Vorschläge in der Liste oder klicken Sie unten auf *Anderen Account hinzufügen*. Entscheiden Sie sich für die Option *Mail-Account*.

WISSEN

Eine E-Mail-Adresse ist heute schon genauso wichtig wie eine Wohnanschrift – na ja, fast. Wenn Sie in iCloud die Option *Mail* aktiviert haben, steht Ihnen direkt ein E-Mail-Konto zur Verfügung. Natürlich lassen sich aber auch beliebige weitere E-Mail-Konten hinzufügen, um in der Mail-App E-Mails senden und empfangen zu können.

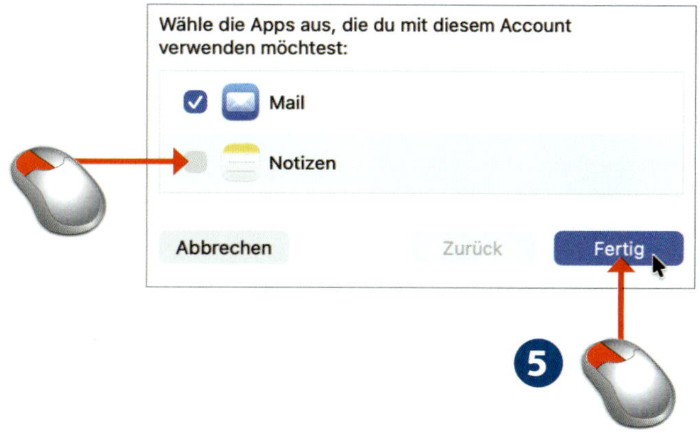

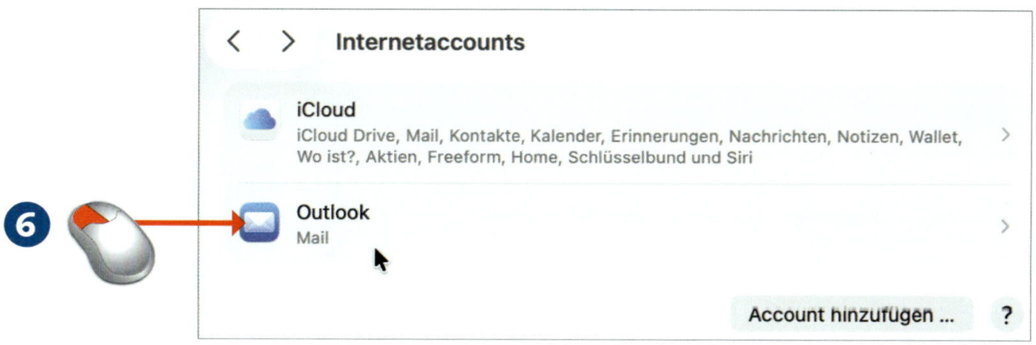

4 Es öffnet sich ein Assistent, in dem Sie die geforderten Angaben machen. Falls Sie eine Angabe nicht kennen, erfragen Sie diese bei Ihrem E-Mail-Anbieter.

5 In vielen Fällen können Sie neben E-Mails noch weitere Daten synchronisieren – entscheiden Sie dies per Kontrollkästchen. Bestätigen Sie mit *Fertig*.

6 Nachdem Sie das E-Mail-Konto hinzugefügt haben, wird es als Internetaccount aufgelistet und kann per Mausklick ausgewählt werden.

Ende

TIPP

Um einen E-Mail-Account wieder zu entfernen, wählen Sie ihn in den *Einstellungen* in der Kategorie *Internetaccounts* aus und klicken auf die Schaltfläche *Account löschen*.

HINWEIS

Manchmal haben Sie die Wahl zwischen einer IMAP- und einer POP-Verbindung. Der Unterschied: Bei IMAP bleiben die E-Mails auf dem E-Mail-Server gespeichert, bei POP werden sie auf den Mac heruntergeladen.

Start

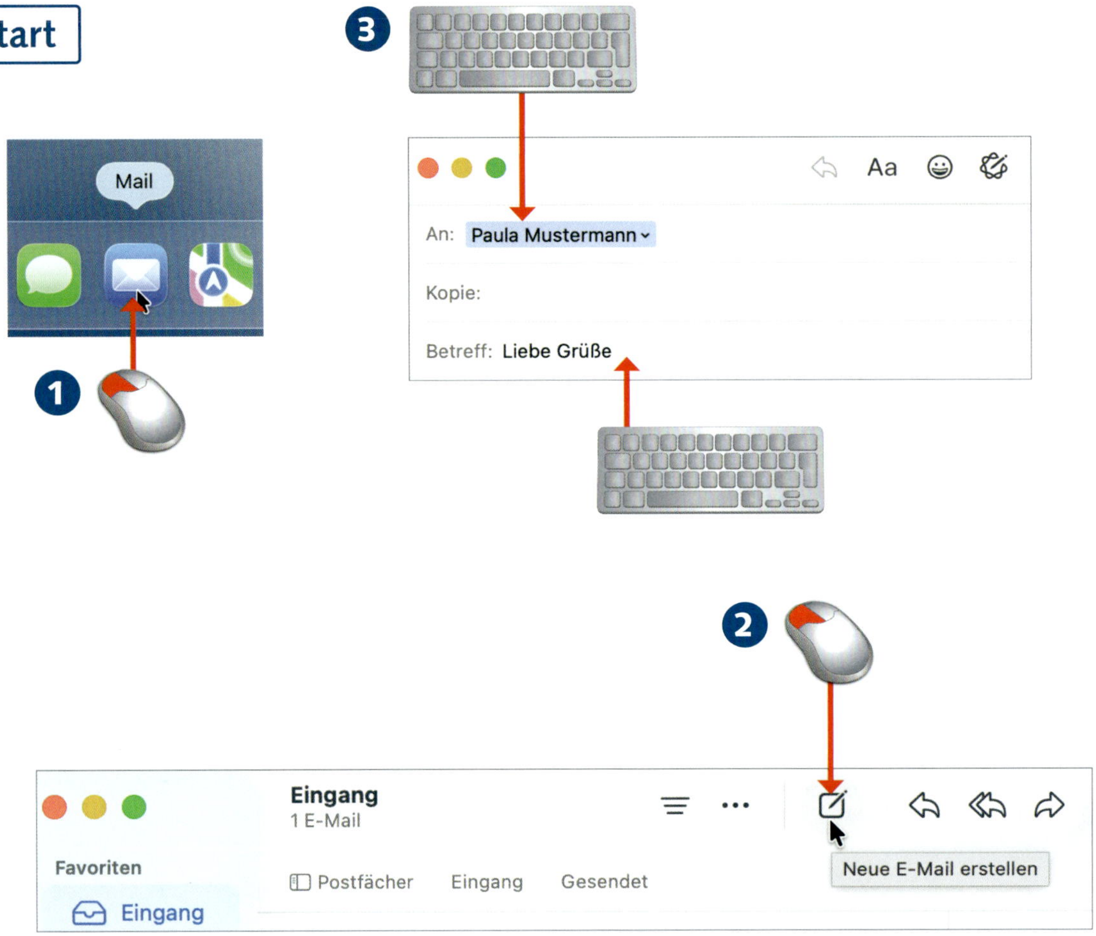

1. Klicken Sie im Dock auf das Briefsymbol, um die App *Mail* zu öffnen.

2. Um eine neue E-Mail zu erstellen, klicken Sie oben in der App *Mail* auf das Symbol .

3. Geben Sie in das Feld *An* eine oder mehrere E-Mail-Adressen ein. Im Feld *Betreff* machen Sie eine kurze Inhaltsangabe zur E-Mail, damit der Empfänger sofort sieht, um welches Thema es geht.

WISSEN

Wenn Sie bereits einmal eine E-Mail verschickt haben, werden Sie mit der App *Mail* keinerlei Probleme haben. Lassen Sie mich Ihnen auf dieser Doppelseite dennoch auch die Basics vorstellen – denn ein paar Abweichungen gegenüber anderen E-Mail-Programmen oder -Webseiten gibt es doch.

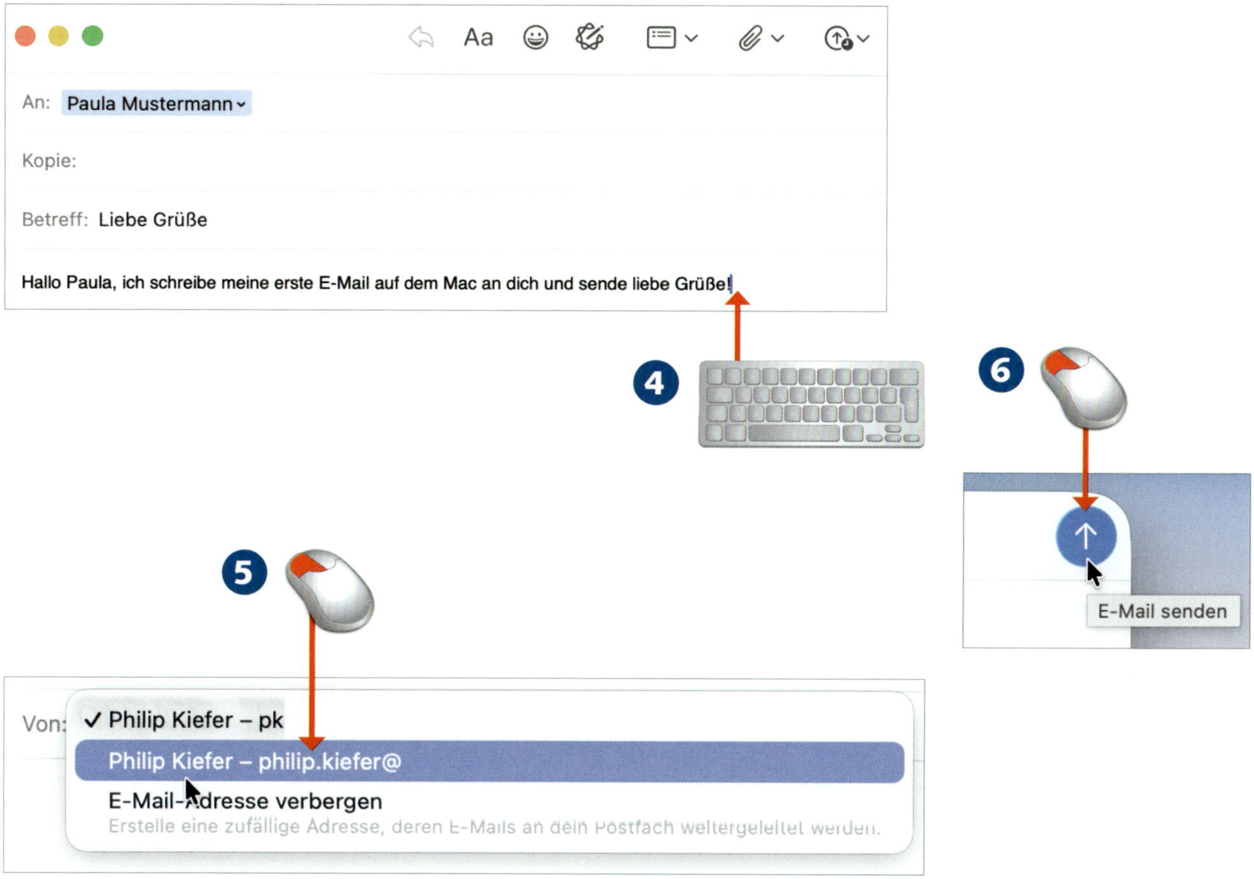

4. Jetzt kommt das Wichtigste: der E-Mail-Text. Tippen Sie diesen in das große Eingabefeld ein.
5. Sie haben mehrere E-Mail-Konten hinzugefügt? Dann bestimmen Sie im Menü *Von*, welche Absender-Mailadresse verwendet werden soll. Den Standard bestimmen Sie unter *Mail/Einstellungen* und dort unter *Verfassen* im Menü *Neue E-Mails senden von*.
6. Um die E-Mail schließlich auf den Weg zu bringen, klicken Sie oben im E-Mail-Fenster auf das Symbol.

Ende

HINWEIS

Wenn Sie einen E-Mail-Empfänger Ihren Kontakten hinzugefügt haben, klicken Sie in das Feld *An* und wählen den Kontakt dann unter dem Plussymbol aus.

HINWEIS

Außer *Kopie* noch weitere optionale Adressfelder einblenden: Wählen Sie diese dazu unter dem Symbol aus.

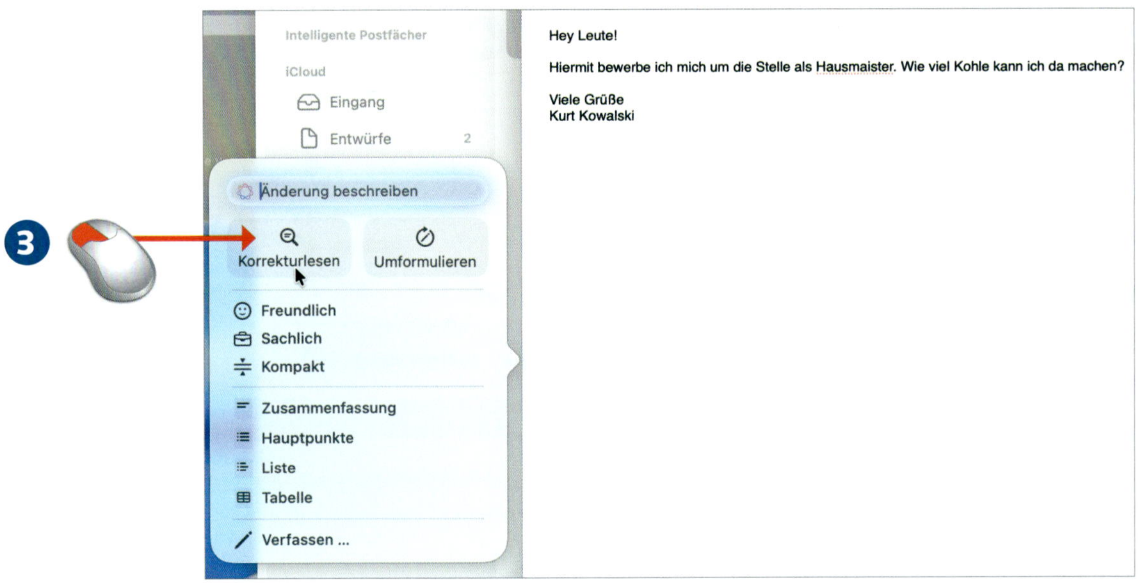

1. Verfassen Sie einen Text. Hier wird zur Veranschaulichung ein betont lockerer Stil gewählt.
2. Sie finden die Schreibtools allgemein in der Menüleiste unter *Bearbeiten/Schreibtools*. In der Mail-App lassen sie sich aber auch mit dem Symbol direkt einblenden.
3. Sollen Fehler ausgemerzt werden? Dann wählen Sie die Option *Korrekturlesen*.

WISSEN

Die auf Apple Intelligence basierenden Schreibtools wurden bereits kurz erwähnt. Sie können Ihre Texte – z. B. in einer E-Mail-Nachricht – von der KI umformulieren oder korrigieren lassen. Lernen Sie den Umgang mit den Schreibtools auf dieser Doppelseite kennen.

4

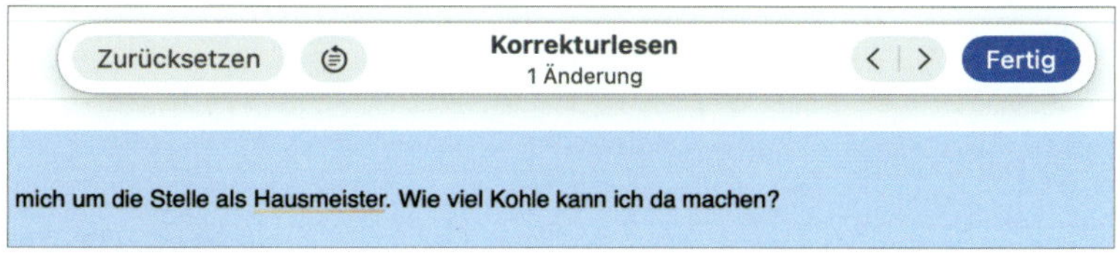

5

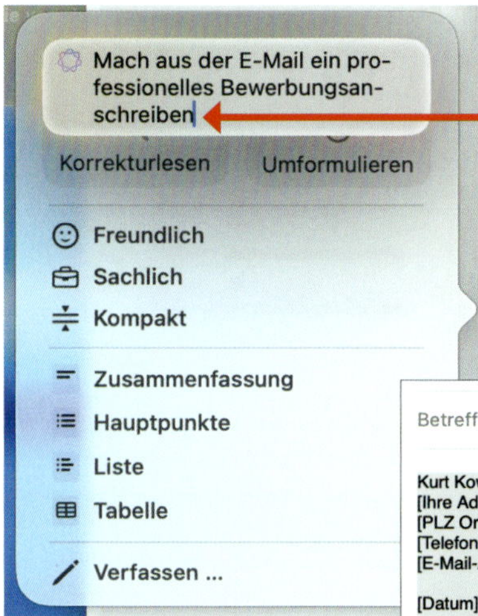

6

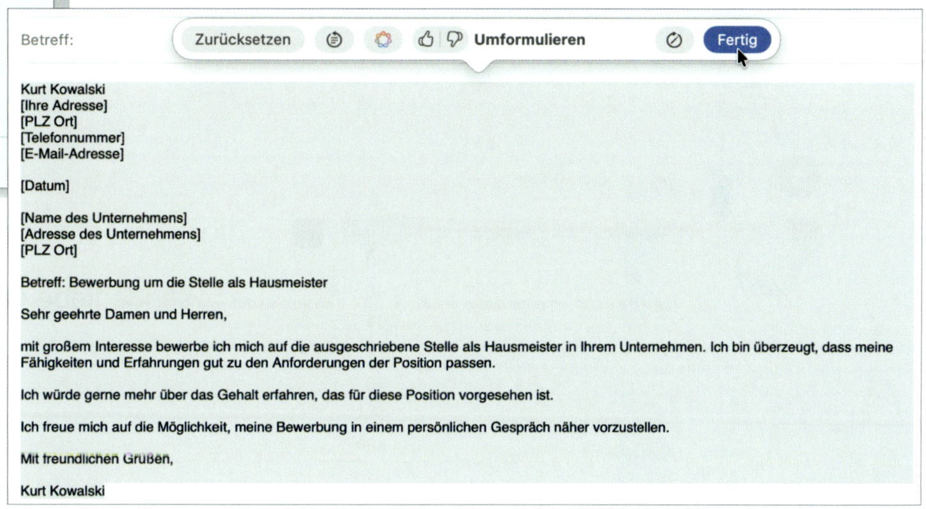

4 Das hat geklappt: *Hausmaister* wurde von der KI in *Hausmeister* korrigiert. Sind Sie mit einer Änderung nicht einverstanden, können Sie sie mit dem eingeblendeten KI-Element rückgängig machen.

5 Auch zum Umformulieren und Umformatieren werden verschiedene KI-Funktionen angeboten. Sie können die Anweisung – Prompt genannt – aber auch frei formulieren.

6 Gefallen Ihnen die von der KI gemachten Änderungen, bestätigen Sie mit der Schaltfläche *Fertig*. Anschließend können Sie selbstverständlich auch noch eigene Anpassungen vornehmen.

Ende

HINWEIS

Wenn Sie einen Prompt formulieren, machen Sie möglichst klare Angaben. Übertreiben Sie es aber nicht mit den Details, um die KI nicht zu überfordern.

TIPP

Soll ein Text nicht nur umformuliert, sondern neu verfasst werden, entscheiden Sie sich in den Schreibtools für die Option *Verfassen*. Es kommt dann ggf. ChatGPT zum Einsatz.

Start

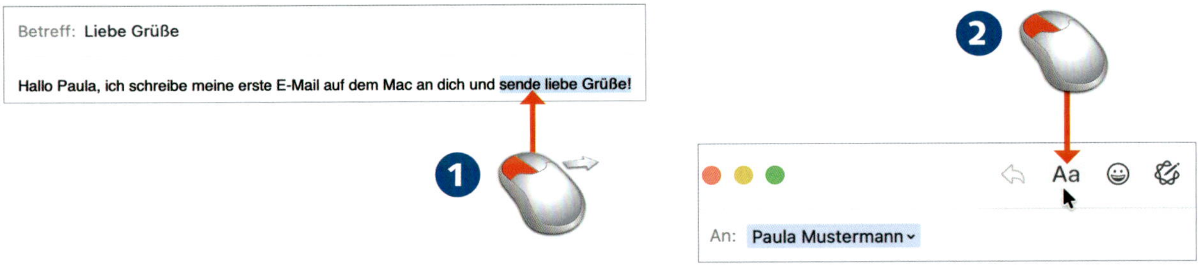

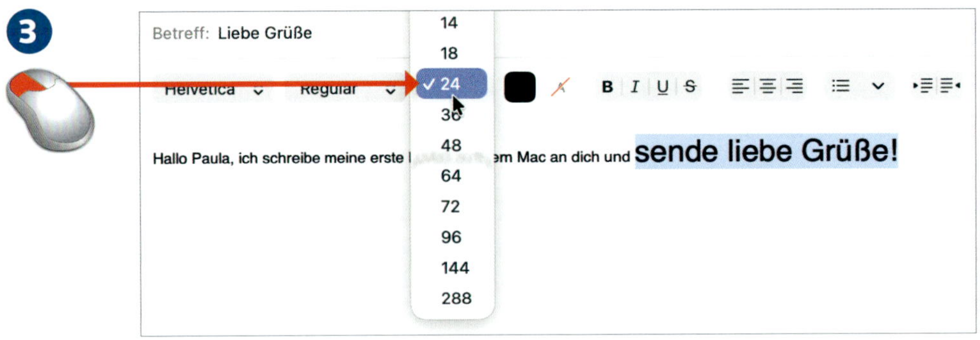

1. Möchten Sie den E-Mail-Text formatieren, markieren Sie zunächst bei gedrückter Maustaste den zu formatierenden Text.
2. Klicken Sie nun rechts oben im E-Mail-Fenster gegebenenfalls zunächst auf das Symbol Aa, um die Optionen für die Formatierung einzublenden.
3. Wählen Sie eine oder mehrere Formatieroptionen aus. Hier entscheide ich mich beispielsweise per Menü für das Vergrößern der Schrift.

WISSEN

Auch ohne KI lassen sich Ihre E-Mails vor dem Versand ansprechender gestalten sowie bei Bedarf mit Dateianhängen versehen – Dateien, die der Empfänger dann auf seinem eigenen Computer abspeichern kann. Lassen Sie mich Ihnen auf dieser Doppelseite die in diesem Zusammenhang wichtigsten Funktionen aufzeigen.

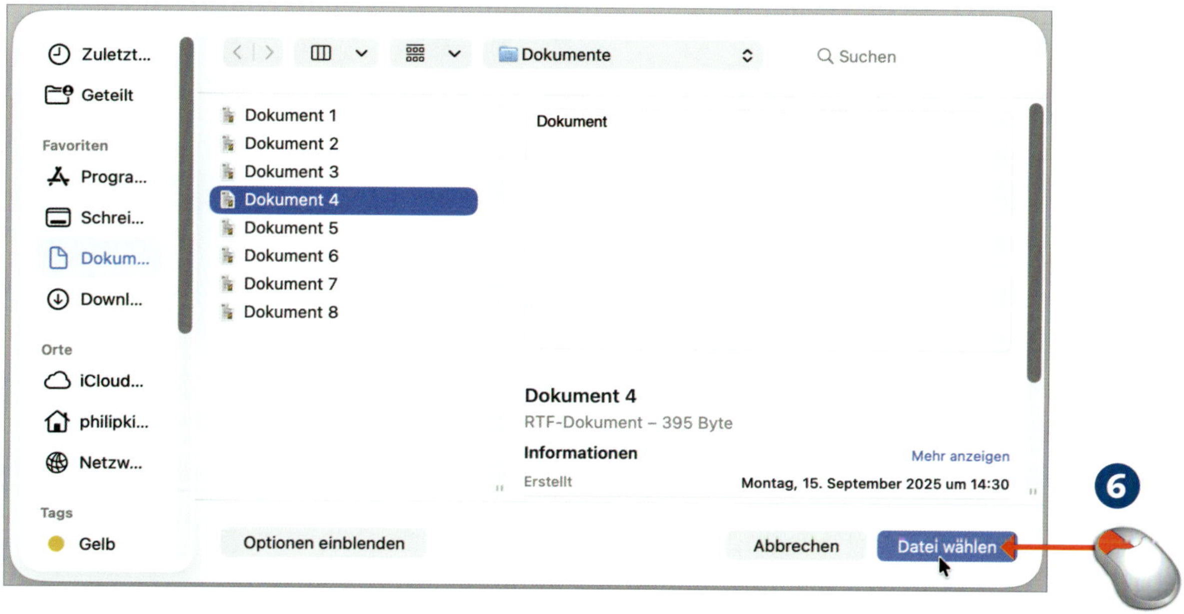

4 Um einen Dateianhang hinzuzufügen, bringen Sie ggf. zunächst die Eingabemarkierung an die gewünschte Position und klicken dann auf das Büroklammer-Symbol.

5 Zum Hinzufügen beliebiger Dateitypen entscheiden Sie sich nun im Menü für den Eintrag *Dateien anhängen*.

6 Wählen Sie die gewünschte Datei aus und bestätigen Sie mit der Schaltfläche *Datei wählen*.

Ende

HINWEIS

Bunt formatierte E-Mails können zwar ganz schön anzusehen sein, beachten Sie aber, dass diese nicht bei jedem Empfänger so schön dargestellt werden!

TIPP

Möchten Sie eine E-Mail nicht sofort, sondern zu einem späteren Zeitpunkt senden? Dann machen Sie unter dem Symbol die entsprechende Zeitangabe.

Start

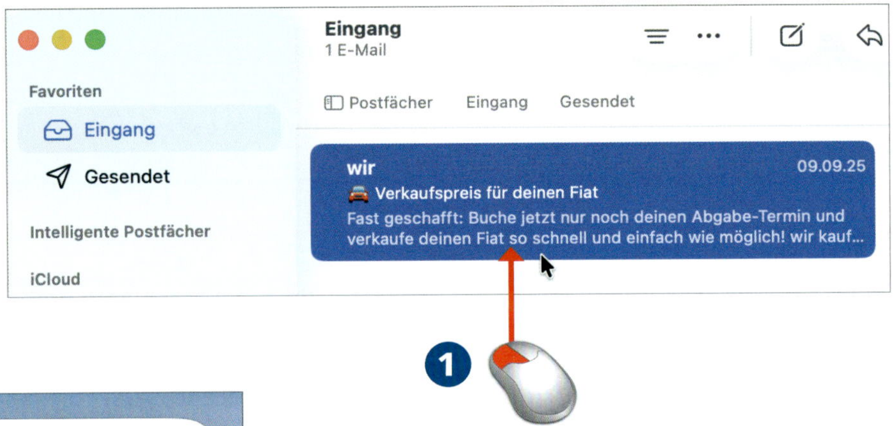

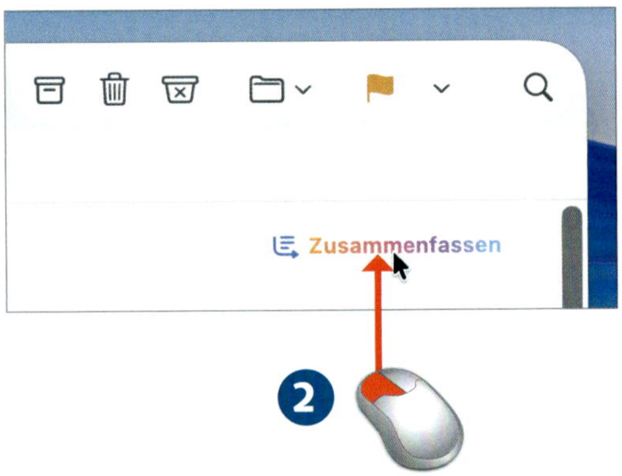

1. E-Mails werden standardmäßig automatisch empfangen. Um eine E-Mail zu lesen, wählen Sie diese im Posteingang aus.
2. Wieder können Sie sich die KI zunutze machen: Klicken Sie bei einer E-Mail auf *Zusammenfassen*, um eine Kurzfassung des E-Mail-Inhalts zu erhalten.
3. Sie möchten eine ausgewählte E-Mail beantworten? Dazu klicken Sie oben in der App *Mail* auf das Symbol (*Antworten*) bzw. (*Allen Empfängern antworten*).

WISSEN

Wenn Sie E-Mails empfangen, können Sie diese nicht nur lesen, sondern auch beantworten, weiterleiten etc. Auf dieser Doppelseite stelle ich Ihnen nur die wichtigsten Funktionen rund um den Umgang mit empfangenen E-Mails vor. Unter *Mail/Einstellungen* finden Sie noch viele weitere Optionen – vom Anpassen von Schrift und Farbe für E-Mails bis hin zu Ansichtsoptionen für die Mail-App.

TIPP

Klicken Sie oberhalb der E-Mail-Liste auf das Symbol, um Optionen zum Filtern der E-Mails aufzurufen.

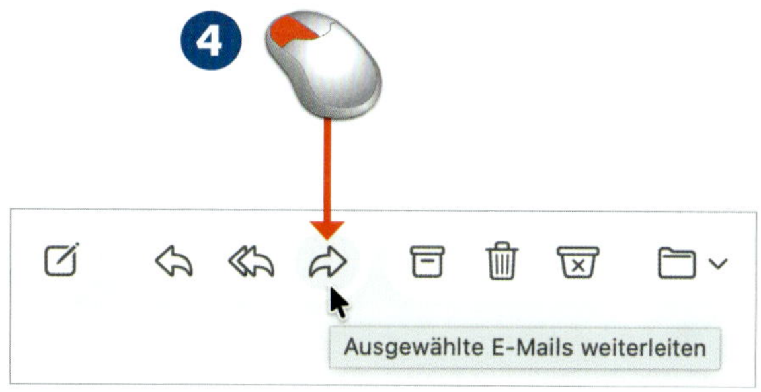

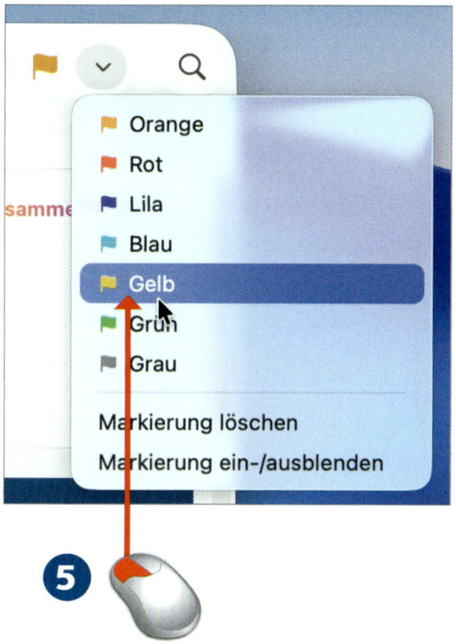

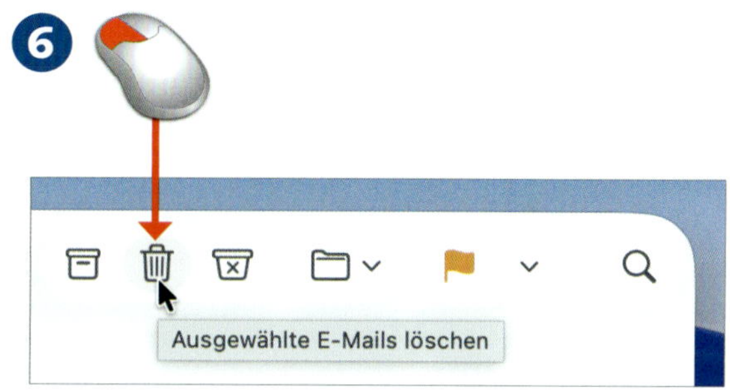

4 Eine E-Mail an eine andere Person weiterleiten: Dazu klicken Sie auf das Symbol ↪ und machen anschließend im E-Mail-Fenster die erforderlichen Angaben.

5 Eine ausgewählte E-Mail zum leichteren Wiederfinden markieren: Klicken Sie dazu auf den zum Symbol ⚑ ⌄ gehörenden Pfeil und wählen Sie eine Markierungsfarbe aus.

6 Eine ausgewählte E-Mail löschen oder archivieren: Diesem Zweck dienen die Symbole 🗑 (*Löschen*) bzw. 🗃 (*Archivieren*).

Ende

TIPP

Enthält eine E-Mail ungewünschte Werbung, klicken Sie auf das Symbol ☒, um sie entsprechend zu markieren. Beim nächsten Mal wird die Werbung dann direkt aussortiert.

HINWEIS

Wie mit ungewünschter Werbung allgemein verfahren werden soll, legen Sie unter *Mail/Einstellungen* und dort unter *Spam* fest.

Start

1. Dem Austausch von Kurznachrichten – man kann in diesem Zusammenhang auch von Chatten sprechen – dient die App *Nachrichten*, die Sie per Mausklick auf das Sprechblasensymbol im Dock aufrufen.
2. Falls noch nicht geschehen, melden Sie sich mit Ihrem Apple Account an. Klicken Sie auf das Symbol ☐, um eine Konversation zu beginnen.
3. Geben Sie nun zunächst die iPhone-Rufnummer oder die E-Mail-Adresse des Nachrichtenempfängers ein.

WISSEN

Kurznachrichten senden und chatten – mit der App *Nachrichten*, die auf Ihrem Mac ebenfalls bereits zur Verfügung steht, macht das richtig Spaß! Wenn Sie Apples Dienst iMessage nutzen, lassen sich auch Nachrichten, die auf dem iPhone oder iPad begonnen wurden, auf dem Mac weiterführen. Eine gute Alternative zum etwas umständlicheren E-Mail-Versand.

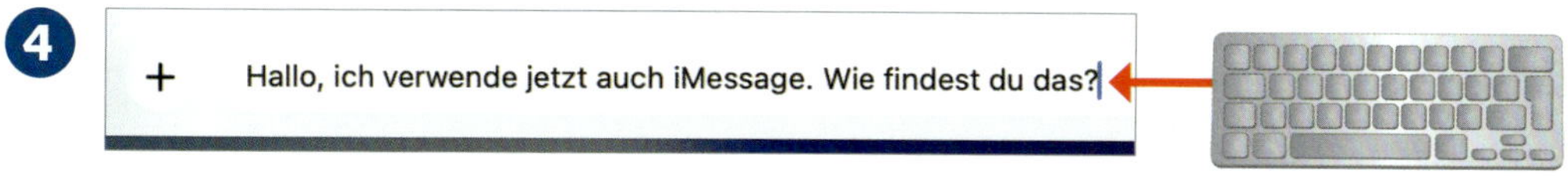

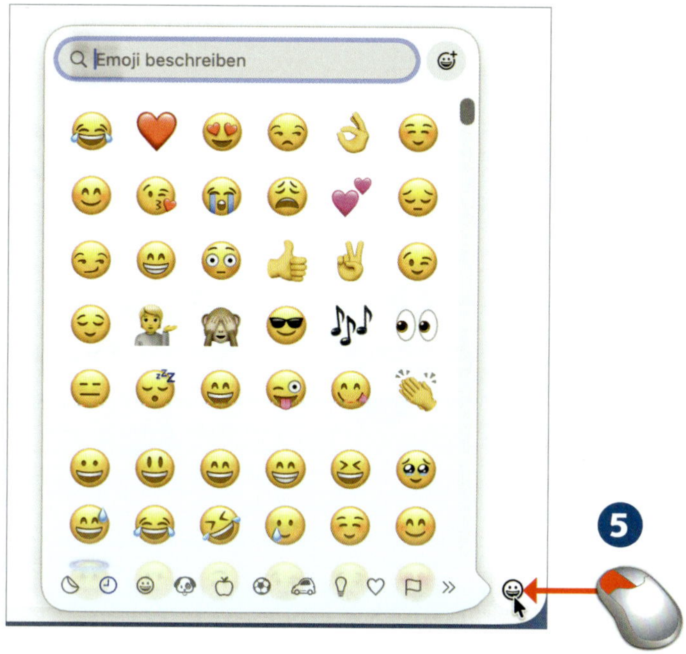

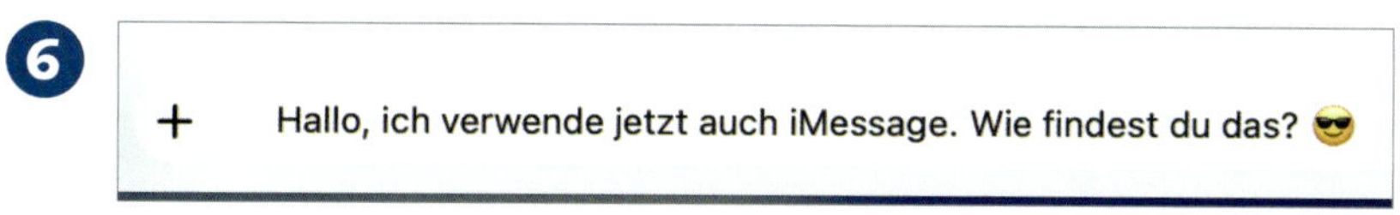

4 Tippen Sie als Nächstes Ihre Nachricht in das Feld unten im Nachrichten-Fenster ein.

5 Möchten Sie vielleicht noch ein Smiley oder ein anderes Symbol einfügen? Dazu klicken Sie rechts im Eingabefeld auf das Smiley ☺ und wählen anschließend das passende Symbol aus.

6 Drücken Sie die [↩]-Taste, um die Nachricht auf den Weg zu bringen.

Ende

HINWEIS

Mit iMessage lassen sich auch Sprachnachrichten versenden. Klicken Sie rechts im Eingabefeld auf das Symbol [Symbol], um eine Sprachnachricht aufzuzeichnen. Das Symbol wird nur eingeblendet, wenn noch kein Text im Eingabefeld steht.

TIPP

Möchten Sie automatisch Lesebestätigungen an Ihre Chat-Partner senden? Diese Option aktivieren Sie unter *Nachrichten/Einstellungen* und dort unter dem Reiter *iMessage*.

Start

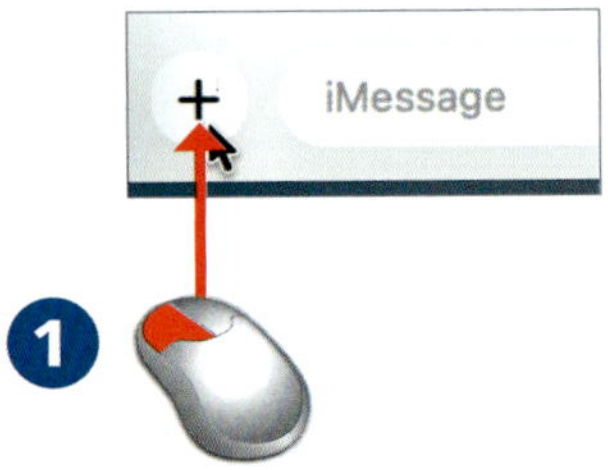

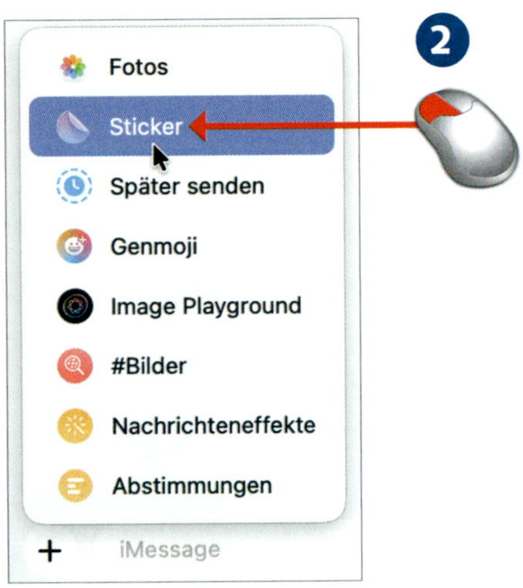

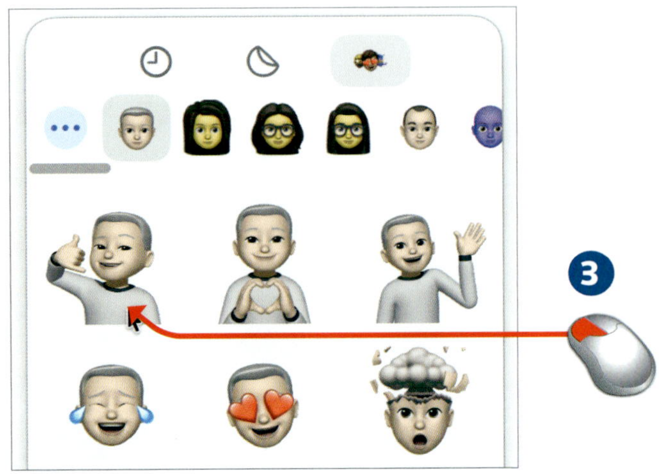

1. Um einen Memoji-Sticker zu verwenden, klicken Sie links neben dem Eingabefeld für Ihre Nachrichten auf das Plussymbol +.
2. Wählen Sie im Menü den Eintrag *Sticker*. Sie finden in dem Menü noch weitere spannende Optionen, etwa *Abstimmungen* oder *Genmoji* (KI-generierte Emojis).
3. Im folgenden Dialogfenster können Sie einfach einen der bereits verfügbaren Sticker per Mausklick auswählen, um diesen in Ihre Nachricht einzufügen.

WISSEN

Mit individuellen Memoji-Stickern können Sie Ihre Nachrichten noch mal deutlich aufpeppen und Ihre Emotionen grafisch zum Ausdruck bringen. Auf dieser Doppelseite stelle ich Ihnen die Verwendung der Sticker in aller Kürze vor.

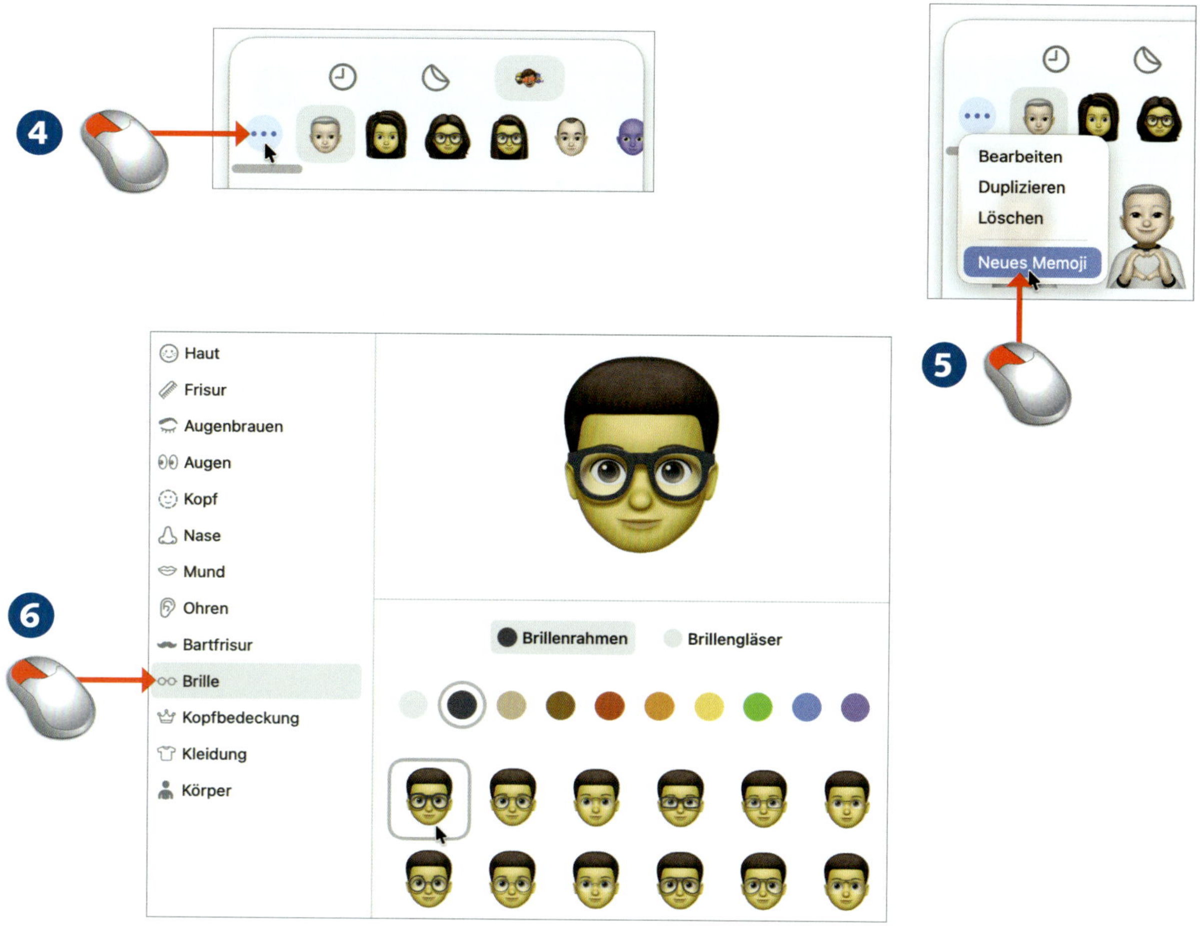

4 Möchten Sie hingegen einen eigenen Memoji-Sticker erstellen, klicken Sie links oben im Fenster auf das Symbol •••.

5 Entscheiden Sie sich im Menü für den Eintrag *Neues Memoji*.

6 Nun können Sie den Memoji-Sticker ganz nach Ihrem Geschmack gestalten.

Ende

HINWEIS

Statt einen komplett neuen Memoji-Sticker zu erstellen, können Sie auch einen bereits vorhandenen Memoji-Sticker anpassen. Dazu wählen Sie im Menü aus Schritt 5 die Option *Bearbeiten*.

TIPP

Wählen Sie im Menü aus Schritt 2 den Eintrag *Nachrichteneffekte*, können Sie eine eingegebene Nachricht mit einer pfiffigen Animation versehen, etwa einem Konfetti-Regen.

Start

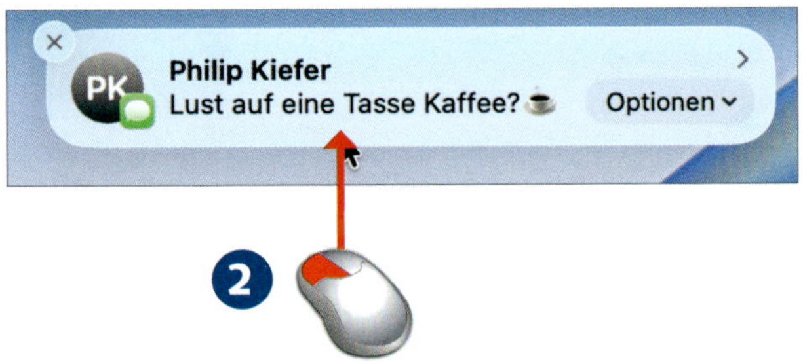

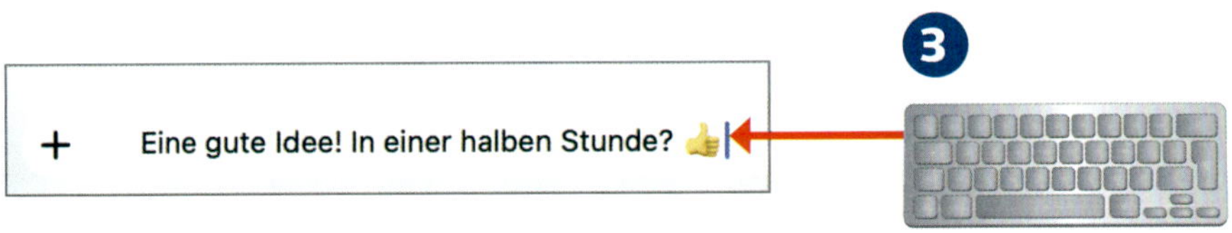

1. Bewegen Sie den Mauszeiger auf den Hinweis, erscheinen weitere Optionen, die Sie per Mausklick auswählen können.
2. Möchten Sie eine Nachricht beantworten, klicken Sie auf das Hinweisfenster.
3. Verfassen Sie, wie bereits kennengelernt, Ihre Antwort-Nachricht und senden diese an den Empfänger.

WISSEN

Kurznachrichten sofort lesen und beantworten und auf die nützliche Mitteilungszentrale mit Hinweisen und weiteren Informationen zugreifen – wie das geht, erfahren Sie Schritt für Schritt und Bild für Bild auf dieser Doppelseite.

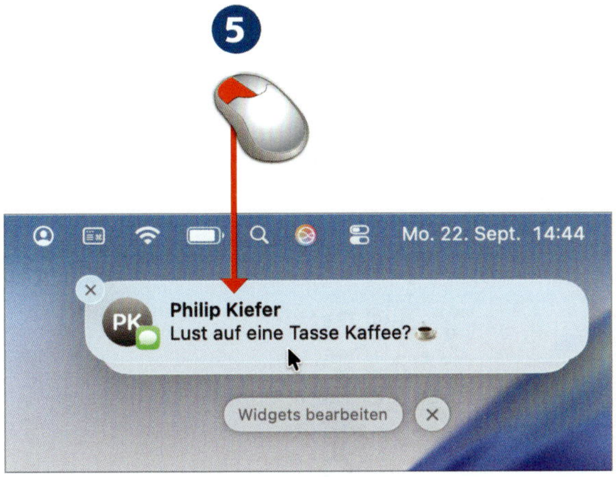

4 Um die Mitteilungszentrale aufzurufen, klicken Sie rechts oben auf dem Bildschirm auf die Datum- und Uhrzeitanzeige.

5 Sie können eine Nachricht auch hier lesen. Um sie zu beantworten, klicken Sie sie an.

6 Es öffnet sich die App *Nachrichten* und Sie können Ihre Antwortnachricht nun wie bereits kennengelernt eingeben und absenden.

Ende

TIPP

Die Elemente in der Mitteilungszentrale werden als Widgets bezeichnet – so wie die Widgets auf dem Schreibtisch. Klicken Sie ein Widget an, öffnet sich die entsprechende App.

TIPP

Auf einem Trackpad können Sie die Mitteilungszentrale auch einblenden, indem Sie mit zwei Fingern vom rechten Rand zur Mitte streichen.

Start

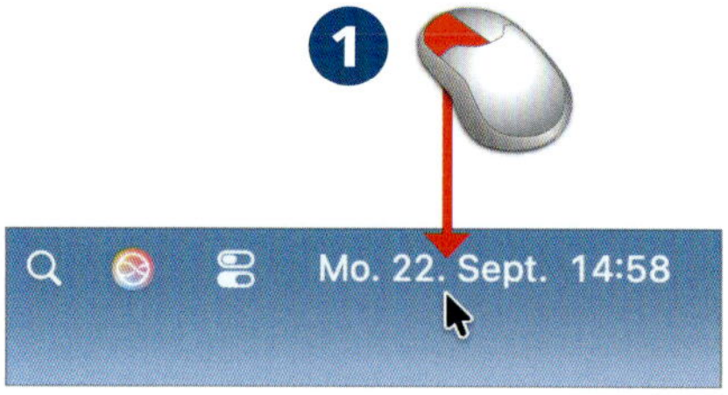

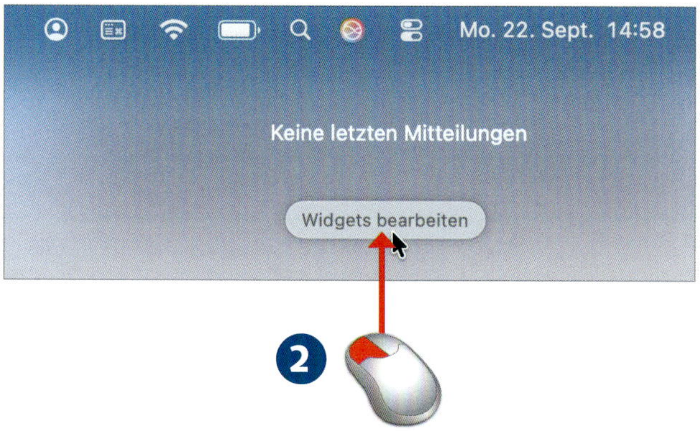

1. Klicken Sie rechts oben auf dem Bildschirm auf Datum und Uhrzeit, um die Mitteilungszentrale einzublenden.
2. Unterhalb der eventuell bereits angezeigten Widgets klicken Sie auf die Schaltfläche *Widgets bearbeiten*.
3. Klicken Sie in der Seitenleiste des Widget-Fensters die App oder Funktion an, von der Sie ein Widget hinzufügen möchten. Hier wähle ich z. B. die Funktion *Bildschirmzeit*.

WISSEN

Wenn Sie von der Mitteilungszentrale häufiger Gebrauch machen, lohnt es sich auf alle Fälle, diese nach Ihren individuellen Bedürfnissen einzurichten. Auf dieser Doppelseite lesen Sie, wie Sie – ähnlich wie auf dem Schreibtisch (vgl. Kapitel 2) – Widgets hinzufügen und nicht benötigte Widgets wieder entfernen.

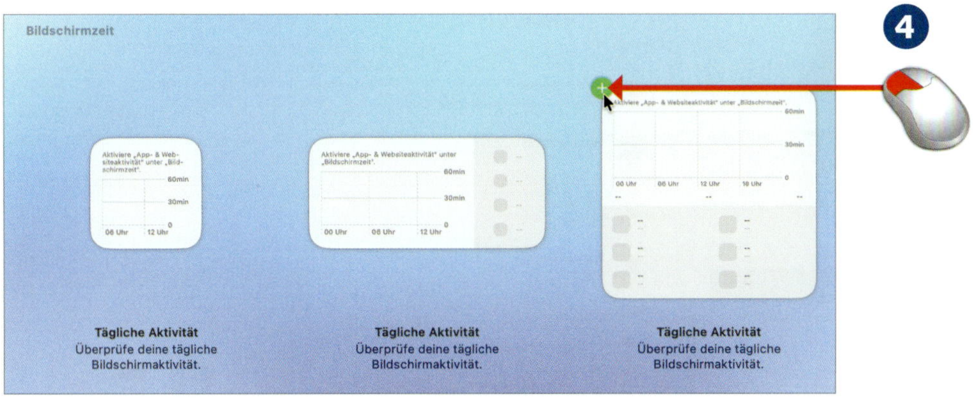

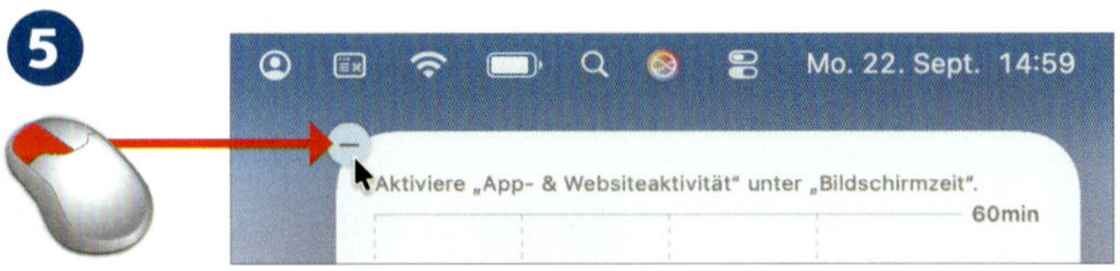

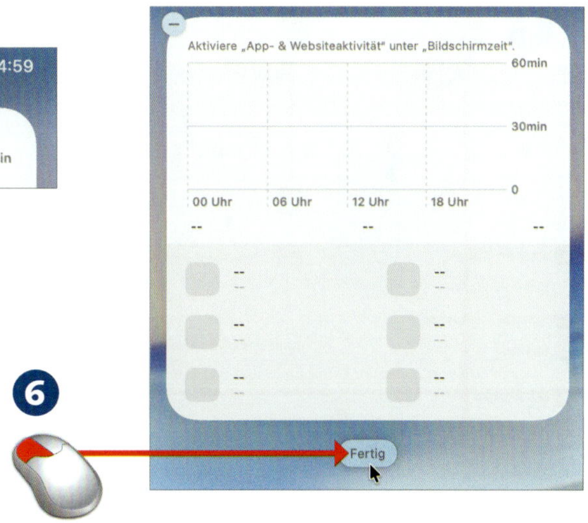

4. Klicken Sie nun bei dem Widget, das Sie hinzufügen möchten, auf das grüne Plussymbol.

5. Das Widget ist nun in der Mitteilungszentrale sichtbar. Um ein nicht benötigtes Widget aus der Mitteilungszentrale zu entfernen, klicken Sie auf das zugehörige Minussymbol.

6. Bestätigen Sie mit der Schaltfläche *Fertig*, um Ihre Einstellungen zu übernehmen.

Ende

TIPP

Die Widgets anders anordnen: Ziehen Sie sie dazu unter *Widgets bearbeiten* oder direkt in der Mitteilungszentrale bei gedrückter Maustaste an eine neue Position.

HINWEIS

Sie können die Größe eines Widgets auch nachträglich anpassen. Klicken Sie es dazu in der Mitteilungszentrale mit der rechten Maustaste bzw. bei gedrückter *control*-Taste an und nehmen Sie im Kontextmenü die Größenauswahl vor.

Start

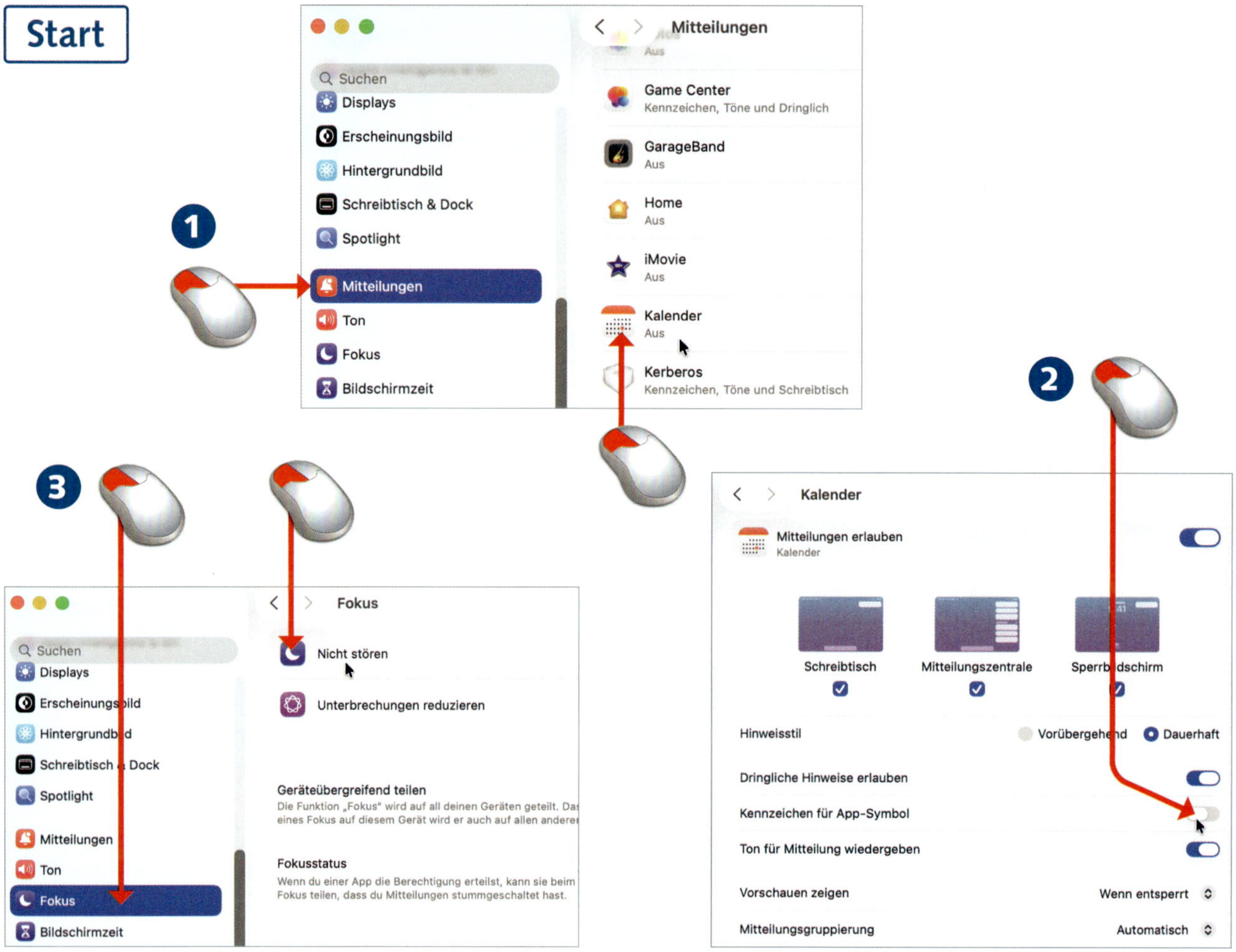

1 Um das Mitteilungsverhalten anzupassen, öffnen Sie die *Systemeinstellungen* und wählen in der Kategorie *Mitteilungen* eine App aus.

2 Legen Sie für die App fest, ob und in welcher Form Sie Mitteilungen von dieser App erhalten möchten.

3 Als Nächstes entscheiden Sie sich in den *Systemeinstellungen* für die Kategorie *Fokus* und klicken den Fokus *Nicht stören* an.

WISSEN

Das Mitteilungsverhalten Ihres Macs bzw. der von Ihnen verwendeten Apps lässt sich individuell anpassen: Stellen Sie die Mitteilungen für jede entsprechende App so ein, wie Sie sie brauchen, und sorgen Sie durch einen automatischen Nicht-stören-Modus sowie mit Fokusfiltern dafür, dass Sie nicht durch Hinweistöne gestört werden.

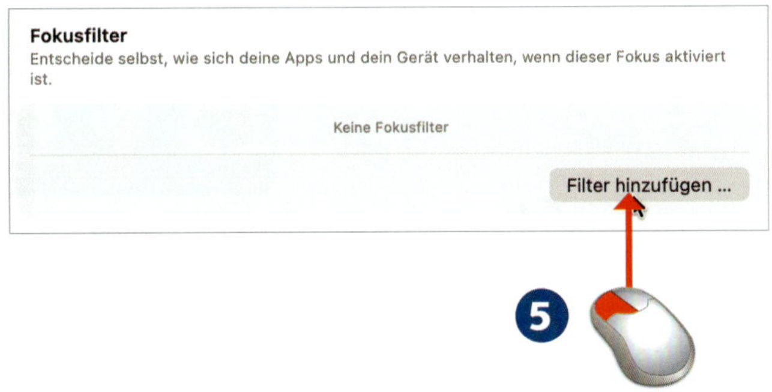

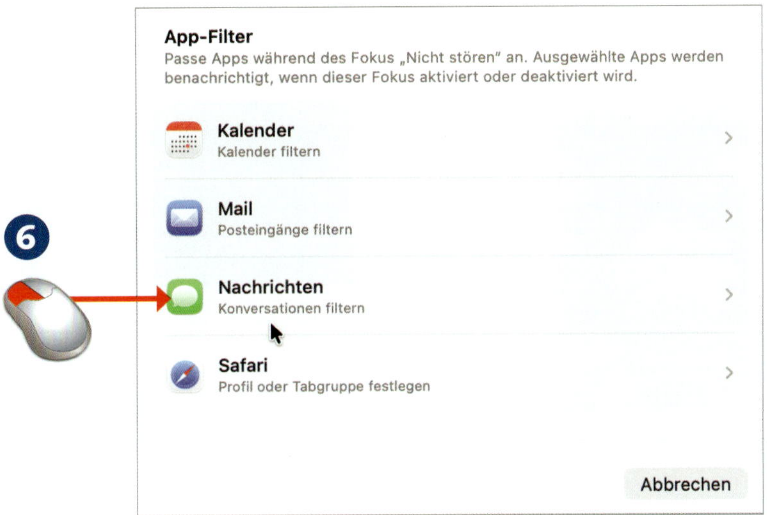

4 Für einen automatischen Nicht-stören-Modus wählen Sie *Zeitplan hinzufügen* bzw. klicken einen vorhandenen Zeitplan an. Machen Sie anschließend eine Zeitangabe, wann Sie ungestört sein möchten.

5 Sie können für den Fokus Personen und Apps als Ausnahmen festlegen. Außerdem können Sie einen Fokusfilter definieren, und zwar unter der Schaltfläche *Filter hinzufügen*.

6 Machen Sie anschließend Ihre App-Angaben. Auf einen einmal eingerichteten Fokus können Sie später jederzeit zugreifen, und zwar im Kontrollzentrum unter *Fokus*.

Ende

TIPP

Entscheiden Sie im Fenster aus Schritt 3 unter *Fokusstatus*, ob Sie Ihre Fokusinfos mit anderen Personen teilen möchten oder nicht.

TIPP

Wählen Sie *Fokus hinzufügen*, um weitere Fokusse für Achtsamkeit, Arbeiten und Co. zu erstellen.

Start

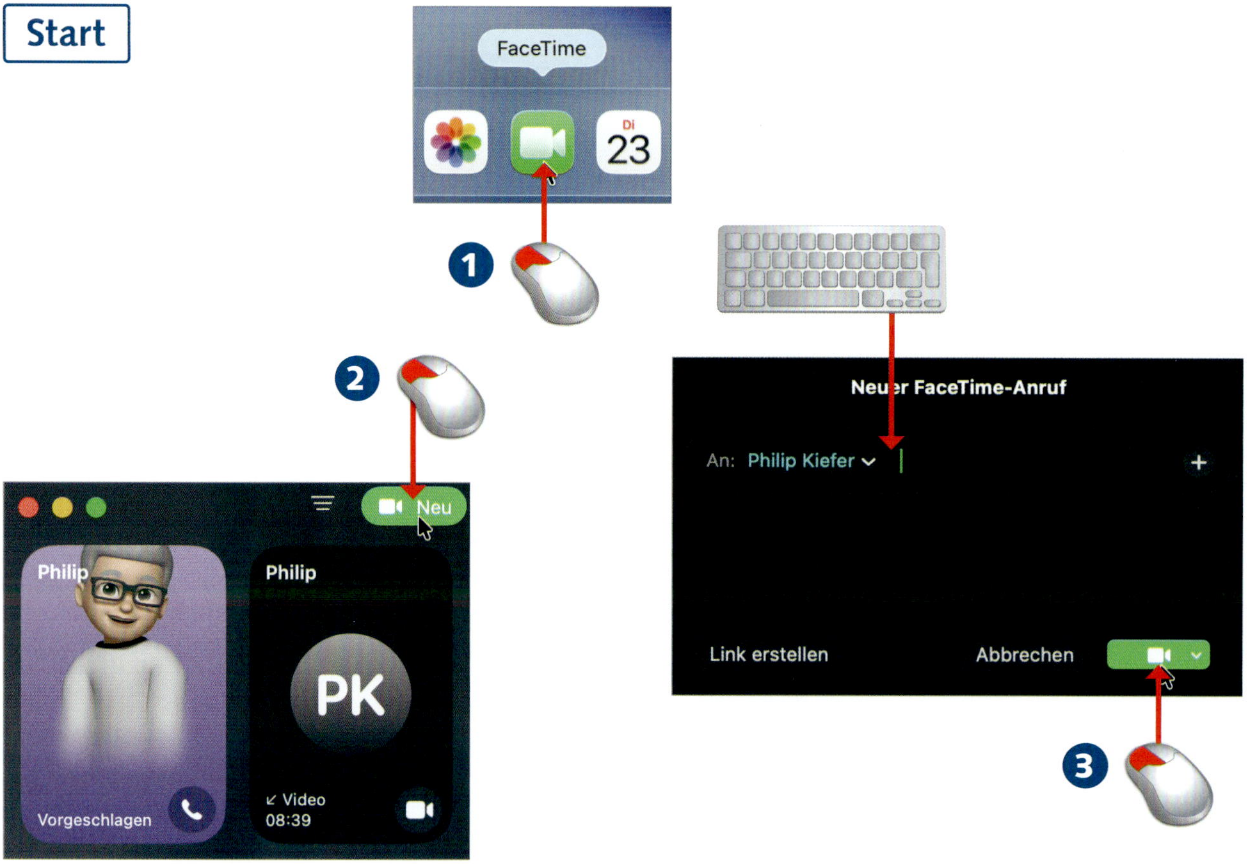

1. Klicken Sie im Dock auf das grün-weiße FaceTime-Symbol, um die App *FaceTime* zu öffnen. Falls Sie noch nicht mit Ihrem Apple Account angemeldet sein sollten, holen Sie dies nach.
2. Die Kamera schaltet sich ein und Sie sehen zunächst sich selbst. Um jemanden anzurufen, klicken Sie in der Leiste links auf die Schaltfläche *Neu*. Später können Sie auch frühere Gesprächspartner für einen erneuten Anruf auswählen.
3. Geben Sie Ihren Gesprächspartner ein und klicken Sie auf die grüne Schaltfläche, um ein Videotelefonat zu beginnen; zum Starten eines Audiotelefonats würden Sie diese Option unter dem zur Schaltfläche gehörenden Pfeil anklicken.

WISSEN

Mit dem Mac lassen sich ganz leicht Video-, aber auch Audiotelefonate übers Internet starten – und Sie können sich selbstverständlich auch anrufen lassen. Der bereits verfügbare Dienst heißt FaceTime und dient der Kommunikation mit anderen Personen. Die Schrittanleitung auf dieser Doppelseite führt Sie in das Thema ein.

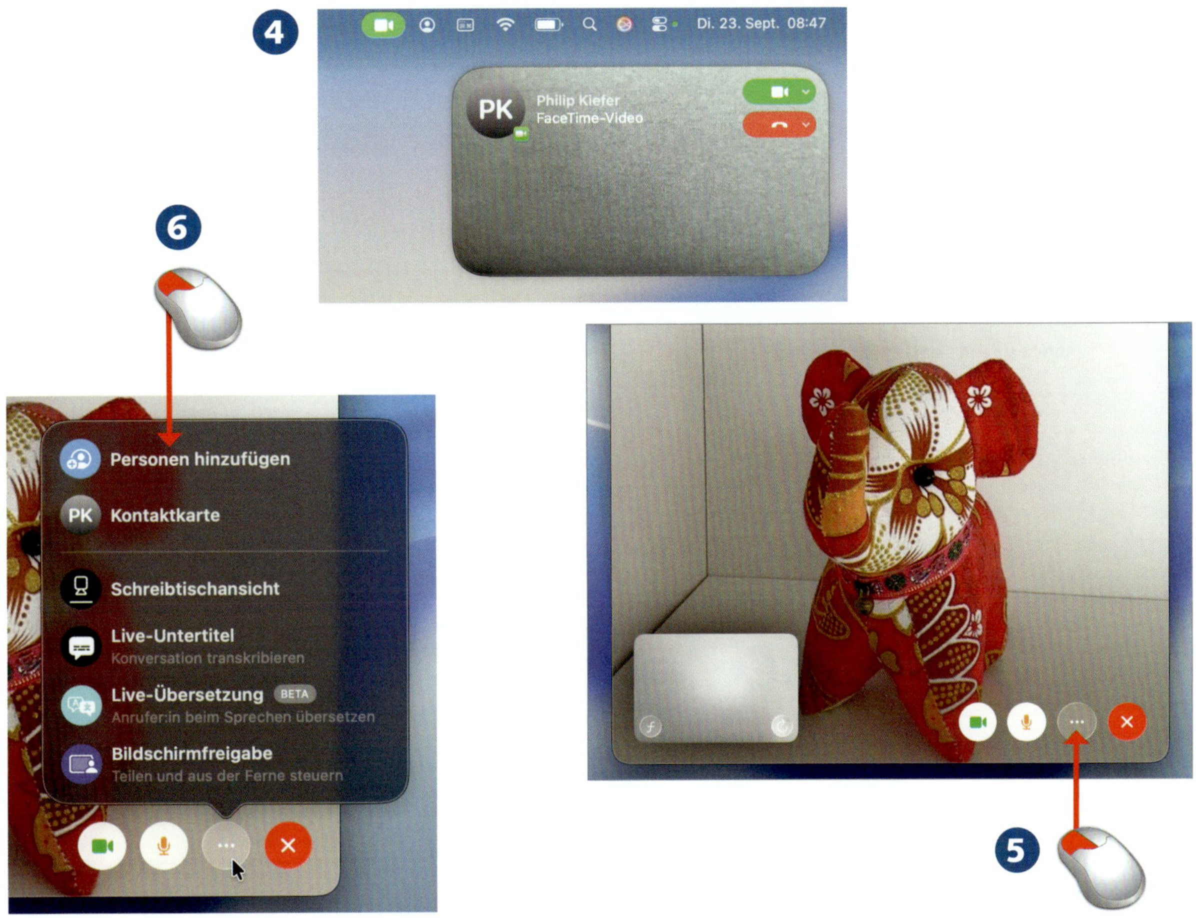

4 Die FaceTime-Verbindung wird nun aufgebaut, d. h., beim Empfänger klingelt es. Welche Schaltfläche dem Annehmen und welche dem Ablehnen des Anrufs dient, ist selbsterklärend.

5 Der erste Teilnehmer hat »abgenommen« und Sie wollen dem FaceTime-Telefonat weitere Personen hinzufügen? Dies erfolgt unter dem Symbol ….

6 Entscheiden Sie sich im Menü für den Eintrag *Personen hinzufügen* und geben Sie den bzw. die weiteren Gesprächspartner an.

Ende

TIPP

Möchten Sie statt der Mac-Kamera Ihr iPhone als Webcam für das FaceTime-Telefonat verwenden? Diese Auswahl treffen Sie in der Menüleiste unter *Video*.

HINWEIS

Ihr Gesprächspartner spricht eine andere Sprache? Versuchen Sie es mit der Funktion *Live-Übersetzung*, die Sie unter dem Symbol … auswählen.

Start

1

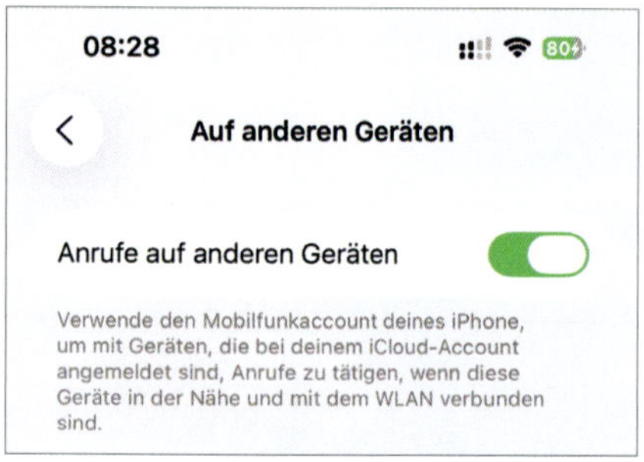

2

3

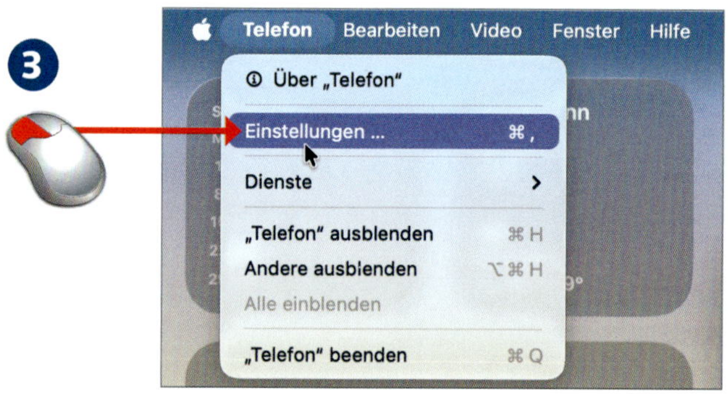

1. Achten Sie zunächst darauf, dass die Option *Anrufe auf anderen Geräten* auf dem iPhone aktiviert ist, und zwar dort in den *Einstellungen* unter *Apps/Telefon/Auf anderen Geräten*.
2. Rufen Sie nun auf Ihrem Mac die App *Telefon* auf, Sie finden diese in der App-Bibliothek.
3. Schauen Sie sich zunächst die zugehörigen Einstellungen an, indem Sie sich in der Menüleiste unter *Telefon* für den Eintrag *Einstellungen* entscheiden.

WISSEN

Sie können auf Ihrem Mac nicht nur übers Internet telefonieren, sondern auch ganz normal übers Mobilfunknetz. Voraussetzung hierfür ist allerdings, dass ein iPhone zur Verfügung steht, auf dem Sie sich mit dem gleichen Apple Account im gleichen WLAN angemeldet haben. Lernen Sie die Telefon-App auf dieser Doppelseite kennen.

4

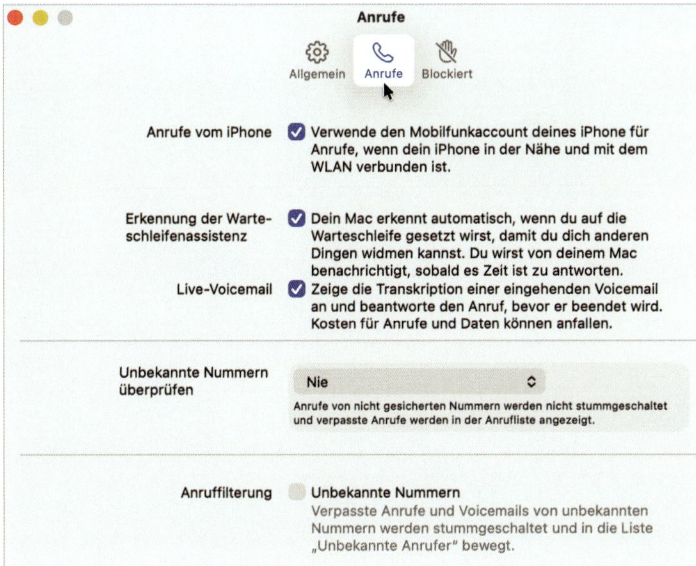

6

5

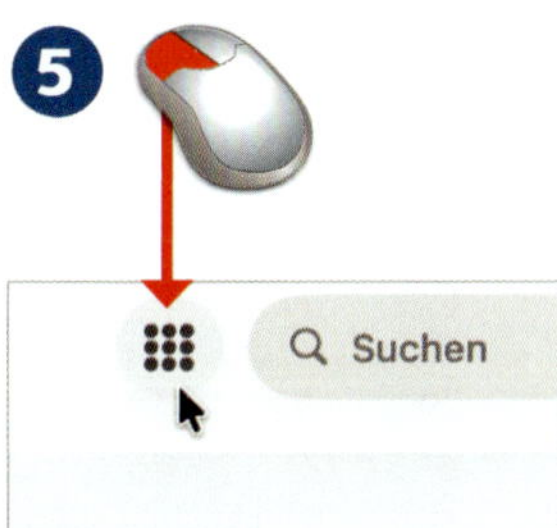

4 Passen Sie die Einstellungen Ihren Vorstellungen entsprechend an, z. B. könnten Sie Anrufe von unbekannten Nummern automatisch stummschalten lassen.

5 Um einen Anruf zu tätigen, klicken Sie auf das Wahltastensymbol .

6 Tippen Sie die Rufnummer ein und klicken Sie auf das Hörersymbol , um den Anruf zu starten.

Ende

TIPP

Nachdem Sie Anrufe getätigt haben, werden diese in der Telefon-App aufgelistet. Weitere Anrufe mit dem gleichen Gesprächspartner sind dann ganz einfach per Symbol möglich.

HINWEIS

Verwenden Sie auf Ihrem iPhone neben der Nano-SIM eine eSIM, wählen Sie die für den Anruf zu verwendende SIM im Fenster aus Schritt 6 unter dem Symbol links oben aus (im Bild P).

Fotos

Finder
Ablage
Bearbeiten
Darstellung
Gehe zu
Fenster
Hilfe
SEPTEMBER
M D M D F S S
1 2 3 4 5 6 7
8 9 10 11 12 13 14
15 16 17 18 19 20 21
22 23 24 25 26 27 28
29 30
Burgthann
14°
Bewölkt
H: 14° T: 9°
Fotos werden hier angezeigt, sobald sie verarbeitet wurden.

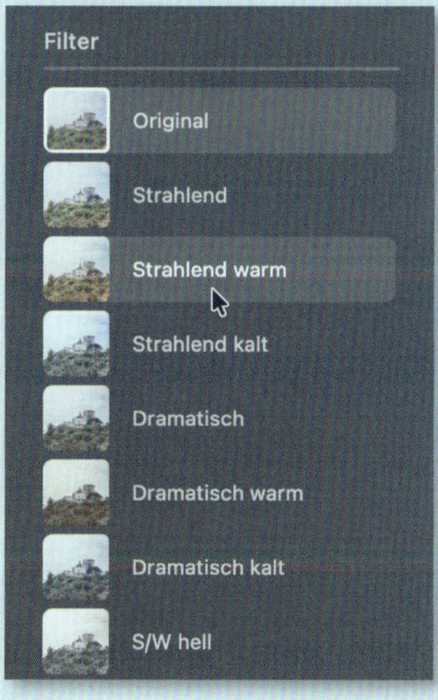
Filter
Original
Strahlend
Strahlend warm
Strahlend kalt
Dramatisch
Dramatisch warm
Dramatisch kalt
S/W hell

Personen & Haus...
Zuletzt gelö...
Alben
Teilen
Geteilte Alben
Aktivität
Sonstige
Zuletzt gelö...
Duplikate
Zuletzt gesichert
Importe
Karte
Importiert am 23. September 2025 um 12:35
2 Objekte

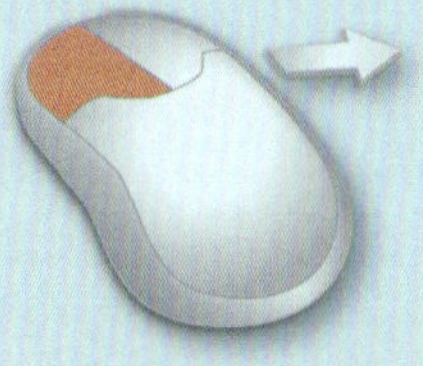

8

Fotos und Videos verwalten & bearbeiten

Bestimmt fotografieren und filmen Sie schon lange digital. Haben Sie Bilder und vielleicht auch Videos mit einer Digitalkamera, einem Smartphone oder einem Tablet-PC aufgenommen, können Sie diese mit wenigen Handgriffen auf Ihren Mac übertragen, um sie dort zu verwalten, aber auch nachzubessern. Wie Sie zum Übertragen Ihrer Aufnahmen vorgehen, lesen Sie in diesem Kapitel. Lernen Sie außerdem die wichtigsten Funktionen rund um das Verwalten, Bearbeiten und Präsentieren Ihrer Fotos und Videos kennen. Vielleicht möchten Sie Ihre Aufnahmen übers Internet mit anderen Personen teilen? Auch dazu gibt es die passende Anleitung.

Start

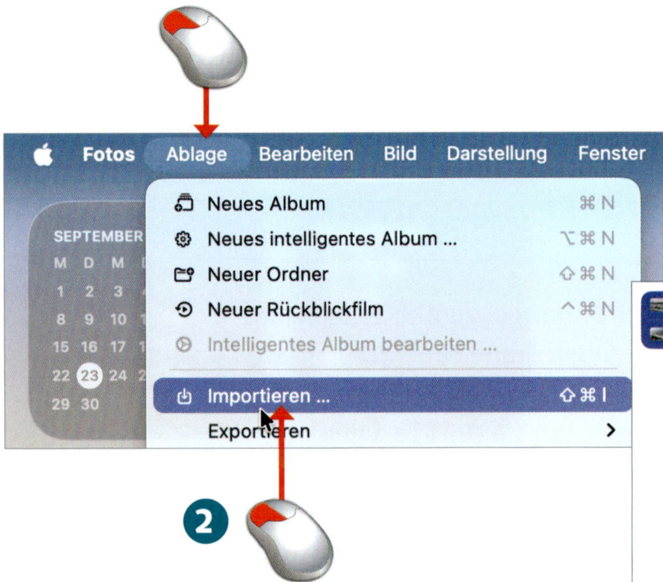

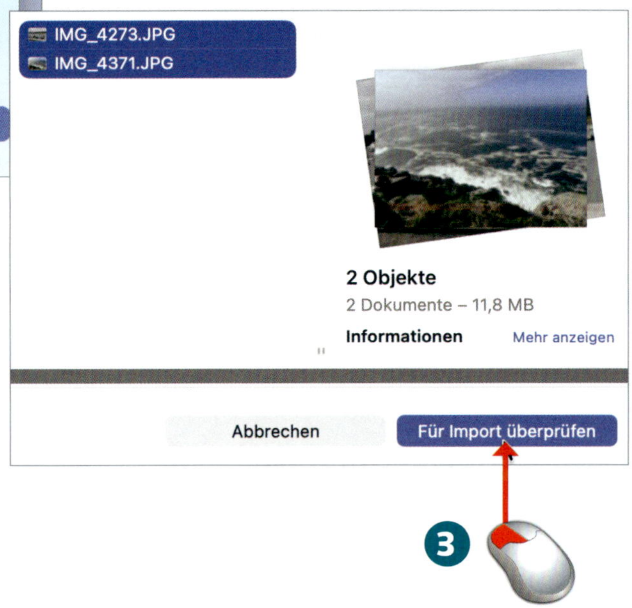

1. Entscheiden Sie sich im Dock für das Öffnen der App *Fotos*.

2. Klicken Sie in der Menüleiste der App auf *Ablage* und wählen Sie im Menü den Eintrag *Importieren*.

3. Wählen Sie einen Bilderordner aus und klicken Sie dann auf *Für Import überprüfen*.

WISSEN

Mit der App *Fotos* lassen sich Ihre Aufnahmen (Bilder und gegebenenfalls auch aufgenommene Videos) clever verwalten und bearbeiten. Zunächst mal müssen Sie die Bilder aber in der App *Fotos* verfügbar machen. Wie Sie dazu vorgehen, lernen Sie Schritt für Schritt auf dieser Doppelseite.

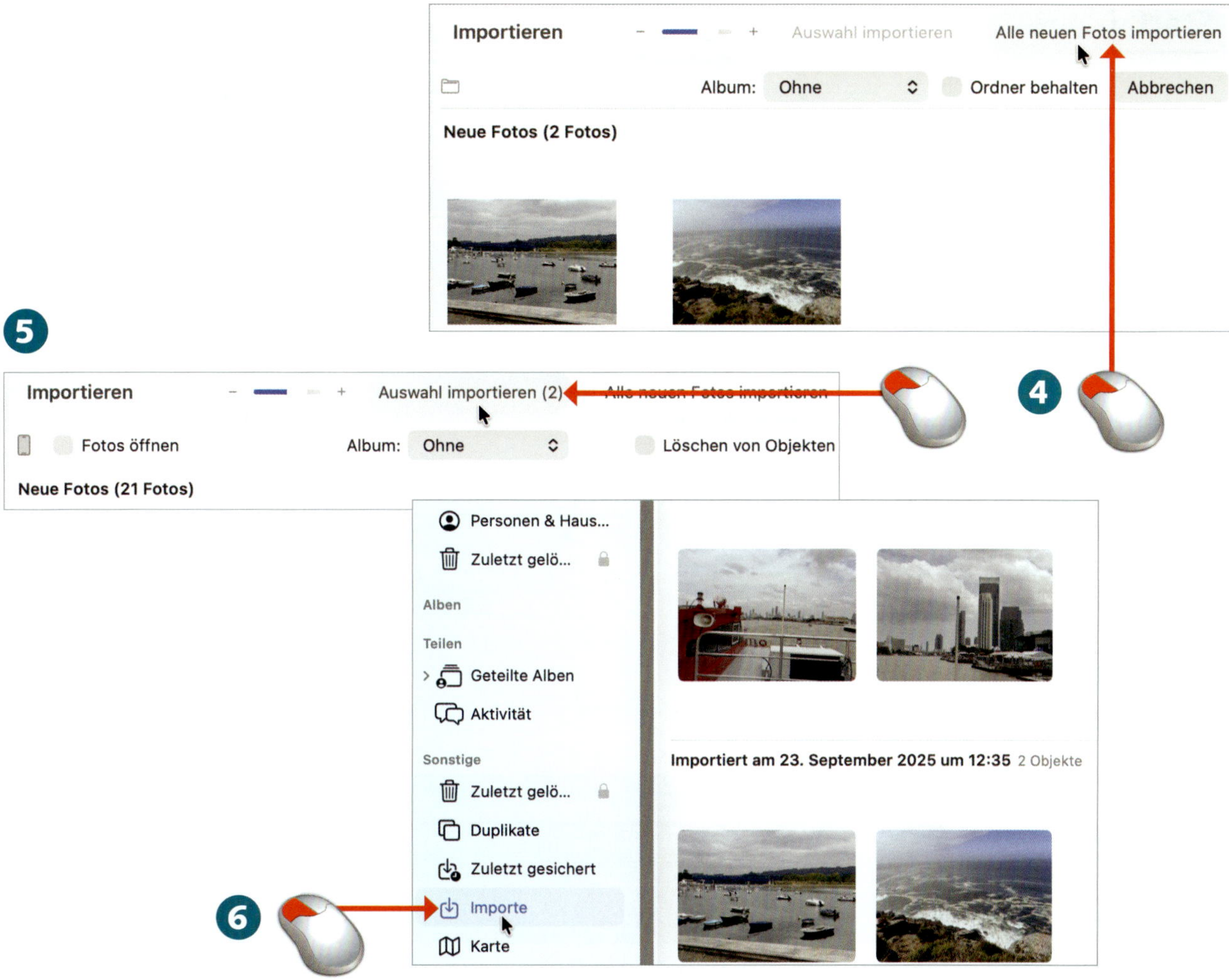

4 Die verfügbaren Fotos werden Ihnen angezeigt. Treffen Sie per Mausklick eine Auswahl bzw. klicken Sie auf *Alle neuen Fotos importieren*, um diese in der App *Fotos* verfügbar zu machen.

5 Entsprechende Optionen haben Sie auch, wenn Ihnen der Import von Bildern von einer angeschlossenen Digitalkamera – hier eines iPhones – angeboten wird.

6 Nach erfolgtem Import stehen die Bilder in der App *Fotos* für weitere Schritte bereit. Die importierten Aufnahmen finden Sie in der Seitenleiste unter *Sonstige/Importe*.

Ende

TIPP

Die Import-Option rufen Sie alternativ auf, indem Sie die Tastenkombination ⇧+*command*+*I* drücken.

HINWEIS

Wenn Sie ein iPhone oder iPad an den Mac anschließen, müssen Sie dem Computer gegebenenfalls erst per Fingertipp auf einen Hinweis »vertrauen«, um die Verbindung herzustellen.

Start

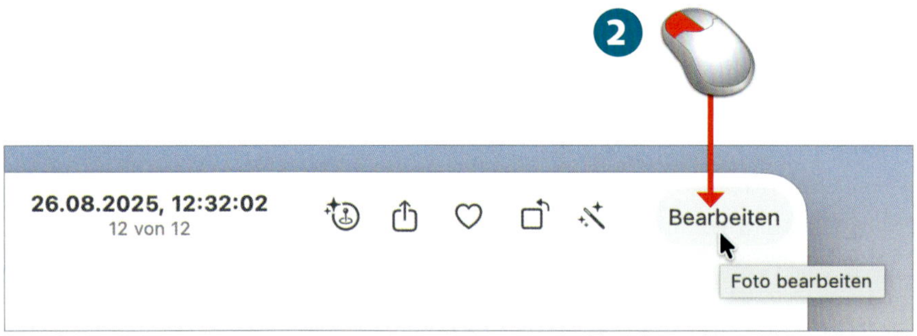

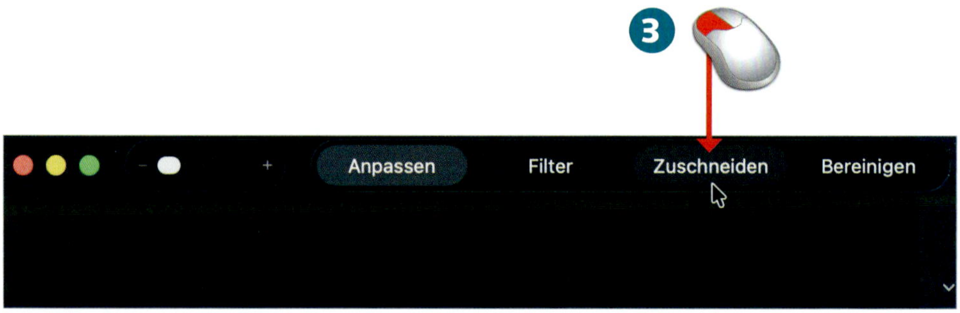

1. Wählen Sie per Doppelklick in der App *Fotos* zunächst das Bild aus, das Sie bearbeiten möchten.
2. Klicken Sie dann rechts oben im Fenster auf die Schaltfläche *Bearbeiten*.
3. Ihnen werden unter dem Reiter *Anpassen* verschiedene Anpassungsoptionen angezeigt, die Sie gleich noch kennenlernen werden. Zum Zuschneiden eines Bildes wählen Sie jedoch den Reiter *Zuschneiden*.

WISSEN

Die App *Fotos* bietet verschiedene Bearbeitungsoptionen, um Ihre Bilder zu optimieren. Möchten Sie beispielsweise störende Ränder beseitigen? Auf dieser Doppelseite zeige ich Ihnen, wie Sie die Bearbeitungsoptionen aufrufen und ein Bild mit wenigen Handgriffen zuschneiden.

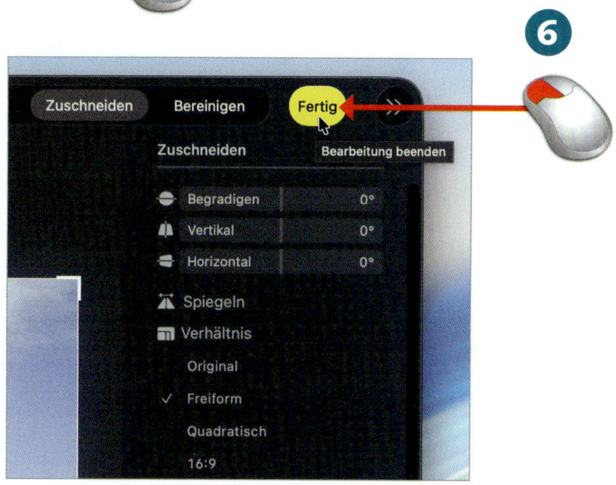

4 Klicken Sie mit der Maus in eine Ecke des Bildes und halten Sie die Maustaste gedrückt.

5 Ziehen Sie bei gedrückter Maustaste die Zuschneidemaske in die gewünschte Größe und Position. Um für die Zuschneidemaske ein bestimmtes Seitenverhältnis auszuwählen, klicken Sie auf die Schaltfläche *Verhältnis*.

6 Nehmen Sie gegebenenfalls noch weitere Bearbeitungsschritte vor oder beenden Sie die Bildbearbeitung mit einem Mausklick auf die Schaltfläche *Fertig*.

Ende

TIPP

Das Ergebnis der Bearbeitung ist nicht so wie gewünscht? Rufen Sie ein bearbeitetes Bild auf und wählen Sie oben links *Zurück zum Original*, um den ursprünglichen Zustand wiederherzustellen.

HINWEIS

Ein ausgewähltes Bild um jeweils 90 Grad gegen den Uhrzeigersinn drehen: Dazu dient in der Leiste oben das Symbol ⟲.

Start

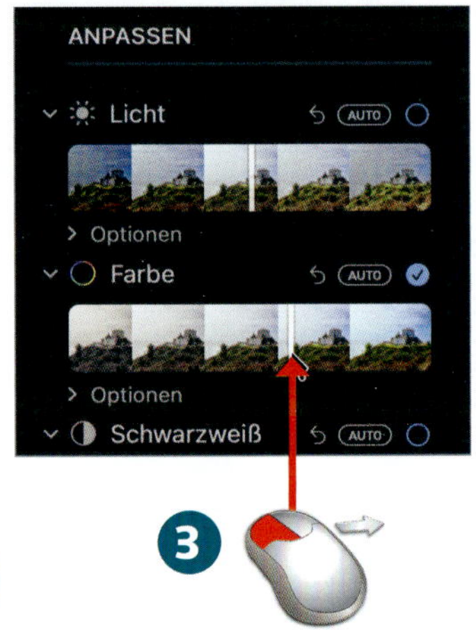

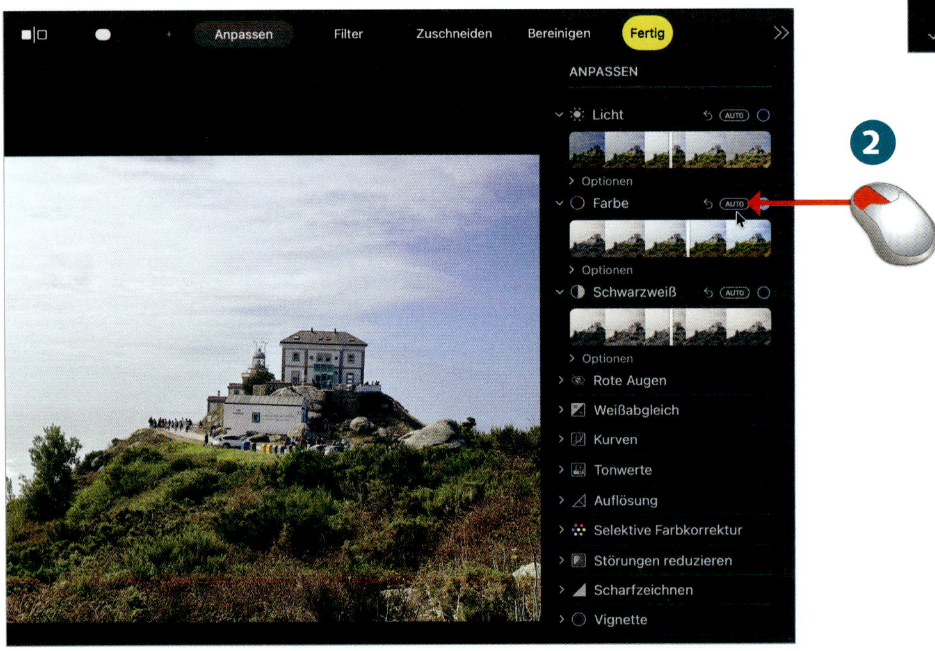

1. Sie haben bereits ein Bild ausgewählt und sich für *Bearbeiten* entschieden. Klicken Sie, wenn ein anderer Reiter ausgewählt wurde, auf *Anpassen*.

2. Nun sehen Sie im Bereich rechts viele Anpassungsoptionen. Um z. B. die Farben des Bildes automatisch anzupassen, klicken Sie in der Rubrik *Farbe* auf *Auto*.

3. Um die Farben manuell anzupassen, ziehen Sie den Schieberegler in der Rubrik *Farbe* bei gedrückter Maustaste nach rechts oder links. Das Ergebnis Ihrer Bearbeitung wird Ihnen jeweils direkt im Foto angezeigt.

WISSEN

Ein Bild ist zu hell oder zu dunkel geraten? Die Farben sind nicht perfekt? Nehmen Sie in diesem Fall entsprechende Anpassungen vor – die App *Fotos* bietet in diesem Zusammenhang eine ganze Reihe von Bearbeitungsoptionen. Wie Sie diese nutzen, erfahren Sie auf dieser Doppelseite.

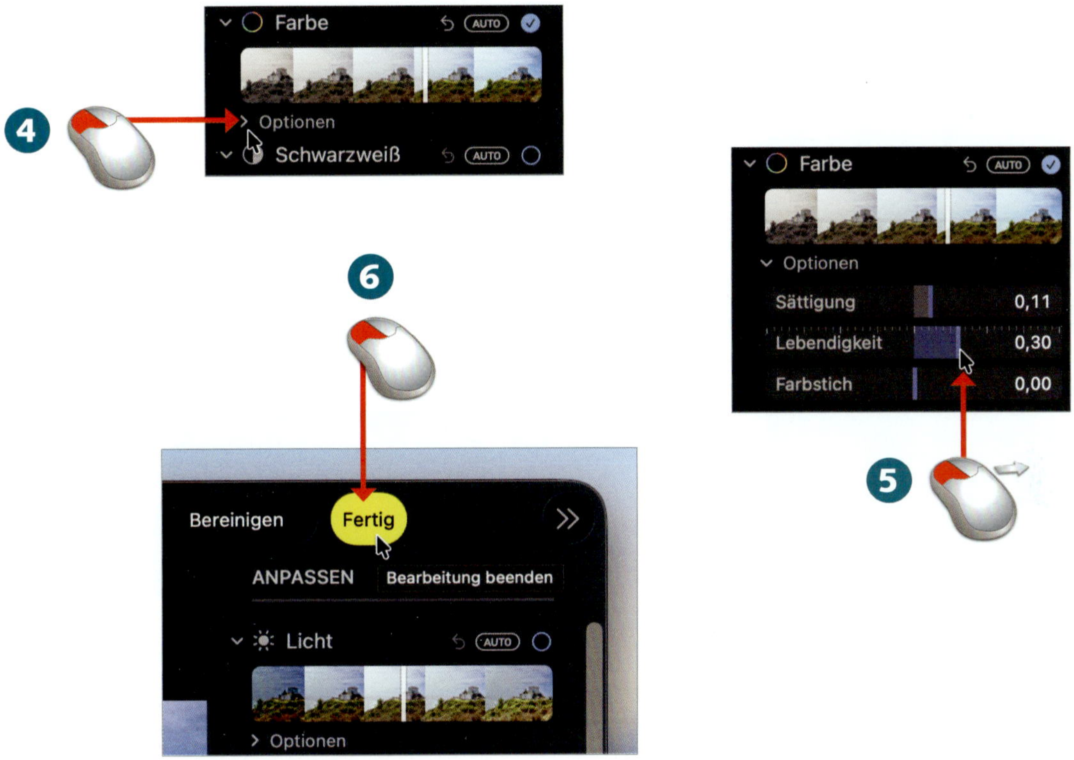

4 Für mehr Bearbeitungsmöglichkeiten bei einer Eigenschaft klicken Sie auf den Ausklapp-Pfeil bei *Optionen*.

5 Außer dem Hauptschieberegler einer Kategorie finden Sie nun noch untergeordnete Schieberegler, die – ebenfalls durch Ziehen bei gedrückter Maustaste – ein Feintuning ermöglichen.

6 Wie gehabt: Beenden Sie die Bildbearbeitung mit einem Mausklick auf *Fertig*.

Ende

HINWEIS

Auch in die App *Fotos* hat Apple Intelligence Eingang gefunden. Wählen Sie die Funktion *Bereinigen*, um mit KI-Unterstützung störende Elemente aus Ihren Aufnahmen zu entfernen.

TIPP

Ein Bild automatisch verbessern: Nutzen Sie den Zauberstab in der Symbolleiste bzw. klicken Sie bei verkleinertem Fenster auf das Symbol » und wählen *Verbessern*.

Start

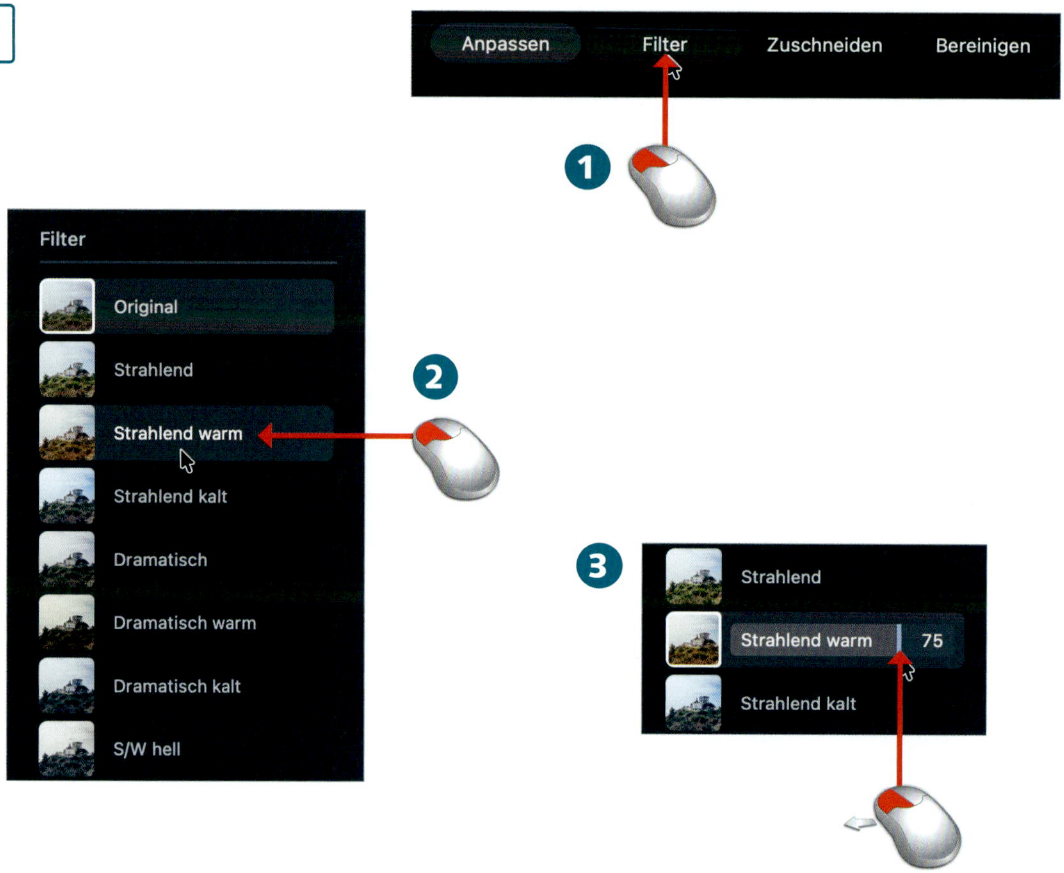

1. Entscheiden Sie sich im Bearbeitungsbereich des Bildes diesmal für den Reiter *Filter*.
2. Klicken Sie nun einfach auf einen Filter, den Sie verwenden möchten, hier wähle ich beispielsweise den Filter *Strahlend warm*.
3. Die Intensität des Filters legen Sie über den Schieberegler fest.

WISSEN

Um die Farben eines Bildes mit wenigen Handgriffen zu verändern und mit spannenden Farbeffekten zu versehen, wenden Sie einen der unterschiedlichen Filter an, die in der App *Fotos* zur Verfügung stehen. Wie Sie zum Anwenden eines Filters vorgehen, lesen Sie auf dieser Doppelseite.

TIPP

Infos zum ausgewählten Bild anzeigen: Klicken Sie dazu in der Symbolleiste auf das Symbol bzw. drücken Sie die Tastenkombination *command*+*I*.

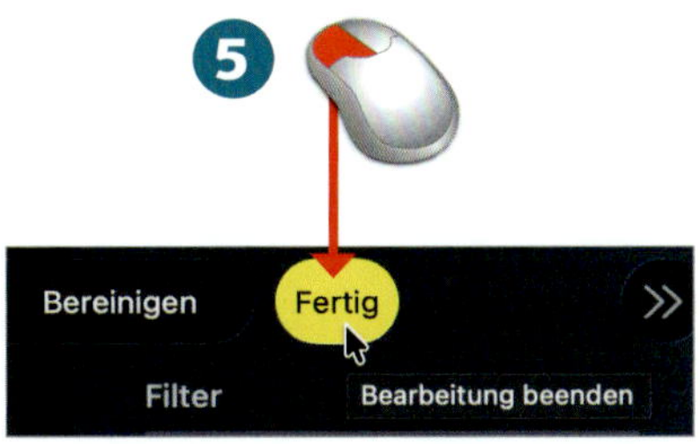

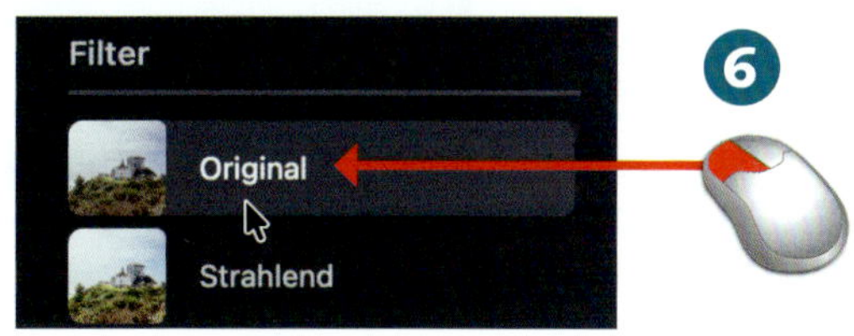

4 Das Bearbeitungsergebnis wird Ihnen direkt angezeigt. Um einen Vergleich mit dem Zustand ohne Änderungen darzustellen, halten Sie das Symbol gedrückt.

5 Wenn Sie die Bearbeitung beenden möchten, bestätigen Sie mit der Schaltfläche *Fertig*.

6 Oder möchten Sie den Filter wieder abschalten? Dann wählen Sie ganz oben in der *Filter*-Liste den Eintrag *Original*.

Ende

HINWEIS

Auch Funktionen von Drittanbieter-Apps können Sie verwenden. Auf ggf. verfügbare Funktionen greifen Sie unter dem Symbol zu. Oder Sie wählen unter dem Symbol den Eintrag *Erweiterungen*.

HINWEIS

Im Infofenster lassen sich Bilder auch mit Schlagwörtern taggen. Für schnelleres Taggen nutzen Sie den Schlagwortmanager unter *Fenster/Schlagwortmanager*.

Start

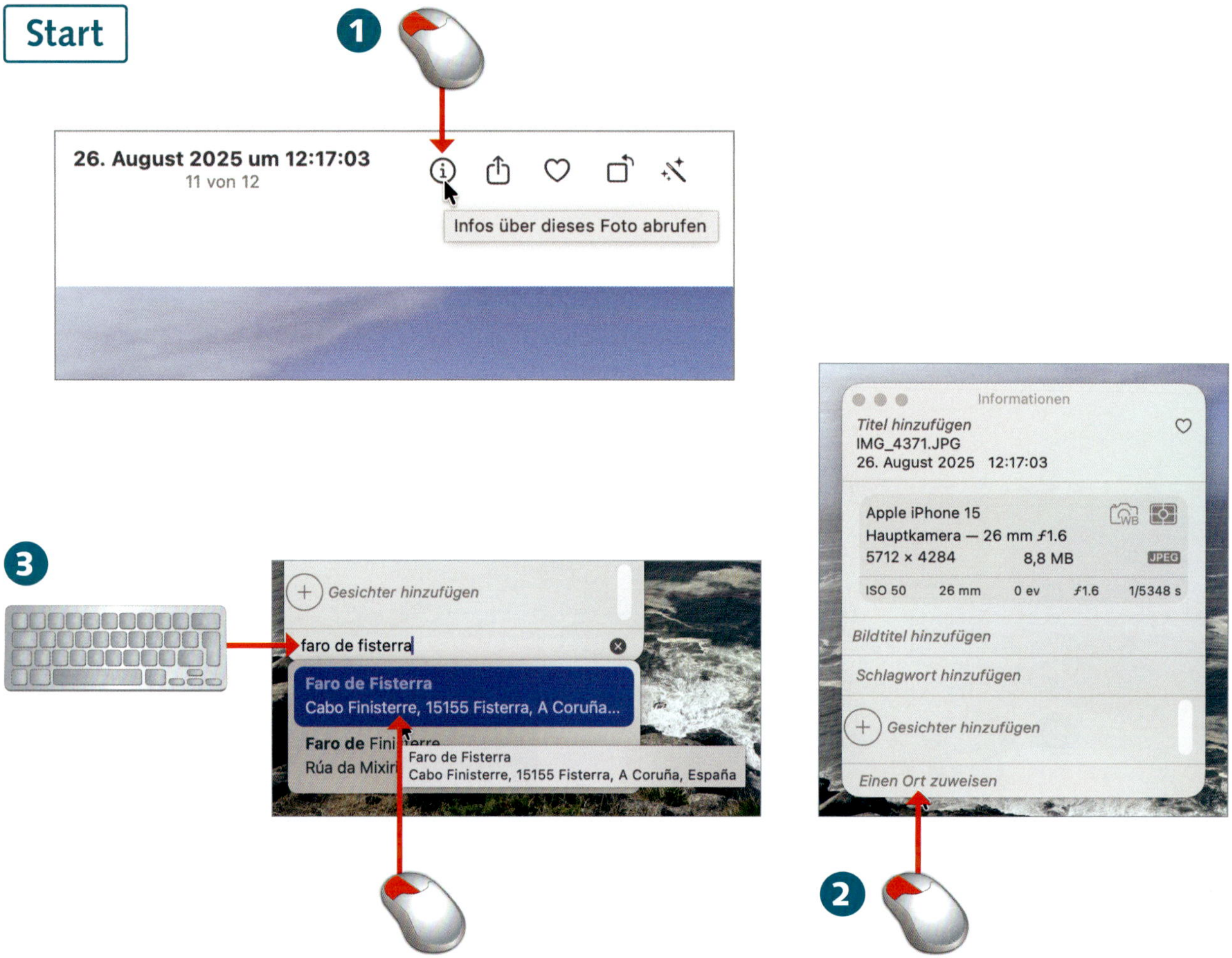

1. Wählen Sie ein Bild aus und klicken Sie oben in der App *Fotos* auf das Symbol ⓘ.

2. Klicken Sie im sich öffnenden Fenster auf *Einen Ort zuweisen*.

3. Machen Sie anschließend die gewünschte Ortsangabe. Klicken Sie den gefundenen Ort an.

WISSEN

Wenn Sie über eine entsprechende Kamera verfügen, lassen sich die Aufnahmen mit einem Geotag versehen, also einer Angabe zum Aufnahmeort. In der App *Fotos* lässt sich der Aufnahmeort eines Fotos aber auch nachträglich hinzufügen, und das Foto kann dann auf einer Karte dargestellt werden. Wie Sie vorgehen, zeigt diese Doppelseite.

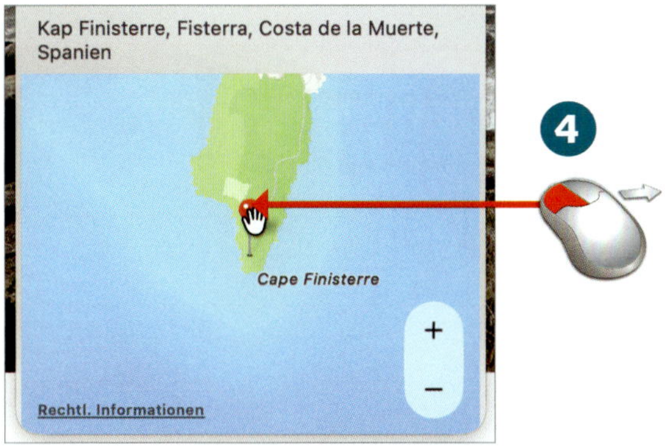

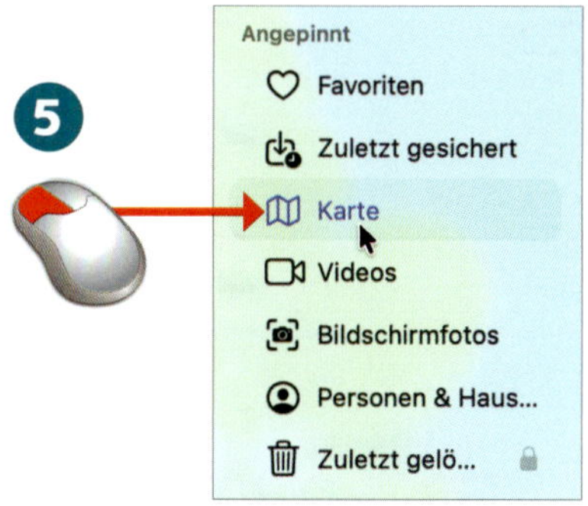

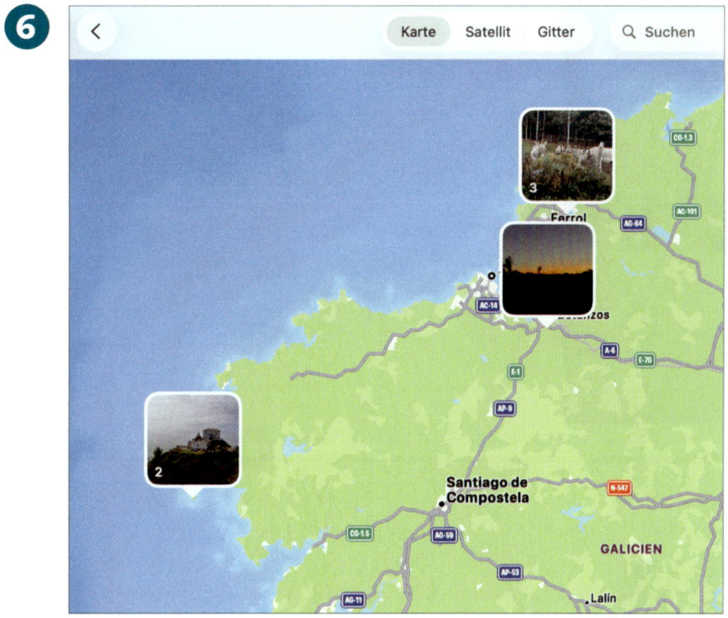

4 Der Ort wird durch eine Stecknadel auf einer Minikarte gekennzeichnet. Zur Feinjustierung können Sie den Stecknadelkopf anklicken und bei gedrückter Maustaste verschieben.

5 Um die mit einem Geotag versehenen Aufnahmen auf einer Karte zu betrachten, wählen Sie links in der App *Fotos* den Eintrag *Karte*.

6 Die Fotos werden auf der Karte jeweils an ihrem Aufnahmeort dargestellt.

Ende

HINWEIS

Wenn Sie eine Ortsangabe ausblenden möchten, klicken Sie ein Bild an und wählen in der Menüleiste *Bild/Ort/Ort ausblenden*.

TIPP

Auf einem iPhone oder iPad erlauben Sie der Kamera den Zugriff auf die Ortungsdienste, um die Aufnahmen automatisch mit einem Geotag zu versehen.

Start

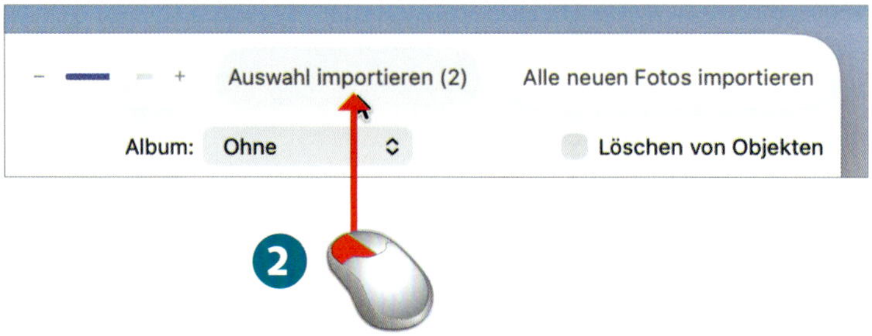

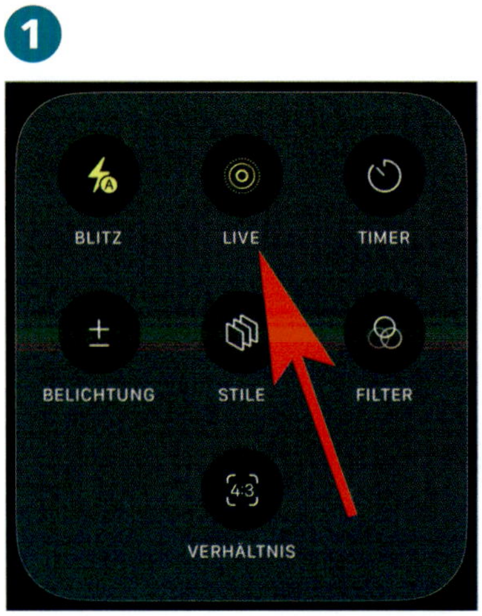

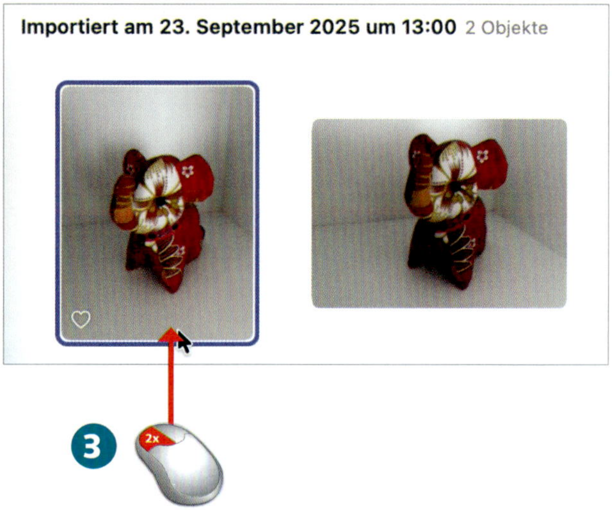

1. Um mit dem iPhone ein Live Photo aufzunehmen, achten Sie darauf, dass in der App *Kamera* die entsprechende Funktion aktiviert ist.
2. Importieren Sie das Live Photo, wie zu Beginn des Kapitels kennengelernt, in die App *Fotos* auf Ihrem Mac.
3. Doppelklicken Sie auf das Live Photo, um es auszuwählen.

WISSEN

Wer über ein iPhone oder iPad verfügt, kann damit Live Photos aufnehmen und diese auf seinen Mac übertragen. Ein Live Photo ist eigentlich eine kleine Videosequenz, die in einer Fotodatei vorliegt. Wie Sie ein Live Photo auf einem Mac bearbeiten, zeige ich Ihnen hier.

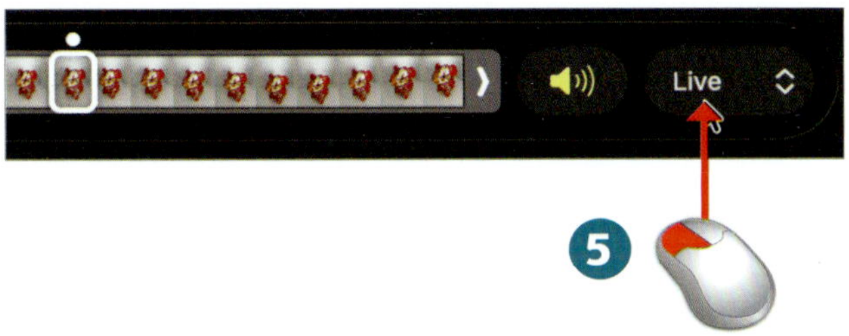

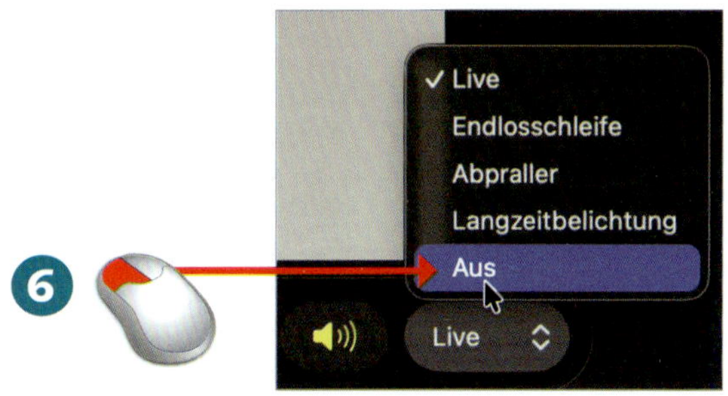

4 Entscheiden Sie sich anschließend für die Schaltfläche *Bearbeiten*.

5 Sie erhalten rechts die gleichen Anpassungsoptionen wie beim Bearbeiten eines herkömmlichen Fotos. Klicken Sie unterhalb des Fotos auf das Menü, in dem standardmäßig zunächst die Auswahl *Live* steht.

6 Nun können Sie per Menü eine Wiedergabeoption für das Live Photo auswählen bzw. mit der Option *Aus* in ein herkömmliches Foto umwandeln.

Ende

TIPP

Den Ton des Live Photos abschalten: Hierzu klicken Sie unterhalb des Live Photos auf das Symbol 🔊.

HINWEIS

Ihnen wird unterhalb des Live Photos die Bildsequenz angezeigt. Hier können Sie per Mausklick ein anderes Schlüsselfoto auswählen, das als Basis des Live Photos dient.

Start

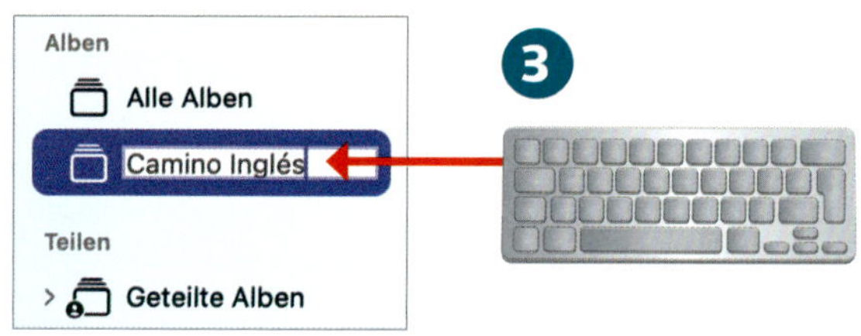

1. Um ein neues Album anzulegen, bewegen Sie den Mauszeiger in der Seitenleiste auf den Eintrag *Alben* und klicken auf das eingeblendete Plussymbol ⊙.
2. Wählen Sie im sich öffnenden Menü den Eintrag *Neues Album* aus.
3. Geben Sie dem neuen Album eine sinnvolle Bezeichnung und bestätigen Sie mit der ⏎-Taste.

WISSEN

Fotos bewahrt man heutzutage nicht mehr in Fotoalben im Schrank auf, sondern auf dem Computer bzw. diversen Datenträgern. Auch auf dem Computer können Sie Fotoalben erstellen, um Ihre Bilder thematisch zu sortieren. Wie einfach das geht, lesen Sie auf dieser Doppelseite.

HINWEIS

Wenn Ihnen die Seitenleiste in der App *Fotos* zu schmal ist, klicken Sie auf deren Rand und ziehen Sie sie bei gedrückter Maustaste größer.

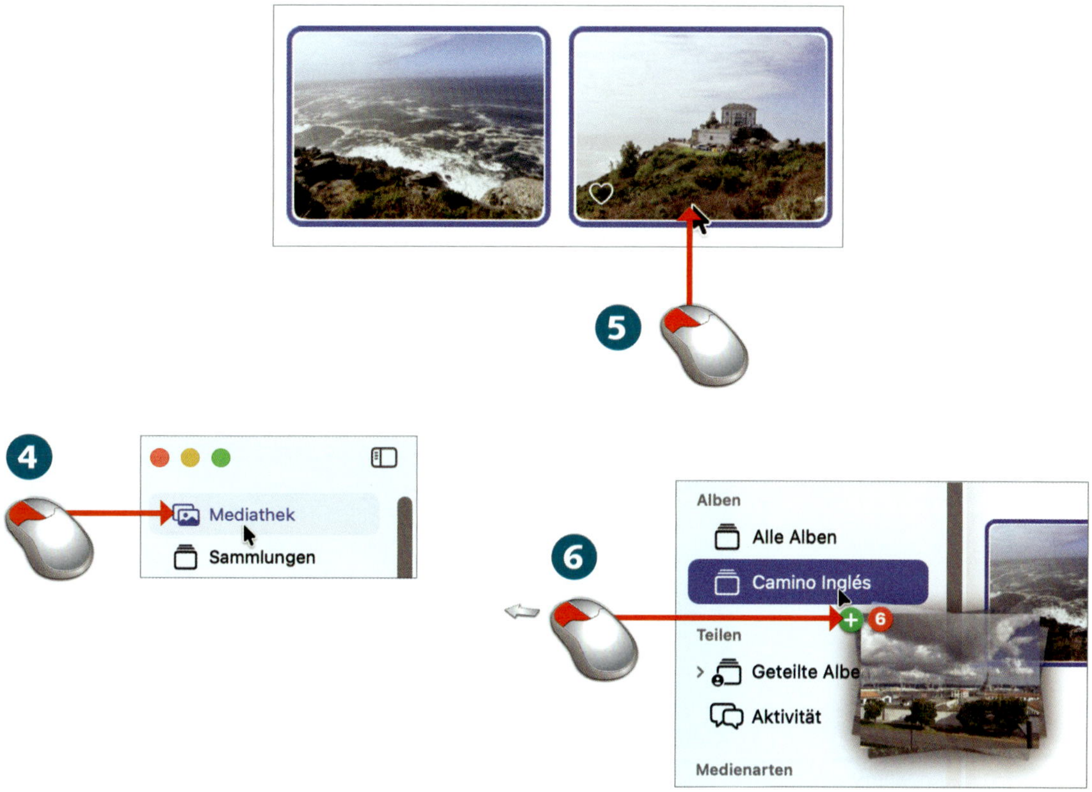

4 Klicken Sie in der Seitenleiste nun auf den Speicherort der Aufnahmen, die Sie in Ihr Album aufnehmen möchten, z. B. *Mediathek*.

5 Markieren Sie die Aufnahmen, die Sie in das Album einsortieren möchten. Mehrere Aufnahmen klicken Sie dazu bei gedrückter *command*-Taste an.

6 Ziehen Sie die Aufnahmen bei gedrückter Maustaste auf das Album in der Seitenleiste und lassen Sie die Maustaste dann los.

Ende

TIPP

Um einem Album nachträglich Bilder hinzuzufügen, ziehen Sie diese einfach erneut bei gedrückter Maustaste aus dem Anzeigebereich auf das links angezeigte Album.

HINWEIS

Statt eines herkömmlichen Albums lassen sich unter dem Symbol (…) auch »intelligente Alben« erstellen, die – wie intelligente Ordner – Bilder aufnehmen, die von Ihnen festgelegte Kriterien erfüllen.

Start

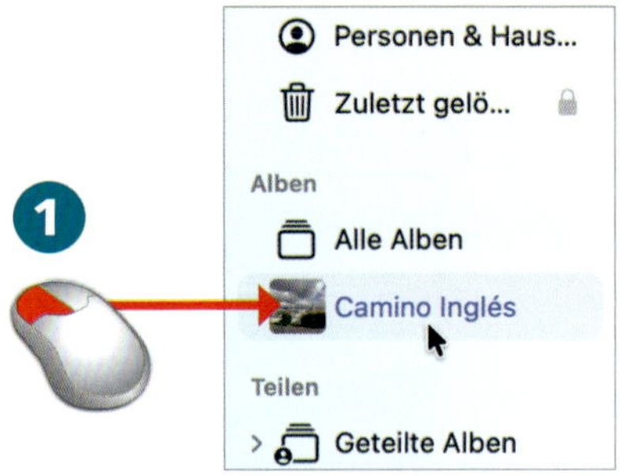

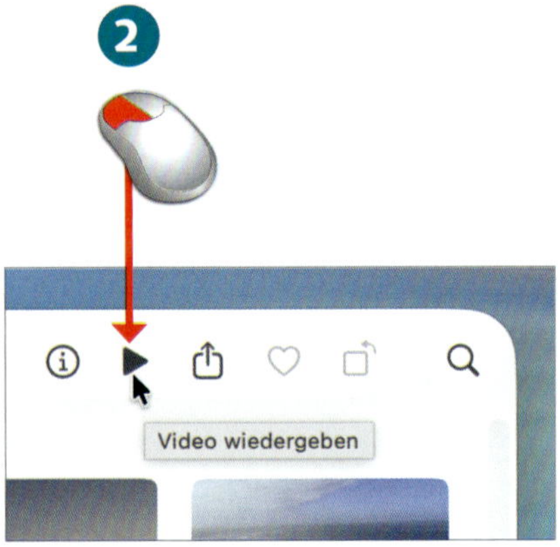

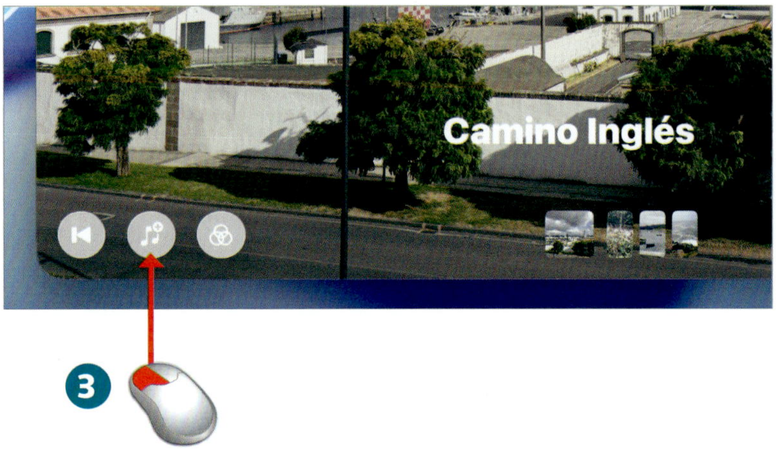

1. Wählen Sie in der Seitenleiste das Album aus, das als Diashow wiedergegeben werden soll.
2. Klicken Sie nun oberhalb der Fotos im Album auf das Symbol ▶. Alternativ klicken Sie das Album mit der rechten Maustaste bzw. bei gedrückter control-Taste an und wählen im Kontextmenü den Eintrag *Diashow vorführen*.
3. Die Diashow wird automatisch mit Hintergrundmusik gestartet. Möchten Sie die Hintergrundmusik ändern, bewegen Sie den Mauszeiger und klicken auf das Symbol .

WISSEN

Um anderen Personen Ihre Bilder vorzuführen oder um diese selbst zu genießen, lassen Sie auf Ihrem Mac eine Diashow ablaufen – oder projizieren diese, wenn gewünscht, auf eine Beamer-Leinwand. Wie Sie in der App *Fotos* eine Diashow mit Musikuntermalung starten, zeige ich Ihnen auf dieser Doppelseite.

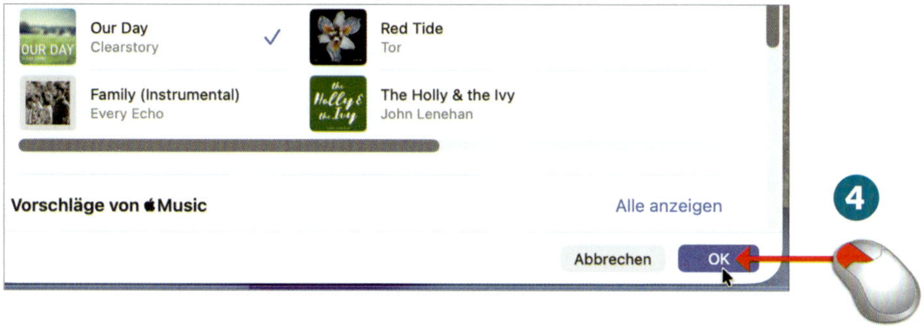

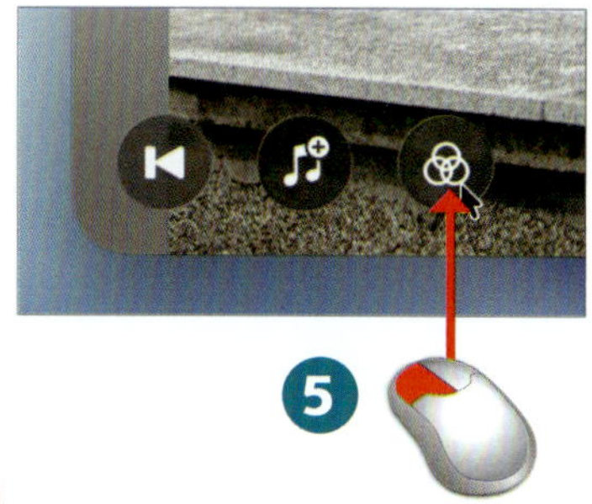

4 Wählen Sie ein Musikstück für die Musikuntermalung Ihrer Diashow aus und bestätigen Sie mit *OK*.

5 Auch auf die Diashow lässt sich ein Filter anwenden, den Sie unter dem *Filter*-Button aussuchen.

6 Wählen Sie einen Filter aus, der Ihrem Geschmack entspricht, lehnen Sie sich zurück und genießen Sie die Diashow.

Ende

HINWEIS

Oder möchten Sie eine Diashow als Videodatei speichern? Wählen Sie dazu in der Menüleiste *Ablage/Erstellen/Diashow/Fotos*.

TIPP

Eine Diashow ohne Album starten: Wählen Sie dazu die Bilder aus und klicken Sie diese mit der rechten Maustaste bzw. bei gedrückter control-Taste an. Wählen Sie im Kontextmenü den Eintrag *Diashow vorführen*.

Start

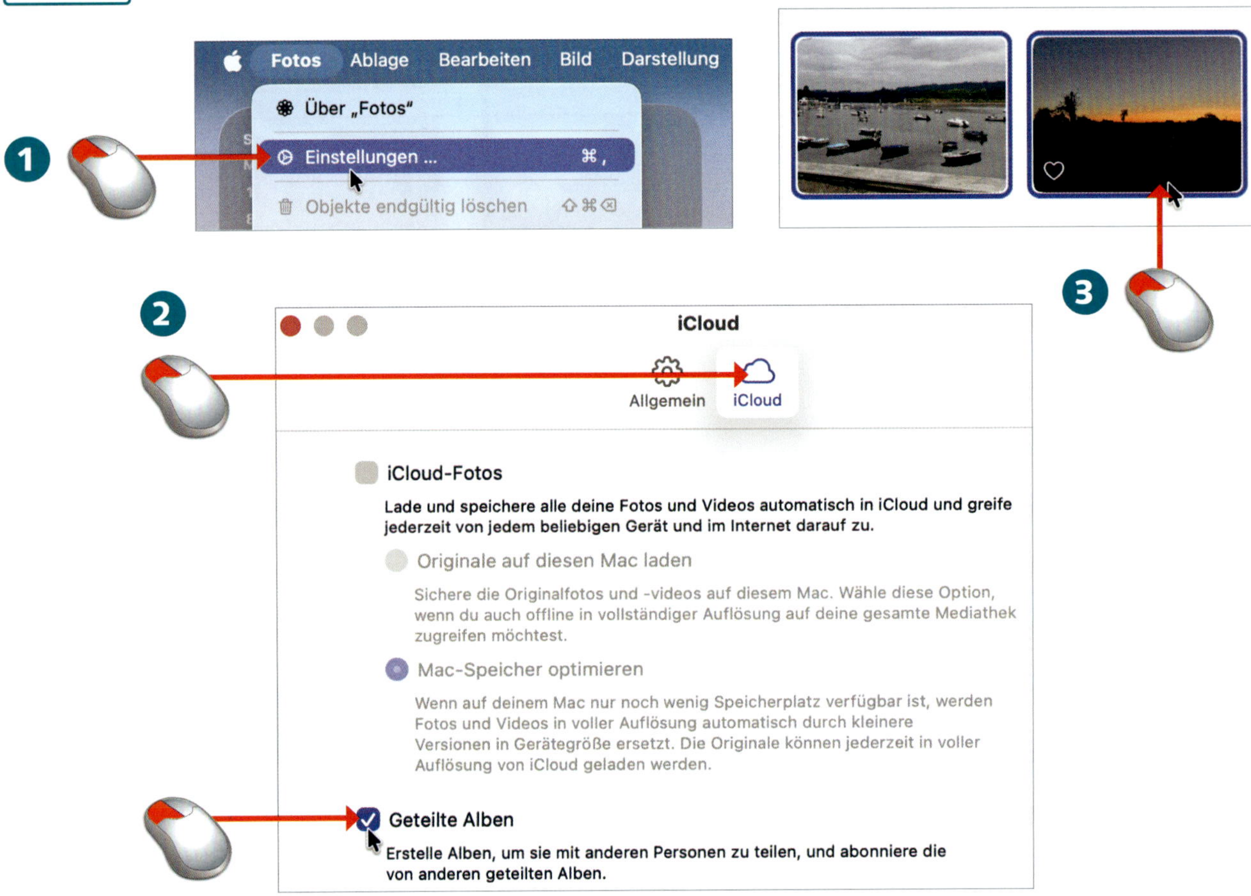

1. Sofern Sie noch nicht bei iCloud angemeldet sind bzw. die iCloud-Fotofunktionen noch nicht aktiviert haben, entscheiden Sie sich zunächst in der Menüleiste für *Fotos* und dann für *Einstellungen*.

2. Wählen Sie im folgenden Fenster die Rubrik *iCloud*. Für die Freigabe von Fotos an andere muss zumindest die Option *Geteilte Alben* aktiviert sein.

3. Wählen Sie nun die Bilder aus, die Sie für andere Personen freigeben möchten.

WISSEN

Um Ihre Bilder mit anderen zu teilen, bietet sich die Freigabe von Alben via iCloud an – andere Apple-Nutzer können damit die von Ihnen geteilten Bilder ganz leicht bei sich integrieren. Eine kleine Anleitung zu den geteilten Alben erhalten Sie auf dieser Doppelseite.

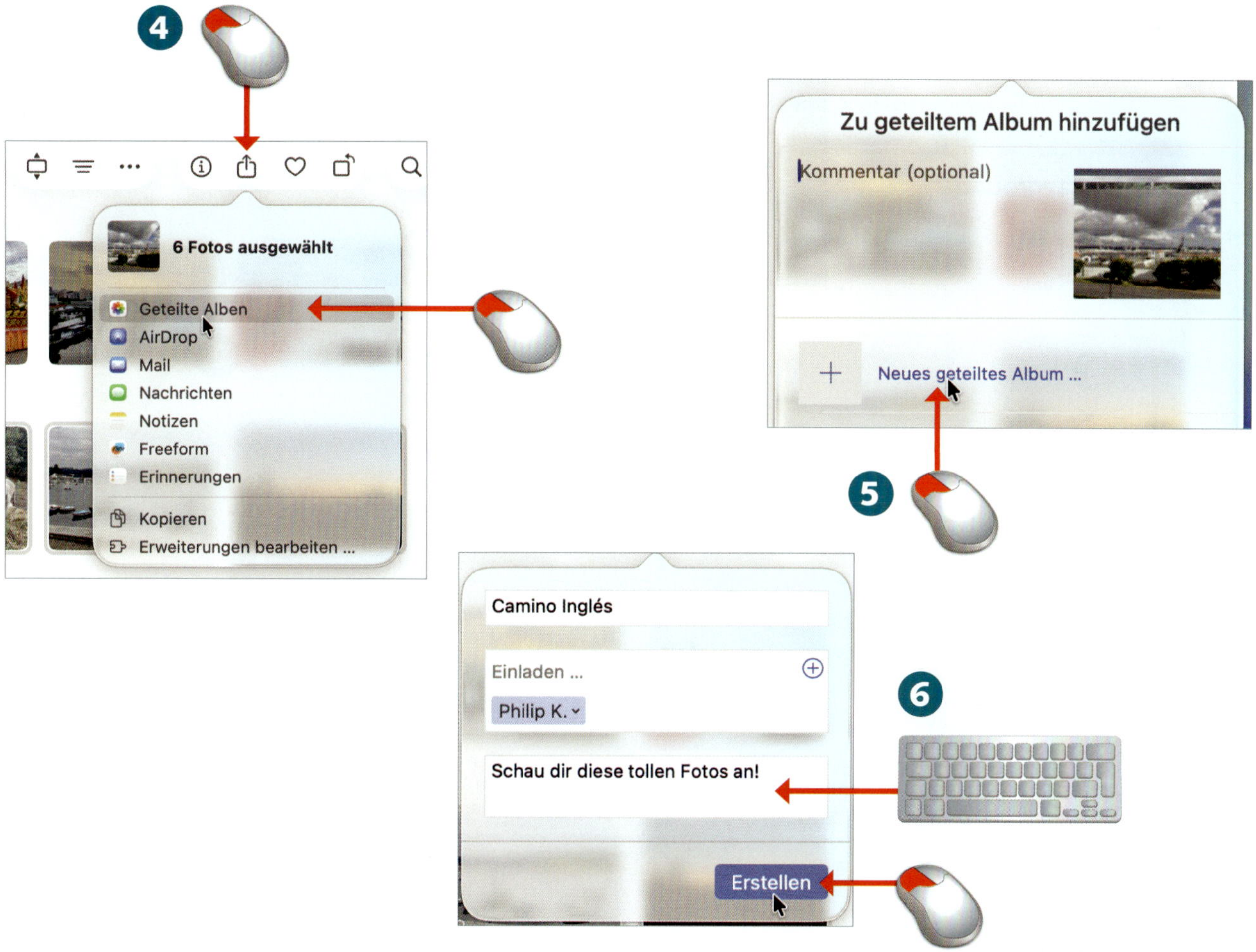

4 Klicken Sie oben in der App *Fotos* auf das Symbol . Dieses Symbol dient auch in anderen Apps dem Weiterreichen von Elementen. Entscheiden Sie sich im Menü für den Eintrag *Geteilte Alben*.

5 Geben Sie, wenn gewünscht, einen Text zu den Fotos ein und klicken Sie auf *Neues geteiltes Album*.

6 Geben Sie die Kontakte ein bzw. klicken Sie auf das Plussymbol ⊕, um Personen zur Betrachtung des Albums einzuladen. Bestätigen Sie mit *Erstellen*.

Ende

HINWEIS

Sie finden unter dem Symbol auch Optionen zum Versand von Bildern in einer E-Mail, in einer Nachricht usw.

TIPP

Auch die geteilten Alben werden Ihnen in der Seitenleiste links angezeigt und Sie können Fotos aus Ihrer Mediathek auf das geteilte Album ziehen, um es weiter zu füllen.

Start

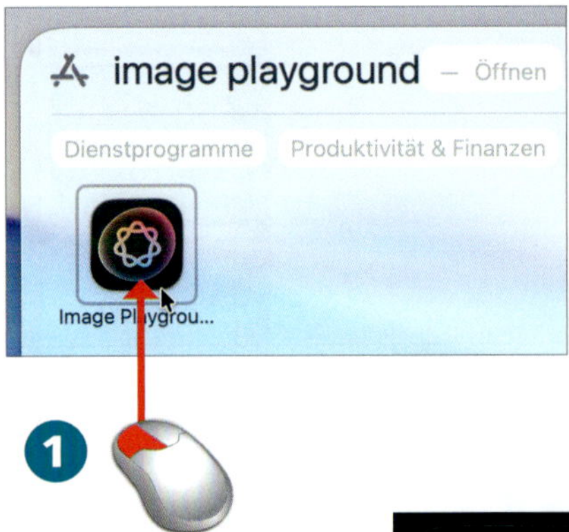

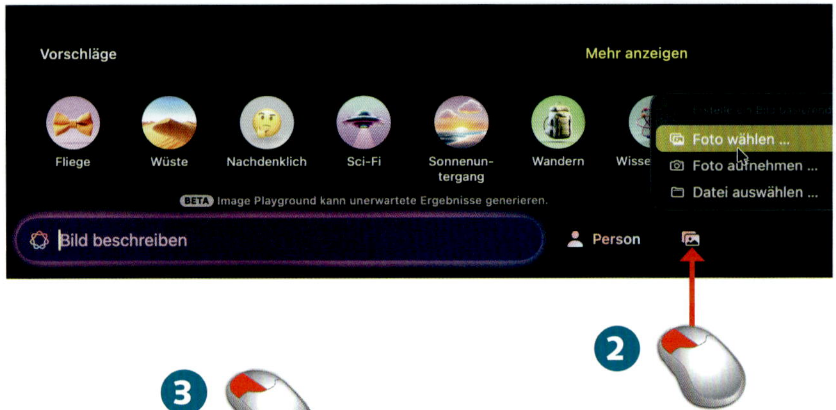

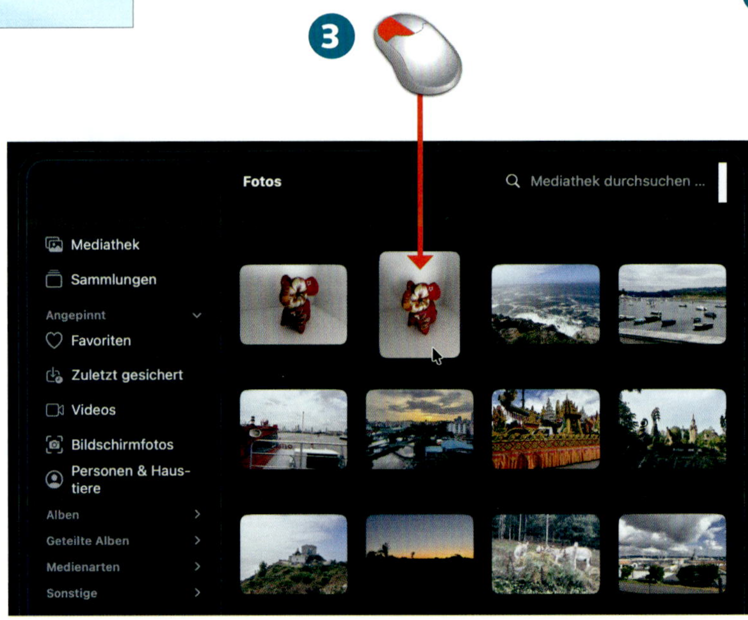

1. Rufen Sie die App *Image Playground* in der App-Bibliothek auf.

2. In diesem Fall soll eine bereits vorhandene Aufnahme umgewandelt werden. Klicken Sie dazu auf das Symbol .

3. Wählen Sie anschließend per Mausklick die Bilddatei aus, die Sie verwenden möchten.

WISSEN

Mit macOS Tahoe wurde eine App namens *Image Playground* eingeführt, die es ermöglicht, Fotos mit KI-Unterstützung zu gestalten. »Playground« bedeutet Spielplatz – Sie können sich hier also richtig austoben. Auf dieser Doppelseite stelle ich Ihnen nur ein Beispiel vor.

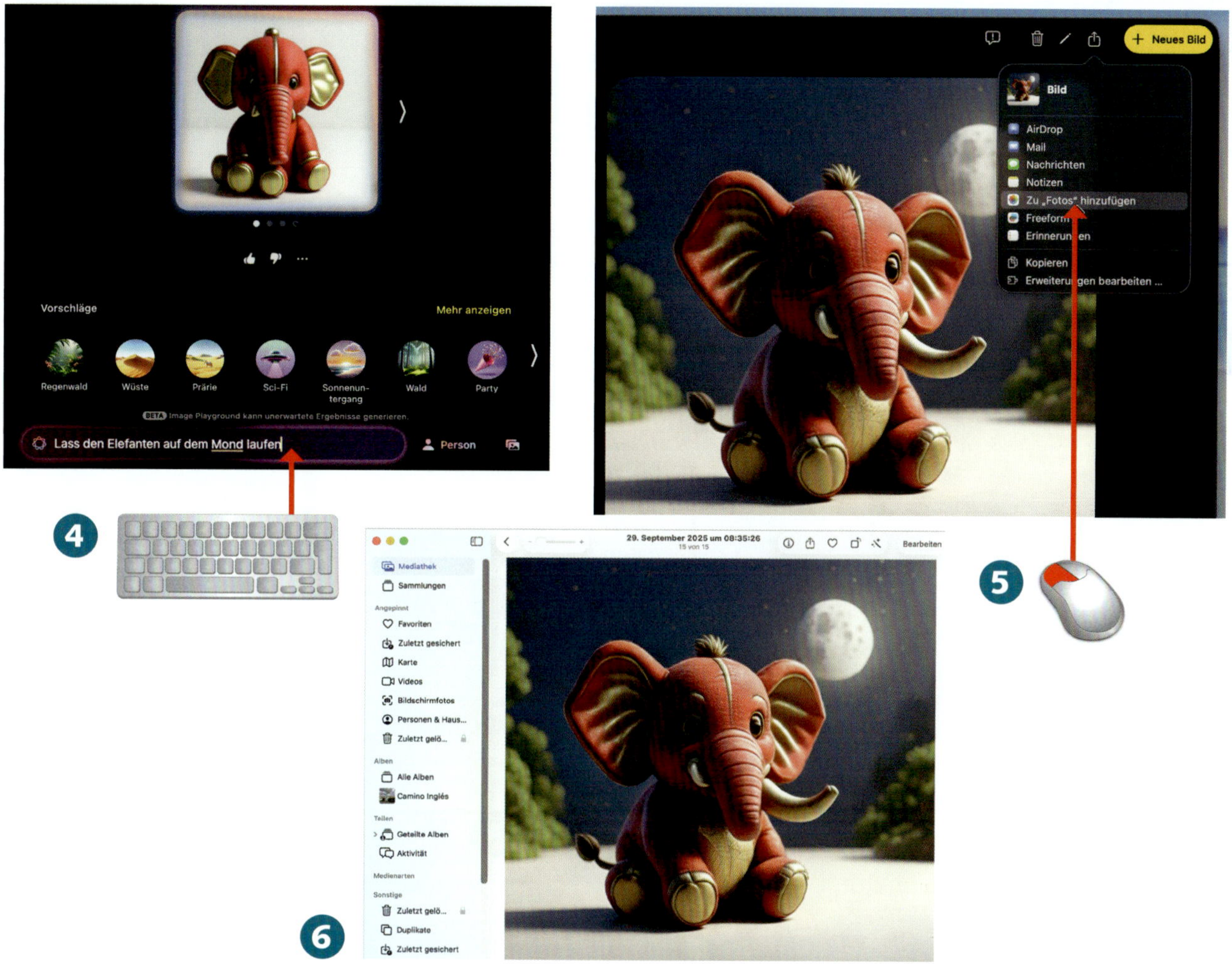

4 Eine KI-Version wird generiert. Geben Sie anschließend noch einen Befehl, hier etwa »Lass den Elefanten auf dem Mond laufen«.

5 Sagt Ihnen das generierte Bild zu, finden Sie unter dem Symbol [Teilen-Symbol] verschiedene Verwendungsmöglichkeiten. In diesem Fall wähle ich *Zu „Fotos“ hinzufügen.*

6 Das von Apple Intelligence generierte Bild kann in der App *Fotos* wie jede andere Aufnahme geöffnet und bearbeitet werden.

Ende

TIPP

Im Menü *Stil* können Sie für das KI-Bild zwischen *Animation*, *Illustration*, *Skizze*, *Genmoji* und *ChatGPT* wählen.

FACHWORT

Als Genmoji bezeichnet Apple ein von künstlicher Intelligenz generiertes Emoji.

Start

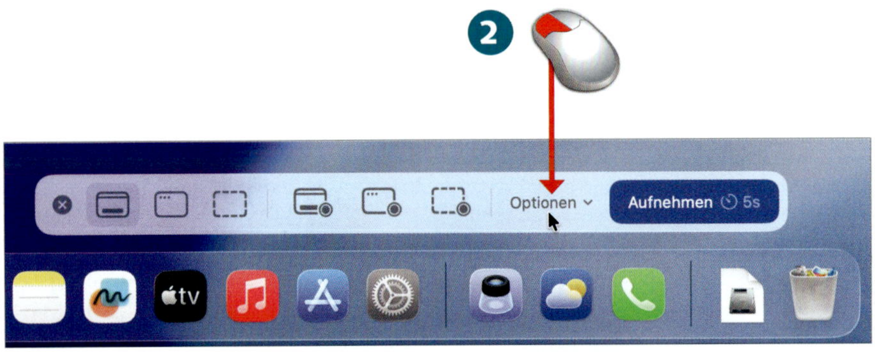

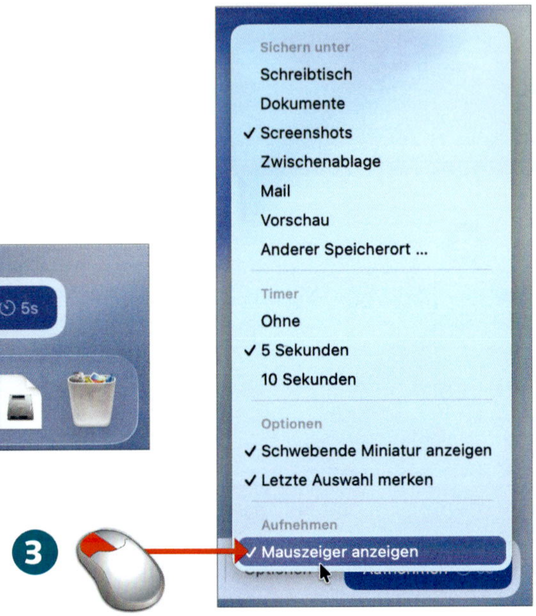

1. Rufen Sie in der App-Bibliothek die App *Bildschirmfoto* auf. Sie können die App auch mit der Tastenkombination ⇧+*command*+5 starten.
2. Aufnahme mit oder ohne Mauszeiger gewünscht? Um das festzulegen, klicken Sie in der oberhalb des Docks eingeblendeten Leiste auf *Optionen*.
3. In diesem Fall wähle ich die Option, dass der Mauszeiger auf dem Bildschirmfoto zu sehen sein soll.

WISSEN

Bildschirmfotos können für verschiedene Zwecke benötigt werden, etwa um auf die Schnelle eine Info auf einer Webseite abzufotografieren oder um einen Fehler zu dokumentieren. Für die Aufnahme von Bildschirmfotos steht Ihnen auf Ihrem Mac eine hilfreiche App zur Verfügung, die Sie auf dieser Doppelseite kennenlernen.

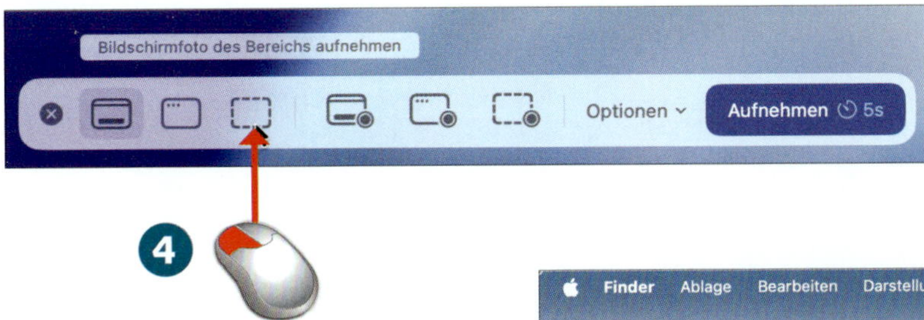

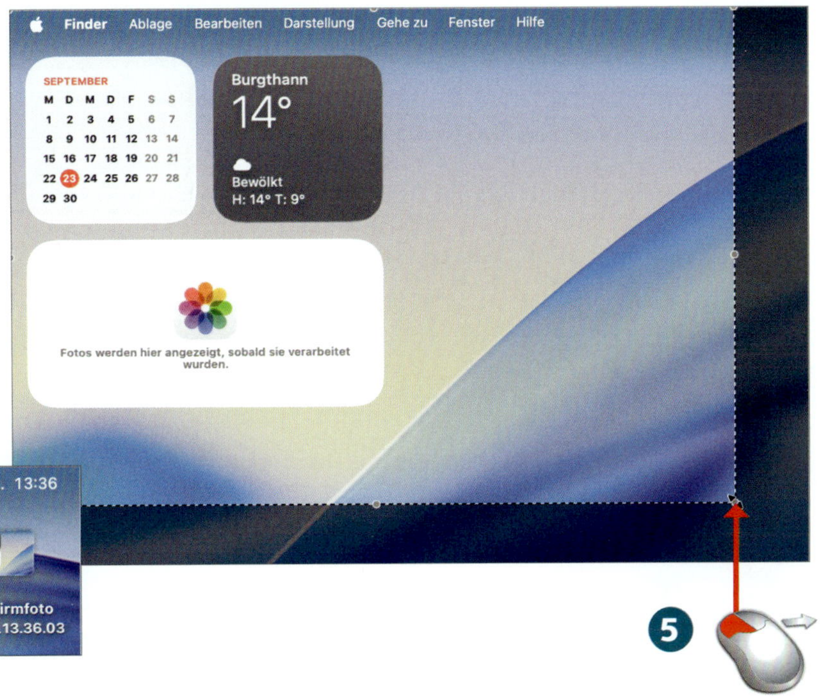

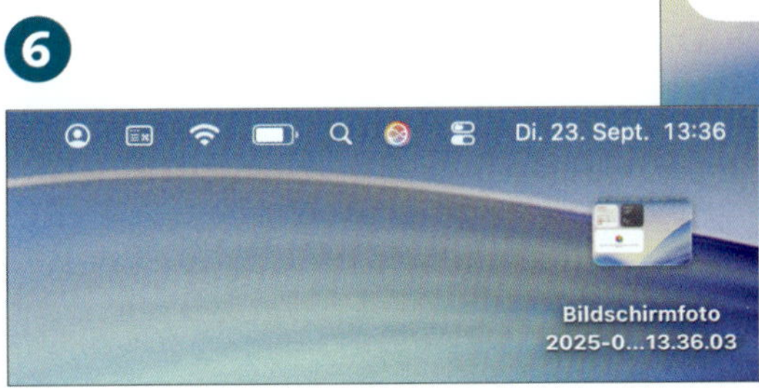

4 Wählen Sie in der Leiste nun, welche Art Bildschirmfoto Sie aufnehmen möchten. Hier entscheide ich mich für die Aufnahme eines ausgewählten Bereichs.

5 Der abzufotografierende Bereich wird bei gedrückter Maustaste auf den Bildschirm gezogen.

6 Das Bildschirmfoto wird per Mausklick aufgenommen und standardmäßig auf dem Schreibtisch abgelegt.

Ende

TIPP

Ein Bildschirmfoto direkt per Tastenkombination aufnehmen: Drücken Sie dazu die Tasten ⇧ + *command* + 3. Weitere Tastenkombinationen für Bildschirmfotos finden Sie in Kapitel 12.

HINWEIS

Um einen beliebigen Speicherort für Ihre Bildschirmfotos festzulegen, wählen Sie diesen im Optionsmenü (vgl. Schritt 3) unter *Anderer Speicherort* aus.

don mclean
don mclean

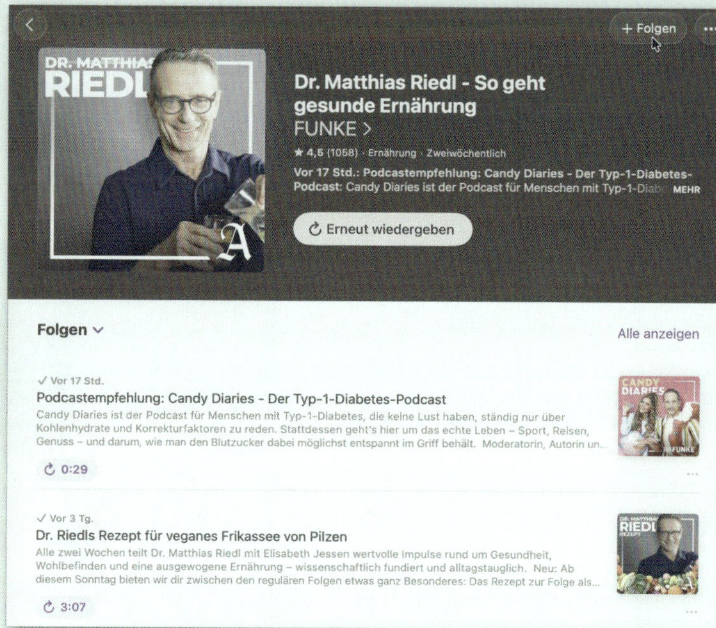
+ Folgen
DR. MATTHIAS RIEDL
Dr. Matthias Riedl - So geht gesunde Ernährung
FUNKE >
★ 4,5 (1058) · Ernährung · Zweiwöchentlich
Vor 17 Std.: Podcastempfehlung: Candy Diaries - Der Typ-1-Diabetes-Podcast: Candy Diaries ist der Podcast für Menschen mit Typ-1-Diab MEHR
Erneut wiedergeben
Folgen
Alle anzeigen
Vor 17 Std.
Podcastempfehlung: Candy Diaries - Der Typ-1-Diabetes-Podcast
Candy Diaries ist der Podcast für Menschen mit Typ-1-Diabetes, die keine Lust haben, ständig nur über Kohlenhydrate und Korrekturfaktoren zu reden. Stattdessen geht's hier um das echte Leben – Sport, Reisen, Genuss – und darum, wie man den Blutzucker dabei möglichst entspannt im Griff behält. Moderatorin, Autorin un...
0:29
CANDY DIARIES
Vor 3 Tg.
Dr. Riedls Rezept für veganes Frikassee von Pilzen
Alle zwei Wochen teilt Dr. Matthias Riedl mit Elisabeth Jessen wertvolle Impulse rund um Gesundheit, Wohlbefinden und eine ausgewogene Ernährung – wissenschaftlich fundiert und alltagstauglich. Neu: Ab diesem Sonntag bieten wir dir zwischen den regulären Folgen etwas ganz Besonderes: Das Rezept zur Folge als...
3:07
RIEDL

MÜNCHENER FREIHEIT
DEFINITIVE COLLECTION
Definitive Collection: Münchener Freiheit
Münchener Freiheit
Pop / 1997
Wiedergeben
Zufällige Wiedergabe
1 Ohne dich (schlaf' ich heut Nacht nicht ein)
2 Liebe auf den ersten Blick
Tausendmal du
4 S.O.S.

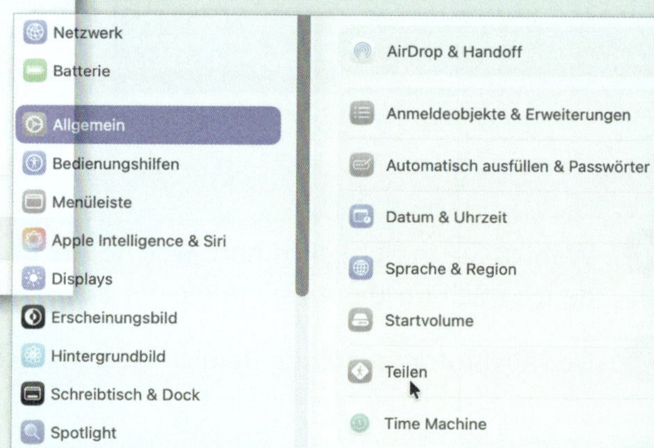
Netzwerk
Batterie
Allgemein
Bedienungshilfen
Menüleiste
Apple Intelligence & Siri
Displays
Erscheinungsbild
Hintergrundbild
Schreibtisch & Dock
Spotlight
AirDrop & Handoff
Anmeldeobjekte & Erweiterungen
Automatisch ausfüllen & Passwörter
Datum & Uhrzeit
Sprache & Region
Startvolume
Teilen
Time Machine

27. Die Abenteuer des Sherlock Holmes
Arthur Conan Doyle
★ 4,2 (166)
Laden
28. Never Date Your Brother's Best Friend
Jules Barnard
★ 3,5 (13)
Laden

9

Musik und andere Medien abspielen

Auf Ihrem Mac stehen Ihnen gleich mehrere Medien-Apps zur Verfügung. Importieren und verwalten Sie mit der jeweiligen App Ihre Mediendateien oder kaufen Sie Musik und Filme im integrierten Store ein. Sie können auch kostenlose Podcasts nutzen – das klappt mit der passenden App ebenfalls perfekt. Und wenn Sie die Medien nicht nur auf dem Mac wiedergeben möchten: Geben Sie Ihre Mediathek frei oder streamen Sie Inhalte im Netzwerk auf ein anderes Gerät. Auch das Thema E-Book haben wir in dieses Kapitel gepackt. Haben Sie viel Freude mit den erhellenden Anleitungen, Tipps und Infos, die Sie auf den folgenden Seiten erwarten!

Start

1

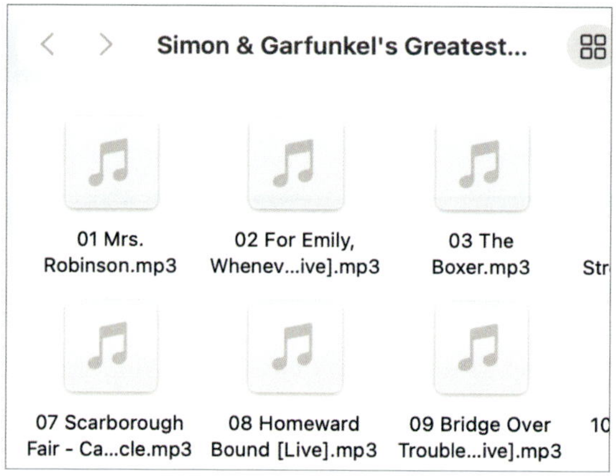

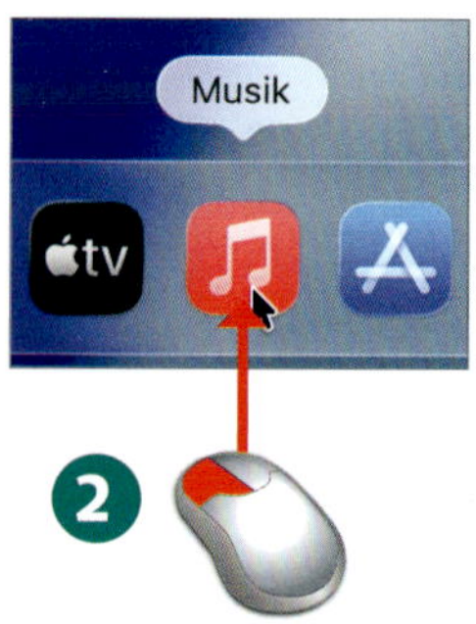

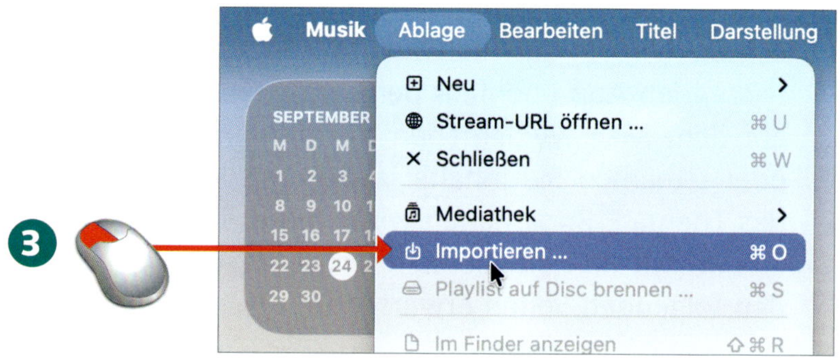

1. Mediendateien, die Sie in eine Medien-App aufnehmen möchten, müssen in einem kompatiblen Dateiformat zur Verfügung stehen, zum Beispiel MP3 oder M4A.
2. Um die Dateien zu importieren, öffnen Sie die App *Musik*.
3. Wenn die Mediathek noch leer ist, wird Ihnen das Durchsuchen des Computers nach Mediendateien angeboten. Sie können sich aber auch in der Menüleiste für *Ablage/Importieren* entscheiden.

WISSEN

Mediendateien, die bereits auf dem Computer zur Verfügung stehen, nehmen Sie in die entsprechende Medien-App auf, um sie dort zu verwalten, wiederzugeben, mit Ihrem iPhone oder iPad zu synchronisieren oder auf ein anderes Gerät zu streamen. Das Hinzufügen ist eine Sache weniger Handgriffe, wie Sie auf dieser Doppelseite am Beispiel der App *Musik* sehen.

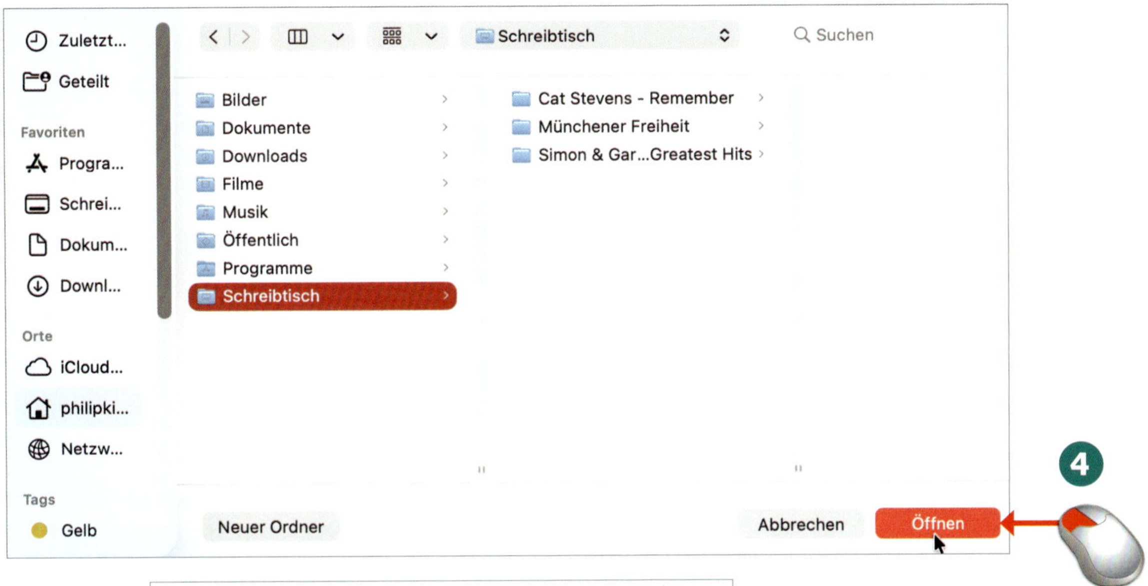

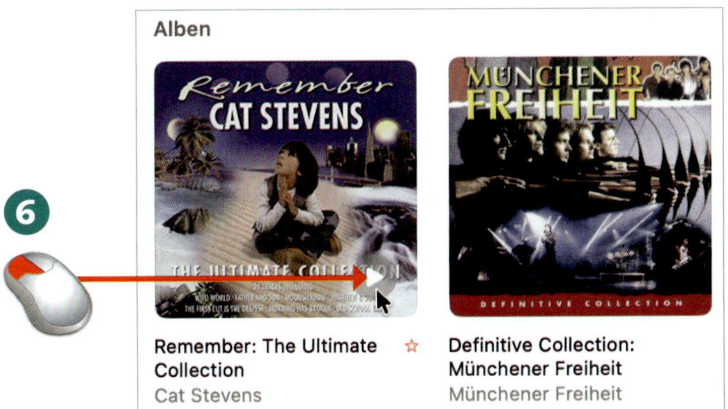

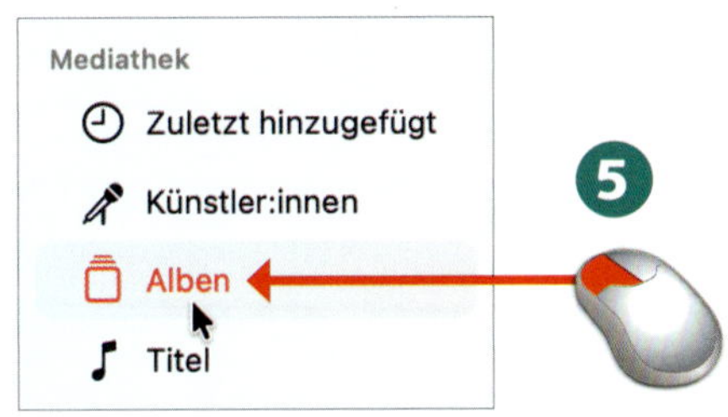

4 Wählen Sie das Element aus, das Sie hinzufügen möchten. Hier wähle ich den *Schreibtisch*, der mehrere Unterordner mit Musikdateien enthält. Bestätigen Sie mit *Öffnen*.

5 Nach dem Import stehen die Titel in der Musik-Mediathek zur Verfügung. Wählen Sie in der Seitenleiste der App *Musik* den Eintrag *Alben*.

6 Nun können Sie das Album aufrufen, um sich die darin enthaltenen Musikdateien anzusehen, oder es mit dem Play-Symbol direkt wiedergeben.

Ende

HINWEIS

Gut zu wissen: Nicht kompatible Dateien werden beim Importieren von Mediendateien einfach ignoriert. Sie erhalten nicht mal einen Hinweis.

TIPP

Sofern Sie ein optisches Laufwerk mit Ihrem Mac verbunden haben, können Sie mit der App *Musik* auch Audio-CDs importieren. Eine Chance, Ihre geliebte CD-Sammlung dauerhaft und kratzerfrei zu archivieren!

Start

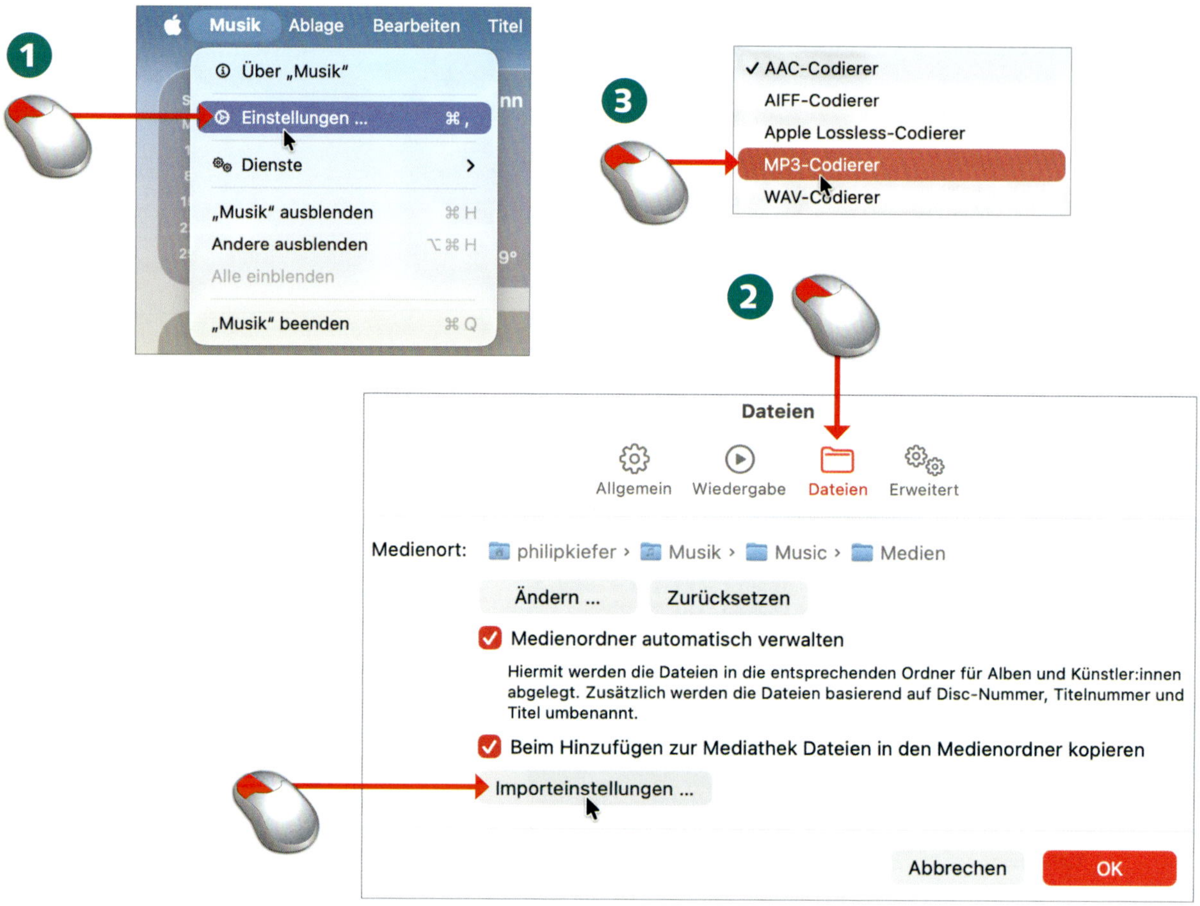

1. Wählen Sie in der Menüleiste *Musik* und dann *Einstellungen*.

2. Klicken Sie in den *Einstellungen* unter *Dateien* auf die Schaltfläche *Importeinstellungen*.

3. Entscheiden Sie sich im Menü *Importieren mit* für den Eintrag *MP3-Codierer*.

WISSEN

Das standardmäßige AAC-Format bietet eine bessere Musikqualität, jedoch kann nicht jedes Gerät AAC-Dateien abspielen. Eine Konvertierung in das noch gängigere MP3-Format lässt sich aber leicht bewerkstelligen. Wie Sie vorgehen, zeigt Ihnen die Schrittanleitung auf dieser Doppelseite.

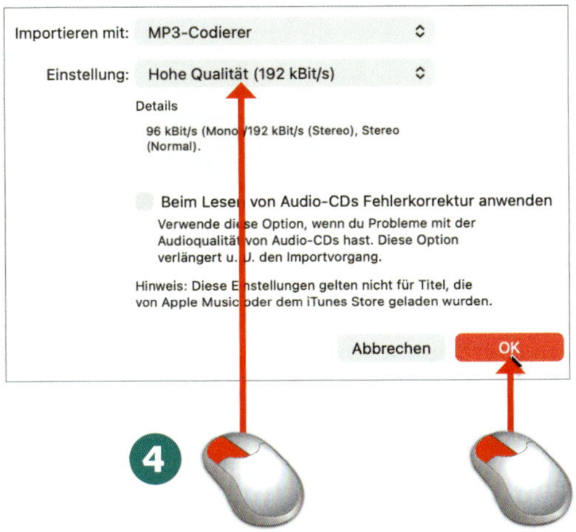

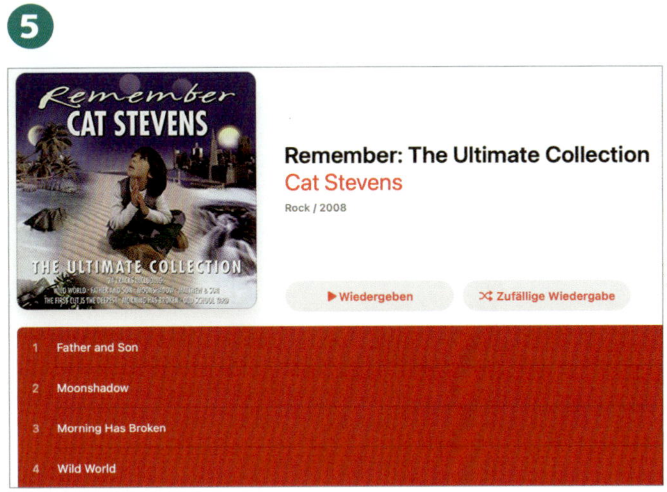

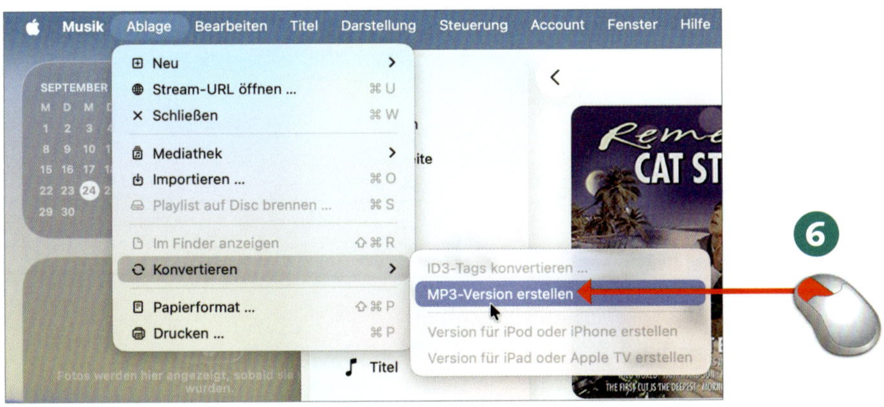

4 Wählen Sie anschließend noch im Menü *Einstellungen* mindestens den Eintrag *Hohe Qualität*, bevor Sie zweimal mit *OK* bestätigen.

5 Um alle Titel in einem Album ins MP3-Format zu konvertieren, wählen Sie das gewünschte Album aus und markieren die Titel mit der Tastenkombination [command]+[A]. Die Titel werden nun grau unterlegt dargestellt.

6 Wählen Sie dann in der Menüleiste *Ablage/Konvertieren/MP3-Version erstellen*.

Ende

HINWEIS

Im Finder finden Sie Ihre Mediatheken standardmäßig in den Benutzerordnern *Musik* und *Filme*.

HINWEIS

Sie können mehrere Mediatheken für unterschiedliche Zwecke nutzen. Das Erstellen bzw. später das Auswählen erfolgt, indem Sie beim Anklicken der App *Musik* bzw. *TV* die [option]-Taste gedrückt halten.

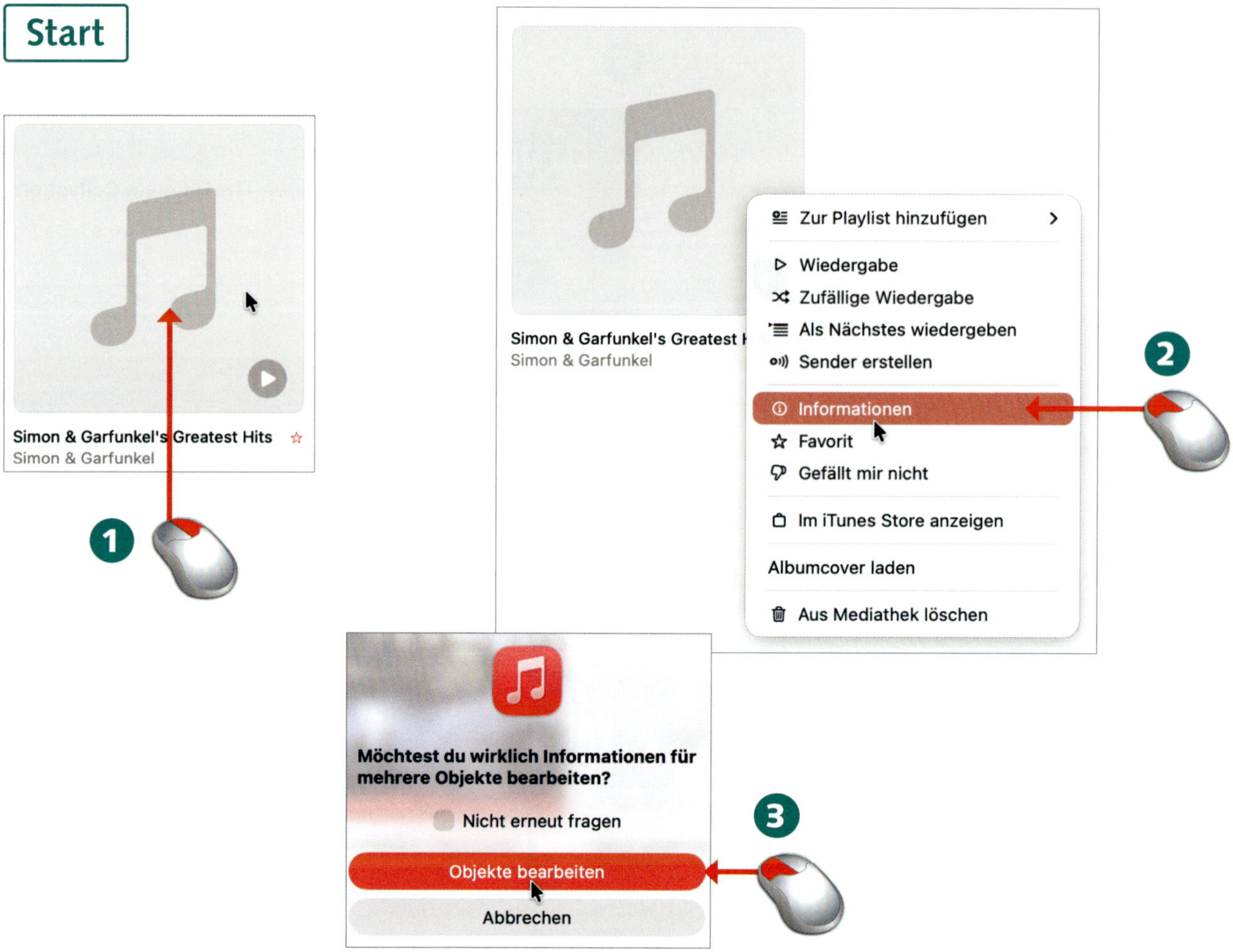

1. Klicken Sie ein Album, dessen Informationen Sie bearbeiten möchten, bei gedrückter ctrl-Taste bzw. mit der rechten Maustaste an.

2. Entscheiden Sie sich im Kontextmenü für den Eintrag *Informationen*.

3. Bestätigen Sie bei einem Album das Bearbeiten der Informationen für mehrere Titel mit *Objekte bearbeiten*.

WISSEN

Wenn Sie Musikdateien in die App *Musik* importieren, möchten Sie vielleicht noch die Informationen anpassen, also beispielsweise Angaben zum Interpreten oder Genre ändern oder manuell ein Albumcover einfügen. Das ist eine einfache Sache!

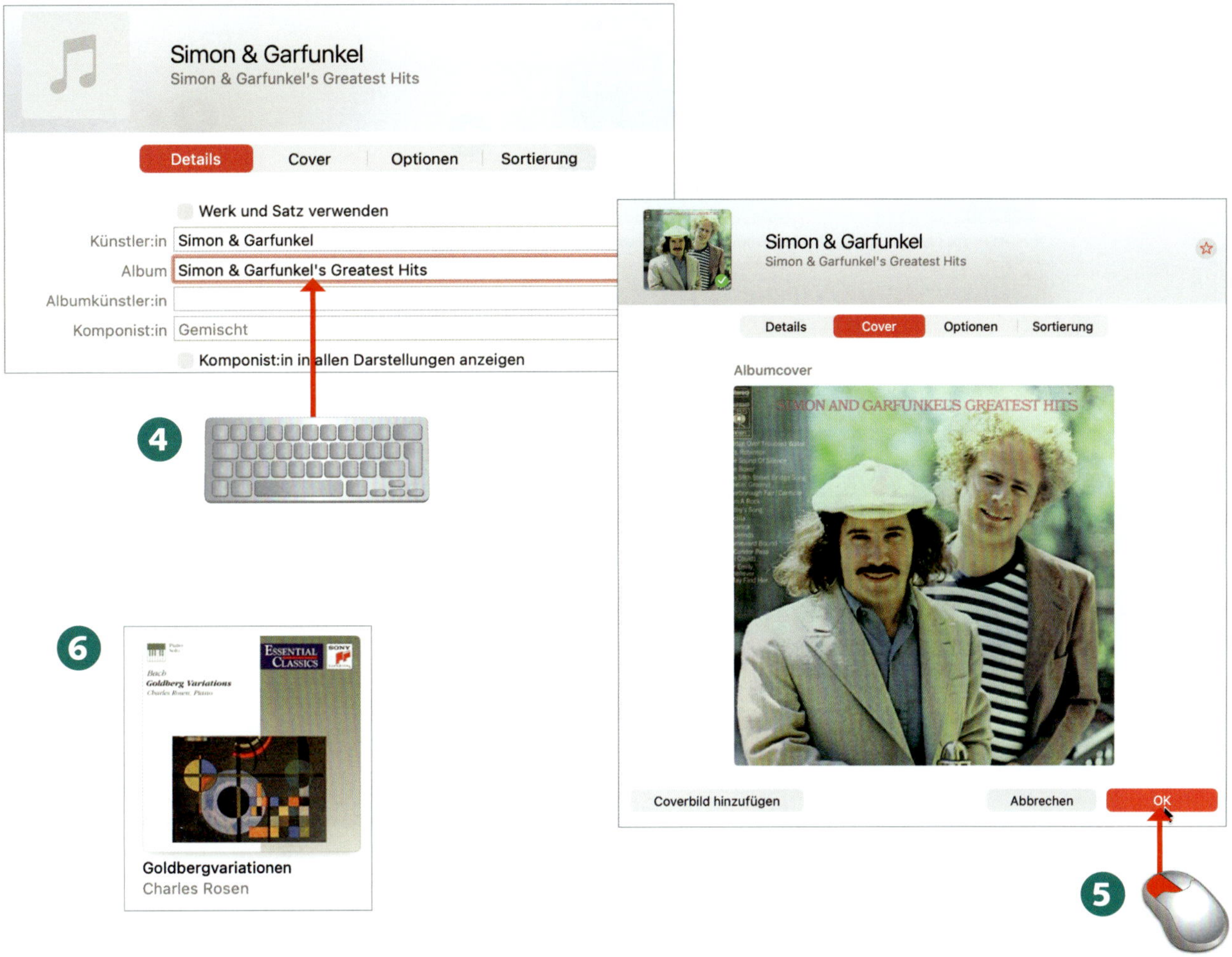

4. Tragen Sie zunächst unter *Details* die gewünschten Angaben ein.

5. Machen Sie gegebenenfalls auch noch unter den anderen Reitern Angaben. In diesem Fall füge ich beispielsweise unter *Cover* noch manuell ein CD-Cover ein. Bestätigen Sie zum Schluss mit *OK*.

6. Ihre Anpassungen werden in der App *Musik* prompt übernommen.

Ende

TIPP

Das Infofenster zu einem ausgewählten Element per Tastenkombination herzaubern: Drücken Sie dazu auch in der App *Musik* *command* + *I*.

TIPP

Soll ein Album mit einem bestimmten Equalizer oder einer bestimmten Lautstärke wiedergegeben werden? Solche Einstellungen nehmen Sie im Infofenster unter *Optionen* vor.

Start

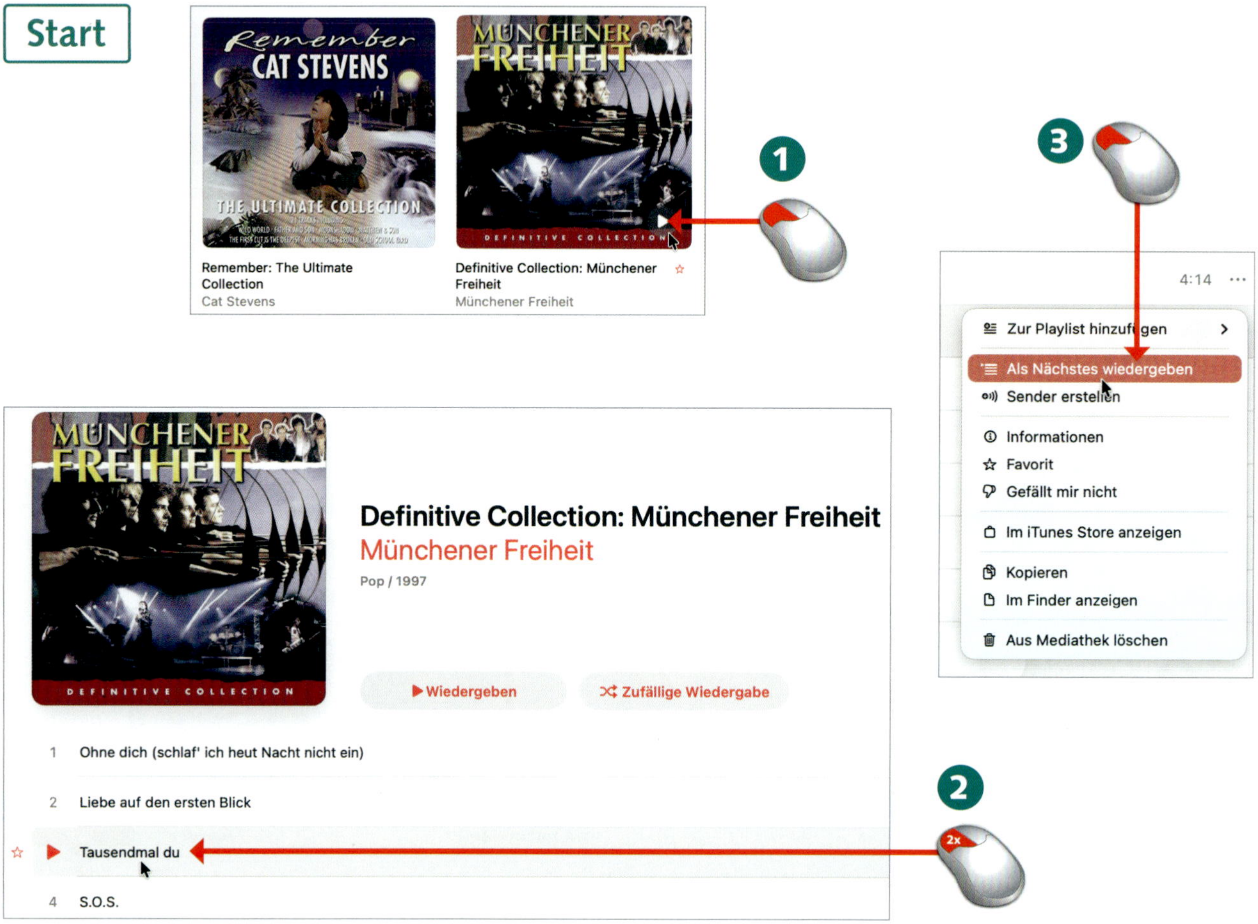

1. Möchten Sie ein ganzes Album wiedergeben, bewegen Sie den Mauszeiger darauf und klicken auf den eingeblendeten Play-Button ▶.
2. Soll die Wiedergabe bei einem bestimmten Titel im Album beginnen, klicken Sie auf ein Album, um sich die enthaltenen Titel anzeigen zu lassen. Doppelklicken Sie dann auf einen Titel.
3. Sie können einen Titel auch einer Liste der wiederzugebenden Titel hinzufügen. Dazu bewegen Sie den Mauszeiger auf einen Titel, klicken auf das eingeblendete Symbol ••• und wählen *Als Nächstes wiedergeben*.

WISSEN

Ihre Musiktitel stehen in der App *Musik* zur Verfügung. Wie Sie zu deren Wiedergabe am besten vorgehen, zeige ich Ihnen auf dieser Doppelseite. Wie Sie sehen werden, gibt es im Vergleich mit der Musikwiedergabe auf einem CD-Player einige Besonderheiten.

TIPP

Steht für ein Lied der Liedtext zur Verfügung, rufen Sie diesen unter dem Symbol 💬 auf.

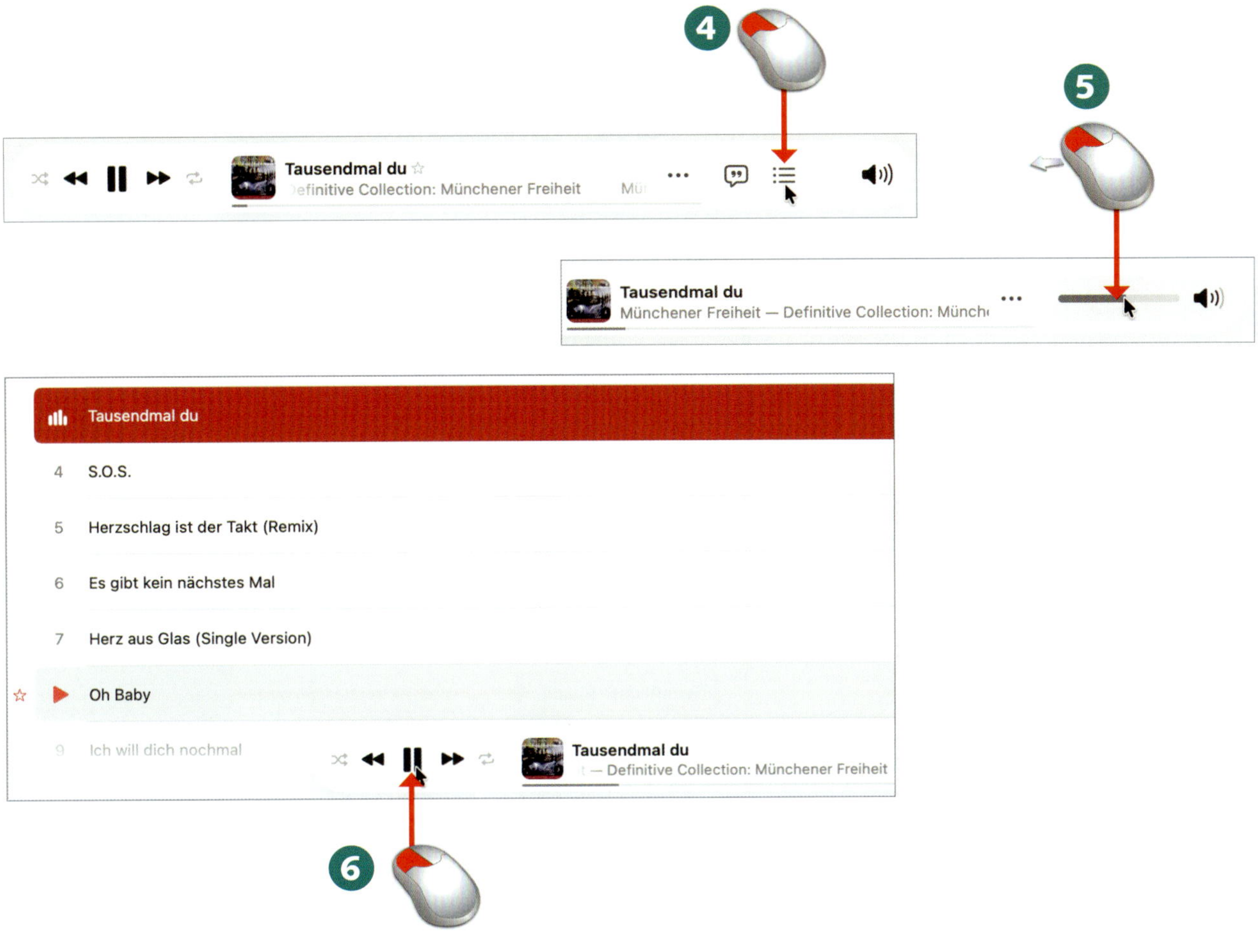

4. Der gerade wiedergegebene Titel wird in der App *Musik* angezeigt. Die *Nächste Titel*-Liste rufen Sie per Mausklick auf das Symbol auf.

5. Andere Lautstärke gewünscht? Um diese für die Wiedergabe – unabhängig von der Systemlautstärke – anzupassen, klicken Sie auf das Symbol und verwenden den Schieberegler.

6. Um die Wiedergabe zu pausieren, klicken Sie – wie bei einem CD-Player – auf das Symbol . Die Wiedergabe lässt sich später an der gleichen Stelle fortsetzen.

Ende

HINWEIS

In der App *Musik* wird immer eine ganze Wiedergabeliste oder ein komplettes Album wiedergegeben. Per Symbol lässt sich eine Wiederholung der gesamten Liste oder eines einzelnen Albums einrichten.

TIPP

Zufällige Wiedergabe gewünscht? Um diese zu aktivieren – und auch wieder zu deaktivieren – klicken Sie oben in der App *Musik* auf das Symbol .

Start

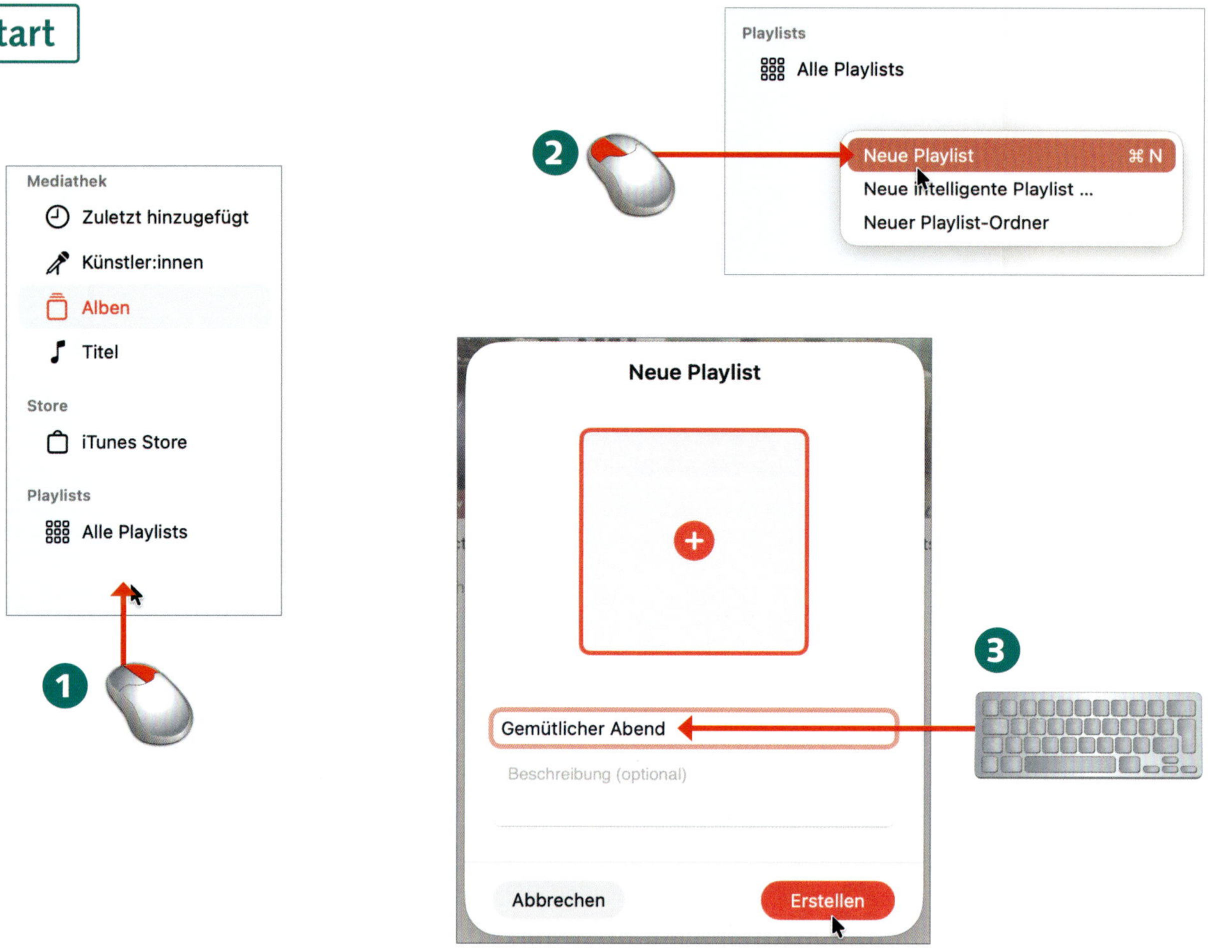

1. Klicken Sie mit der rechten Maustaste bzw. bei gedrückter *control*-Taste auf eine freie Fläche der Seitenleiste.
2. Klicken Sie im Kontextmenü auf den Eintrag *Neue Playlist*. Playlist ist das englische Wort für Wiedergabeliste.
3. Die Wiedergabeliste wird erstellt. Tippen Sie zunächst eine sinnvolle Bezeichnung dafür ein und bestätigen Sie mit *Erstellen*.

WISSEN

Mithilfe von Wiedergabelisten (Playlists) können Sie Ihre in der App *Musik* verfügbaren Musiktitel individuell organisieren. Erstellen Sie beispielsweise eine Liste für das nächste Candle-Light-Dinner oder eine Wiedergabeliste, die Sie im Hintergrund bei der Arbeit laufen lassen wollen. Diese Doppelseite zeigt Ihnen die Vorgehensweise.

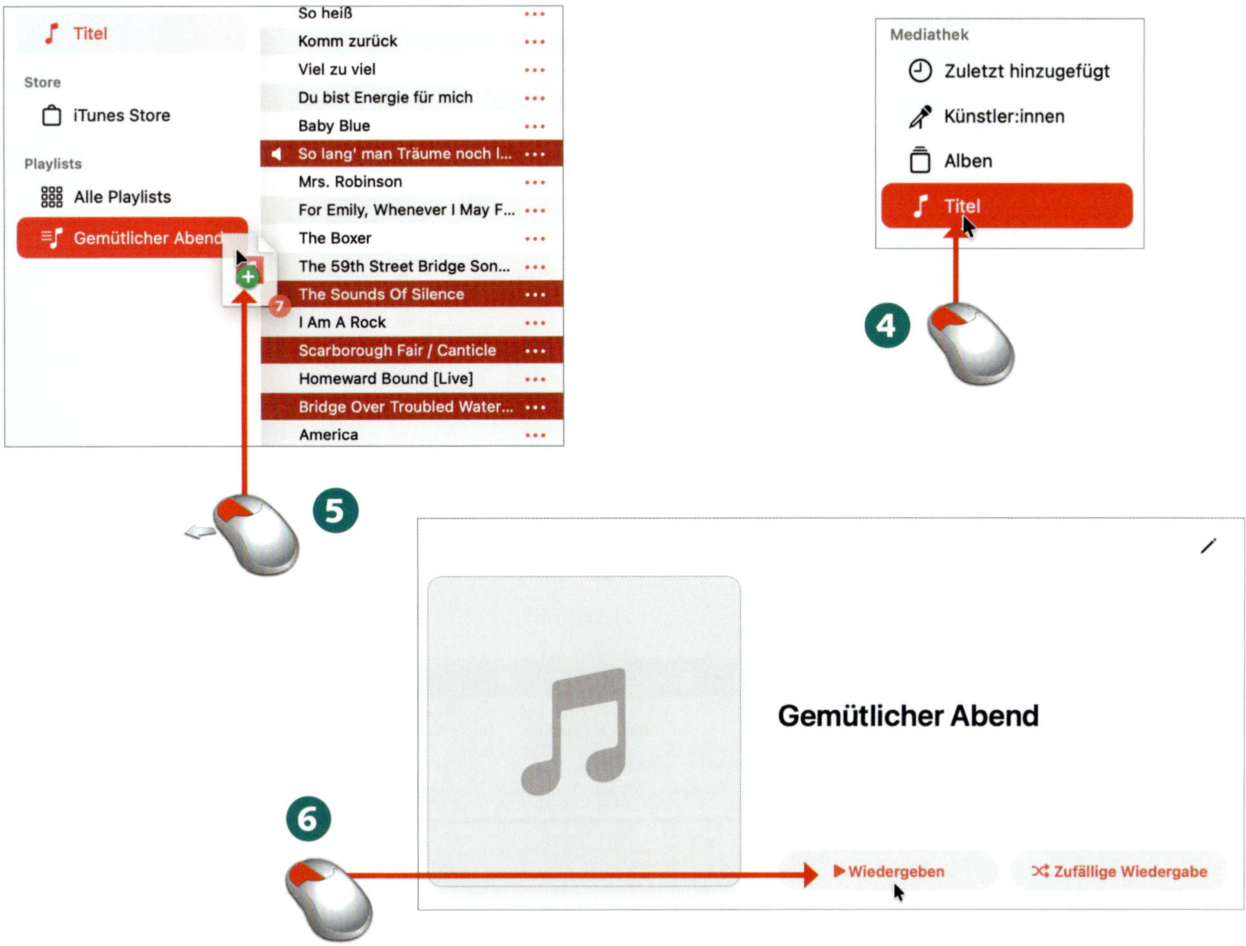

4 Wählen Sie in der Seitenleiste die Anzeige der Titel aus.

5 Markieren Sie die gewünschten Titel und ziehen Sie diese bei gedrückter Maustaste in die Wiedergabeliste links.

6 Die Titel stehen nun in der Wiedergabeliste zur Verfügung und lassen sich abspielen. Mit dem Stiftsymbol lässt sich das Aussehen der Wiedergabeliste anpassen.

Ende

HINWEIS

Wie intelligente Ordner und intelligente Alben lassen sich per Kontextmenü aus Schritt 2 auch intelligente Wiedergabelisten anlegen, die Titel nach von Ihnen festgelegten Kriterien aufnehmen.

TIPP

Um einer Wiedergabeliste später einen weiteren Titel hinzuzufügen, klicken Sie bei einem Titel auf das Symbol ••• und bestimmen dann unter *Zur Playlist hinzufügen* die gewünschte Wiedergabeliste.

Start

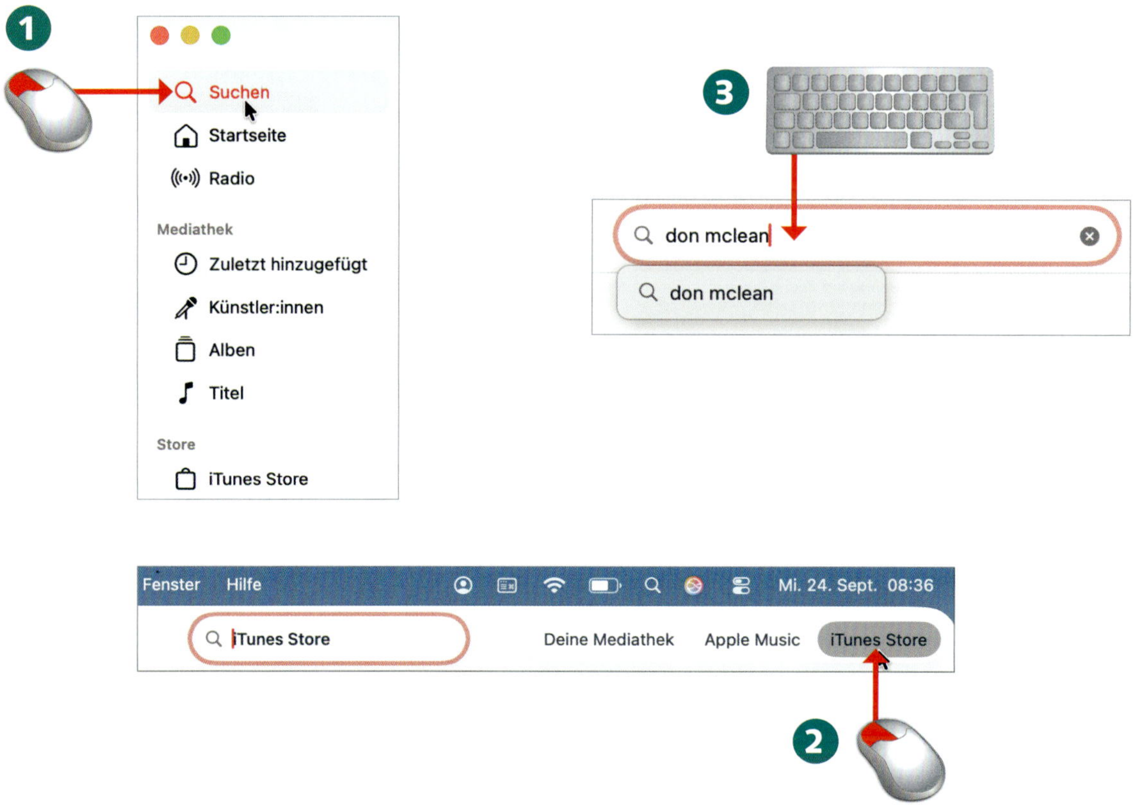

1. Klicken Sie in der Seitenleiste der App *Musik* auf *Suchen*, um gezielt nach Ihrer Wunschmusik zu suchen. Unter *iTunes Store* (Seitenleisteneintrag) können Sie alternativ nach Kategorien stöbern.
2. Entscheiden Sie sich rechts neben dem eingebauten Suchfeld für die Suche im *iTunes Store*.
3. Geben Sie einen Suchbegriff ein, z. B. den Namen eines Interpreten oder einen bestimmten Musiktitel.

WISSEN

Falls Sie auf Ihrem Computer noch nicht über Mediendateien verfügen sollten, bietet es sich an, diese im integrierten Store einzukaufen. Besonders attraktiv: Auf einmal gekaufte Artikel können Sie später jederzeit erneut zugreifen, auch von Ihren anderen Geräten aus. Hier lesen Sie anhand der App *Musik*, wie ein Einkauf funktioniert.

HINWEIS

Filme müssen Sie sich in der App *TV* nicht unbedingt kaufen, sondern Sie können diese auch für 24 Stunden ausleihen.

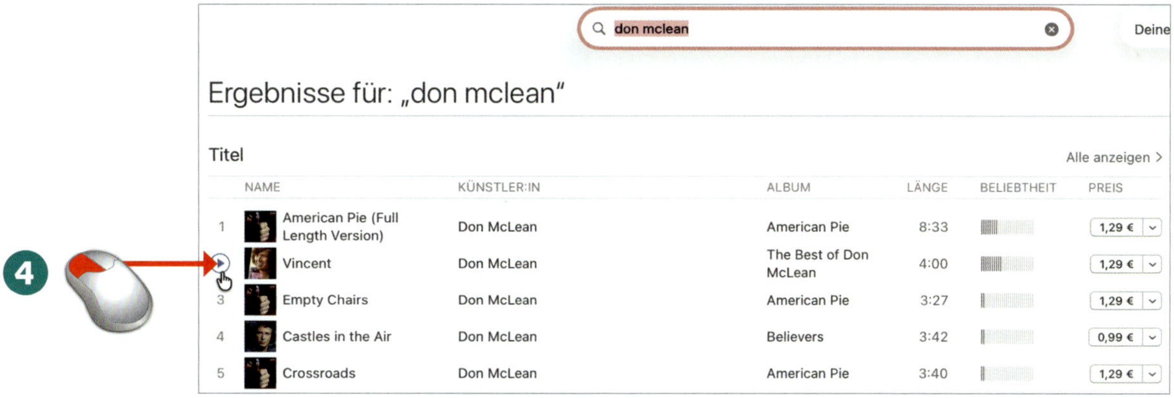

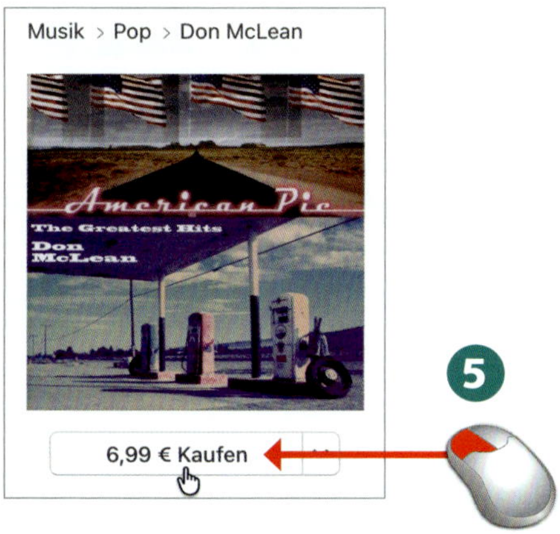

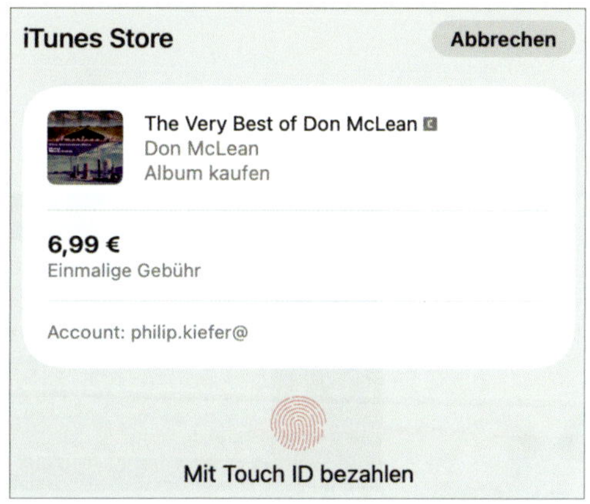

4 Sie können Musiktitel probehören, indem Sie auf das beim Darüberfahren eingeblendete Play-Symbol klicken. Bei Filmen schauen Sie sich den Trailer an.

5 Um ein ausgewähltes Album zu kaufen, klicken Sie auf den angezeigten Preis. Voraussetzung ist, dass in Ihrem Apple Account eine Zahlungsmethode hinterlegt ist (siehe Kapitel 3).

6 Bestätigen Sie den Kauf mit Ihrem Apple Account, hier z. B. auf einem MacBook per Touch ID.

Ende

TIPP

Wunschmusik als Flatrate? Abonnieren Sie den Dienst *Apple Music*, um auf Millionen Musiktitel zuzugreifen – da ist auch Ihre Wunschmusik dabei! Sie können den Dienst zunächst kostenlos testen.

HINWEIS

Ihre nicht heruntergeladenen Einkäufe werden in den Medien-Apps nur angezeigt, wenn Sie mit Ihrem Apple Account angemeldet sind. Die Anmeldung erfolgt in der Menüleiste unter *Account/Anmelden*.

Start

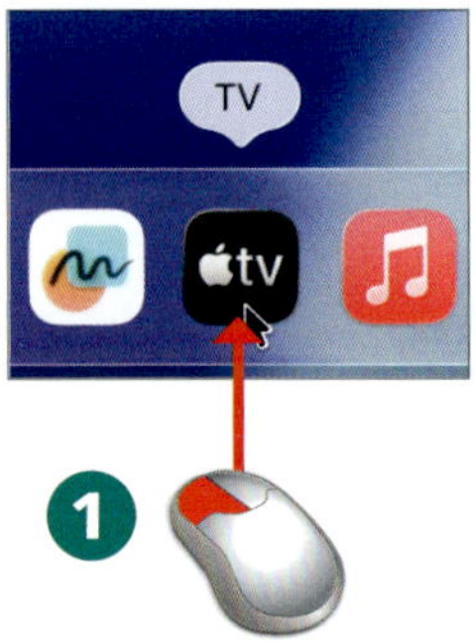

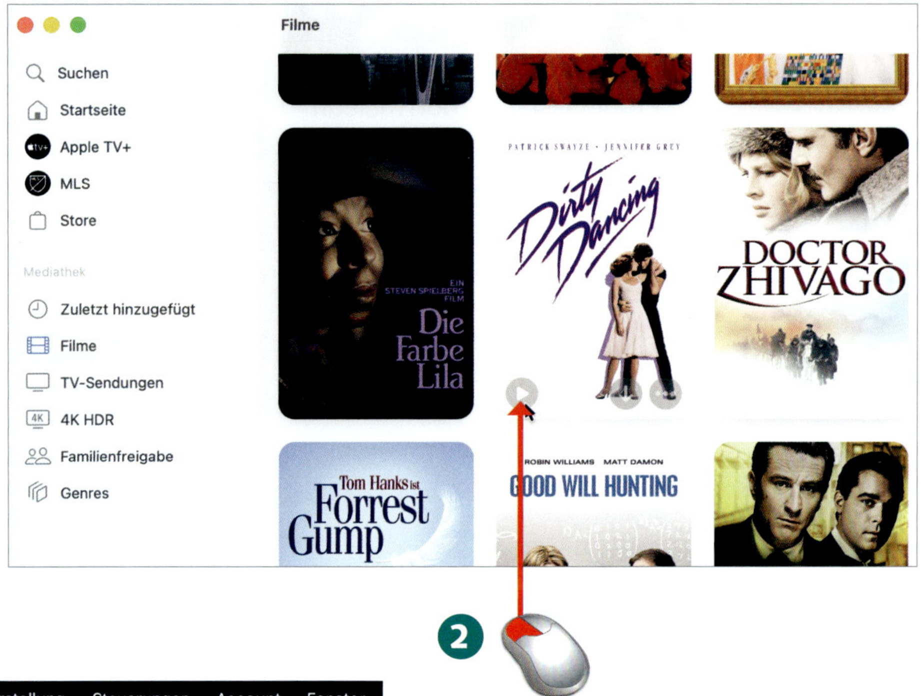

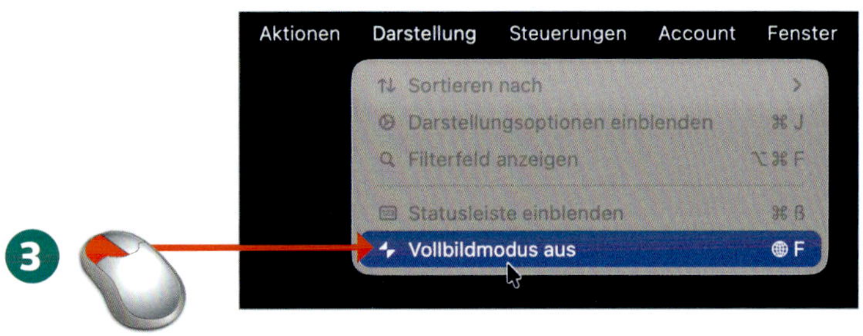

1 Entscheiden Sie sich im Dock für die App *TV*, um auf Ihre Film-Mediathek zuzugreifen.

2 Dazu bewegen Sie in Ihrer *Mediathek* den Mauszeiger auf einen Film und klicken auf das eingeblendete Play-Symbol, um die Wiedergabe zu starten.

3 Zwischen Fensteransicht und Vollbildmodus wechseln Sie in der Menüleiste der App *TV* unter *Darstellung*.

WISSEN

Genauso einfach wie die Musikwiedergabe funktioniert auch die Wiedergabe von Filmen bzw. eigenen Videos. Wie Sie Inhalte aus dem integrierten Store ziehen, zeige ich Ihnen später in diesem Kapitel. Auf dieser Doppelseite lesen Sie zunächst, wie Sie zur Wiedergabe eines Films in der App *TV* vorgehen.

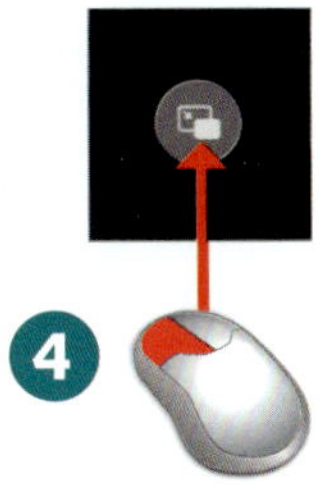

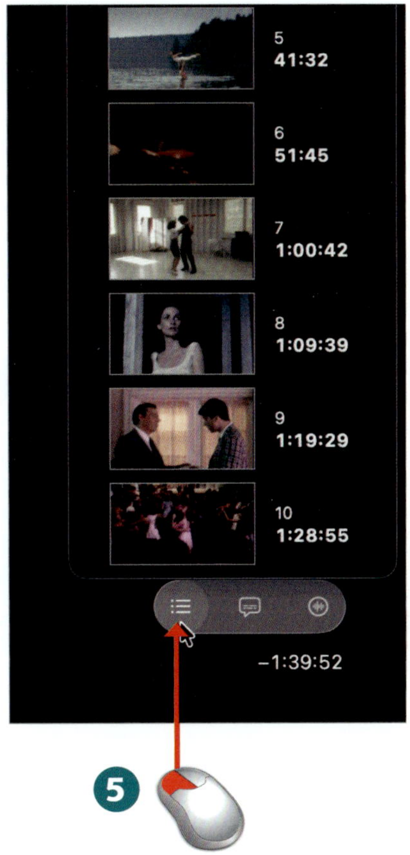

4 Auch die Wiedergabe in einem kleinen, im Vordergrund bleibenden Fenster ist möglich. Dazu klicken Sie auf das Symbol .

5 Die Kapitelauswahl treffen Sie – sofern verfügbar – unter dem Symbol .

6 Andere Sprache gewünscht? Diese Auswahl nehmen Sie gegebenenfalls über die Symbole (Audio) und (Untertitel) vor.

Ende

TIPP

Sie können, genau wie zu Beginn dieses Kapitels für die App *Musik* beschrieben, auch eigene Videos in die App *TV* importieren. Diese finden Sie dann, wenn Sie in der Seitenleiste auf *Eigene Videos* klicken.

HINWEIS

Filme, die Sie übers Internet wiedergeben, werden standardmäßig in der besten Auflösung wiedergegeben. Das lässt sich in den Einstellungen der App *TV* unter *Wiedergabe* ändern, falls die Wiedergabe bei zu langsamer Internetverbindung stocken sollte.

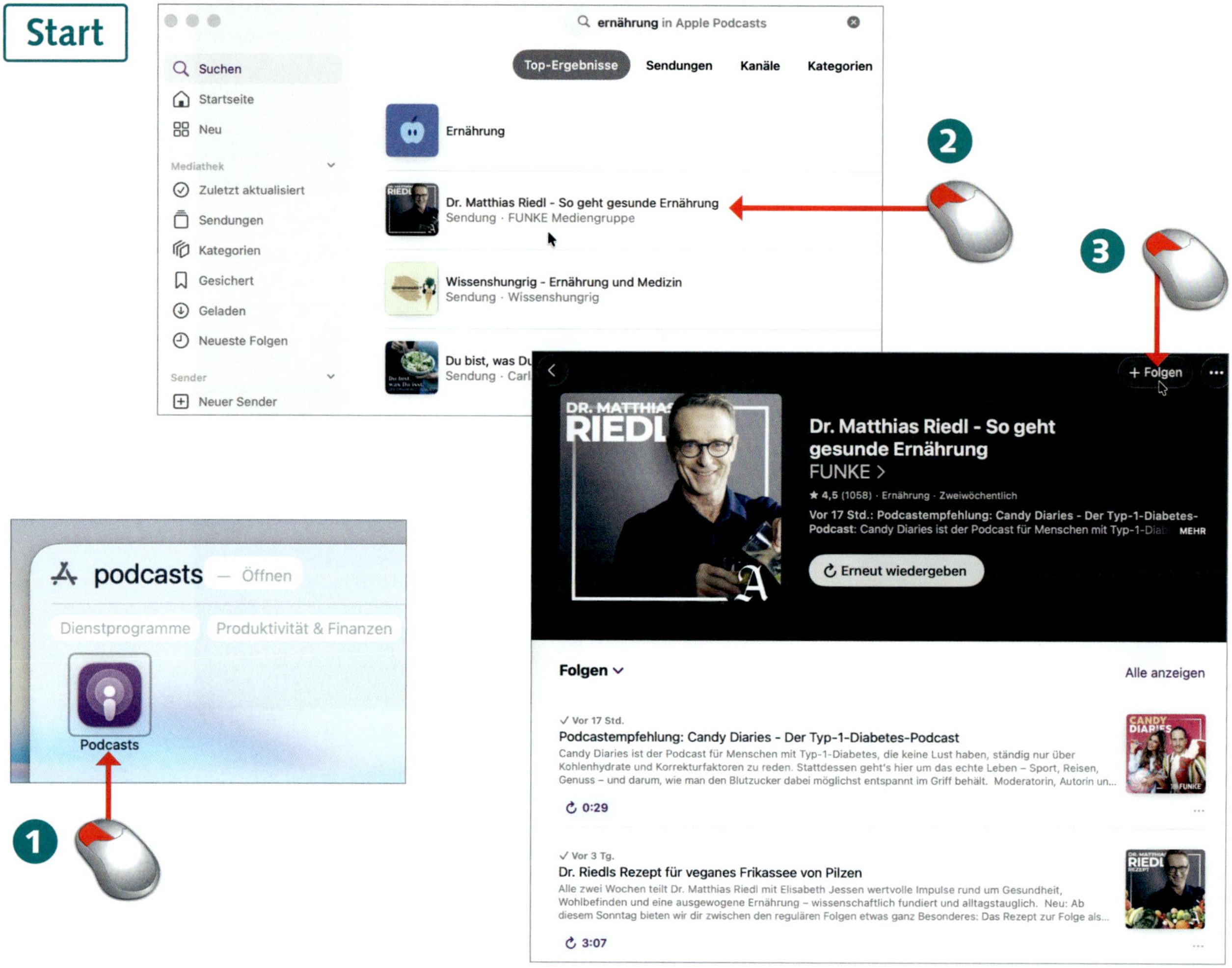

1. Öffnen Sie die App *Podcasts*, in diesem Fall in der App-Bibliothek.

2. Suchen Sie einen Podcast, der Sie interessiert – es stehen Unmengen von Podcasts zu allen möglichen Themen zur Verfügung.

3. Wählen Sie *Folgen*, um einen Podcast zu abonnieren und neue Folgen herunterzuladen. Sie können aber auch ohne ein »Abo« einzelne Folgen wiedergeben oder herunterladen.

WISSEN

Hörbücher, Motivationsseminare, Radiosendungen zum Nachhören und mehr – Sie finden mit der gleichlautenden App viele interessante Podcasts, die von Radio- und Fernsehsendern, Unternehmen, Organisationen, aber auch von Privatleuten ins Internet hochgeladen wurden. Meistens gibt es in mehr oder weniger regelmäßigen Abständen neue Folgen. Erfahren Sie auf dieser Doppelseite, wie es funktioniert.

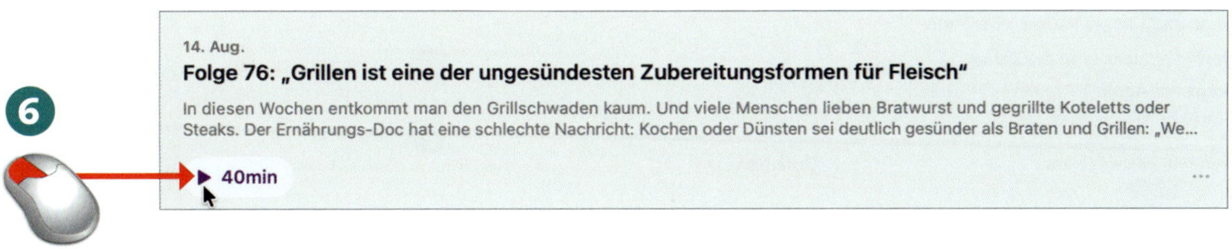

4 Um später auf Ihre Podcasts zuzugreifen, klicken Sie in der Seitenleiste im Abschnitt *Mediathek* zum Beispiel auf *Sendungen*.

5 Klicken Sie den gewünschten Podcast – in diesem Fall unter dem Reiter *Gefolgt* – an.

6 Nun erhalten Sie wieder die Optionen zum Abspielen der einzelnen Podcast-Folgen.

Ende

FACHWORT

Podcast ist übrigens ein Kofferwort aus »iPod« (Apples Mediaplayer) und »Broadcast« (dem englischen Wort für Rundfunk).

HINWEIS

Auf Ihrem iPhone oder iPad steht für die Podcasts – sowohl zum Herunterladen als auch zum Wiedergeben – ebenfalls eine extra Podcast-App zur Verfügung.

Start

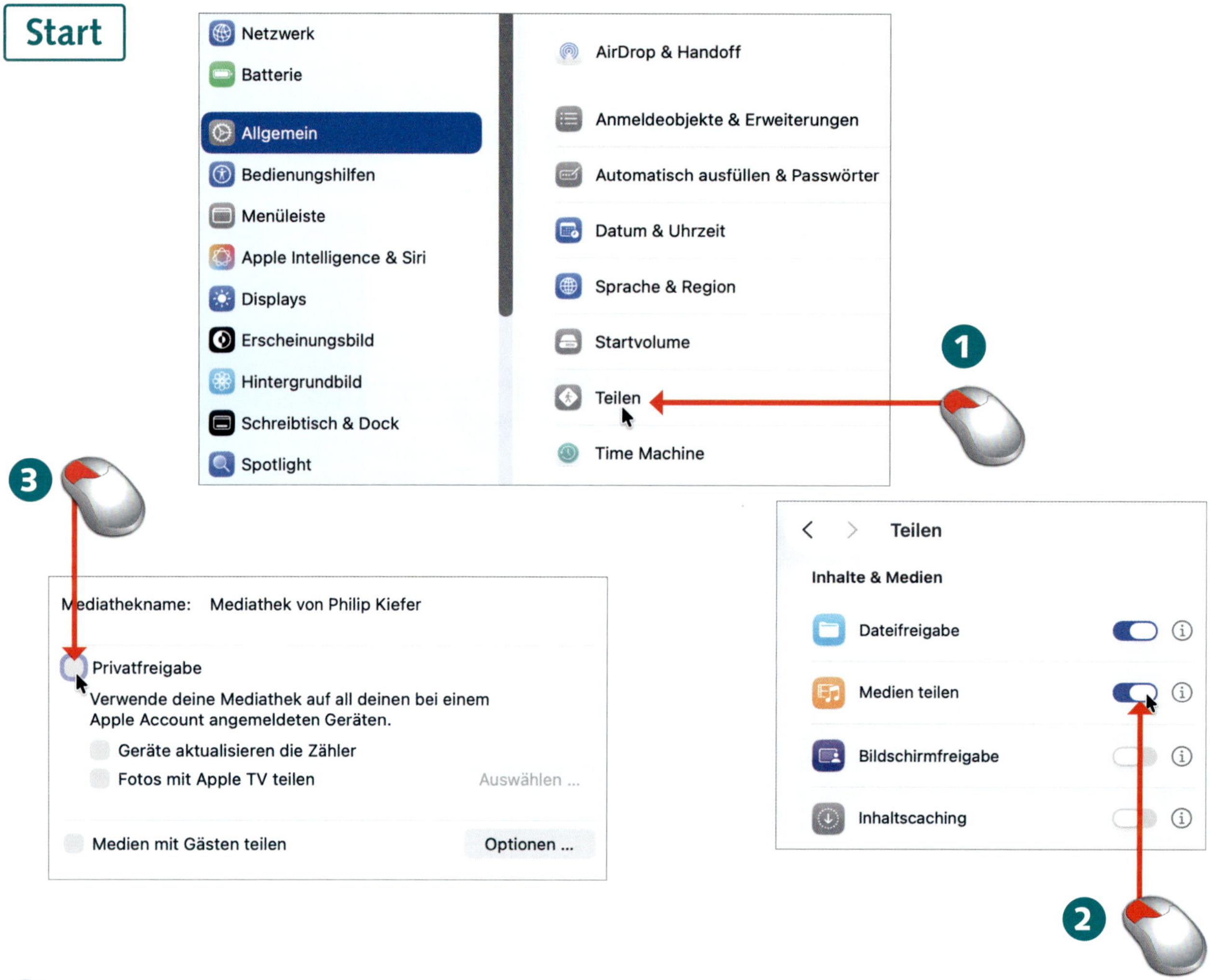

1. Um die Privatfreigabe zu aktivieren, wählen Sie in den *Systemeinstellungen* in der Kategorie *Allgemein* den Eintrag *Teilen*.
2. Aktivieren Sie den Schalter *Medien teilen*.
3. Im folgenden Fenster entscheiden Sie sich für die Option *Privatfreigabe*.

WISSEN

Sie möchten die auf Ihrem Mac gespeicherten Mediendateien auch auf anderen Apple-Geräten wie dem iPhone oder iPad nutzen? Mit der Privatfreigabe, die Sie in den *Systemeinstellungen* aktivieren, ist dies eine wirklich simple Sache. Diese Doppelseite liefert den Beweis.

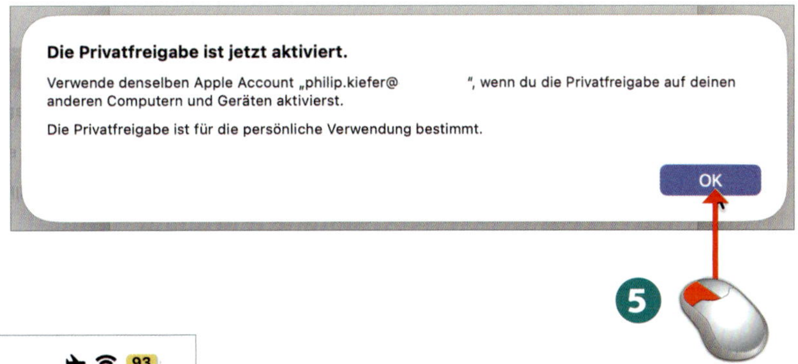

4 Geben Sie die zu Ihrem Apple Account gehörenden Daten ein und bestätigen Sie mit der Schaltfläche *Privatfreigabe aktivieren*.

5 Sie erhalten den Hinweis, dass die Privatfreigabe aktiviert wurde. Bestätigen Sie mit der Schaltfläche *OK*.

6 Auf einem iPhone oder iPad wählen Sie die freigegebene Mediathek zum Beispiel in der App *Musik*.

Ende

HINWEIS

Die Mediathek mit anderen Personen im Netzwerk teilen: Dazu finden Sie im Fenster aus Schritt 3 die Option *Medien mit Gästen teilen*.

TIPP

Dank Privatfreigabe lässt sich die Medienwiedergabe auf dem Mac mit einem iPhone oder iPad fernsteuern. Sie verwenden dazu die kostenlose App *iTunes Remote*.

Start

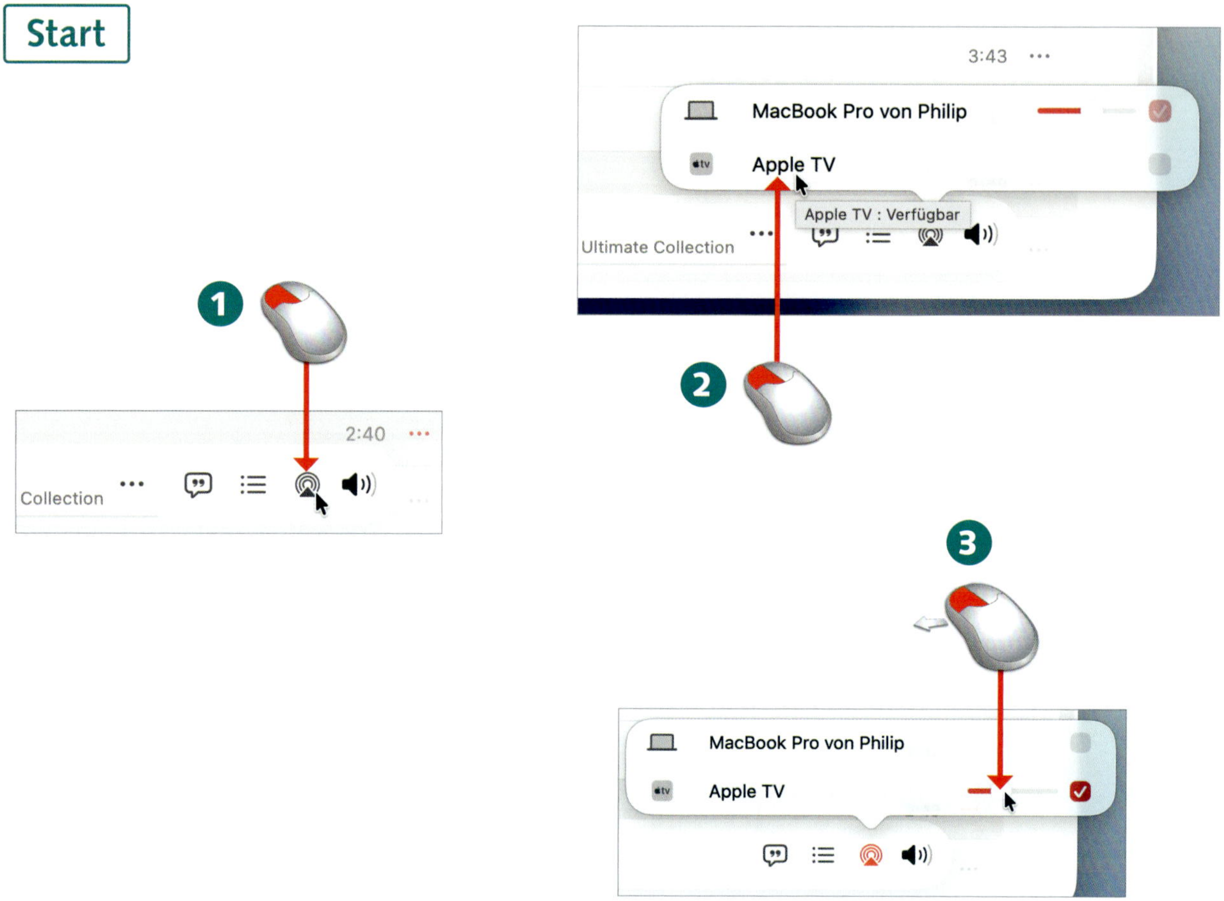

1. Klicken Sie in der App *Musik* oder *Podcasts* auf das Symbol, in der App *TV* auf das Symbol. In den beiden erstgenannten Apps wird es in der Steuerleiste angezeigt, in der App *TV* wird es während der Medienwiedergabe eingeblendet.

2. Setzen Sie im Menü ein Häkchen bei *Apple TV*, um die Übertragung auf dem Apple TV durchzuführen.

3. Die Übertragung auf das Apple TV wird gestartet. Sie können nun noch per Schieberegler die Lautstärke anpassen.

WISSEN

Mit Apple TV lassen sich Inhalte von Ihrem Mac – aber auch vom iPhone oder iPad – bequem aufs TV-Gerät oder einen Beamer übertragen. Richten Sie Ihr Apple TV nach dem Anschließen ans TV-Gerät oder den Beamer ein. Wie es dann weitergeht, lesen Sie auf dieser Doppelseite.

HINWEIS

Das Symbol bzw. aus Schritt 1 wird jeweils nur eingeblendet, wenn ein entsprechendes Gerät zur Verfügung steht.

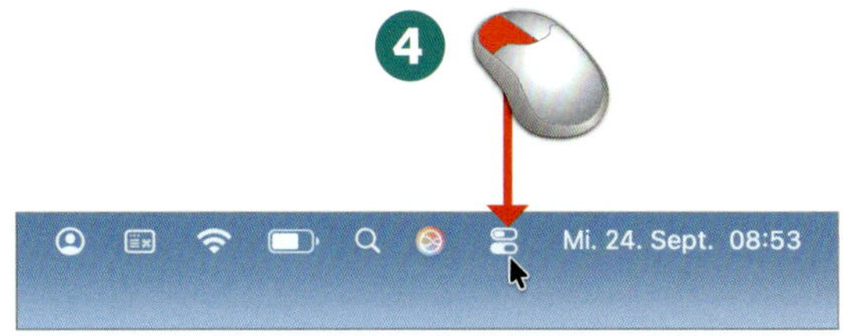

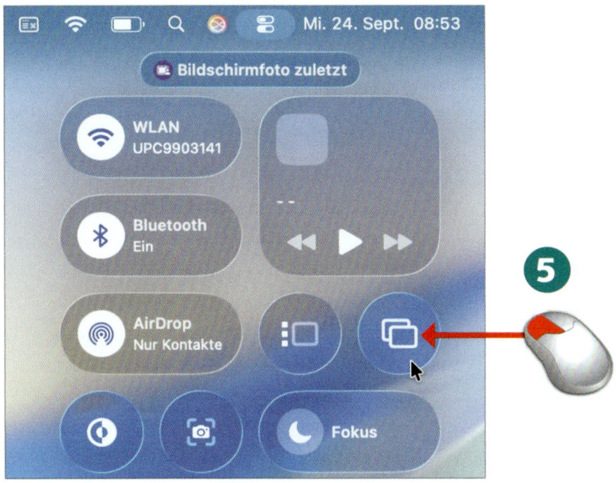

4 Oder möchten Sie sämtliche Displayinhalte aufs Apple TV übertragen? Dazu öffnen Sie zunächst per Menulet das Kontrollzentrum.

5 Entscheiden Sie sich im Kontrollzentrum für das Symbol .

6 Wählen Sie den Eintrag *Apple TV*. Um die Übertragung wieder zu beenden, klicken Sie den Eintrag einfach erneut an.

Ende

FACHWORT

Die Technologie, die der Übertragung vom Mac aufs Apple TV zugrunde liegt, nennt sich AirPlay – »Luftspiel«. Übrigens lassen sich mit AirPlay auch Medien auf Ihren Mac übertragen.

HINWEIS

Auf Ihre Käufe im integrierten Store können Sie im Apple TV auch direkt zugreifen. Außerdem lassen sich Filme direkt im Store ausleihen – so haben Sie Ihre Videothek direkt an den Fernseher angeschlossen.

Start

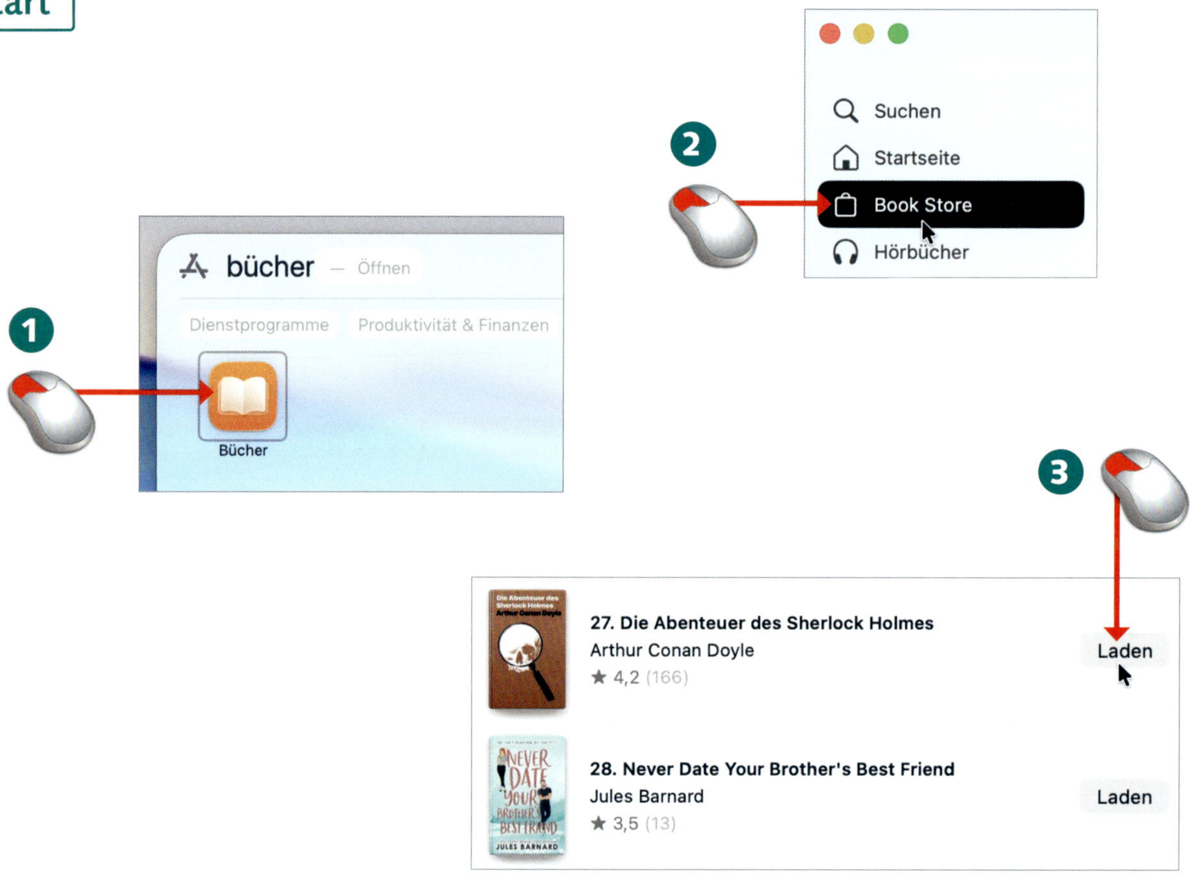

1. Entscheiden Sie sich in der App-Bibliothek für das Öffnen der App *Bücher*.
2. Um Bücher in die Bibliothek herunterzuladen, wählen Sie in der Seitenleiste den *Book Store*.
3. Klicken Sie bei einem Buch, das Sie haben möchten, auf *Laden* (bei kostenlosen bzw. bereits erworbenen E-Books) oder bei einem kostenpflichtigen E-Book auf den angezeigten Preis.

WISSEN

Auf Ihrem Mac ist Platz für eine ganze Bibliothek, auch wenn das elektronische Lesen etwas gewöhnungsbedürftig sein mag. Wie Sie die bereits verfügbare App *Bücher* verwenden, um E-Books auf Ihren Mac herunterzuladen und dort zu öffnen, stelle ich auf dieser Doppelseite dar.

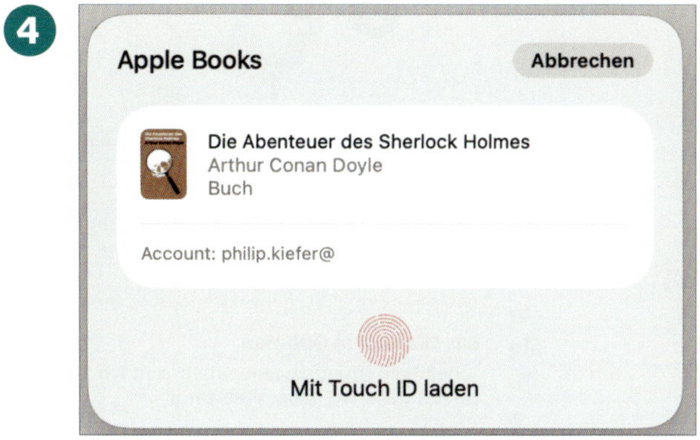

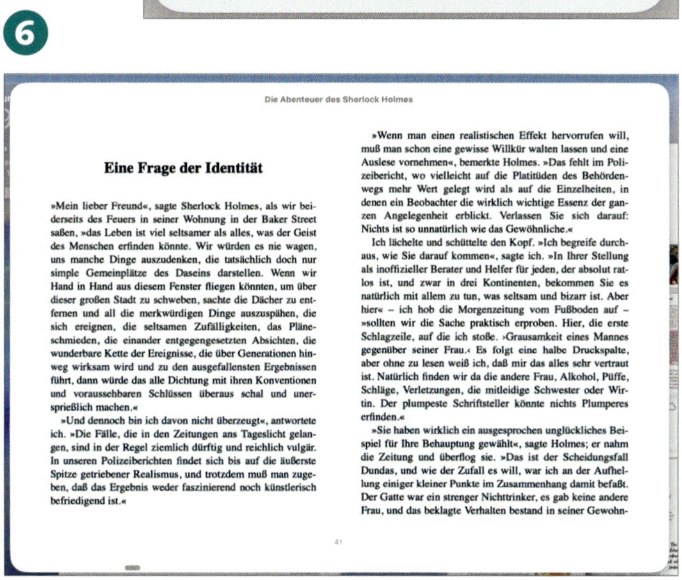

Eine Frage der Identität

»Mein lieber Freund«, sagte Sherlock Holmes, als wir beiderseits des Feuers in seiner Wohnung in der Baker Street saßen, »das Leben ist viel seltsamer als alles, was der Geist des Menschen erfinden könnte. Wir würden es nie wagen, uns manche Dinge auszudenken, die tatsächlich doch nur simple Gemeinplätze des Daseins darstellen. Wenn wir Hand in Hand aus diesem Fenster fliegen könnten, um über dieser großen Stadt zu schweben, sachte die Dächer zu entfernen und all die merkwürdigen Dinge auszuspähen, die sich ereignen, die seltsamen Zufälligkeiten, das Pläneschmieden, die einander entgegengesetzten Absichten, die wunderbare Kette der Ereignisse, die über Generationen hinweg wirksam wird und zu den ausgefallensten Ergebnissen führt, dann würde das alle Dichtung mit ihren Konventionen und voraussehbaren Schlüssen überaus schal und unersprießlich machen.«

»Und dennoch bin ich davon nicht überzeugt«, antwortete ich. »Die Fälle, die in den Zeitungen ans Tageslicht gelangen, sind in der Regel ziemlich dürftig und reichlich vulgär. In unseren Polizeiberichten findet sich bis auf die äußerste Spitze getriebener Realismus, und trotzdem muß man zugeben, daß das Ergebnis weder faszinierend noch künstlerisch befriedigend ist.«

»Wenn man einen realistischen Effekt hervorrufen will, muß man schon eine gewisse Willkür walten lassen und eine Auslese vornehmen«, bemerkte Holmes. »Das fehlt im Polizeibericht, wo vielleicht auf die Platitüden des Behördenwegs mehr Wert gelegt wird als auf die Einzelheiten, in denen ein Beobachter die wirklich wichtige Essenz der ganzen Angelegenheit erblickt. Verlassen Sie sich darauf: Nichts ist so unnatürlich wie das Gewöhnliche.«

Ich lächelte und schüttelte den Kopf. »Ich begreife durchaus, wie Sie darauf kommen«, sagte ich. »In Ihrer Stellung als inoffizieller Berater und Helfer für jeden, der absolut ratlos ist, und zwar in drei Kontinenten, bekommen Sie es natürlich mit allem zu tun, was seltsam und bizarr ist. Aber hier« – ich hob die Morgenzeitung vom Fußboden auf – »sollten wir die Sache praktisch erproben. Hier, die erste Schlagzeile, auf die ich stoße. ›Grausamkeit eines Mannes gegenüber seiner Frau.‹ Es folgt eine halbe Druckspalte, aber ohne zu lesen weiß ich, daß mir das alles sehr vertraut ist. Natürlich finden wir da die andere Frau, Alkohol, Püffe, Schläge, Verletzungen, die mitleidige Schwester oder Wirtin. Der plumpeste Schriftsteller könnte nichts Plumperes erfinden.«

»Sie haben wirklich ein ausgesprochen unglückliches Beispiel für Ihre Behauptung gewählt«, sagte Holmes; er nahm die Zeitung und überflog sie. »Das ist der Scheidungsfall Dundas, und wie der Zufall es will, war ich an der Aufhellung einiger kleiner Punkte im Zusammenhang damit befaßt. Der Gatte war ein strenger Nichttrinker, es gab keine andere Frau, und das beklagte Verhalten bestand in seiner Gewohn-

41

4 Bestätigen Sie den Download des E-Books mit Ihrem Apple Account, hier auf einem MacBook per Touch ID.

5 Wechseln Sie mit den Einträgen in der Seitenleiste zur Bibliothek. Um ein E-Book zu öffnen, doppelklicken Sie darauf.

6 Das E-Book steht nun zum Lesen zur Verfügung. Das Umblättern erfolgt durch horizontales Streichen auf der Magic Mouse oder dem Trackpad. Alternativ verwenden Sie die Tasten → bzw. ←.

Ende

HINWEIS

Sie können neben E-Book-Dateien auch PDF-Dateien in Ihre Bibliothek aufnehmen. Wählen Sie dazu in der Menüleiste *Ablage/Importieren*.

TIPP

Um ein E-Book wieder zu schließen, bewegen Sie den Mauszeiger in die Titelleiste oben im E-Book-Fenster und klicken auf das gewohnte Fenstersymbol ●. Die Bibliothek bleibt hierbei geöffnet.

Start

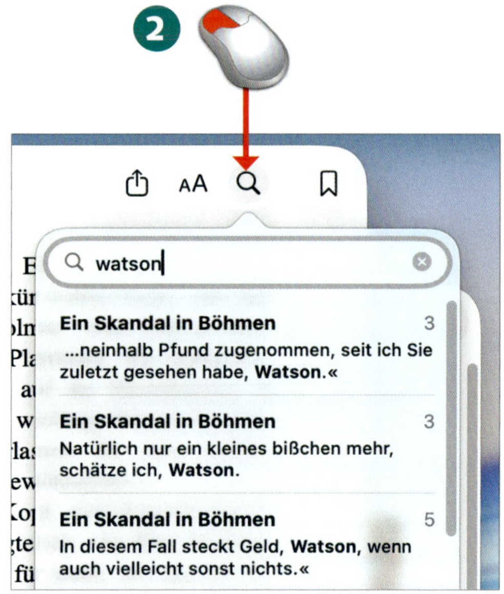

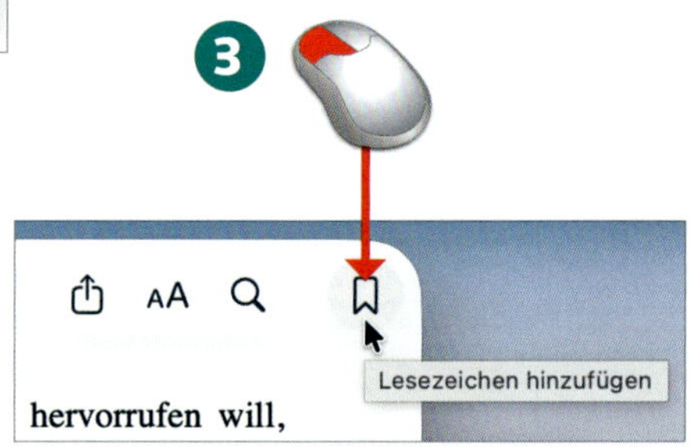

1. Passen Sie Schriftgröße, Schriftart und Hintergrundfarbe wunschgemäß an. Die Optionen finden Sie im E-Book-Fenster unter dem Symbol AA (zum Einblenden der Symbole Mauszeiger in die Titelleiste bewegen).

2. Das E-Book lässt sich nach beliebigen Begriffen durchsuchen. Klicken Sie auf das Symbol 🔍, um ein Suchfeld einzublenden und Ihren Begriff einzutippen. Klicken Sie einen Eintrag an, um zur gefundenen Stelle zu springen.

3. Schnell ein Lesezeichen setzen: Dazu klicken Sie auf das Symbol 🔖. Das Aufrufen der mit einem Lesezeichen versehenen Seiten erfolgt unter dem Symbol ▣.

WISSEN

Dem elektronischen Lesen fehlt der Charme, den ein Buch ausübt. Aber es bietet auch ein paar Vorteile. Lassen Sie mich Ihnen auf dieser Doppelseite einige wichtige Funktionen rund um das E-Book-Lesen in der App *Bücher* vorstellen. Übrigens: Wenn Sie neben Ihrem Mac auch ein iPhone oder iPad verwenden, haben Sie Ihre E-Books dort ebenfalls in der App *Bücher* verfügbar.

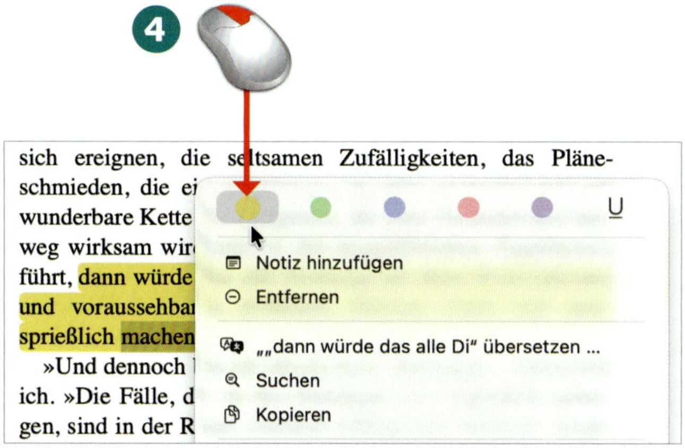

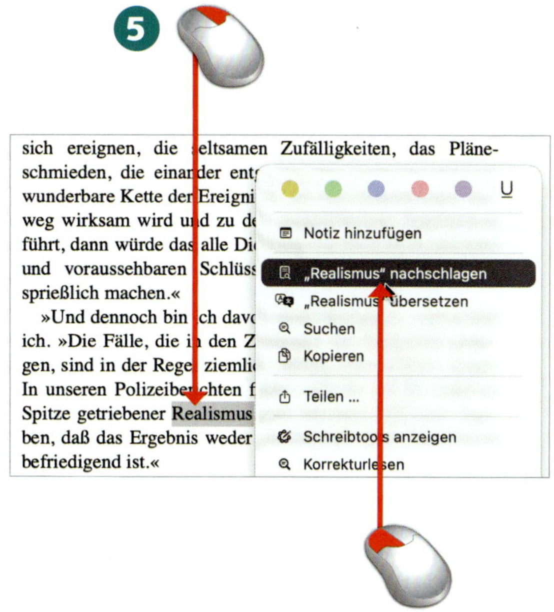

4 Text markern oder mit einer Notiz versehen geht auch im E-Book. Markieren Sie den Text mit der Maus und klicken Sie ihn mit der rechten Maustaste an, um diese Optionen zu erhalten. Ihre Notizen und Markierungen rufen Sie unter dem Symbol ▤ auf.

5 Klicken Sie lediglich ein unbekanntes Wort mit der rechten Maustaste an, erhalten Sie im Kontextmenü eine Option zum Nachschlagen.

6 Um schließlich jederzeit auf das Inhaltsverzeichnis zuzugreifen und per Mausklick zu einer bestimmten Stelle zu wechseln, klicken Sie auf das Symbol ☰.

Ende

HINWEIS

Fremdsprachige Passagen auf die Schnelle übersetzen: Auch diese Option erhalten Sie im Kontextmenü aus den Schritten 4 und 5.

TIPP

Wenn Sie viele Bücher in Ihrer Bibliothek haben, organisieren Sie diese in Sammlungen. Wählen Sie in der Menüleiste *Ablage/Neue Sammlung*, um eine neue Sammlung anzulegen.

Schachverein
Geteilter Kalender
Einladung annehmen
Später

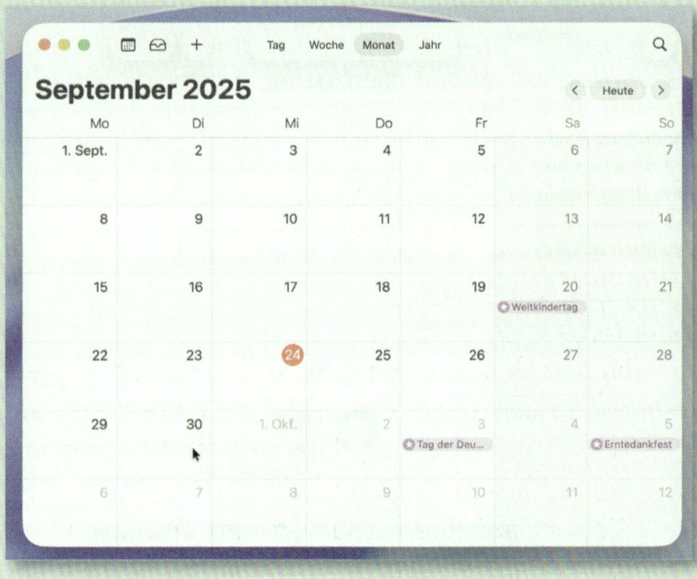
Tag
Woche
Monat
Jahr
September 2025
Heute
Mo
Di
Mi
Do
Fr
Sa
So
Weltkindertag
Tag der Deu...
Erntedankfest

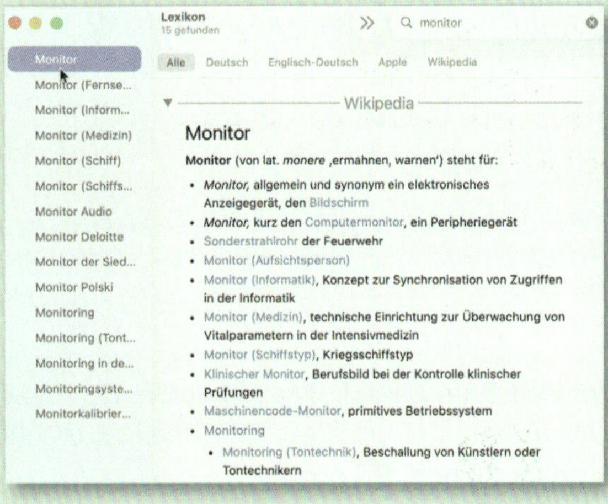
Lexikon
15 gefunden
monitor
Monitor
Monitor (Fernse...
Monitor (Inform...
Monitor (Medizin)
Monitor (Schiff)
Monitor (Schiffs...
Monitor Audio
Monitor Deloitte
Monitor der Sied...
Monitor Polski
Monitoring
Monitoring (Tont...
Monitoring in de...
Monitoringsyste...
Monitorkalibrier...
Alle
Deutsch
Englisch-Deutsch
Apple
Wikipedia
Wikipedia
Monitor
Monitor (von lat. monere ‚ermahnen, warnen') steht für:
Monitor, allgemein und synonym ein elektronisches Anzeigegerät, den Bildschirm
Monitor, kurz den Computermonitor, ein Peripheriegerät
Sonderstrahlrohr der Feuerwehr
Monitor (Aufsichtsperson)
Monitor (Informatik), Konzept zur Synchronisation von Zugriffen in der Informatik
Monitor (Medizin), technische Einrichtung zur Überwachung von Vitalparametern in der Intensivmedizin
Monitor (Schiffstyp), Kriegsschiffstyp
Klinischer Monitor, Berufsbild bei der Kontrolle klinischer Prüfungen
Maschinencode-Monitor, primitives Betriebssystem
Monitoring
Monitoring (Tontechnik), Beschallung von Künstlern oder Tontechnikern

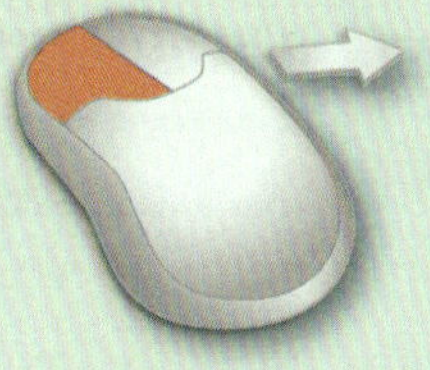

25. September 2025 um 13:29
Das ist der Titel
Das ist eine Überschrift
Das ist der Standardtext
Das ist der erste Aufzählungspunkt
Das ist der zweite Aufzählungspunkt
Das ist der dritte Aufzählungspunkt

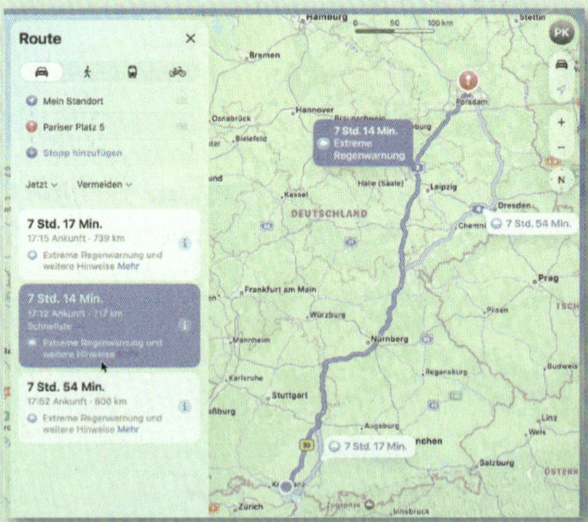
Route
Mein Standort
Pariser Platz 5
Stopp hinzufügen
Jetzt
Vermeiden
7 Std. 17 Min.
7 Std. 14 Min.
Schnellste
7 Std. 54 Min.
DEUTSCHLAND

10

Weitere nützliche Apps erkunden

Neben den in diesem Buch bereits kennengelernten Apps steht Ihnen auf Ihrem Mac mit macOS Tahoe noch eine Vielzahl weiterer Standard-Apps zur Verfügung. Die nützlichsten und spannendsten Apps lernen Sie in diesem Kapitel in kurzen Anleitungen kennen. Erfahren Sie, wie Sie sich auf Ihrem Mac an Ihre Termine erinnern lassen, wie Sie Ihre Kontakte verwalten, wie Sie Ihre Aufgaben stets im Blick behalten, sich vom Mac wecken lassen, auf Ihrem Mac Routen planen, Texte schreiben oder ein Journal führen, Notizen erstellen, Sprachmemos aufnehmen, mit der App *Freeform* brainstormen, Wertpapiere verwalten oder zur Entspannung zwischendurch eine Partie Schach spielen.

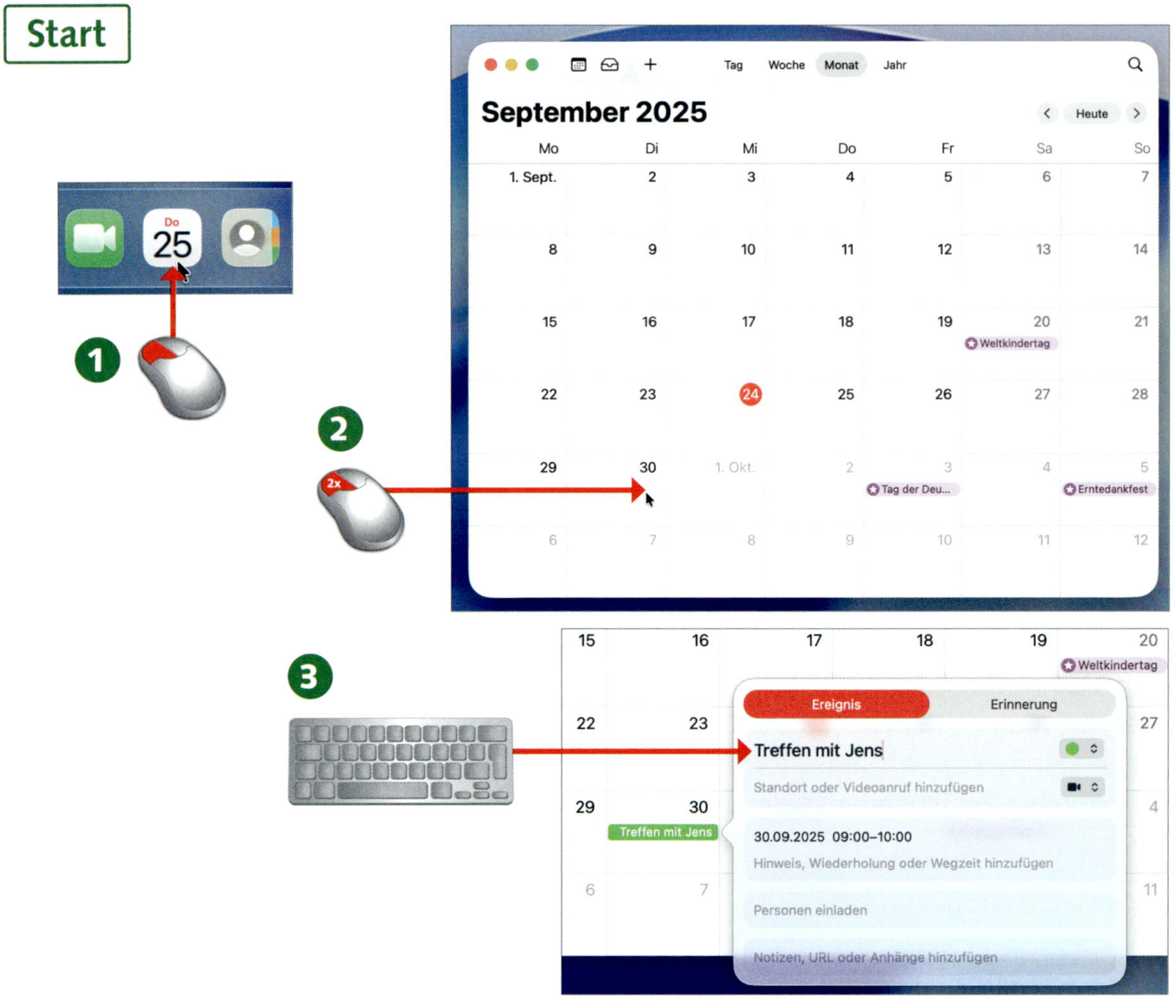

1 Klicken Sie im Dock auf das Kalenderblatt-Symbol, um die App *Kalender* zu öffnen. Auf dem Symbol wird Ihnen übrigens jeweils der aktuelle Tag angezeigt.

2 Wechseln Sie bei Bedarf mit den Schaltflächen oben im Fenster die Kalenderansicht. Um einen neuen Termin zu erstellen, doppelklicken Sie in ein Kalenderfeld.

3 Geben Sie dem neuen Termin (dem neuen Ereignis) zunächst einen Namen und machen Sie gegebenenfalls Angaben zum Ort.

WISSEN

Auch Ihre Termine lassen sich auf dem Mac clever verwalten und gegebenenfalls mit anderen Geräten synchronisieren. Lesen Sie auf dieser Doppelseite zunächst, wie Sie einen neuen Termin anlegen und diesen mit einer Terminerinnerung versehen.

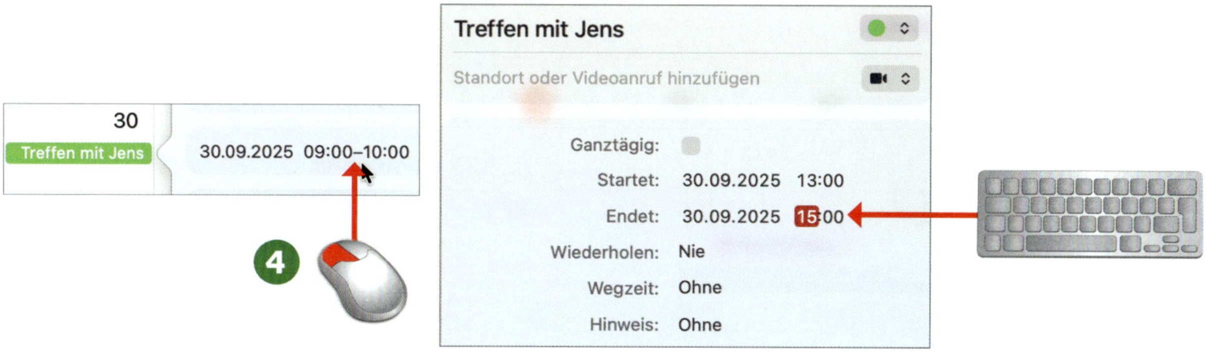

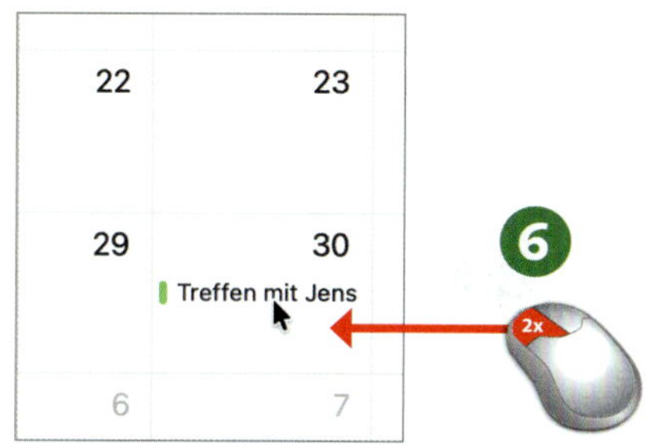

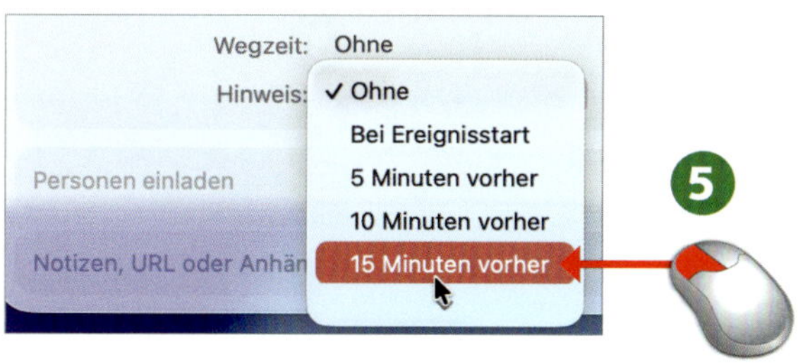

4 Klicken Sie auf die Zeitangabe, um diese anzupassen.

5 Klicken Sie dann auf das Menü *Hinweis*, um den Zeitpunkt der Terminerinnerung festzulegen. Unter *Wegzeit* können Sie auch die Anfahrtszeit mit einplanen.

6 Klicken Sie in den Kalender, um das Bearbeitungsfenster wieder zu schließen. Per Doppelklick auf den Termin lässt es sich jederzeit erneut aufrufen.

Ende

TIPP

Auch für die App *Kalender* gilt, dass Sie Daten aus Internetquellen übernehmen können. Wählen Sie in der Menüleiste *Kalender/Account hinzufügen*, um einen entsprechenden Account zu ergänzen.

HINWEIS

Wiederkehrende Termine, beispielsweise Geburtstage oder Steuertermine, brauchen Sie nicht jedes Mal neu einzutragen. Wählen Sie einfach im Menü *Wiederholen* ein Intervall aus – das Eintragen erfolgt dann automatisch.

Start

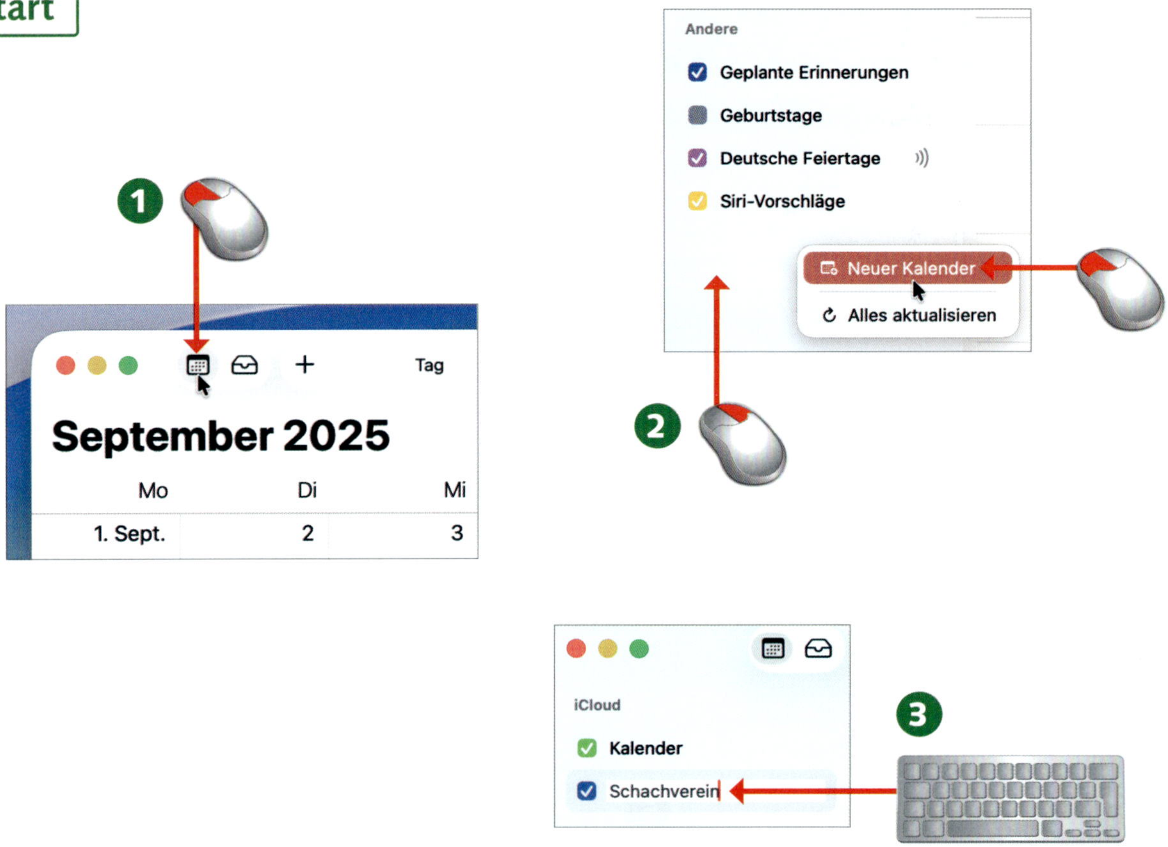

1. Blenden Sie in der App *Kalender* ggf. zunächst die Seitenleiste ein, und zwar, indem Sie oben in der App auf das Symbol klicken.
2. Klicken Sie mit der rechten Maustaste auf eine freie Fläche der Seitenleiste und wählen Sie im Kontextmenü den Eintrag *Neuer Kalender*.
3. Geben Sie dem Kalender eine sinnvolle Bezeichnung und bestätigen Sie mit der ↵-Taste.

WISSEN

Legen Sie mehrere Kalender an, um Ihre privaten, geschäftlichen, Vereins- oder Geburtstagstermine voneinander zu trennen. Auf dieser Doppelseite erkläre ich Ihnen Schritt für Schritt, wie Sie zum Anlegen eines neuen Kalenders vorgehen.

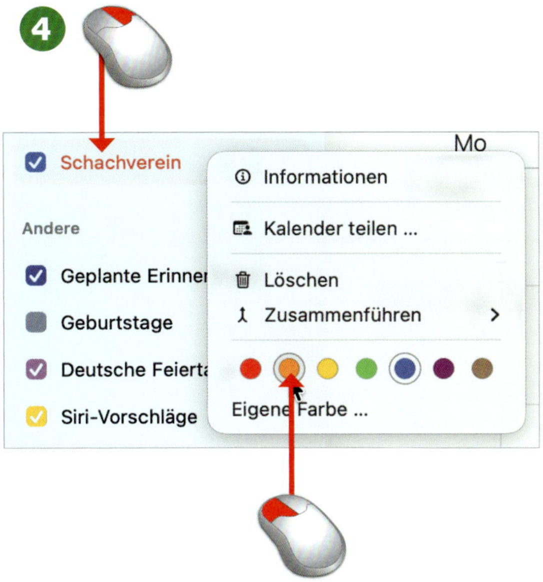

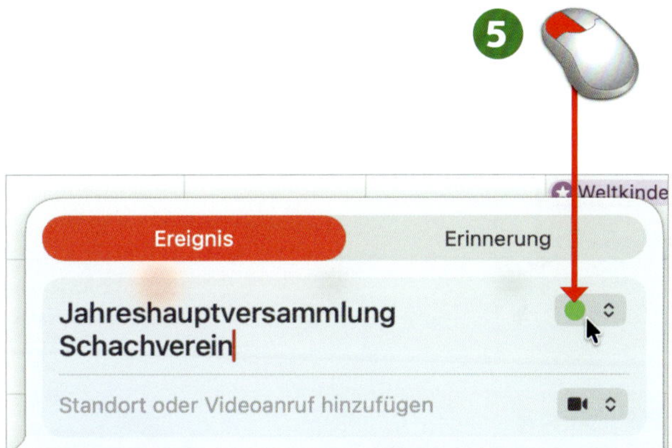

4 Der Kalender lässt sich z. B. im Hinblick auf die Farbe anpassen. Klicken Sie ihn dazu mit der rechten Maustaste an und treffen Sie im Kontextmenü Ihre Auswahl.

5 Um im Bearbeitungsfenster eines Termins den Kalender auszuwählen, klicken Sie auf das Symbol .

6 Wählen Sie dann im Menü den gewünschten Kalender aus.

Ende

TIPP

Einen Kalender zu Papier bringen: Wählen Sie *Ablage/Drucken*, um einen entsprechenden Druckassistenten aufzurufen.

HINWEIS

Einen Standardkalender festlegen: Dazu klicken Sie unter *Kalender* auf *Einstellungen* und nehmen die gewünschte Einstellung unter *Allgemein* im Menü *Standardkalender* vor.

Start

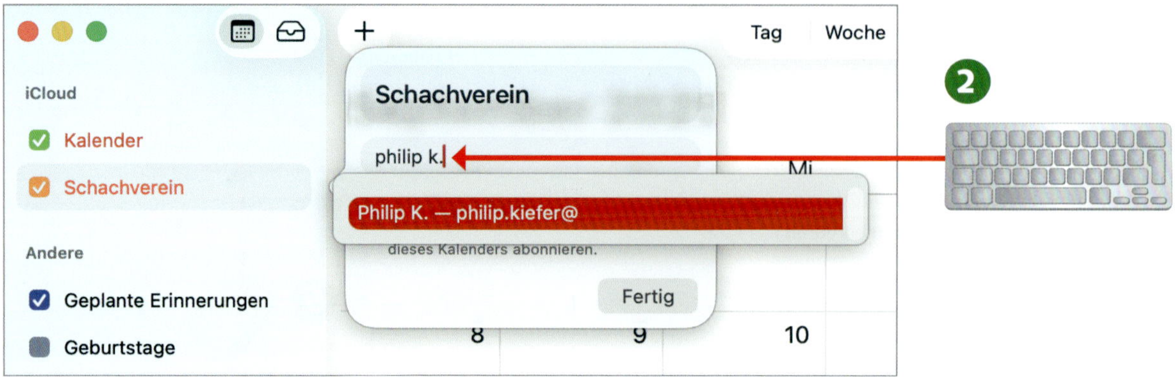

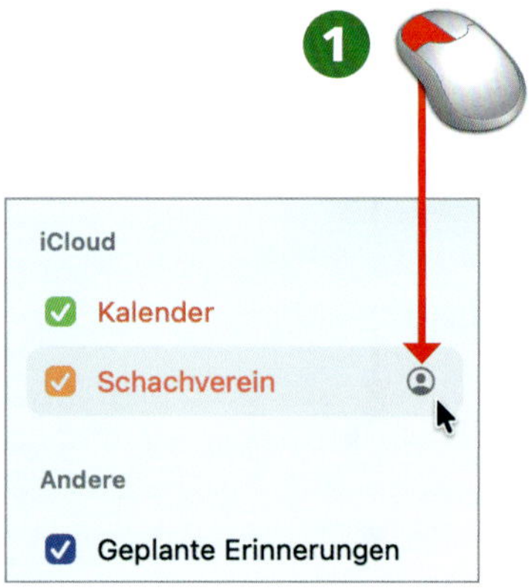

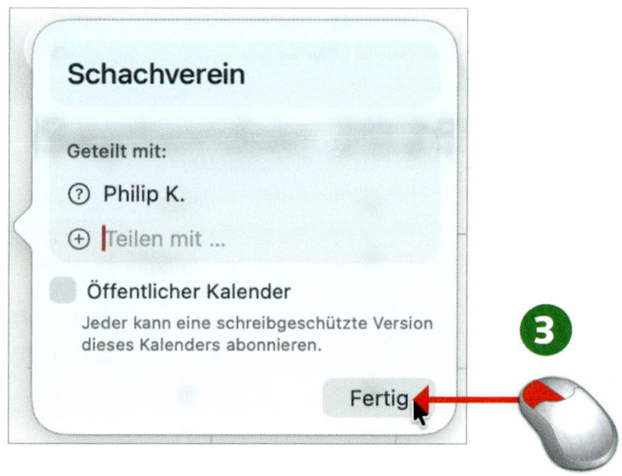

1. Bewegen Sie den Mauszeiger auf einen iCloud-Kalender, den Sie freigeben möchten, und klicken Sie auf das eingeblendete Symbol .
2. Tippen Sie ein, für wen die Freigabe des iCloud-Kalenders erfolgen soll. Sie können eine oder auch mehrere Personen einladen.
3. Bestätigen Sie mit *Fertig*. Übrigens: Statt der Einzelfreigabe können Sie den Kalender durch Aktivieren der Option *Öffentlicher Kalender* auch auf einer Webseite veröffentlichen.

WISSEN

Wenn Sie einen iCloud-Kalender nutzen (vgl. Kapitel 3), lassen sich Ihre Termine nicht nur auf den eigenen anderen Geräten verfügbar machen. Auch die Freigabe eines Kalenders für andere Personen ist kein Problem – ideal zum Terminabgleich! Lesen Sie auf dieser Doppelseite, wie Sie vorgehen.

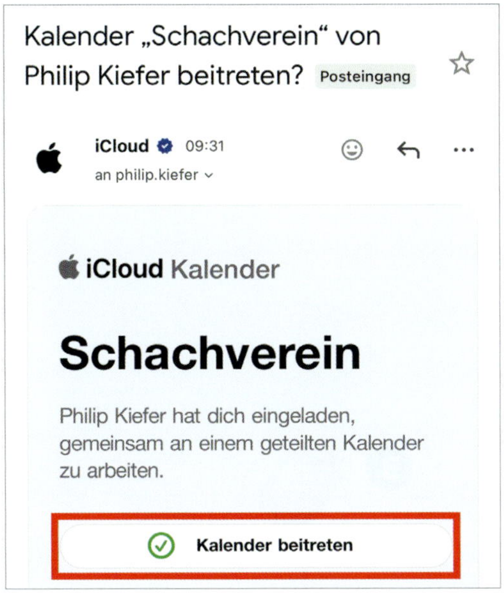

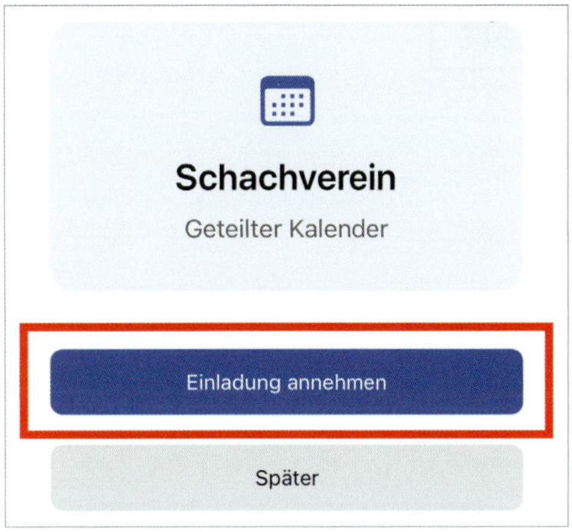

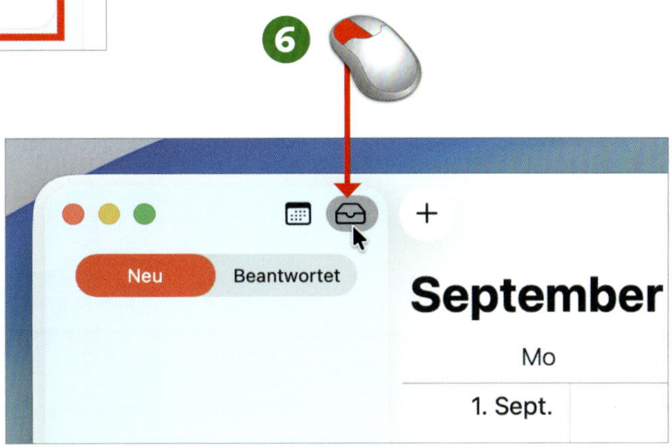

4 Hier nehme ich die Einladung auf einem iPhone an, indem ich in der erhaltenen E-Mail auf *Kalender beitreten* klicke. Die Einladung erscheint auch direkt in der App *Kalender*.

5 Bestätigen Sie das Verwenden des freigegebenen Kalenders mit der Schaltfläche *Einladung annehmen*. Die Termine des Kalenders stehen nun auch auf dem iPhone zur Verfügung.

6 In der Kalender-App auf dem Mac rufen Sie die Meldungen (Kalender-Einladungen und Bestätigungen) bei Verfügbarkeit unter dem Symbol auf.

Ende

TIPP

Eine Kalenderfreigabe wieder beenden: Dazu klicken Sie den freigegebenen Kalender mit der rechten Maustaste bzw. bei gedrückter *control*-Taste an und wählen das Beenden der Freigabe.

HINWEIS

Kalender exportieren oder importieren: Diese Optionen finden Sie in der Menüleiste unter *Ablage*.

Start

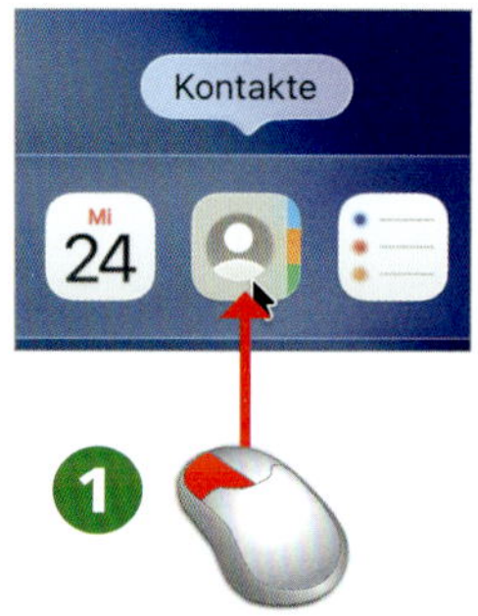

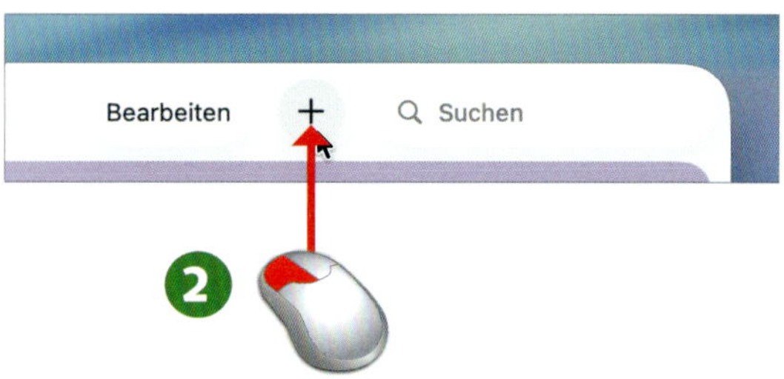

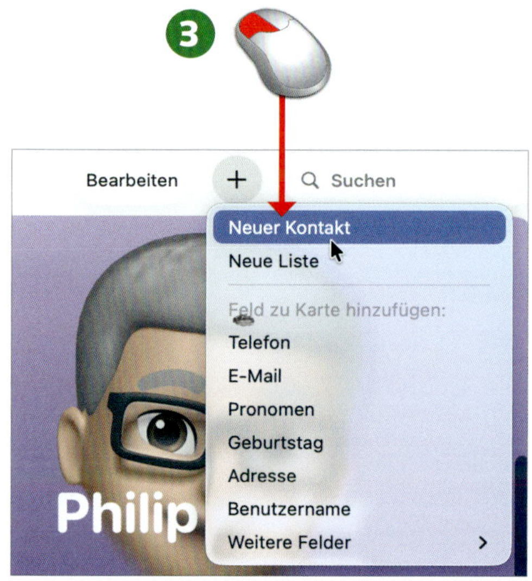

1. Entscheiden Sie sich im Dock für das Öffnen der App *Kontakte* – das Symbol der App zeigt ein Adressbuch.
2. Um einen neuen Kontakt zu erstellen, klicken Sie in der App auf das Plussymbol +.
3. Im Menü wählen Sie anschließend den Eintrag *Neuer Kontakt*. Sie können hier später auch Kontaktlisten anlegen, in denen Sie mehrere Kontakte gruppieren (z. B. Familie, Kollegen, Verein).

WISSEN

Ein elektronisches Adressbuch bietet nicht nur den Vorteil, dass es nicht verlegt werden kann. Es bietet Ihnen auch die Möglichkeit, Kontaktdaten zwischen mehreren Quellen zu synchronisieren. So haben Sie – bei einer Synchronisierung mit iCloud – Ihre auf dem Mac eingegebenen Kontaktdaten auch auf dem iPhone oder iPad immer mit dabei.

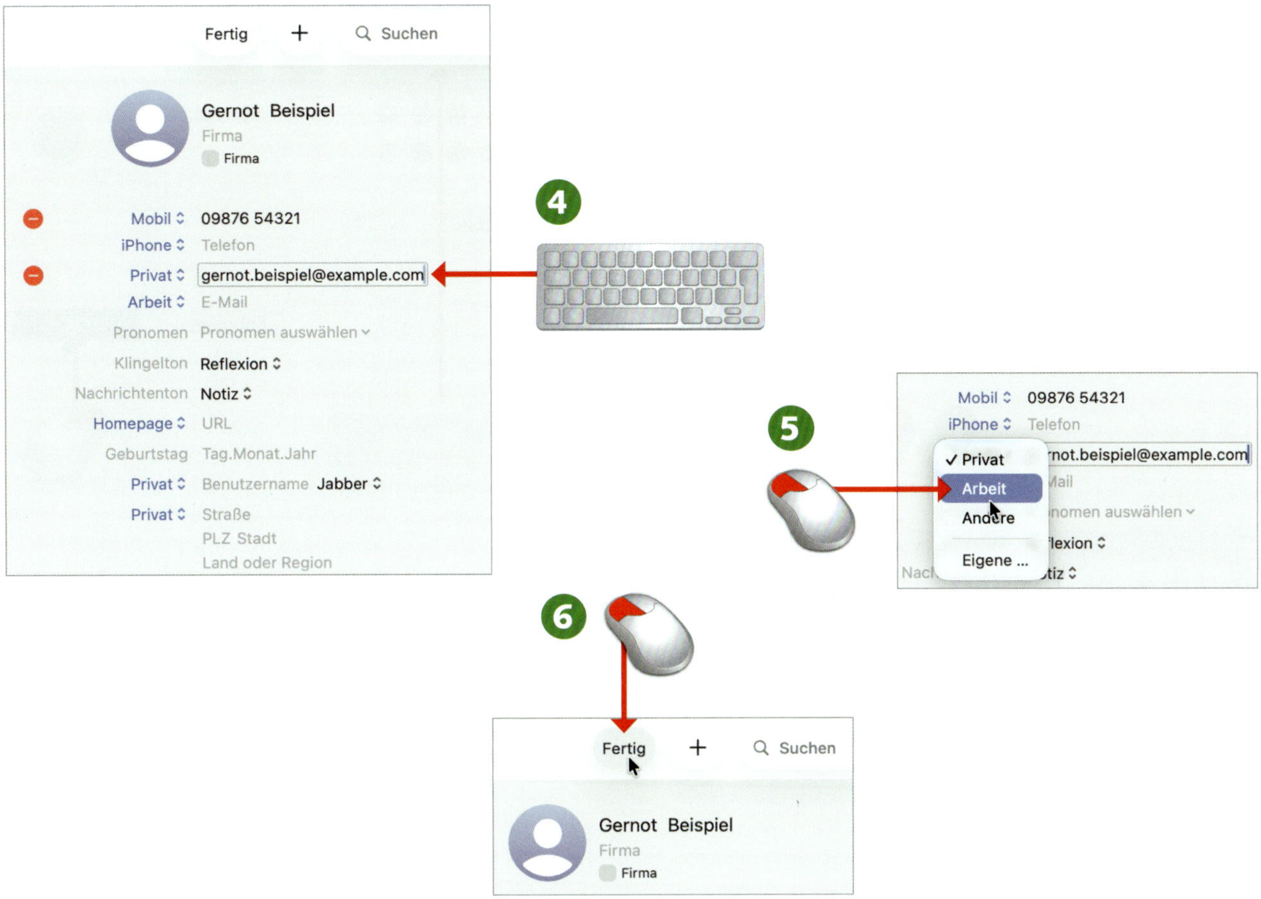

4 Machen Sie in den einzelnen Feldern Ihre Eingaben und fügen Sie, wenn gewünscht, unter dem Platzhalter links neben dem Namen dem Kontakt ein Bild hinzu.

5 Viele Felder sind mit einem blauen Etikett versehen. Klicken Sie ein Etikett an, um es per Menü anzupassen.

6 Bestätigen Sie mit *Fertig*, um die Eingabe abzuschließen. Das Löschen eines nicht mehr benötigten Kontaktes erfolgt mit *Bearbeiten/Kontaktkarte löschen*.

Ende

TIPP

Auch in der App *Kontakte* funktioniert die Tastenkombination *command*+*N*, in diesem Fall dient sie dem Anlegen eines neuen Kontaktes (= einer neuen Kontaktkarte).

HINWEIS

Wenn Sie Ihre Kontakte bereits bei einem anderen Anbieter, etwa Google Kontakte, gespeichert haben, wählen Sie in der Menüleiste *Kontakte/Account hinzufügen*, um die Kontakte aus dieser Quelle zu übernehmen.

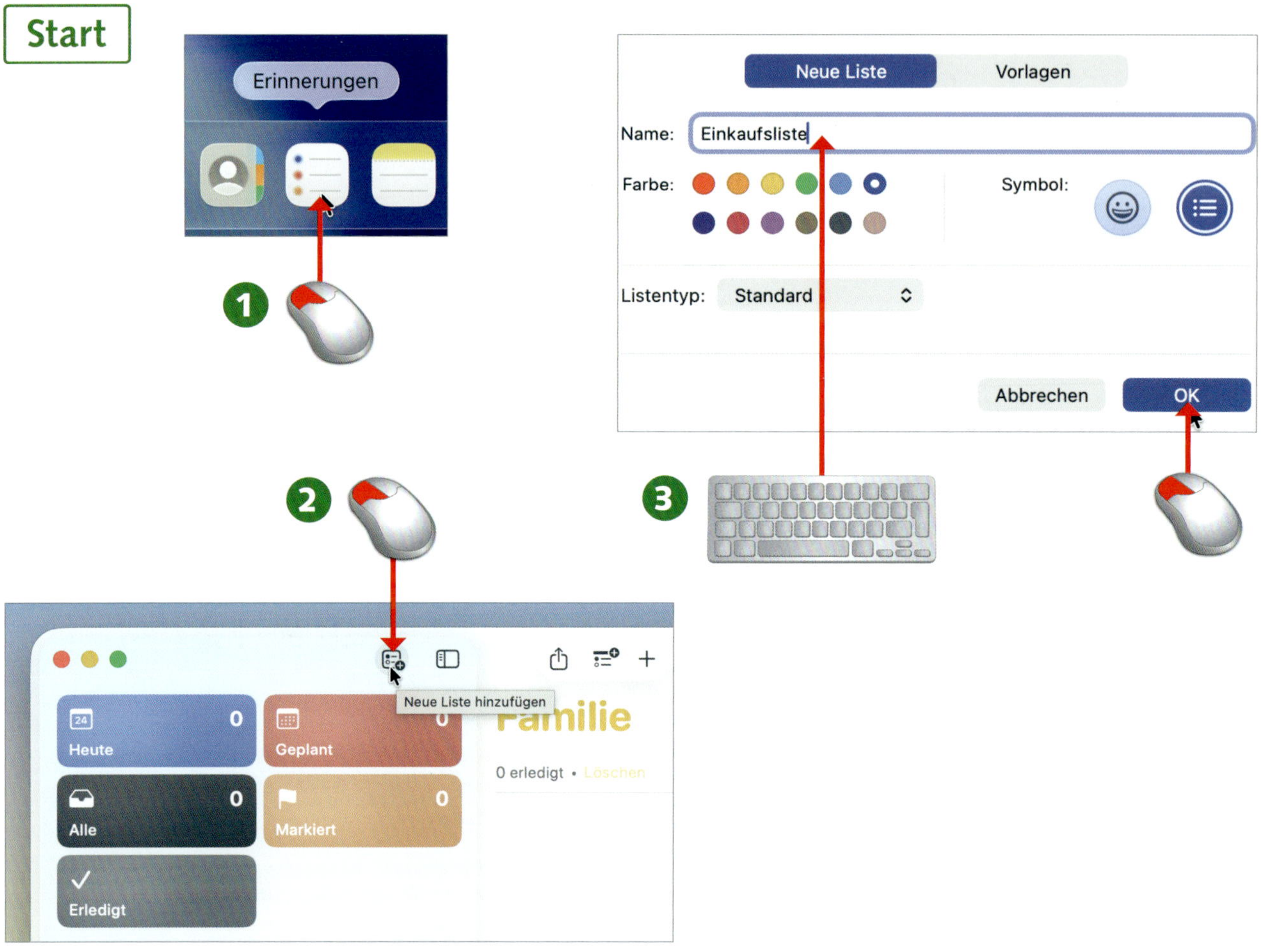

1. Öffnen Sie die App *Erinnerungen*.

2. Ihnen stehen bereits die Standardlisten zur Verfügung. Um eine neue Erinnerungsliste anzulegen, klicken Sie oben im Fenster der App auf das Symbol *Neue Liste hinzufügen*.

3. Geben Sie der neuen Liste eine sinnvolle Bezeichnung, entscheiden Sie sich gegebenenfalls für eine andere Listenfarbe und bestätigen Sie mit *OK*.

WISSEN

Mit der App *Erinnerungen* behalten Sie Ihre Aufgaben aller Art stets im Blick und können sich sowohl zu einer bestimmten Zeit als auch an einem bestimmten Ort an die Erledigung erinnern lassen – und natürlich ist auch in diesem Fall eine Synchronisierung mit iCloud möglich. Auf dieser Doppelseite zeige ich Ihnen, wie Sie eine Erinnerungsliste und in dieser Liste eine Erinnerung anlegen.

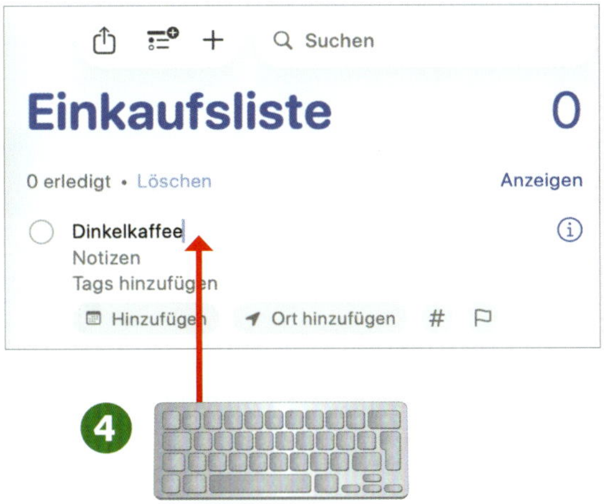

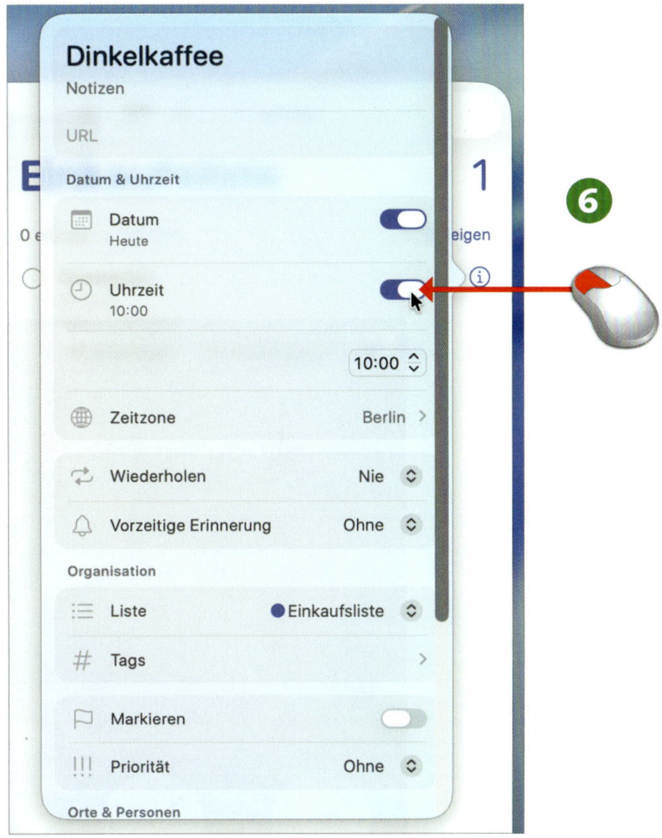

4 Um in der ausgewählten Liste eine neue Erinnerung zu erstellen, klicken Sie einfach in das Listenfeld und machen Ihre Eingabe. Bestätigen Sie mit der [↵]-Taste.

5 Sie möchten sich an einem bestimmten Ort an die Aufgabe erinnern lassen? Dazu wählen Sie unterhalb des Eintrags *Ort hinzufügen* bzw. klicken rechts neben der Erinnerung auf das Symbol ⓘ.

6 Aktivieren Sie den Schalter *Uhrzeit* und machen Sie eine Zeitangabe. Auch ortsbasierte Erinnerungen sind möglich, falls Sie Ihr MacBook immer dabeihaben.

Ende

TIPP

Eine Aufgabe als erledigt markieren: Dazu klicken Sie in das zugehörige Optionsfeld ◯.

HINWEIS

Bei vielen tagesabhängigen Erinnerungen erhalten Sie einen Überblick, indem Sie sich in der Leiste links für die Schaltfläche *Geplant* entscheiden.

Start

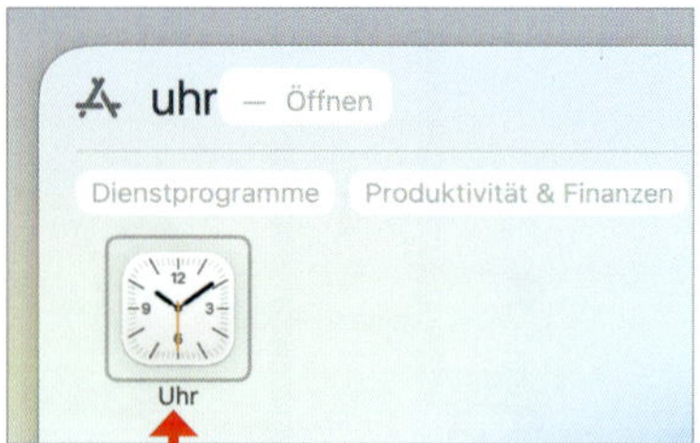

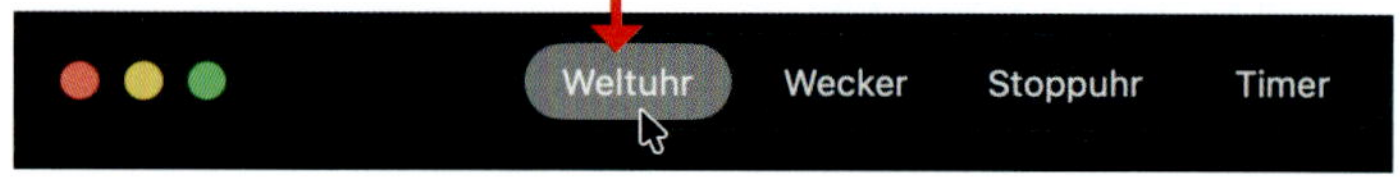

1. Rufen Sie die App *Uhr* in der App-Bibliothek auf.

2. Oben in der App treffen Sie die Funktionsauswahl per Mausklick auf den entsprechenden Reiter.

3. Um eine neue Weltuhr anzulegen, klicken Sie rechts oben auf das Plussymbol + und machen anschließend die Ortsangabe. Die einzelnen Orte werden mit der jeweiligen Uhrzeit auf einer Karte dargestellt.

WISSEN

Eine weitere praktische, auf Ihrem Mac bereits vorhandene App ist die auch von iPhone und iPad bekannte App *Uhr*. Sie beinhaltet vier Funktionen: eine Weltuhr, einen Wecker, eine Stoppuhr sowie einen Timer. Auf dieser Doppelseite erhalten Sie einen kurzen Überblick.

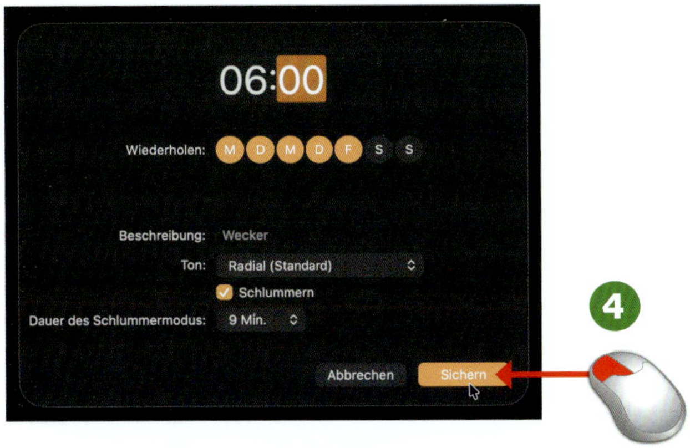

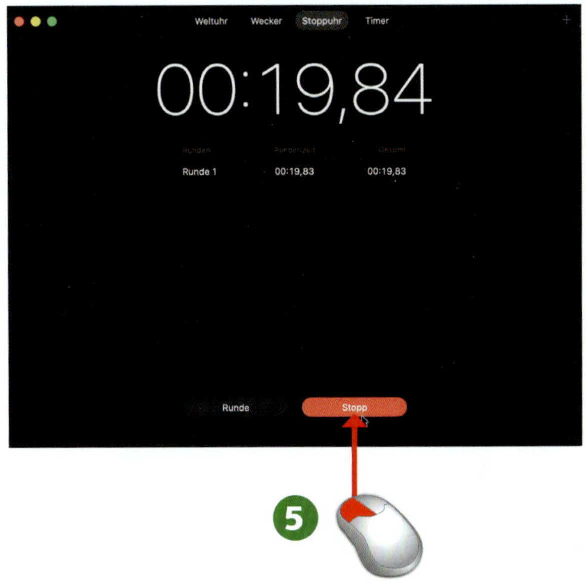

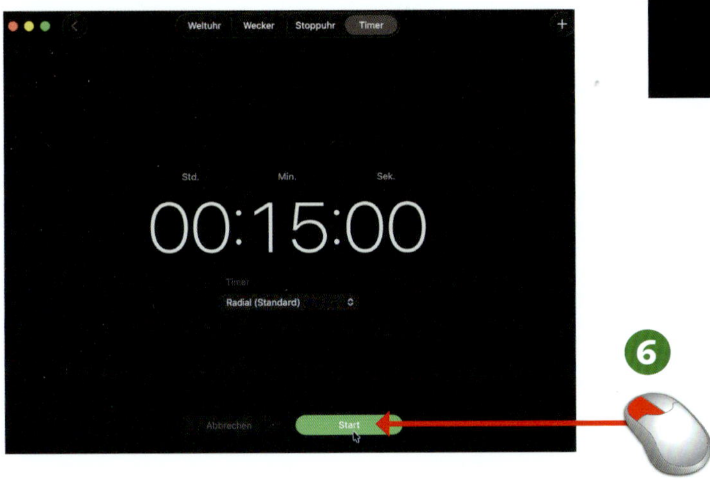

4 Auch ein neuer Wecker wird – auf der Registerkarte *Wecker* – per Plussymbol angelegt. Bestimmen Sie Uhrzeit, Wiederholungsturnus, Sound und Co. und bestätigen Sie mit *Sichern*.

5 Einfacher geht's kaum: Klicken Sie auf *Start* und *Stopp*, um die Stoppuhr-Funktion zu nutzen. Auch Runden können gezählt werden – auf dem Mac vielleicht Arbeitsrunden?

6 Schließlich können Sie – unter dem Reiter *Timer* – einen Timer starten, der nach einer festgelegten Zeit einen Alarm ausgibt. So brennt die Pizza im Backofen garantiert nicht an.

Ende

TIPP

Auch die Wetter-App ist von iPhone und iPad bekannt. Die dort eingerichteten Örtlichkeiten können über die App *Wetter* auch auf dem Mac angezeigt werden.

TIPP

Die analoge Stoppuhr sieht stylisher aus. Um diese einzublenden, wählen Sie in der Menüleiste *Darstellung/Analoge Stoppuhr anzeigen*.

Start

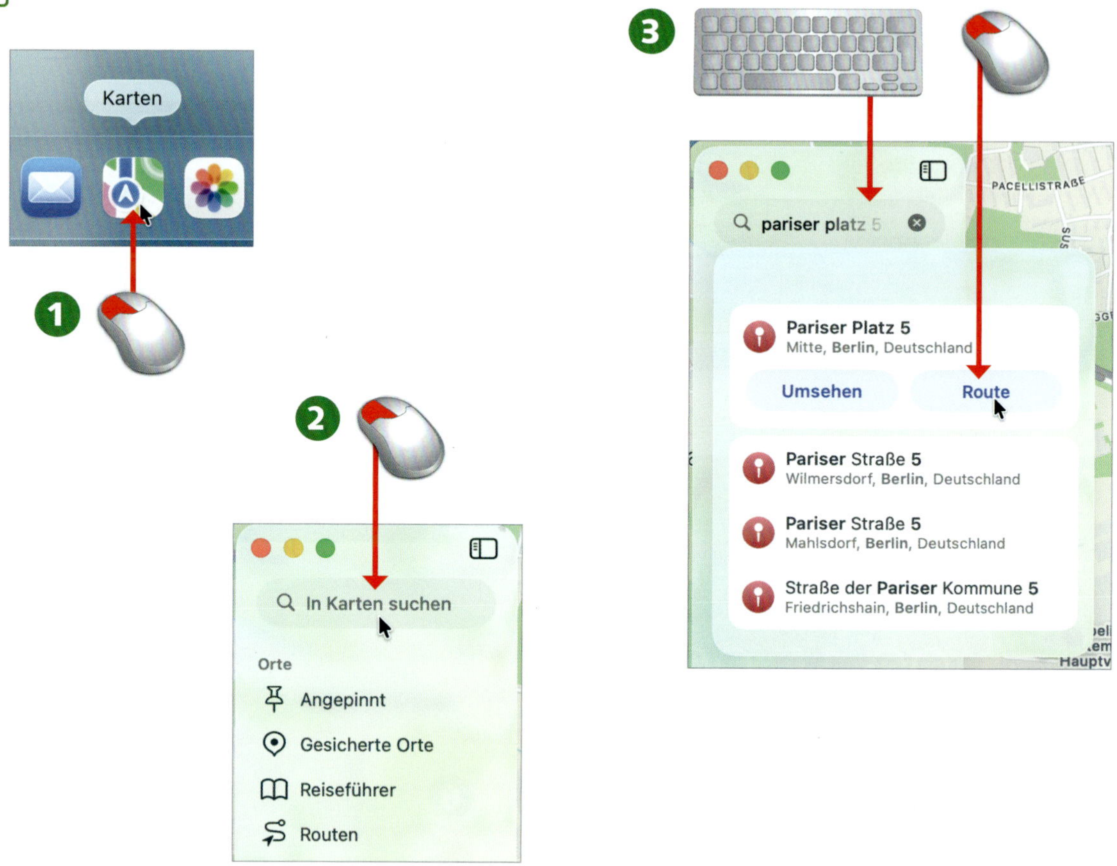

1. Entscheiden Sie sich im Dock für das Öffnen der App *Karten* – das Symbol zeigt eine kleine Straßenkarte.

2. Mit dem Symbol rufen Sie Ihren eigenen Standort auf. Um nach einer Adresse oder einem Ort zu suchen, verwenden Sie das eingebaute Suchfeld.

3. Tippen Sie ein, wonach Sie suchen, bei einem gefundenen Eintrag klicken Sie auf die Schaltfläche *Route*.

WISSEN

Mit der App *Karten*, die auf Ihrem Mac bereits zur Verfügung steht, lassen sich Örtlichkeiten auf der ganzen Welt aufrufen. Und falls Sie noch kein Navigationsgerät Ihr Eigen nennen sollten, verwenden Sie die App auch zur Routenplanung, um die beste Strecke für die nächste längere Fahrt zu ermitteln. Sie sind zu Fuß unterwegs? Dann wechseln Sie die Planungsoption. Auch für Fahrrad und öffentlichen Nahverkehr stehen Planungsoptionen zur Verfügung.

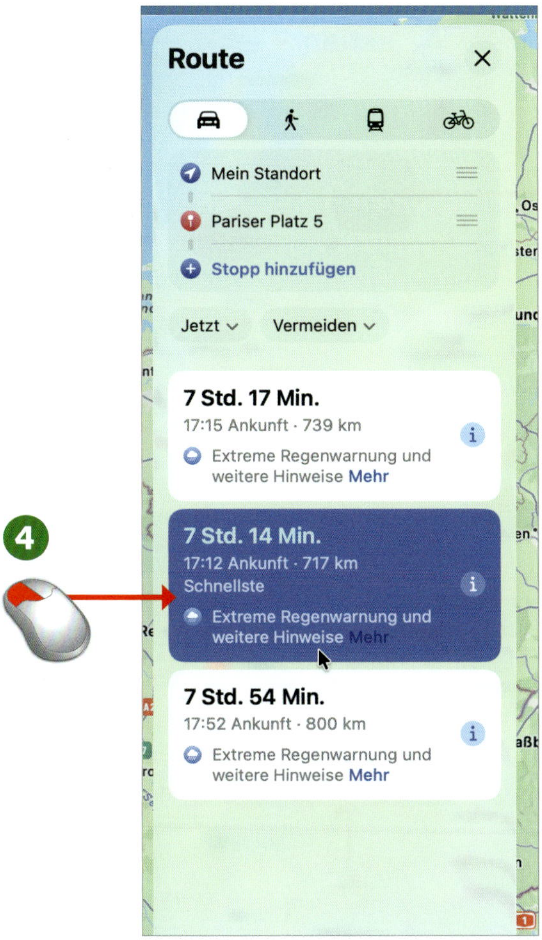

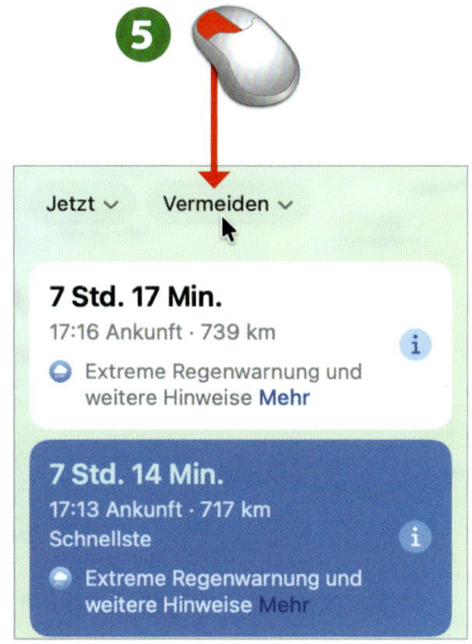

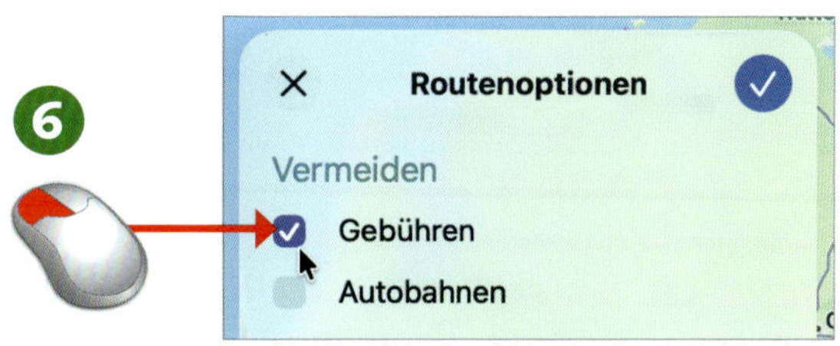

4 Ihnen werden häufig mehrere Strecken angeboten, wählen Sie dann per Mausklick die gewünschte aus. Sie können auch noch weitere Stopps hinzufügen.

5 Möchten Sie gebührenpflichtige Straßen oder Autobahnen von der Routenplanung ausschließen? Dann wählen Sie *Vermeiden*.

6 Machen Sie per Kontrollkästchen die entsprechenden Angaben.

Ende

TIPP

Stehen an einem Ort Straßenansichten zur Verfügung? Dann können Sie sich per Mausklick auf das Symbol [Fernglas] direkt in die Straße zoomen und sind mittendrin!

TIPP

Sie können auch eigene Routen anlegen, etwa für eine Sightseeing-Tour. Klicken Sie dazu in der App *Karten* auf *Routen* und wählen Sie *Route erstellen*.

Start

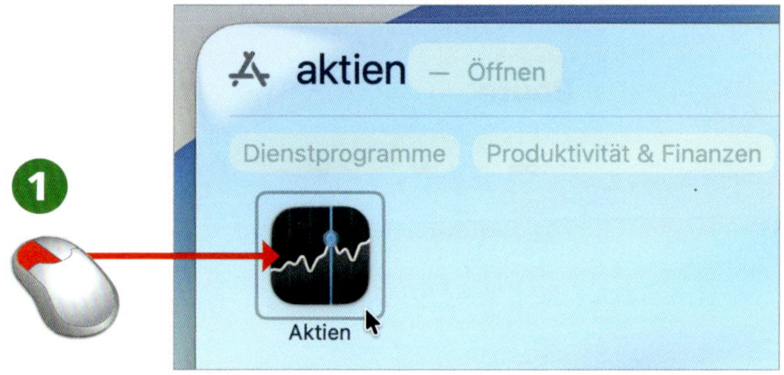

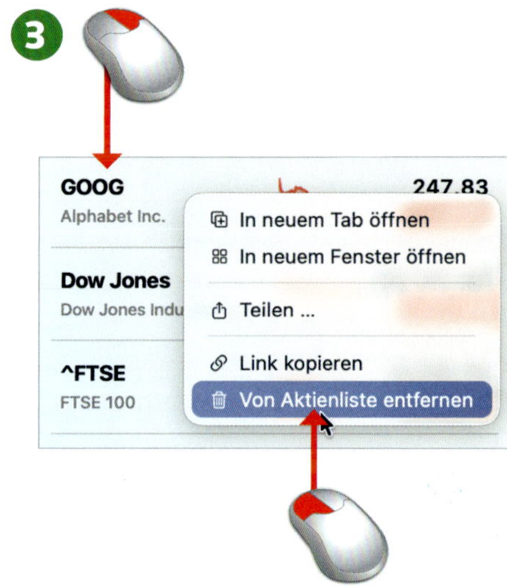

1 Entscheiden Sie sich in der App-Bibliothek für die App *Aktien*.

2 Es sind bereits verschiedene Aktien und Indizes in der Liste eingetragen. Um zu einem Eintrag Details aufzurufen, klicken Sie diesen in der Seitenleiste an.

3 Um einen Eintrag aus der Liste zu entfernen, klicken Sie diesen mit der rechten Maustaste bzw. bei gedrückter control-Taste an und wählen im Kontextmenü *Von Aktienliste entfernen*.

WISSEN

Um Ihre Wertpapiere und die für Sie wichtigen Wertpapierindizes stets im Blick zu behalten, können Sie auf Ihrem Mac die App *Aktien* verwenden. Auf dieser Doppelseite erfahren Sie, wie einfach Sie in dieser App Wertpapiere suchen und der Liste hinzufügen.

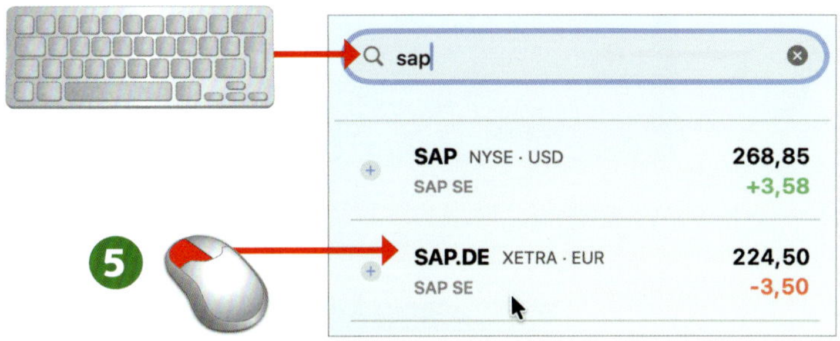

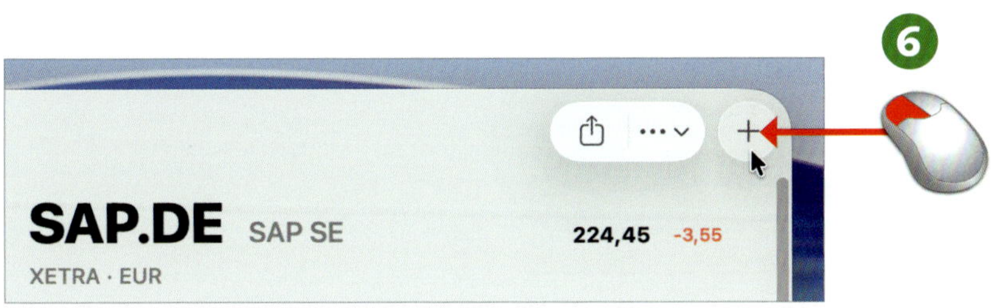

4 Möchten Sie ein Wertpapier oder einen Index hinzufügen, klicken Sie links oben in der App in das eingebaute Suchfeld.

5 Geben Sie einen passenden Suchbegriff ein und klicken Sie den gefundenen Eintrag an.

6 Klicken Sie zu guter Letzt rechts oben auf das Plussymbol +, um Ihrer Liste den angezeigten Wert hinzufügen.

Ende

HINWEIS

Bestimmen Sie in der Menüleiste unter *Darstellung*, welche Informationen zu den Wertpapieren und Indizes in der Seitenleiste angezeigt werden sollen.

TIPP

In der App *Aktien* lassen sich auch Wirtschaftsnachrichten aufrufen. Klicken Sie eine Schlagzeile an, um auf dem Laufenden zu bleiben.

Start

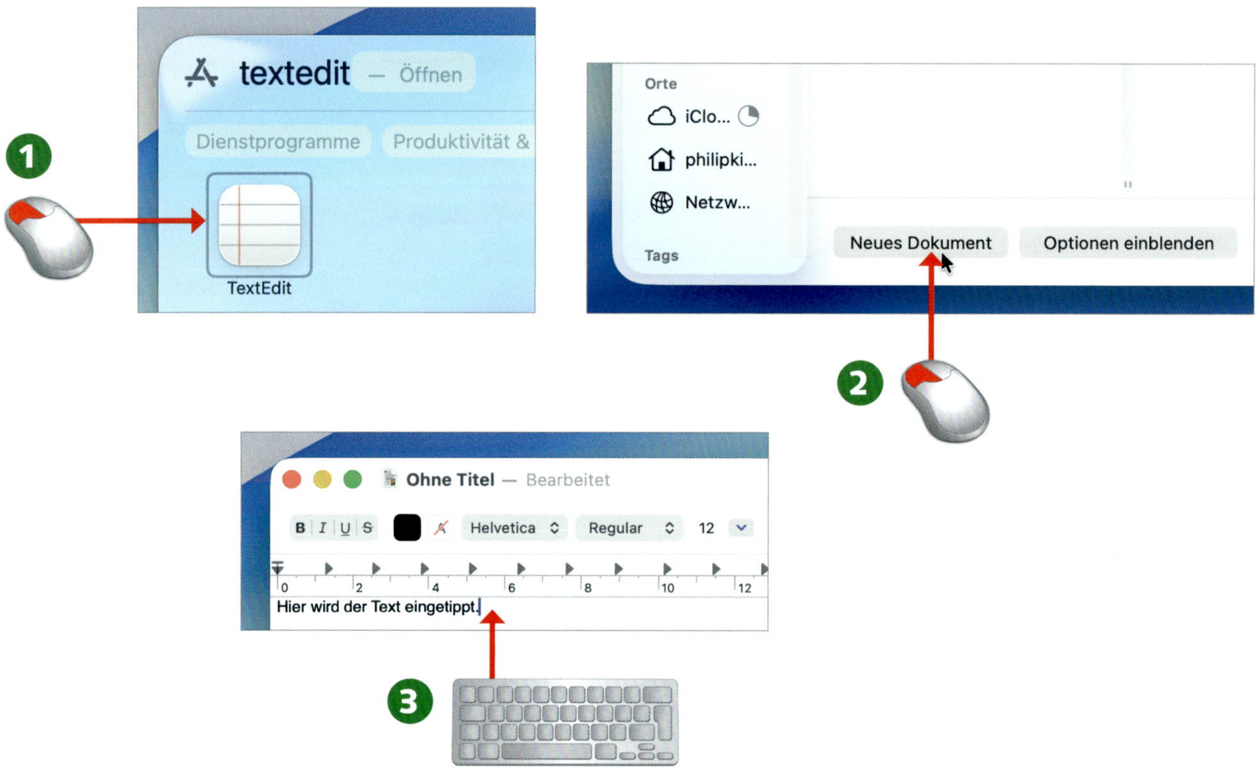

1. Rufen Sie die App *TextEdit* in der App-Bibliothek auf.

2. Klicken Sie im folgenden Fenster auf die Schaltfläche *Neues Dokument*. Sie können in dem Fenster später auch ein bereits vorhandenes Dokument zum Öffnen auswählen.

3. Geben Sie nun einfach Ihren Text in das Dokumentfeld ein.

WISSEN

Um auf die Schnelle ein Dokument zu erstellen, müssen Sie nicht unbedingt eine umfangreiche Textverarbeitungs-App wie *Pages*, Microsoft Office oder ein Gratis-Office-Paket wie LibreOffice einsetzen. Lassen Sie mich Ihnen auf dieser Doppelseite zeigen, wie simpel das Erstellen eines Dokumentes mit der bereits verfügbaren App *TextEdit* sein kann.

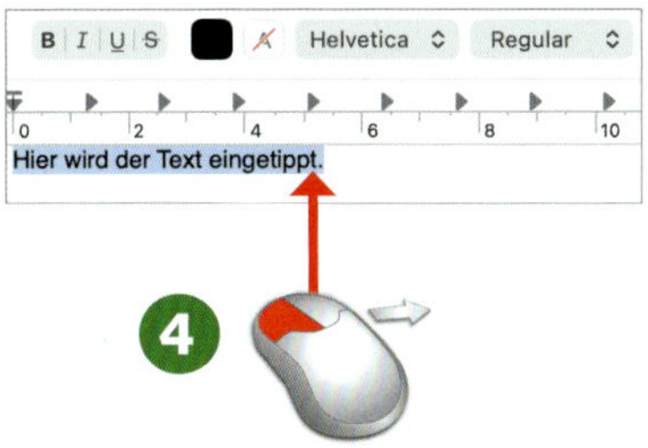

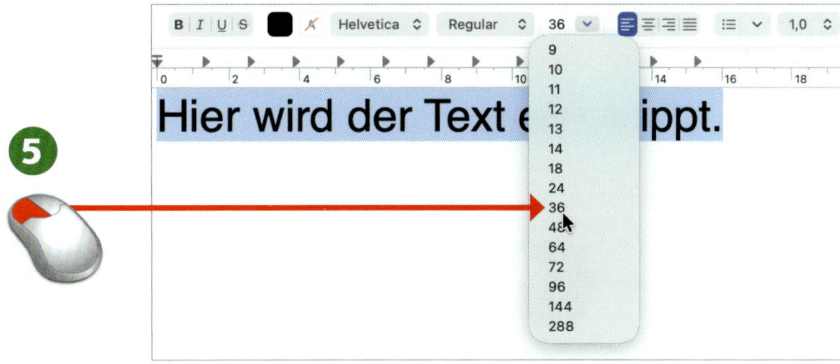

4 Möchten Sie den Text formatieren, dann markieren Sie ihn, indem Sie den Mauszeiger bei gedrückter Maustaste darüber bewegen.

5 Sie finden Formatieroptionen sowohl in der Symbolleiste als auch in der Menüleiste der App. In diesem Fall wähle ich eine größere Schrift. Auch einfache Tabellen lassen sich unter *Format/Tabelle* ins Dokument einfügen.

6 Wählen Sie *Ablage/Drucken*, um Ihr Dokument zu Papier zu bringen, oder *Ablage/Sichern*, um es zu speichern. Mit *Ablage/Als PDF exportieren* können Sie es auch als PDF-Datei speichern.

Ende

HINWEIS

Einem Dokument können Sie den Autorennamen und weitere zusätzliche Angaben hinzufügen, was sich unter *Ablage/Eigenschaften einblenden* bewerkstelligen lässt.

HINWEIS

Sie möchten ein Dokument auf eine frühere Version zurücksetzen? Eine Übersicht über die gespeicherten Versionen finden Sie unter *Ablage/Zurücksetzen auf*.

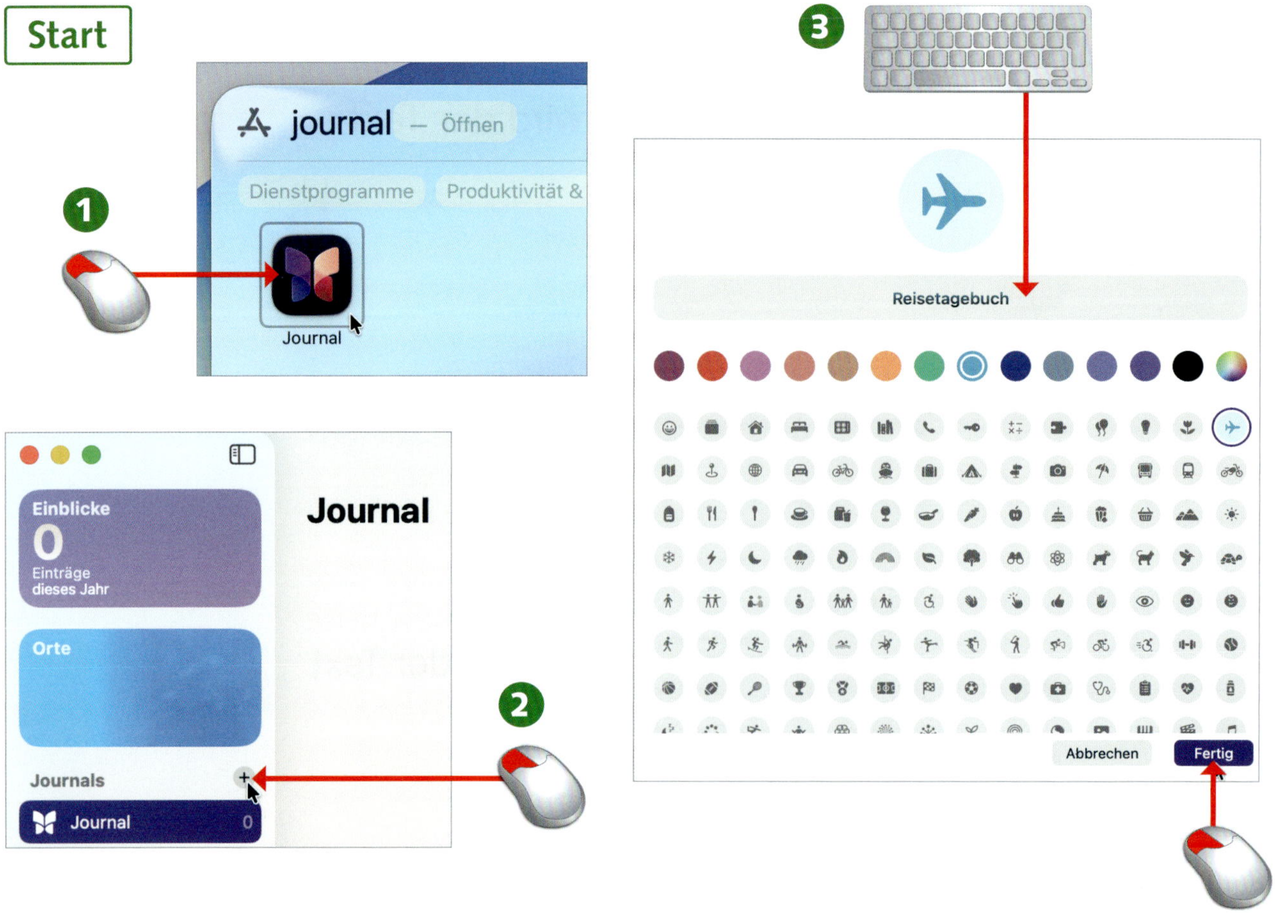

1. Sie finden die App *Journal* in der App-Bibliothek. Rufen Sie sie dort auf.

2. Ein Journal steht bereits zur Verfügung. Um ein weiteres Journal anzulegen, klicken Sie in der Seitenleiste im Bereich *Journals* auf das Plussymbol.

3. Geben Sie dem Journal eine sinnvolle Bezeichnung und wählen Sie ein passendes Symbol aus. Bestätigen Sie mit *Fertig*, um das Journal anzulegen.

WISSEN

Die Tagebuch-App *Journal* wurde 2023 auf dem iPhone eingeführt und steht mit macOS Tahoe auch auf dem Mac zur Verfügung. Verwenden Sie die App, um Ihre Erlebnisse und Gedanken zu erfassen, und zwar nicht nur mit Text, sondern auch mit Fotos, Zeichnungen und anderen Elementen.

4 Wählen Sie das Journal, in dem Sie einen Eintrag erstellen möchten, in der Seitenleiste aus.

5 Klicken Sie oben auf das Plussymbol, um im geöffneten Journal einen neuen Eintrag zu erstellen.

6 Geben Sie einen Betreff und den Text ein. Das Einfügen weiterer Elemente erfolgt mithilfe der entsprechenden Symbole. Mit dem Symbol ✓ speichern Sie den Eintrag ab.

Ende

TIPP

Möchten Sie wichtige Textpassagen fett formatieren oder eine Aufzählung einfügen? Diese Optionen finden Sie unter dem Symbol Aa.

HINWEIS

Wichtig zu wissen: Ihre mit der App *Journal* erstellten Tagebücher werden standardmäßig mit iCloud synchronisiert.

Start

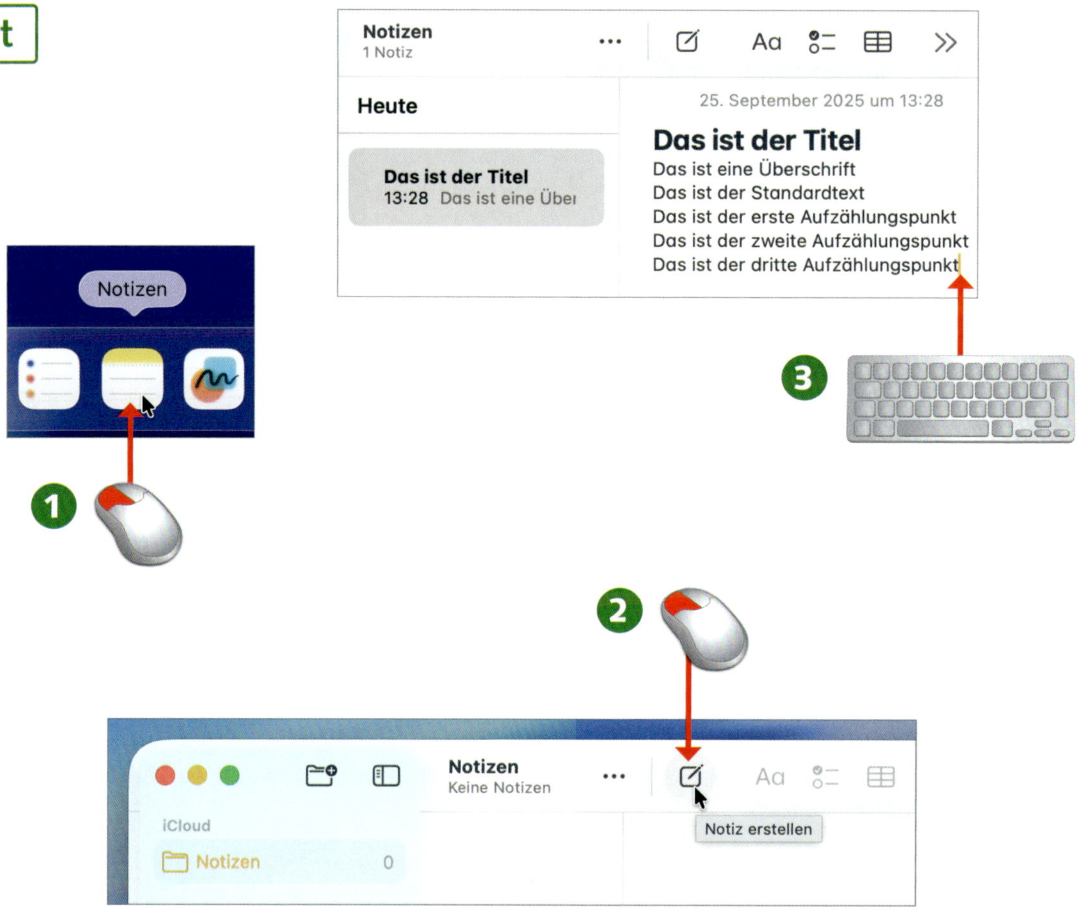

1. Öffnen Sie die App *Notizen* per Mausklick auf das entsprechende Symbol im Dock.

2. Klicken Sie in der App *Notizen* auf das Symbol [Notiz-erstellen-Symbol], um ein neues Notizblatt zu erstellen. Standardmäßig können Sie auch eine Schnellnotiz erstellen, indem Sie in die rechte untere Ecke des Bildschirms klicken.

3. Geben Sie als Nächstes Ihren Text ein. Das Formatieren erfolgt erst anschließend. Die erste Zeile ist standardmäßig als »Titel« formatiert.

WISSEN

Auch mit der App *Notizen* lassen sich Texte erfassen – und nicht nur das! Auf dieser Doppelseite erfahren Sie Schritt für Schritt, wie Sie neue Notizen erstellen, Absätze in einem Notizblatt formatieren und Dateien in eine Notiz einfügen.

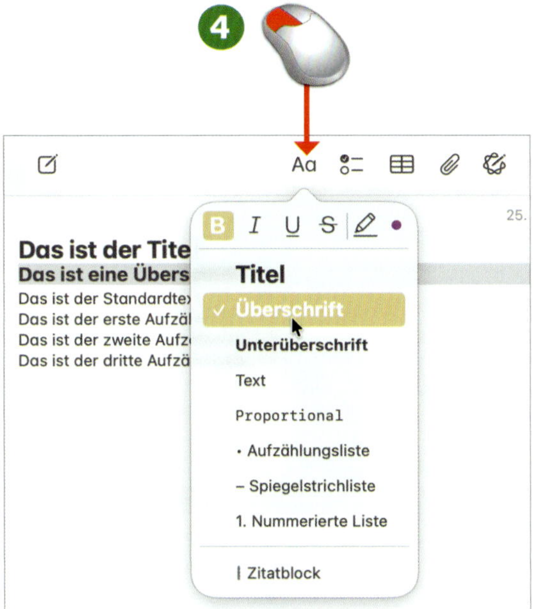

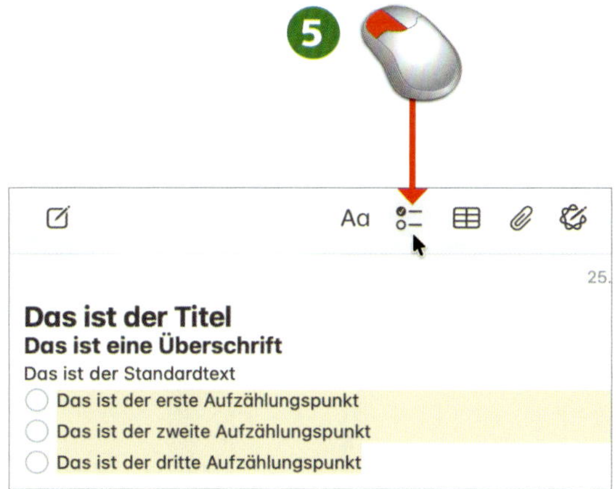

4 Klicken Sie in einen Absatz, den Sie formatieren möchten, um diesen zu markieren. Wählen Sie dann unter dem Symbol Aa die gewünschte Formatierung aus.

5 Oder möchten Sie eine Checkliste erstellen, z. B. für Ihre To-dos? Markieren Sie auch in diesem Fall per Mausklick einen Absatz und wählen Sie das Symbol .

6 Um ein Bild oder sonstige Dateien einzufügen, ziehen Sie sie bei gedrückter Maustaste in das Notizblatt. Das Einfügen kann alternativ auch unter dem Symbol erfolgen. Sprachaufzeichnungen nehmen Sie mit dem Symbol auf.

Ende

TIPP

Bei vielen vorhandenen Notizzetteln pinnen Sie einen oben in der Liste an, indem Sie ihn mit der rechten Maustaste bzw. bei gedrückter control-Taste anklicken und dann im Kontextmenü *Notiz anpinnen* wählen.

HINWEIS

Weitere Formatierungsoptionen für markierten Text finden Sie in der Menüleiste der App *Notizen* unter *Format*. Unter dem Symbol können Sie auch wieder die KI-Funktionen aufrufen.

Start

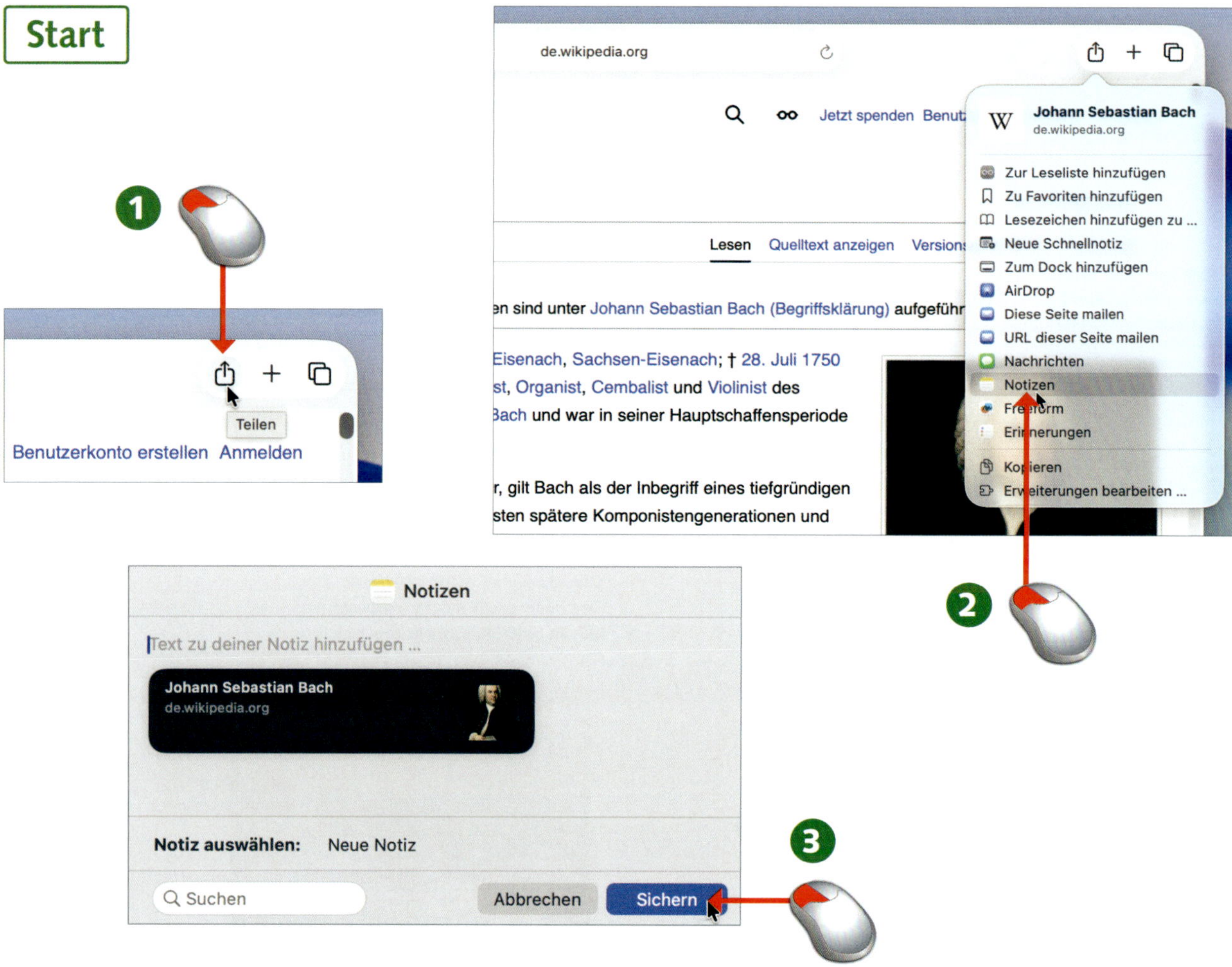

1. Um einen Link in die App *Notizen* aufzunehmen, rufen Sie die Webseite in Safari auf und klicken dann auf das Symbol .
2. Wählen Sie im sich öffnenden Menü den Eintrag *Notizen*.
3. Bestätigen Sie den angezeigten Inhalt mit *Sichern*, um ihn in der App *Notizen* verfügbar zu machen.

WISSEN

In die App *Notizen* können Sie Inhalte nicht nur direkt eingeben, sondern auch aus anderen Apps übernehmen. Wie das gemacht wird, erkläre ich Ihnen auf dieser Doppelseite anhand des Webbrowsers Safari.

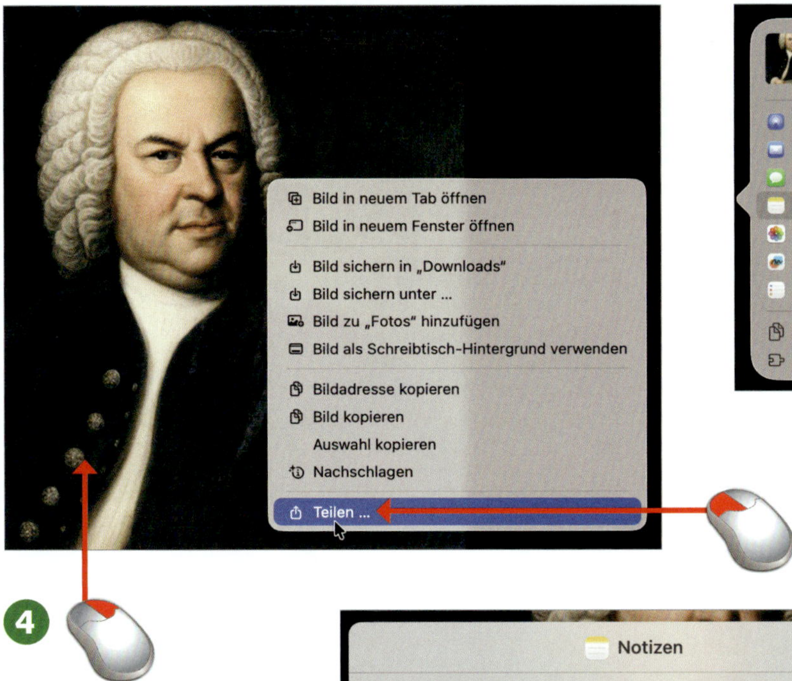

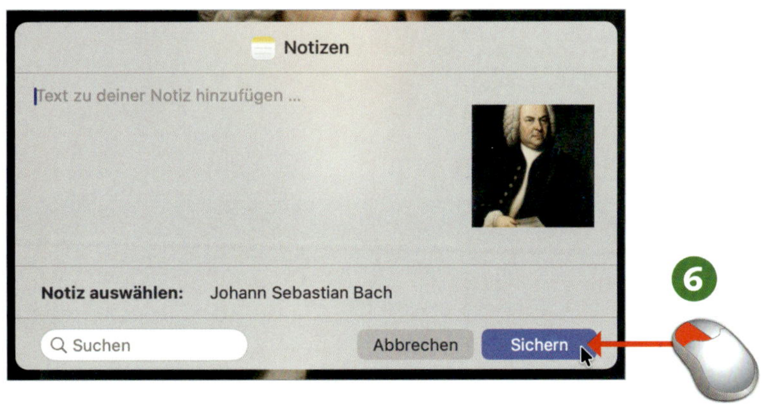

4 Um einen einzelnen Inhalt auf einer Webseite in Ihre Notizen zu übernehmen, klicken Sie diesen mit der rechten Maustaste bzw. bei gedrückter control-Taste an (hier ein Bild) und wählen *Teilen*.

5 Entscheiden Sie sich als Nächstes wieder für die Option *Notizen*.

6 Bestätigen Sie mit *Sichern*. Anschließend können Sie die aus Safari gesendeten Notizen in der App *Notizen* aufrufen.

Ende

HINWEIS

Text von einer Webseite in die App *Notizen* aufnehmen: Markieren Sie den Text dazu mit der Maus, klicken ihn mit der rechten Maustaste bzw. bei gedrückter control-Taste an und wählen Sie *Teilen* und dann *Notizen*.

HINWEIS

Auch die Übernahme von Inhalten in Apps von Drittanbietern ist möglich, dazu wählen Sie im Menü aus Schritt 2 den Eintrag *Erweiterungen bearbeiten* und entscheiden sich im folgenden Fenster für die gewünschte App.

Start

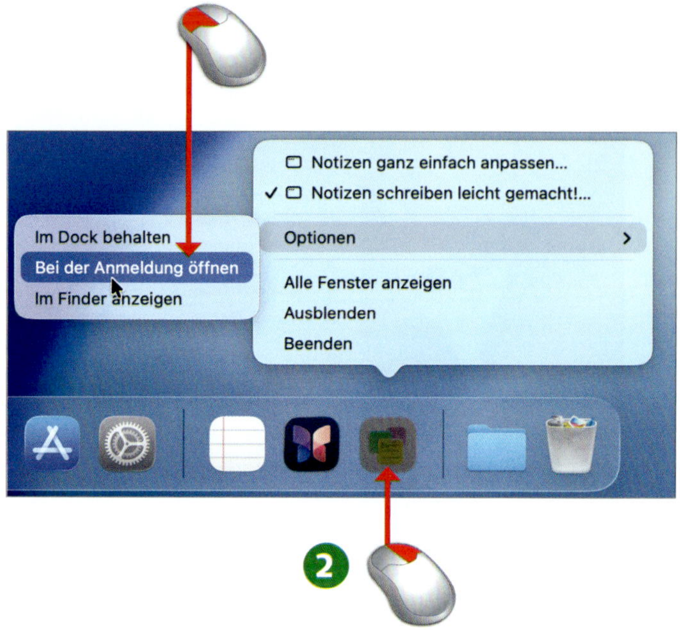

1. Öffnen Sie in der App-Bibliothek die App *Notizzettel*.

2. Die App soll zukünftig automatisch starten? Dazu klicken Sie das Symbol im Dock bei gedrückter [control]-Taste bzw. mit der rechten Maustaste an und wählen *Optionen/Bei der Anmeldung öffnen*.

3. Wählen Sie nun in der Menüleiste der App *Notizzettel* die Option *Ablage/Neue Notiz*.

WISSEN

Eine kleine, aber feine App, die auf Ihrem Mac bereits zur Verfügung steht, nennt sich *Notizzettel*. Damit lassen sich kleinere Notizen direkt auf den Schreibtisch »kleben«. Um einen nicht mehr benötigten Notizzettel zu löschen, klicken Sie links oben im Zettel auf das Symbol ▢.

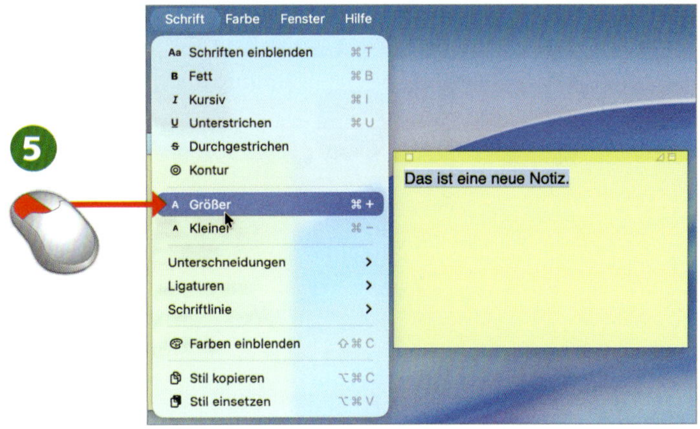

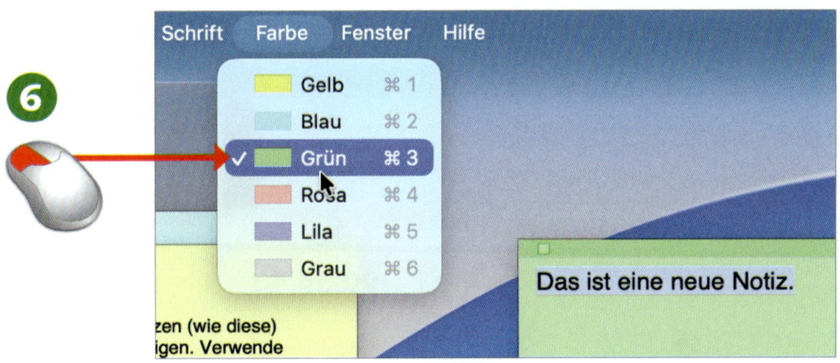

4 Tippen Sie Ihre Notiz ein. Mit *Ablage/Text importieren* lässt sich alternativ Text aus einem bereits vorhandenen Dokument übernehmen.

5 Um den Notizentext zu formatieren, markieren Sie diesen und wählen dann in der Menüleiste unter *Schrift* eine Formatieroption aus.

6 Auch die Farbe des Notizzettels ist nicht in Stein gemeißelt. Wenn Sie es gern bunt haben, wählen Sie in der Menüleiste unter *Farbe* eine andere Farbe aus.

Ende

HINWEIS

Die Größe eines Notizzettels ändern: Bewegen Sie den Mauszeiger an den Rand oder in eine Ecke des Zettels und ziehen Sie ihn bei gedrückter Maustaste größer.

TIPP

Um einen Notizzettel auf dem Schreibtisch zu positionieren, klicken Sie auf die Titelleiste und ziehen den Zettel bei gedrückter Maustaste an die gewünschte Position.

Start

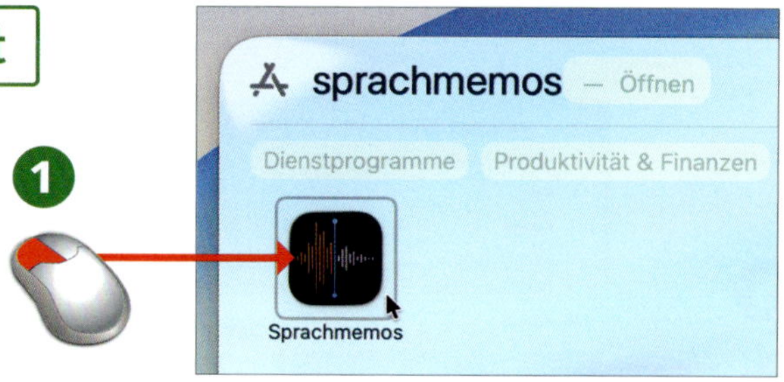

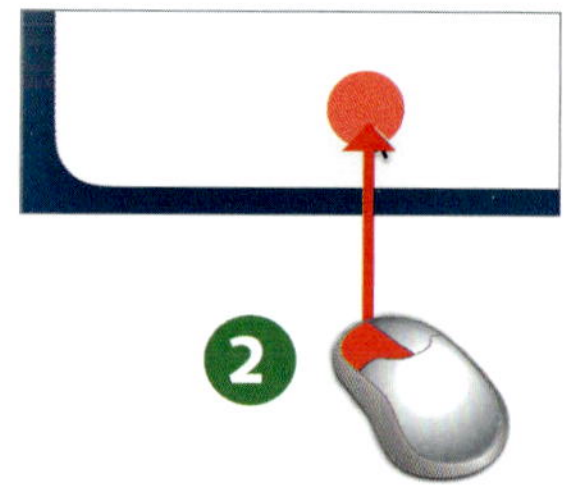

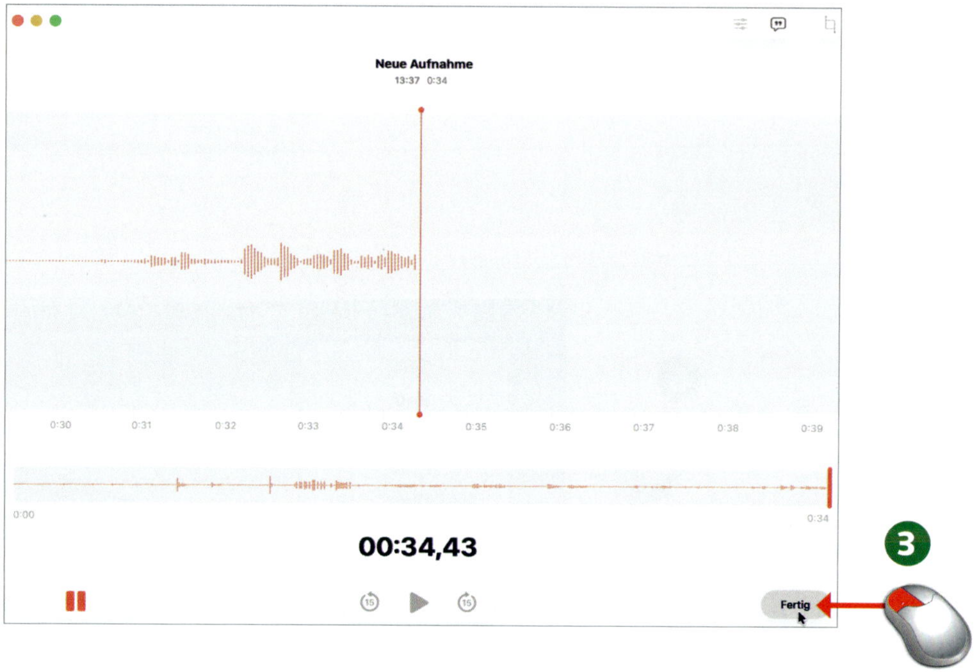

1. Öffnen Sie die App *Sprachmemos* in der App-Bibliothek.

2. Klicken Sie auf den roten Aufnahme-Button, um die Sprachaufnahme zu starten.

3. Sprechen Sie Ihr Sprachmemo ins Mikrofon und bestätigen Sie zum Schluss mit *Fertig*, um es zu speichern. Die Sprachaufnahme lässt sich zwischendurch auch pausieren.

WISSEN

Statt Notizen aufzuschreiben, können Sie diese auch über das in Ihren Mac integrierte Mikrofon aufnehmen. Diesem Zweck dient auf Ihrem Mac die App *Sprachmemos*, deren wichtigste Funktionen ich Ihnen auf dieser Doppelseite vorstelle.

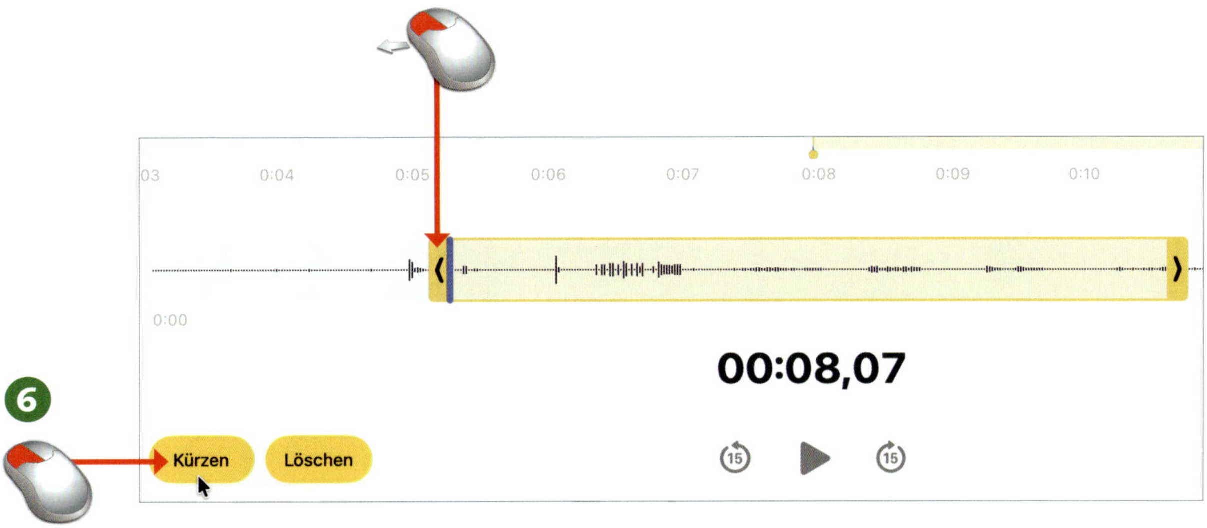

4 Möchten Sie eine Sprachaufnahme kürzen? Dazu klicken Sie oben im Fenster auf das Symbol .

5 Klicken Sie anschließend auf das Symbol . Unter dem Symbol finden Sie weitere Optionen wie z. B. *Stille überspringen*.

6 Positionieren Sie durch Ziehen bei gedrückter Maustaste den Zuschnittrahmen und bestätigen Sie mit *Kürzen*.

Ende

HINWEIS

Möchten Sie eine Sprachaufnahme in Textform erhalten? Zum Transkribieren klicken Sie auf das Symbol .

HINWEIS

Standardmäßig werden die Sprachmemos in einem komprimierten Format gespeichert. Falls Sie eine verlustfreie Speicherung wünschen, wählen Sie *Sprachmemos/Einstellungen* und entscheiden sich im Menü *Audioqualität* für den Eintrag *Verlustfrei*.

Start

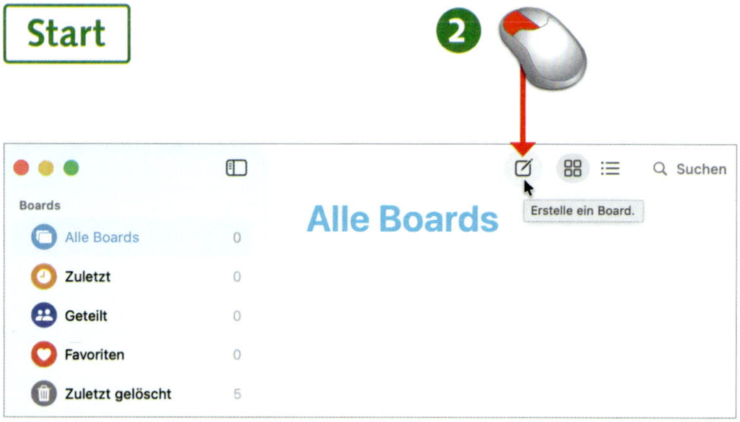

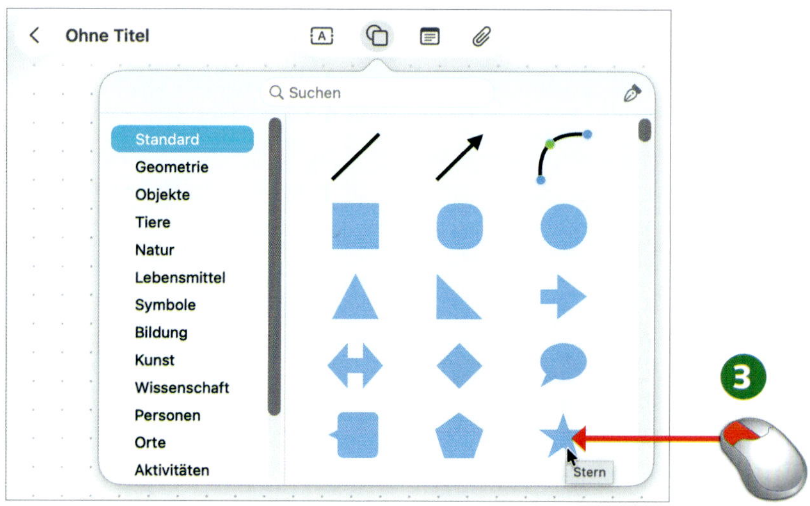

1. Rufen Sie die App *Freeform* auf, in diesem Fall im Dock.

2. Legen Sie nun beliebig viele Whiteboards – weiße Tafeln – an. Zum Anlegen eines neuen Whiteboards klicken Sie auf das Ihnen bereits aus anderen Apps bekannte Symbol ☑.

3. Wählen Sie per Symbol den Inhalt aus, den Sie auf einer Tafel darstellen möchten: Text [A], Formen ⧉, Notizen ▤ oder Dateien 📎. Hier wähle ich das Zeichnen einer Form.

WISSEN

Mit der App *Freeform* können mehrere Personen übers Internet Ideen auf einer großen »Tafel« sammeln und teilen. Das ist z. B. ideal für ein gemeinsames Brainstorming, aber auch für Onlineunterricht und weitere Anwendungsbereiche. Auf dieser Doppelseite wird die Verwendung der App skizziert.

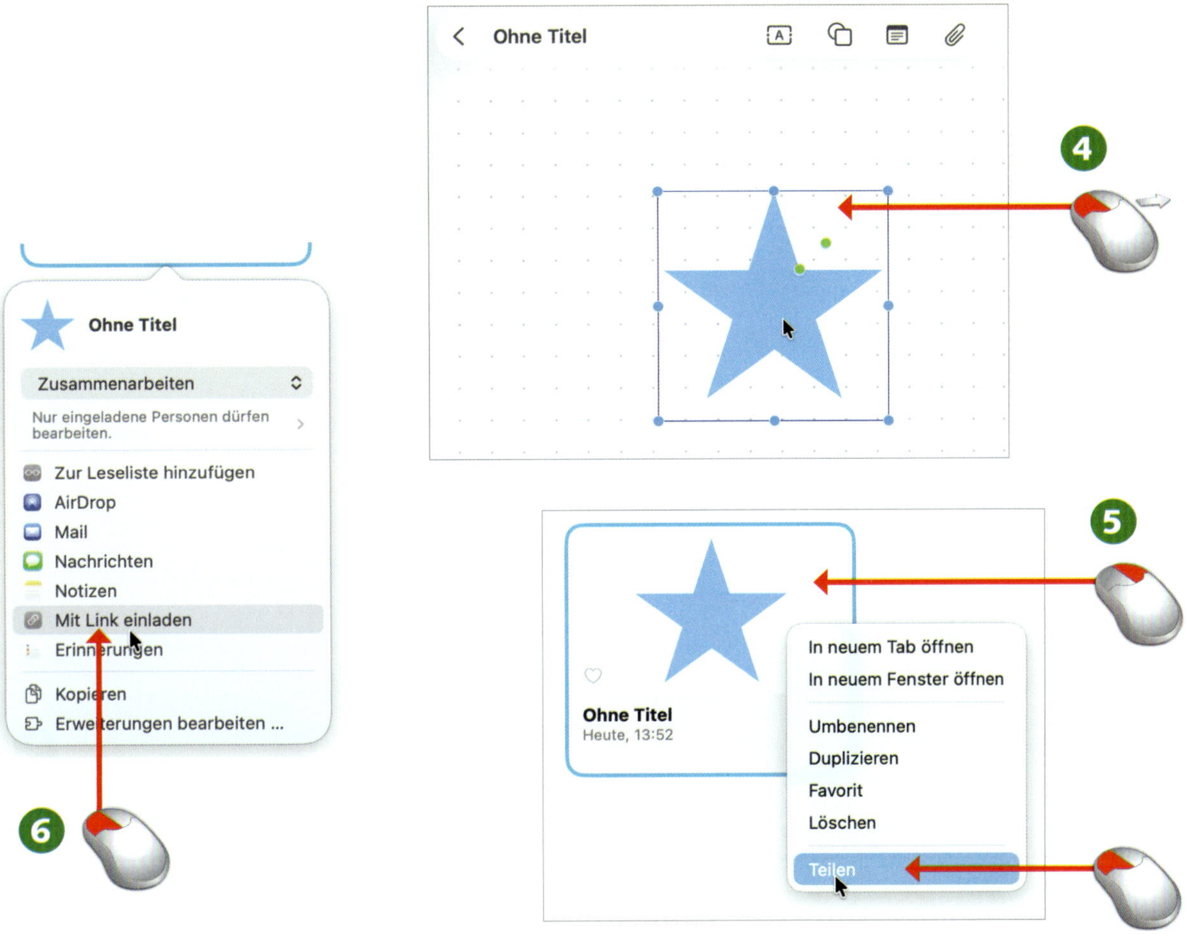

4 Platzieren Sie die Inhalte völlig frei auf der Tafel, auch die Größe lässt sich – durch Ziehen bei gedrückter Maustaste – noch anpassen.

5 Wenn Sie ein Whiteboard schließen, wird es in der Übersicht angezeigt. Zum Umbenennen oder Teilen klicken Sie es mit der rechten Maustaste bzw. bei gedrückter *control*-Taste an.

6 Wählen Sie *Mit Link einladen*, um das Whiteboard mit anderen Personen gemeinsam zu bearbeiten.

Ende

HINWEIS

Freeform steht auch für iPhone und iPad zur Verfügung – verwenden Sie diese Geräte für Freihandzeichnungen.

HINWEIS

Haben Sie ein Whiteboard geöffnet, finden Sie die Optionen zum Teilen unter dem bekannten Symbol .

Start

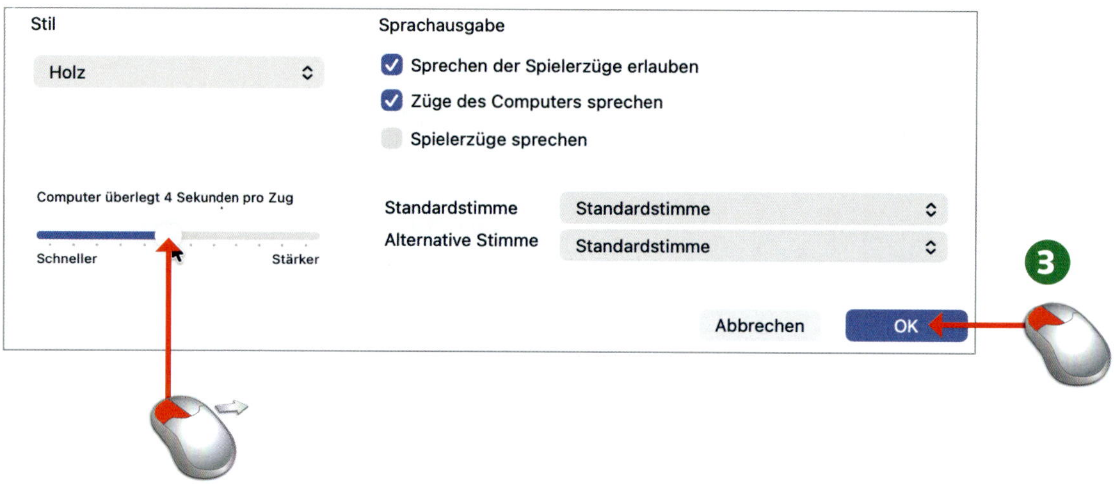

1. Öffnen Sie die App *Schach* in der App-Bibliothek.

2. Bevor es losgeht, möchten Sie zunächst die Schwierigkeitsstufe und weitere Einstellungen festlegen. Wählen Sie dazu in der Menüleiste *Schach/Einstellungen*.

3. Die Schwierigkeitsstufe bestimmen Sie per Schieberegler. Nehmen Sie gegebenenfalls weitere Einstellungen vor und bestätigen Sie mit *OK*.

WISSEN

Sie finden im Mac App Store unzählige Spiele, aber ein gutes Schachspiel brauchen Sie nicht erst lange zu suchen – ein solches steht auf Ihrem Mac bereits zur Verfügung. Entnehmen Sie dieser Doppelseite eine kleine Anleitung zur Nutzung der Schach-App.

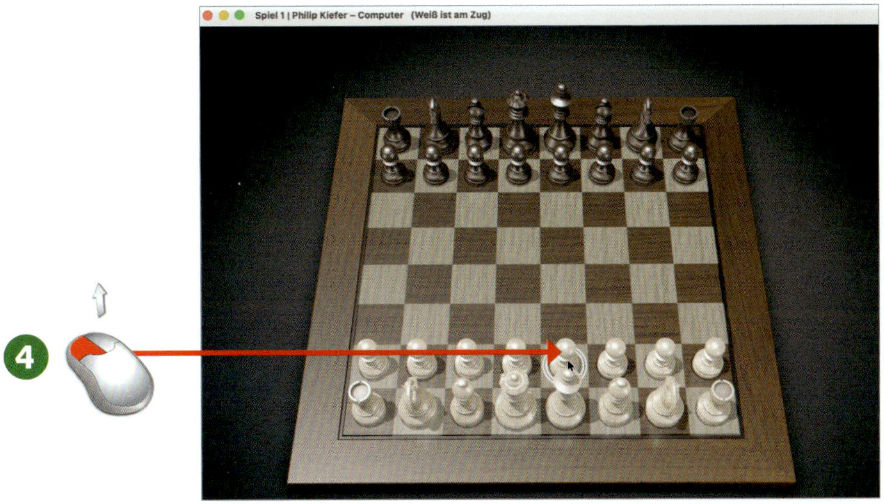

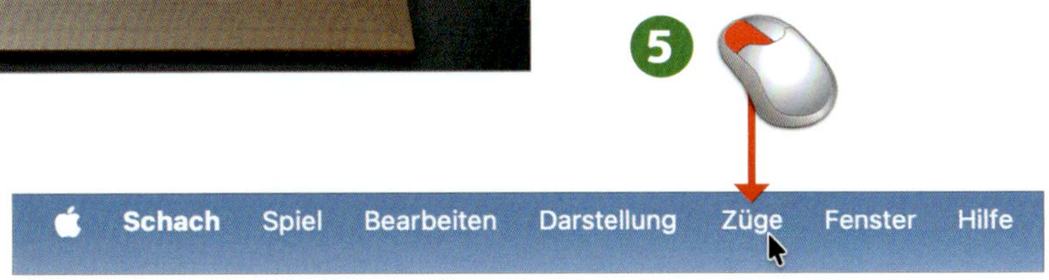

4 Um einen Zug mit der Maus zu tätigen, ziehen Sie die Figur bei gedrückter Maustaste in die gewünschte Position.

5 Möchten Sie einen Zug zurücknehmen? Hierzu klicken Sie in der Menüleiste der App *Schach* auf *Züge*.

6 Klicken Sie dann im Menü auf *Zug rückgängig machen*.

Ende

HINWEIS

Sie können eine Partie speichern (dies wird Ihnen beim Schließen automatisch angeboten) und später fortsetzen – wählen Sie hierzu unter *Spiel/Benutzte Dokumente* eine Schachdatei aus.

TIPP

Sie finden in der App-Bibliothek die App *Spiele*, in der Sie auf Ihre Spiele-Apps zugreifen und bei bestimmten Spielen Freunde herausfordern können.

Start

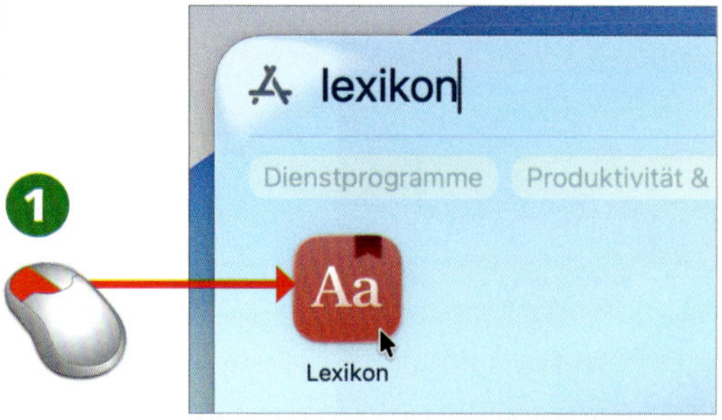

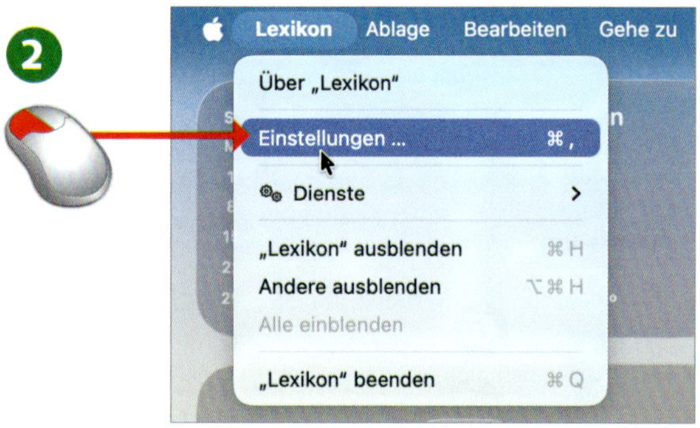

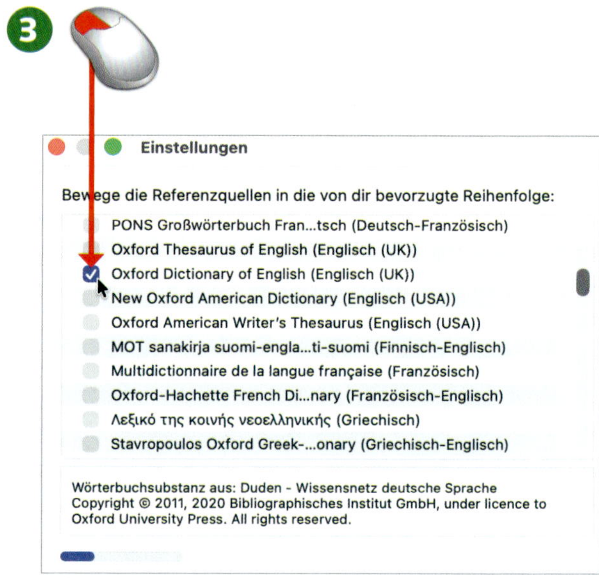

1. Öffnen Sie in der App-Bibliothek die App *Lexikon*.

2. Zunächst wählen Sie die Lexika aus, die Sie verwenden möchten. Dazu klicken Sie in der Menüleiste unter *Lexikon* auf *Einstellungen*.

3. Bestimmen Sie nun per Kontrollkästchen, welche Lexika Sie verwenden möchten und welche nicht.

WISSEN

Sie können die KI auch zu Wissensthemen befragen. Aber wenn Sie zum Nachschlagen ein zuverlässiges Lexikon bevorzugen, werden Sie ebenfalls fündig. Die App *Lexikon* versammelt gleich mehrere Lexika. Schlagen Sie beispielsweise schwierige Wörter im Duden nach oder klären Sie unbekannte Begriffe in der Online-Enzyklopädie Wikipedia. Die Anleitung auf dieser Doppelseite zeigt Ihnen, wie es gemacht wird.

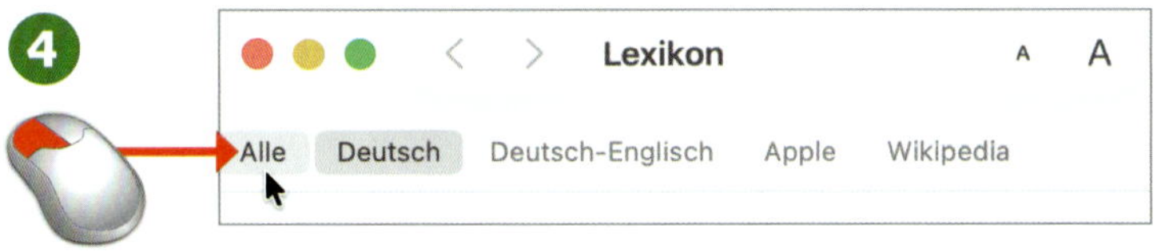

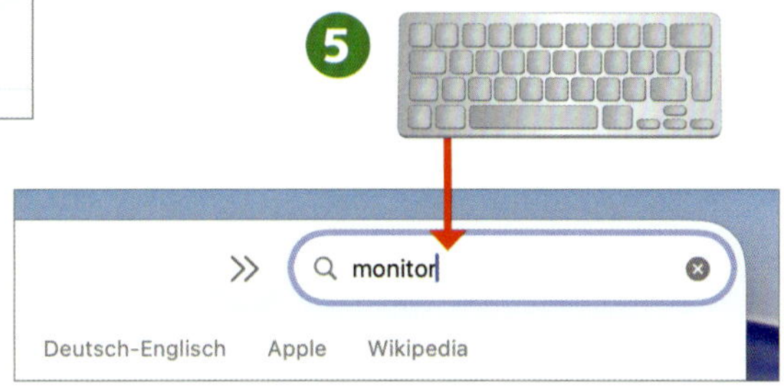

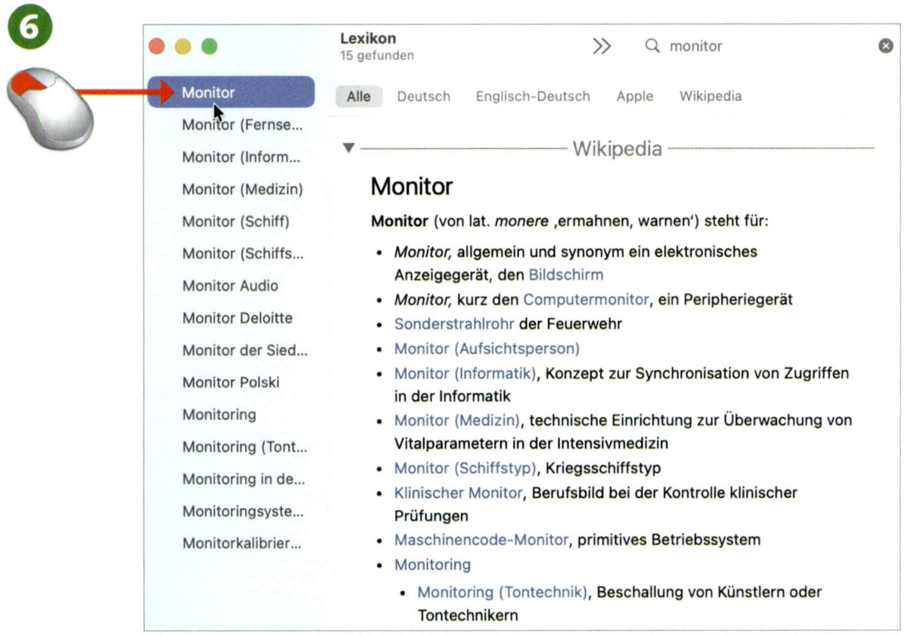

4 Legen Sie in der Leiste oben im *Lexikon*-Fenster fest, welches der ausgewählten Lexika Sie durchsuchen möchten. Um sämtliche Lexika zu durchsuchen, klicken Sie auf *Alle*.

5 Geben Sie rechts oben im Fenster einen Suchbegriff in das Suchfeld ein.

6 Klicken Sie in der Seitenleiste einen gefundenen Begriff an, um die entsprechenden Artikel zu lesen.

Ende

TIPP

Das Lexikon lässt sich noch erweitern. Nur ein Beispiel ist das Plug-in OpenThesaurus, das Sie hier herunterladen: *www.tekl.de/deutsch/OpenThesaurus_Deutsch.html*.

HINWEIS

Sie können auch mit Tastenkombinationen zwischen den einzelnen Lexika wechseln: *command* + *0* steht für alle Lexika, *command* + *1* für das erste Nachschlagewerk in der Liste, *command* + *2* für das zweite Nachschlagewerk usw.

Time Machine
Time Machine
Time Machine erstellt Backups deines Computers und behält lokale Schnappschüsse sowie stündliche Backups der letzten 24 Stunden, tägliche Backups für den letzten Monat und wöchentliche Backups für alle vorhergehenden Monate. Die ältesten Backups und lokale Schnappschüsse werden gelöscht, wenn Speicherplatz benötigt wird.
Backup-Volume hinzufügen ...
?

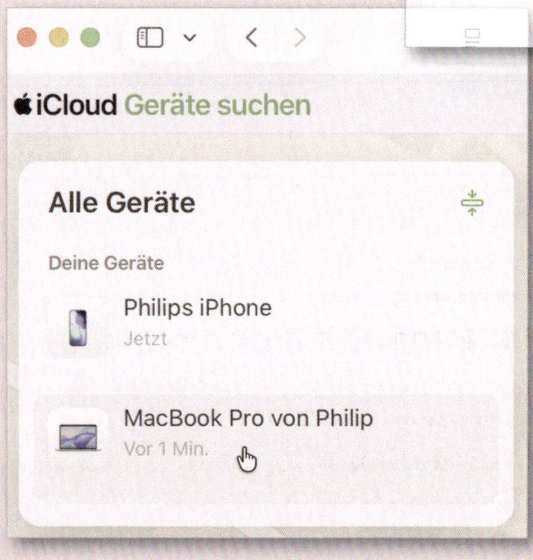
iCloud Geräte suchen
Alle Geräte
Deine Geräte
Philips iPhone
Jetzt
MacBook Pro von Philip
Vor 1 Min.

festplatte
Dienstprogramme
Festplattendien...

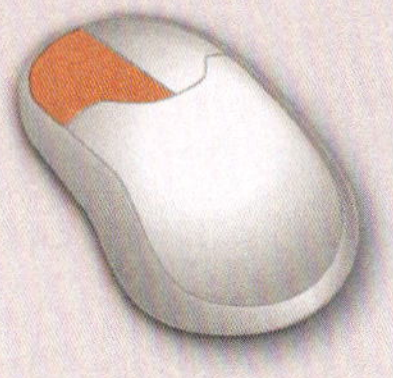

Fertig

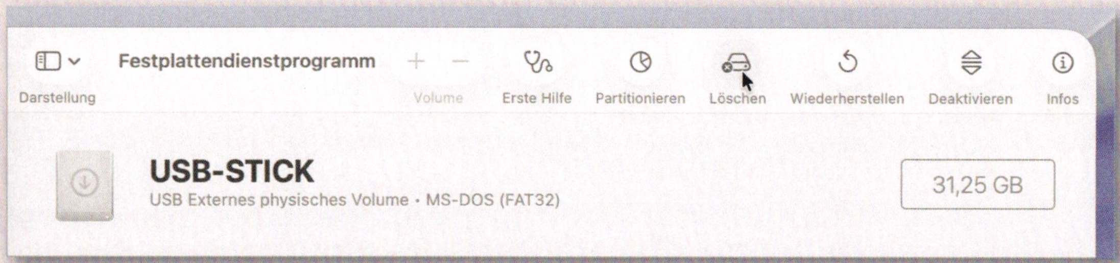
Darstellung
Festplattendienstprogramm
Volume
Erste Hilfe
Partitionieren
Löschen
Wiederherstellen
Deaktivieren
Infos
USB-STICK
USB Externes physisches Volume • MS-DOS (FAT32)
31,25 GB

11

Den Mac absichern und Fehler beheben

Ein Mac bietet gegenüber einem Windows-Rechner oder einem Android-Gerät eine deutlich erhöhte Sicherheit sowie in der Regel auch eine geringere Fehleranfälligkeit. Unter anderem ist ein Mac deutlich weniger Angriffen von außen ausgesetzt. Aber eine uneinnehmbare Festung ist der Mac dennoch nicht. Machen Sie sich deshalb in diesem Kapitel mit allen wichtigen Sicherheitsfunktionen des Macs vertraut und nehmen Sie essenzielle Sicherheitseinstellungen vor. Lernen Sie außerdem einige Problemlösungen kennen: das Beenden hakeliger Apps, das Wiederherstellen verloren gegangener Daten, das Zurücksetzen eines vergessenen Passworts, das Verwalten von Passwörtern in einer App sowie die Ortung eines verschwundenen Macs übers Internet.

Start

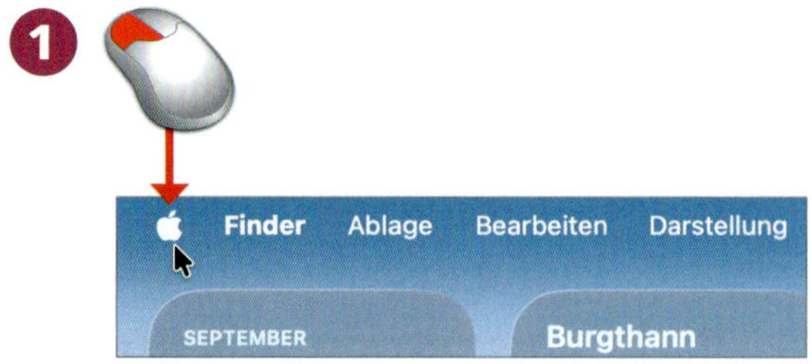

1. Klicken Sie links oben auf dem Bildschirm auf das Apfel-Symbol .

2. Wählen Sie im Apfel-Menü den Eintrag *Sofort beenden*.

3. Wählen Sie per Mausklick die zu beendende App aus. Mehrere Apps markieren Sie bei gedrückter command-Taste.

WISSEN

Falls sich eine App mal nicht auf herkömmliche Weise beenden lassen sollte, verwenden Sie das Fenster *Sofort beenden* – mit dessen Hilfe beenden Sie eine App rigoros und ohne Speicherversuche. Die Anwendung ist ganz simpel, wie Sie auf dieser Doppelseite sehen.

4 Klicken Sie unten im Fenster auf die Schaltfläche *Sofort beenden*.

5 Bestätigen Sie im folgenden Fenster erneut mit *Sofort beenden*.

6 Die App wird beendet, wobei nicht gespeicherte Informationen allerdings verloren gehen. Beenden Sie noch weitere Apps oder schließen Sie das Fenster.

Ende

TIPP

Das Fenster *Sofort beenden* schneller aufrufen: Drücken Sie dazu die Tastenkombination option + command + esc.

HINWEIS

So können Sie eine App ebenfalls sofort beenden: Klicken Sie das App-Symbol im Dock mit der rechten Maustaste bzw. bei gedrückter control-Taste an. Drücken Sie dann die option-Taste, um im Kontextmenü die Option *Sofort beenden* einzublenden.

Start

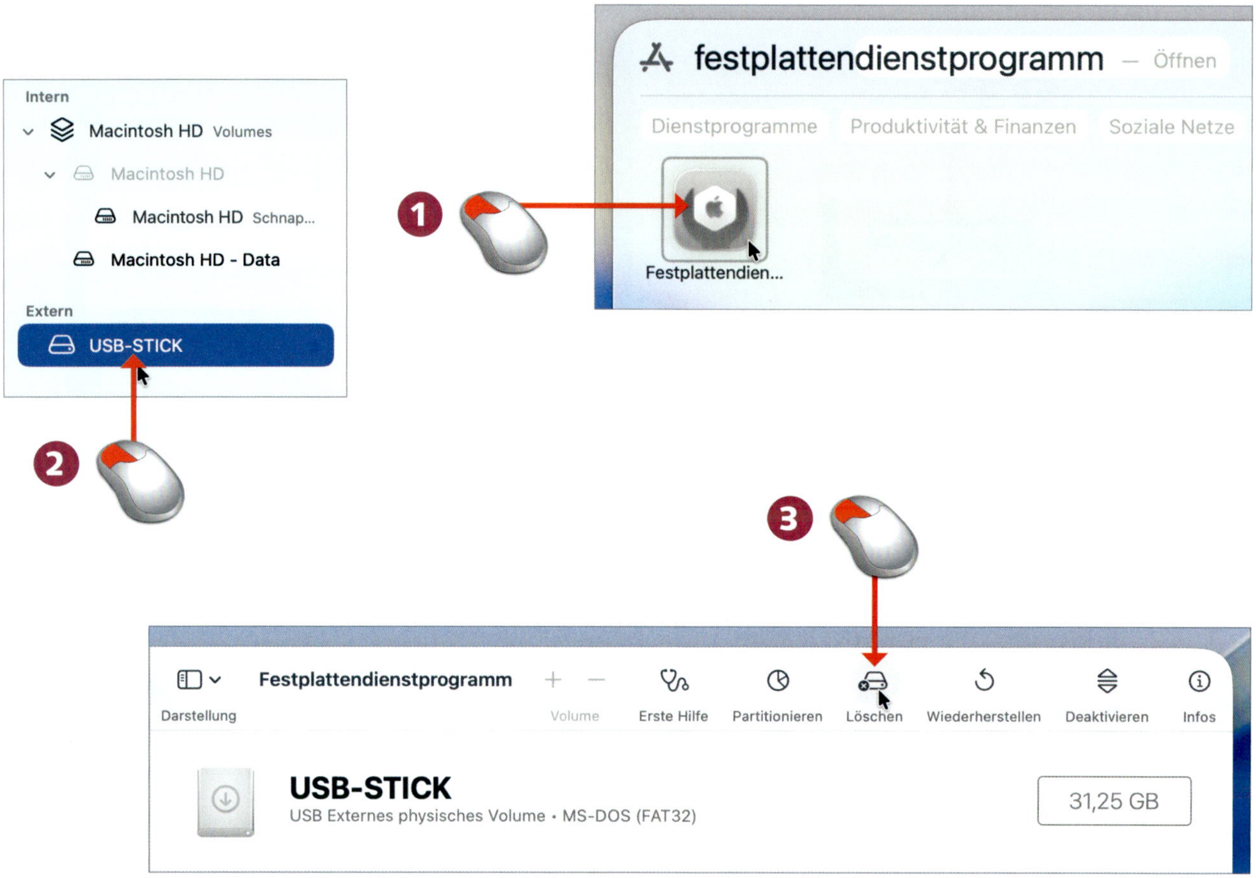

1. Öffnen Sie in der App-Bibliothek das *Festplattendienstprogramm*.
2. Wählen Sie in der Liste links einen Datenträger aus, in diesem Fall den zu formatierenden USB-Speicherstick.
3. Sie finden oben im Fenster des Festplattendienstprogramms verschiedene Schaltflächen. Klicken Sie auf *Löschen*.

WISSEN

Für die Verwaltung der Festplatte und anderer Datenträger steht auf Ihrem Mac ein Festplattendienstprogramm zur Verfügung. Lassen Sie mich Ihnen auf dieser Doppelseite exemplarisch zeigen, wie Sie mit dem Festplattendienstprogramm einen an den Mac angeschlossenen USB-Speicherstick formatieren.

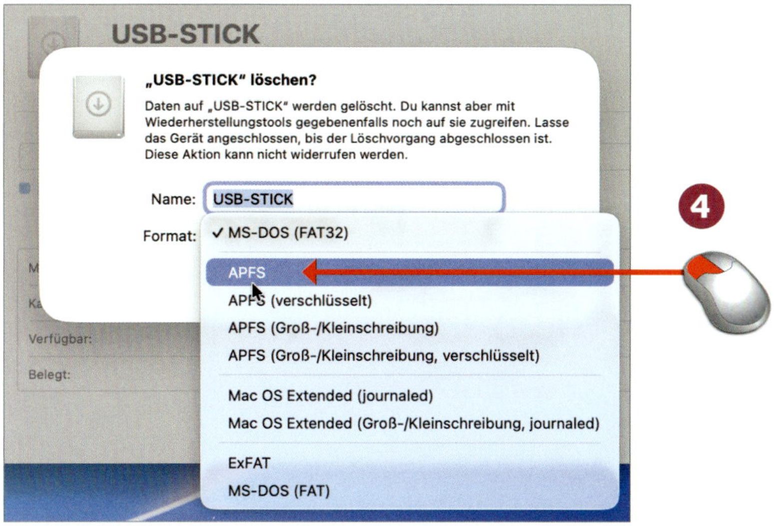

4 Legen Sie im Menü *Format* fest, welches Format für die Formatierung angewendet werden soll.

5 Passen Sie gegebenenfalls auch noch den Laufwerknamen an. Klicken Sie dann auf *Löschen*.

6 Die Formatierung wird daraufhin durchgeführt. Bestätigen Sie nach erfolgter Formatierung mit *Fertig*.

Ende

HINWEIS

Ein Laufwerk auf Fehler überprüfen: Dazu klicken Sie im Festplattendienstprogramm auf die Schaltfläche *Erste Hilfe* und wählen dann *Ausführen*.

TIPP

Eine Festplatte in mehrere Laufwerke partitionieren: Dazu wählen Sie die Festplatte im Festplattendienstprogramm aus und entscheiden sich für *Partitionieren*.

Start

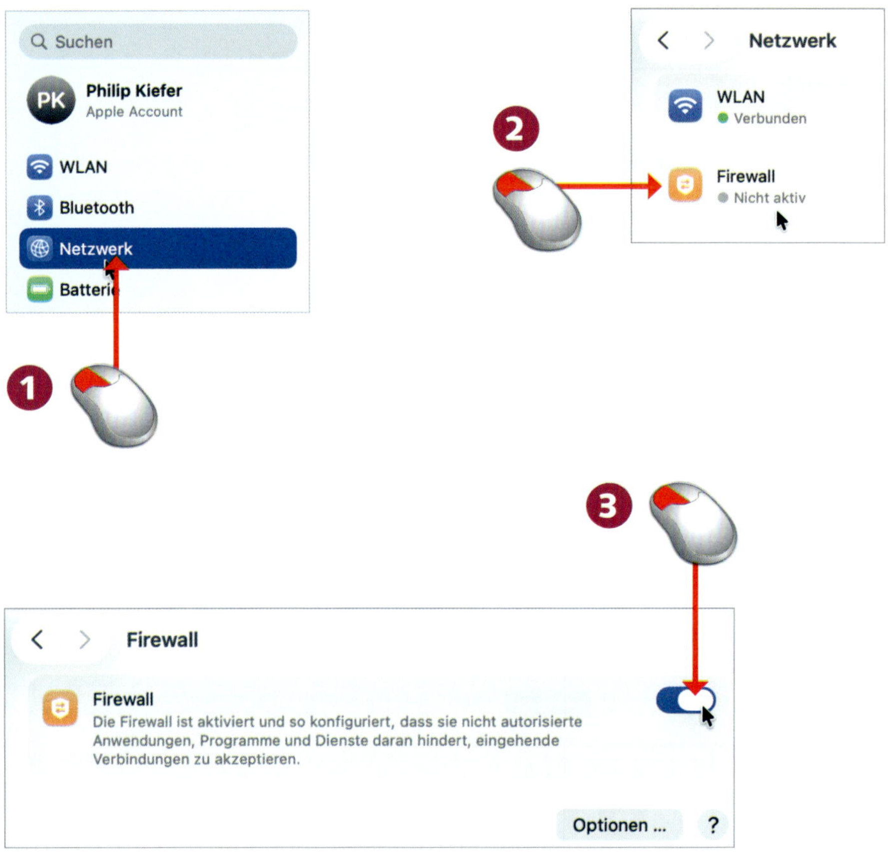

1. Öffnen Sie die *Systemeinstellungen* und wählen Sie in der Leiste links die Kategorie *Netzwerk*.

2. Wählen Sie nun den Eintrag *Firewall*. Ihnen wird bei dem Eintrag jeweils angezeigt, ob die Firewall aktiv oder nicht aktiv ist.

3. Aktivieren Sie die Firewall nun einfach per Schalter.

WISSEN

Ein Mac ist weitaus sicherer als ein Windows-PC. Aber einige Sicherheitsvorkehrungen sollten Sie doch treffen. Auf dieser Doppelseite zeige ich Ihnen, wie Sie auf Ihrem Mac eine bereits integrierte Firewall aktivieren, die für die Überwachung des eingehenden Datenverkehrs zuständig ist.

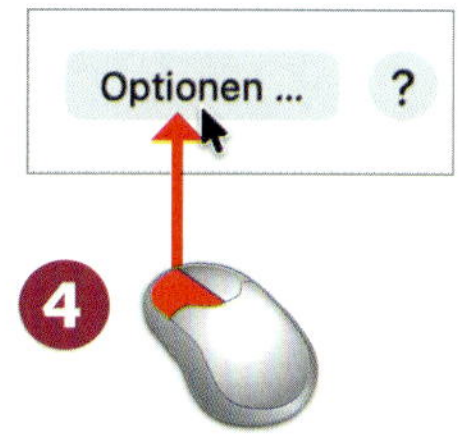

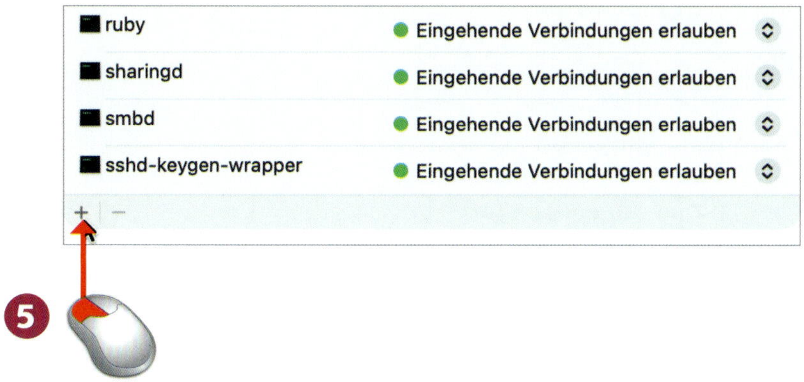

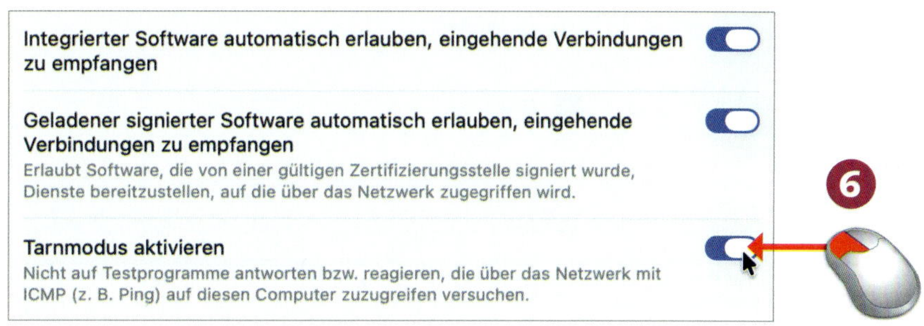

4. Möchten Sie einzelnen Apps oder Diensten den Datenverkehr erlauben bzw. verweigern? Dazu klicken Sie auf die Schaltfläche *Optionen*.
5. Wählen Sie eine App, der Sie erlauben möchten, eingehende Verbindungen zu empfangen, unter dem Symbol + aus. Integrierten und signierten Apps ist dies standardmäßig erlaubt.
6. Um Ihren Mac für Testprogramme unsichtbar zu machen, aktivieren Sie den *Tarnmodus*.

Ende

HINWEIS

Signierter Software werden eingehende Verbindungen automatisch gestattet. Um das zu unterbinden, deaktivieren Sie im Fenster aus Schritt 6 den Schalter *Geladener signierter Software automatisch erlauben, eingehende Verbindungen zu empfangen*.

TIPP

Suchen Sie nach einer Antivirus-Software für Ihren Mac? Diesem Zweck könnte z. B. die kostenlose Software *Free Antivirus für Mac* dienen, die Sie unter der Webadresse *https://www.avira.com/de/free-antivirus-mac* finden.

Start

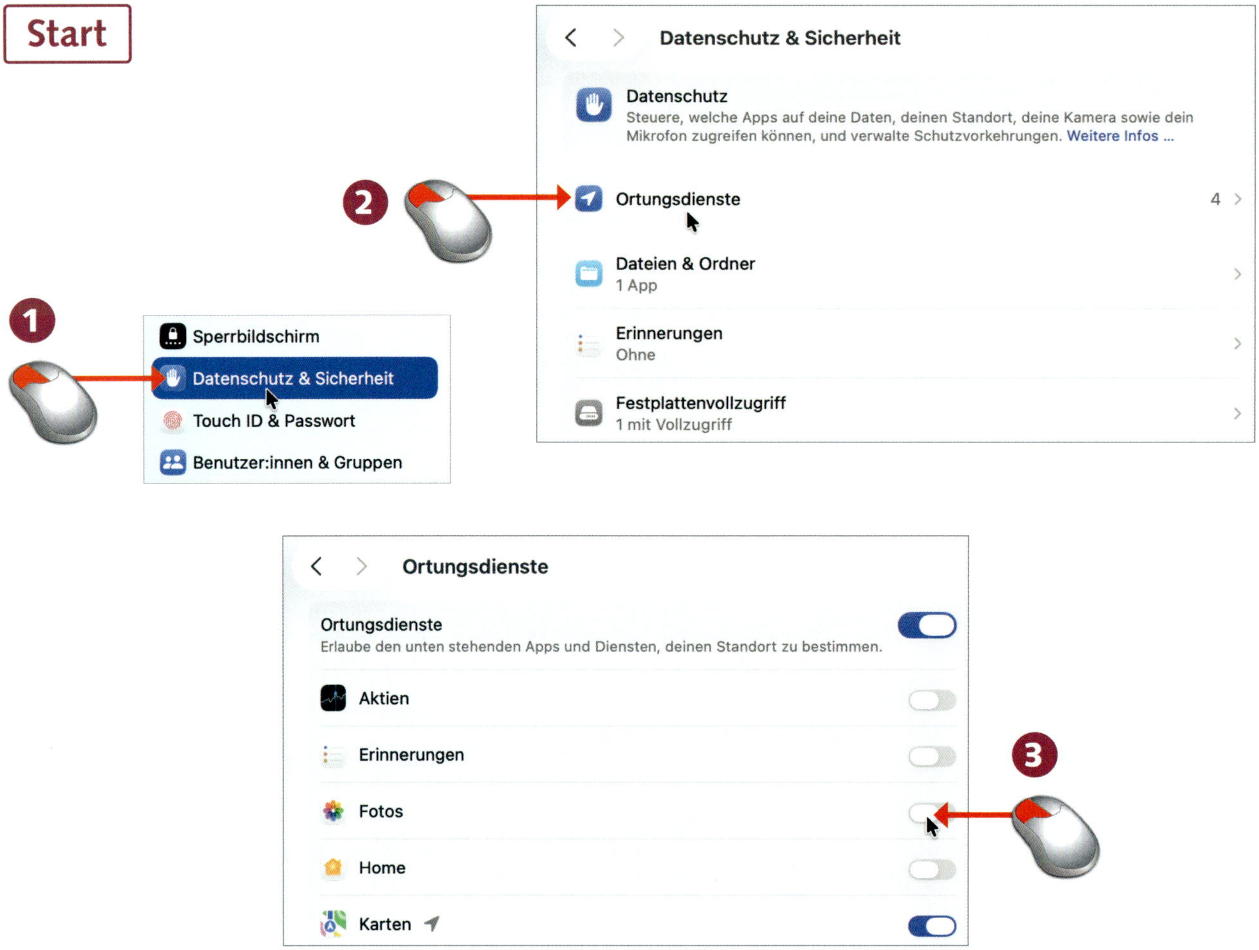

1. Die Datenschutzeinstellungen nehmen Sie in den *Systemeinstellungen* in der Kategorie *Datenschutz & Sicherheit* vor.
2. Sie erhalten eine Liste der im Hinblick auf den Datenschutz relevanten Funktionen. Wählen Sie einen Eintrag aus, z. B. *Ortungsdienste*.
3. Bestimmen Sie per Schalter, welche Apps auf den Standort Ihres Macs zugreifen dürfen und welche nicht.

WISSEN

Es wird ein Hinweisfenster angezeigt, wenn eine App auf sensible Daten wie Ihren Standort oder Ihre Kamera zugreifen will, und Sie können selbst entscheiden, ob Sie den Zugriff auf diese Daten gewähren möchten. Die Datenschutzeinstellungen lassen sich aber auch noch nachträglich ändern, wie Sie hier erfahren.

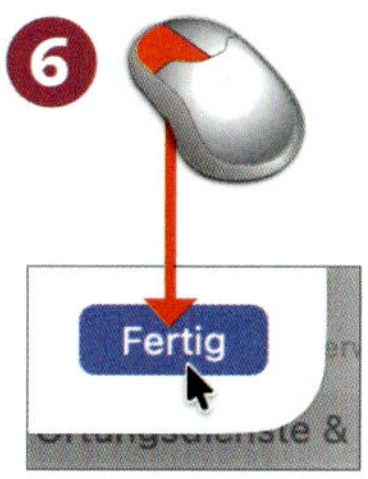

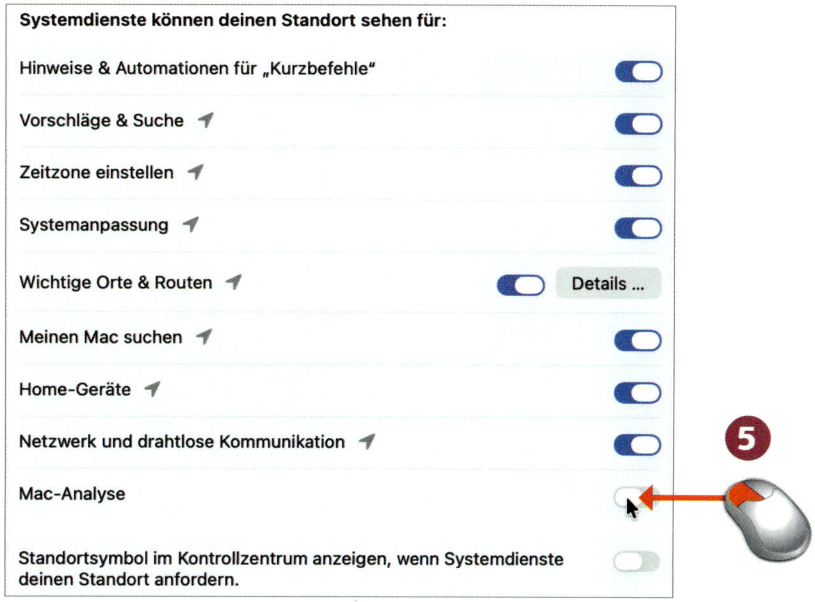

4 Speziell im Zusammenhang mit den Ortungsdiensten ist interessant, welche Systemdienste auf Ihren Standort zugreifen. Klicken Sie unten unter *Ortungsdienste* bei *Systemdienste* auf die Schaltfläche *Details*.

5 Hier können Sie eine Menge Schalter deaktivieren, etwa zu ortsbasierten Vorschlägen, zur Mac-Analyse usw.

6 Bestätigen Sie Ihre Einstellungen mit der Schaltfläche *Fertig*.

Ende

HINWEIS

Eine generelle Empfehlung: Gewähren Sie gerade so viel Zugriff auf Ihre Daten, wie unbedingt notwendig ist. Zu »neugierige« Apps sollten Sie gar nicht erst verwenden.

TIPP

Für die Ortung Ihres Macs werden übrigens in der Nähe befindliche WLANs ausgewertet. Um vorübergehend eine Ortung zu unterbinden, können Sie also auch einfach die WLAN-Funktion deaktivieren.

Start

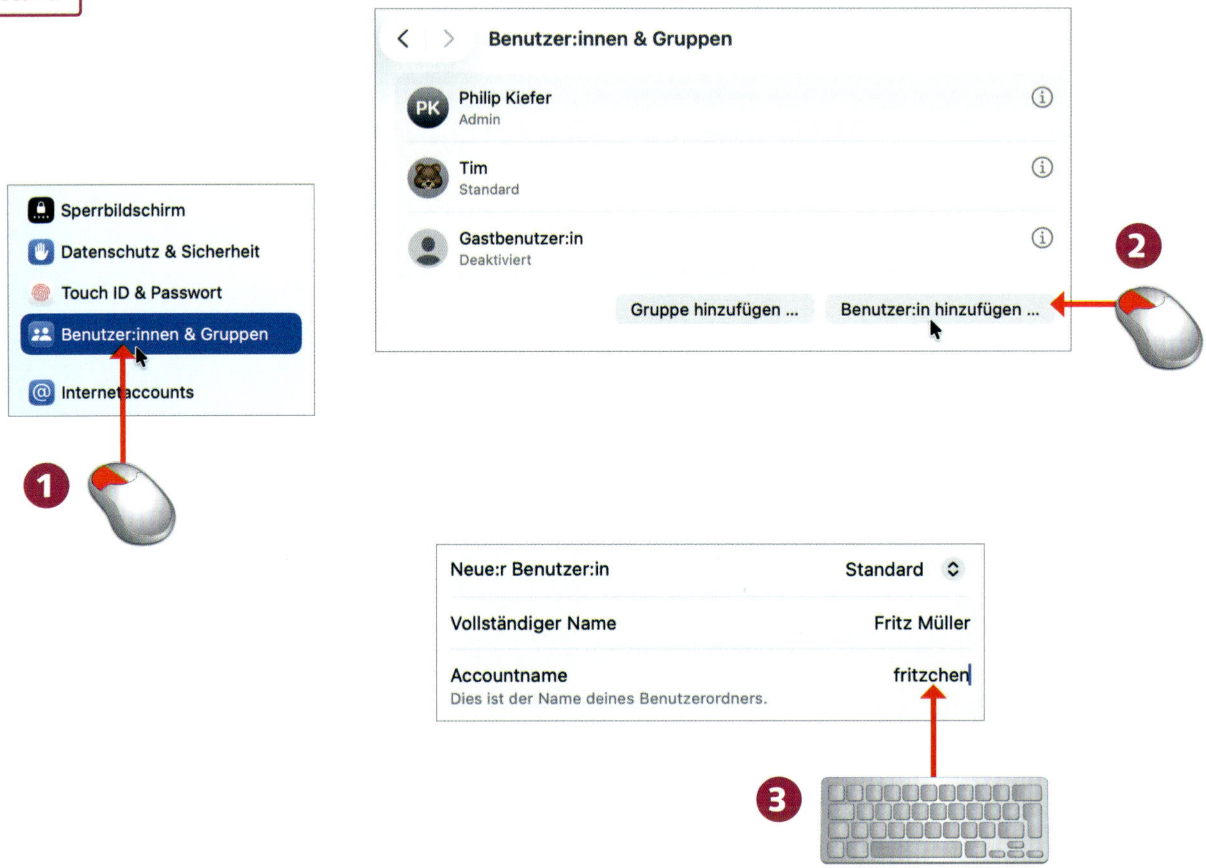

1. Entscheiden Sie sich in den *Systemeinstellungen* für die Kategorie *Benutzer:innen & Gruppen*.
2. Klicken Sie auf die Schaltfläche *Benutzer:in hinzufügen*. Anschließend heben Sie mit Ihrem Mac-Passwort den Schutz auf.
3. Legen Sie im Menü *Neue:r Benutzer:in* fest, um was für einen Kontotyp es sich handeln soll. Nur ein Administrator hat Vollzugriff, andere Benutzer haben eingeschränkte Rechte. Geben Sie den Namen des Benutzers ein und wählen Sie einen Accountnamen.

WISSEN

Wenn Sie Ihren Mac nicht allein nutzen, empfiehlt es sich unbedingt, für jeden Nutzer ein eigenes Benutzerkonto anzulegen. Es erlaubt jedem Benutzer, die eigenen Einstellungen zu speichern. Außerdem werden für jeden Benutzer verschiedene Benutzerordner angelegt, in denen er seine eigenen Dateien speichern kann. Benutzerkonten sind auf dem Mac schnell erstellt!

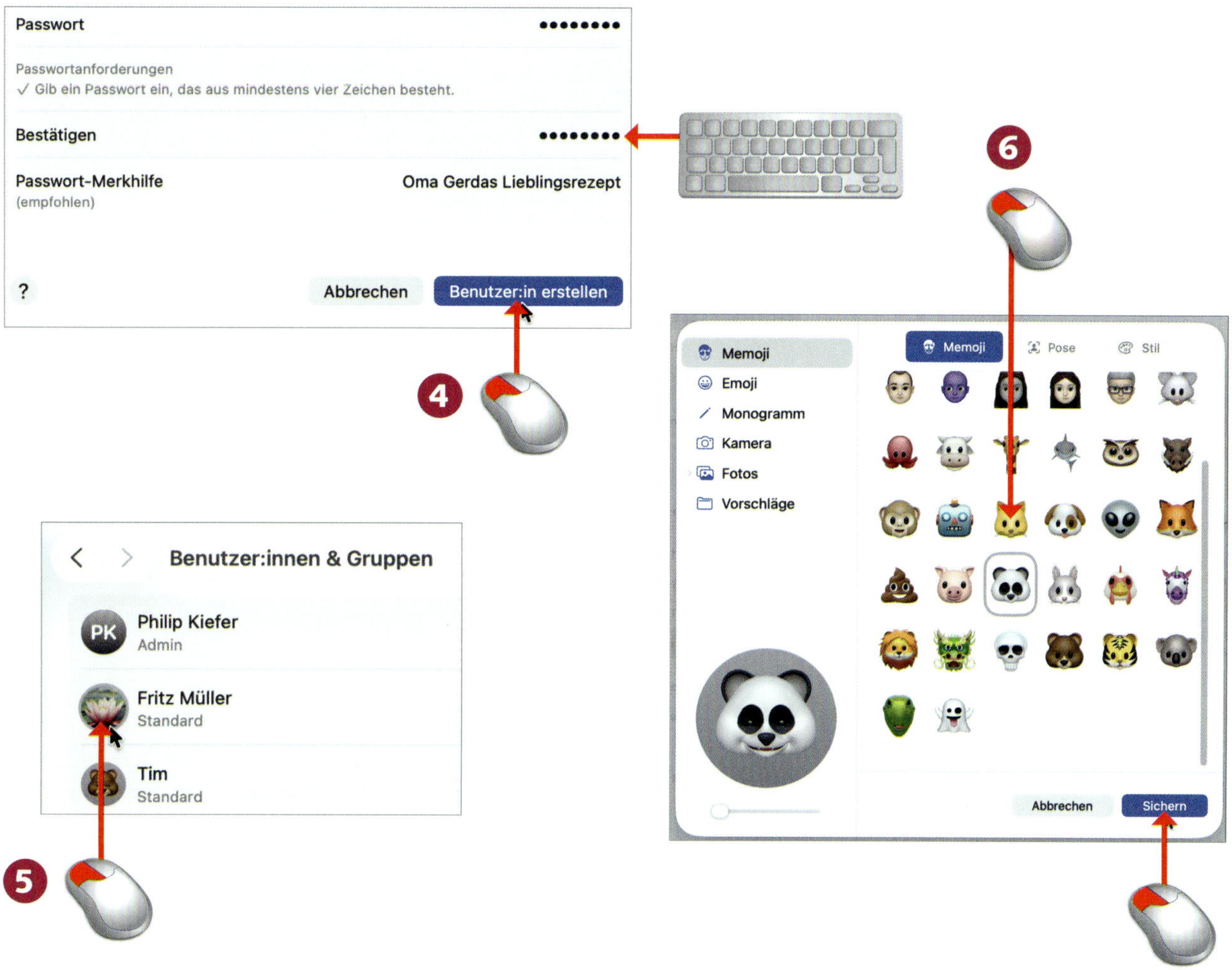

4 Geben Sie zweimal ein Passwort sowie eine Merkhilfe dazu ein. Klicken Sie schließlich auf *Benutzer:in erstellen*.

5 Der neue Benutzer wird nun in der Liste aufgeführt. Möchten Sie das automatisch erstellte Bild des Benutzers ändern, klicken Sie auf das Bild.

6 Wählen Sie ein anderes Bild aus und bestätigen Sie Ihre Auswahl mit *Sichern*.

Ende

TIPP

Ihr Onkel Helge ist zu Besuch und möchte Ihren Mac verwenden? Aktivieren Sie die Option *Gastbenutzer:in*, um ihr auf die Schnelle Zugriff darauf zu gewähren, ohne dass sie im System Schaden anrichten kann.

HINWEIS

Einen Account wieder löschen: Diese Option finden Sie bei einem Benutzernamen unter dem Symbol ⓘ.

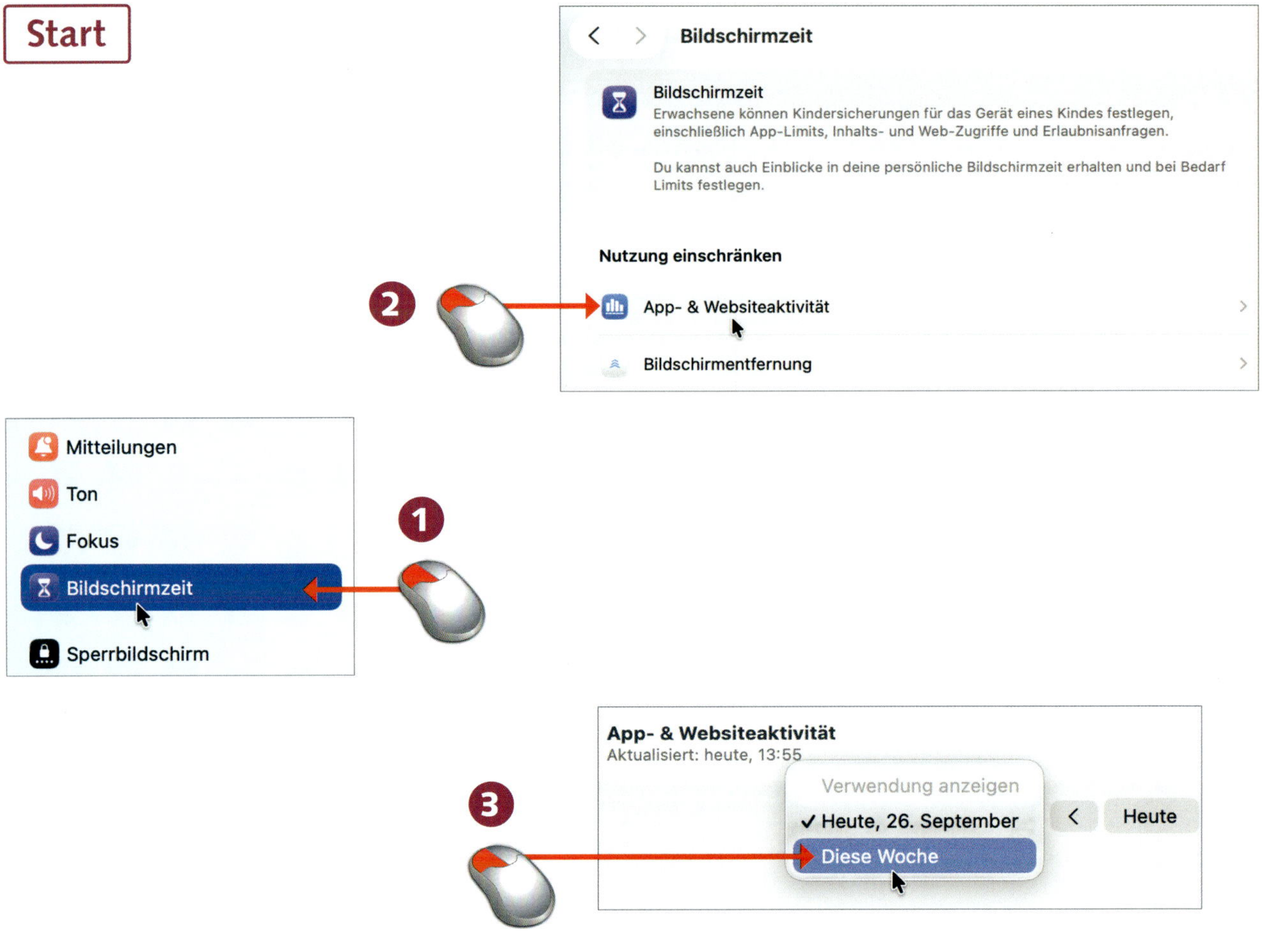

1. Entscheiden Sie sich in den *Systemeinstellungen* für die Kategorie *Bildschirmzeit*.

2. Befassen Sie sich zunächst mit den informierenden Einträgen, etwa zu Ihrer *App- & Websiteaktivität*, um den Ist-Zustand zu ermitteln.

3. Sie erhalten eine entsprechende Statistik und können sich diese für einen einzelnen Tag oder für die ganze Woche anzeigen lassen.

WISSEN

Vergessen Sie die Zeit, wenn Sie vor dem Bildschirm sitzen? Dann geht es Ihnen wie so vielen. Um Ihre Bildschirmzeit – oder die Bildschirmzeit Ihres Sprösslings – im Blick zu behalten, verwenden Sie die Funktion *Bildschirmzeit*. Damit verschaffen Sie sich nicht nur einen Überblick über die Bildschirmzeit, sondern Sie können auch verschiedene Limits festlegen.

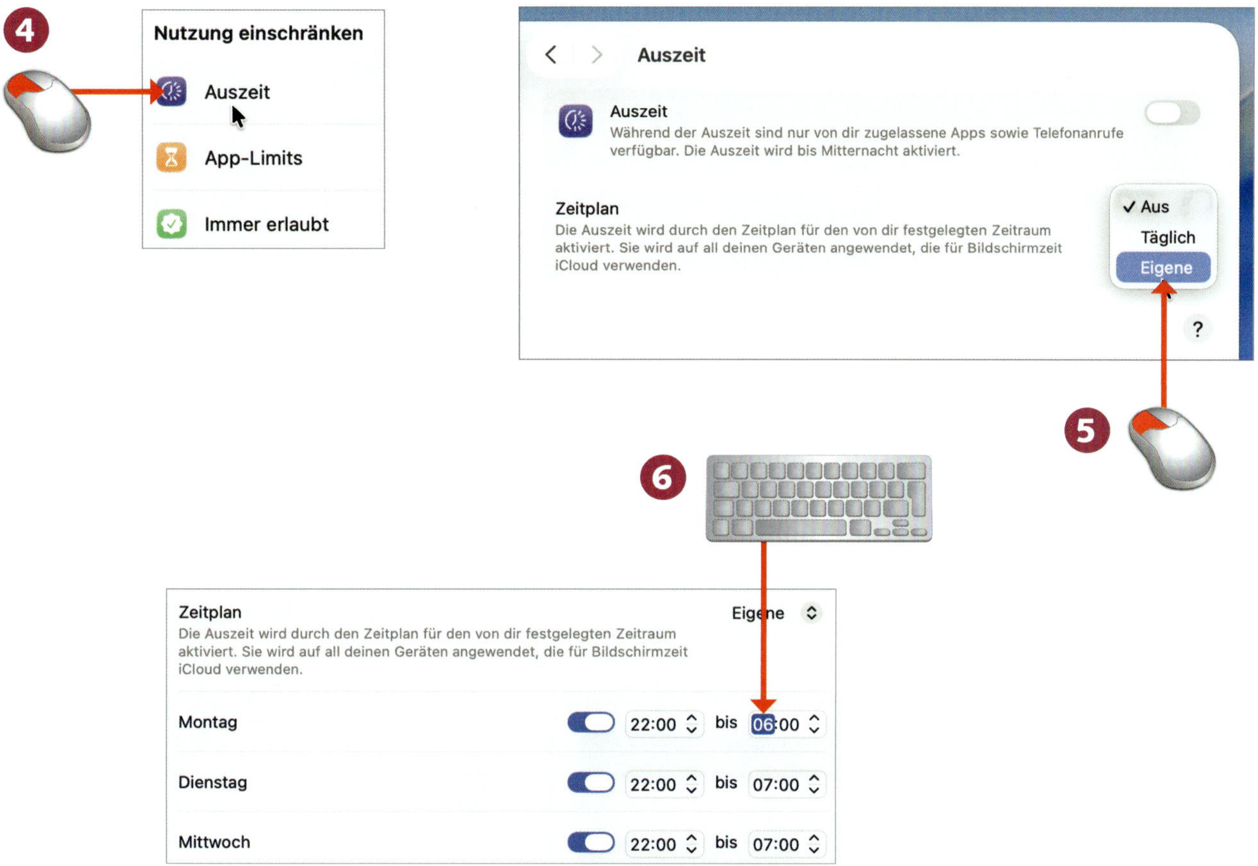

4 Daneben bieten sich Ihnen einschränkende Elemente. Konfigurieren Sie z. B. eine *Auszeit* vom Bildschirm, indem Sie den entsprechenden Eintrag anklicken.

5 Legen Sie einen Zeitplan für eine bildschirmfreie Zeit fest. Dazu klicken Sie im Menü *Zeitplan* auf den Eintrag *Eigene*.

6 Bestimmen Sie nun die gewünschten Auszeiten für jeden einzelnen Tag der Woche.

Ende

HINWEIS

Soll die Nutzung von Apps aus bestimmten Kategorien (z. B. Spiele oder soziale Netzwerke) zeitlich begrenzt werden, bestimmen Sie dies unter *App-Limits*.

TIPP

Wenn Sie das Benutzerkonto eines Kindes verwalten, empfiehlt es sich, unter *Inhalt & Datenschutz* kindgerechte Beschränkungen zu konfigurieren.

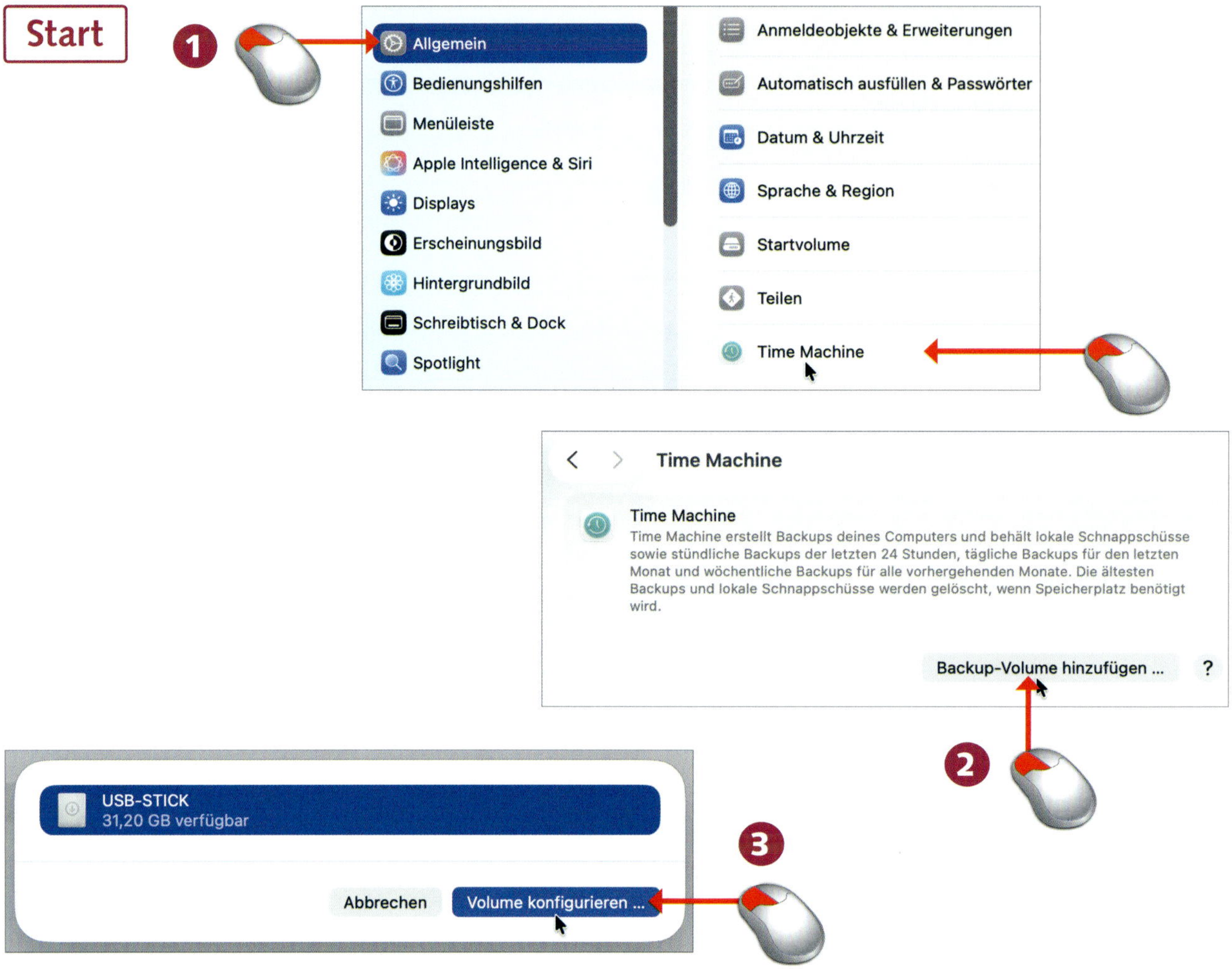

1. Um Ihre Daten zu sichern, entscheiden Sie sich zunächst mal in den *Systemeinstellungen* in der Kategorie *Allgemein* für den Eintrag *Time Machine*.
2. Der Datenträger zum Speichern des Backups ist bereits verbunden. Klicken Sie auf die Schaltfläche *Backup-Volume hinzufügen*.
3. Wählen Sie das Laufwerk aus, auf dem die Datensicherung durchgeführt werden soll – etwa eine externe Festplatte –, und bestätigen Sie mit *Volume konfigurieren*.

WISSEN

Die auf Ihrem Mac bereits verfügbare Funktion *Time Machine* (»Zeitmaschine«) macht die Datensicherung zum reinsten Kinderspiel. Voraussetzung ist lediglich, dass Sie über ein passendes Speichermedium verfügen. Wie Sie zur Konfiguration der Time Machine vorgehen, erklärt diese Doppelseite.

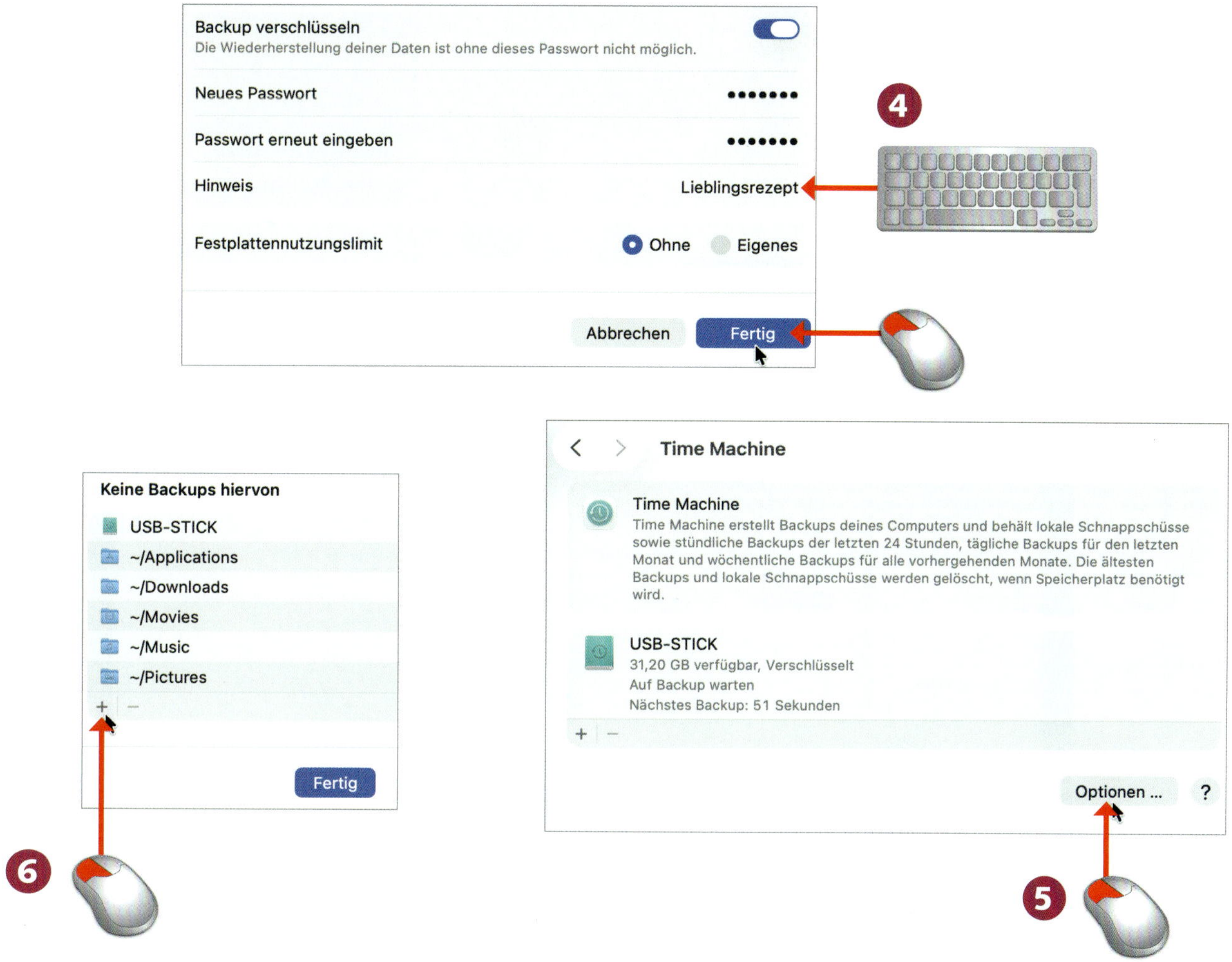

4 Vergeben Sie ein Passwort für das Backup und versehen Sie dieses mit einer Merkhilfe, bevor Sie auf die Schaltfläche *Fertig* klicken.

5 Wählen Sie nun noch die Schaltfläche *Optionen*, falls Sie bestimmte Elemente von der Datensicherung ausschließen möchten.

6 Schließen Sie per Plussymbol z. B. speicherintensive Ordner wie Medienordner von der Datensicherung aus. Bestätigen Sie erneut mit *Fertig*. Das erste Backup wird automatisch durchgeführt.

Ende

HINWEIS

Bei der Datensicherung werden stündlich die Daten der letzten 24 Stunden gesichert, täglich die Daten des letzten Monats und wöchentlich die Daten der vorherigen Monate. Ist das Laufwerk voll, werden ältere Sicherungsdaten automatisch gelöscht.

TIPP

Ist die Time Machine aktiviert, wird das Menulet automatisch eingeblendet. Unter diesem Menulet können Sie ein Backup jederzeit auch manuell anstoßen.

Start

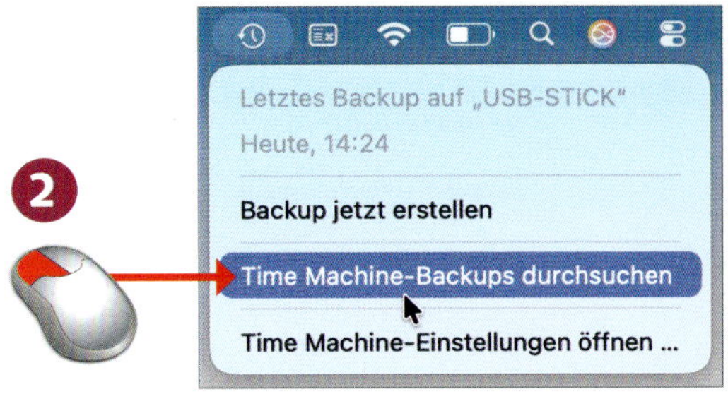

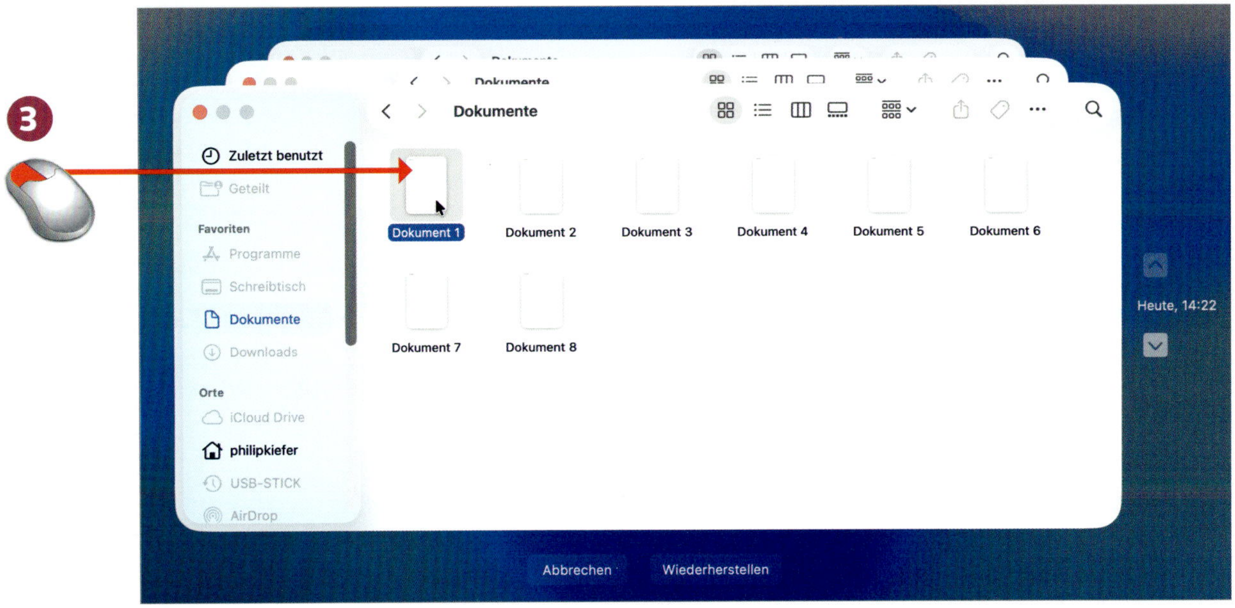

1. Um Dateien aus einer Time-Machine-Sicherung wiederherzustellen, klicken Sie auf das Menulet .
2. Entscheiden Sie sich im Menü für *Time Machine-Backups durchsuchen*.
3. Wählen Sie eine Datensicherung aus und klicken Sie das wiederherzustellende Element an.

WISSEN

Sobald eine Datensicherung vorliegt, lassen sich Ihre Daten bei Bedarf wiederherstellen – sowohl insgesamt als auch im Hinblick auf einzelne Elemente, die vielleicht verloren gegangen oder ungewünscht geändert worden sind. Wie Sie für die Wiederherstellung Ihrer Daten vorgehen, erfahren Sie hier.

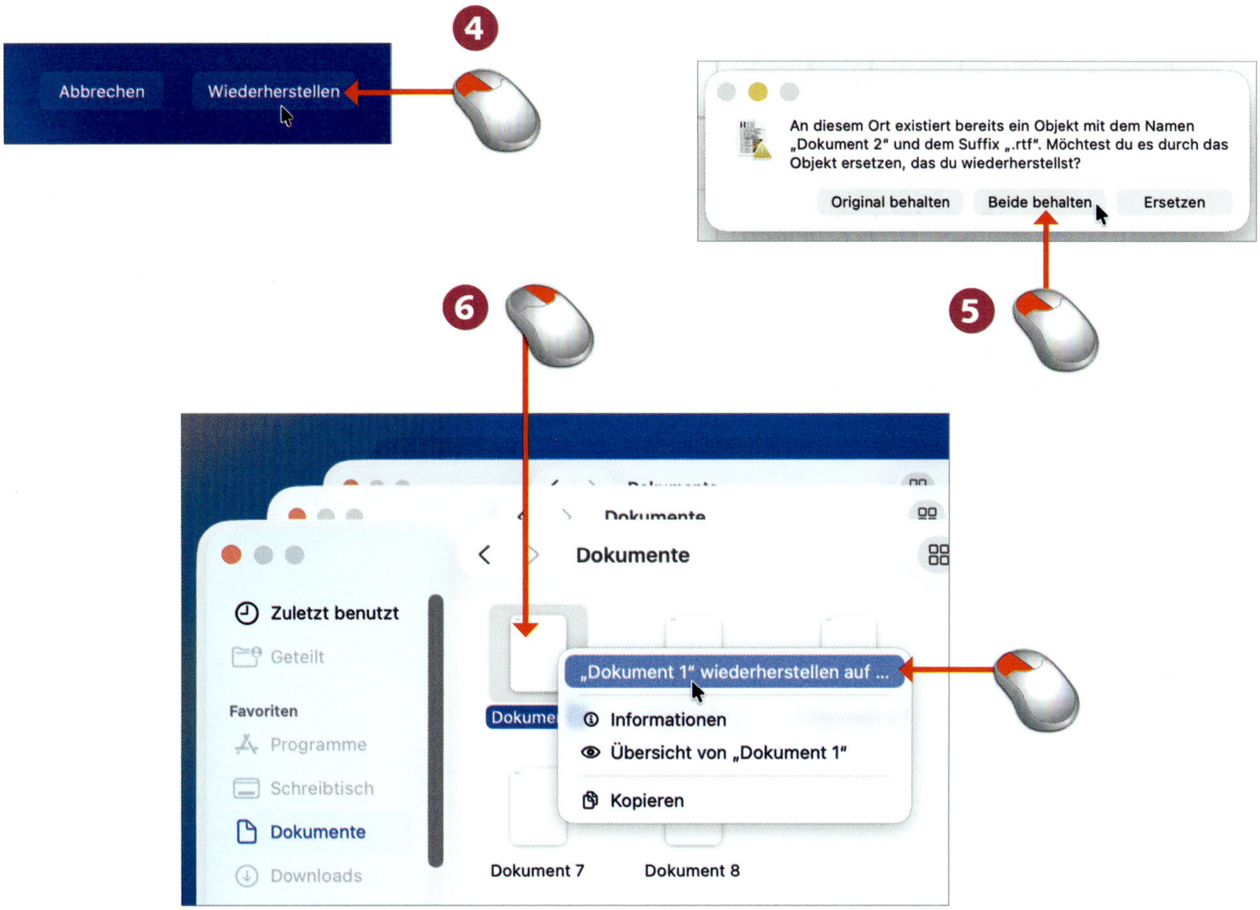

4 Bestätigen Sie Ihre Auswahl mit der *Wiederherstellen*-Schaltfläche.

5 Falls ein Element mit diesem Namen vorhanden ist, entscheiden Sie per Schaltfläche, ob Sie beide Elemente behalten möchten oder ob das Original ersetzt werden soll.

6 Alternativ können Sie den Speicherort für die Wiederherstellung festlegen, indem Sie ein Element in der Time Machine mit der rechten Maustaste bzw. bei gedrückter control-Taste anklicken. Im Kontextmenü wählen Sie *... wiederherstellen auf*.

Ende

HINWEIS

Die Datensicherung lässt sich auch für eine komplette Systemwiederherstellung einsetzen. Dazu halten Sie beim Starten des Macs die Tasten command+R gedrückt. In den angezeigten Wiederherstellungsoptionen wählen Sie *Aus Time Machine-Backup wiederherstellen*.

TIPP

Oder möchten Sie macOS neu installieren? Dazu halten Sie beim Starten ebenfalls command+R gedrückt und wählen dann die entsprechende Wiederherstellungsoption.

Start

1. Öffnen Sie die App *Passwörter* in der App-Bibliothek.

2. Geben Sie das zu Ihrem Mac-Benutzerkonto gehörende Passwort ein und bestätigen Sie mit der ⏎-Taste.

3. Erkennt der Mac Sicherheitsdefizite bei Passwörtern, werden Ihnen diese in der Rubrik *Sicherheit* angezeigt. Folgen Sie ggf. den Empfehlungen, um die Probleme zu beheben.

WISSEN

Wenn Sie sich auf unterschiedlichen Seiten im Internet anmelden, gibt es viele Passwörter und Passkeys zu verwalten. Dank der App *Passwörter* müssen Sie sich die Zugangsdaten nicht mehr merken, sondern sie werden automatisch ausgefüllt. Verschaffen Sie sich auf dieser Doppelseite einen kleinen Überblick über diese nützliche App.

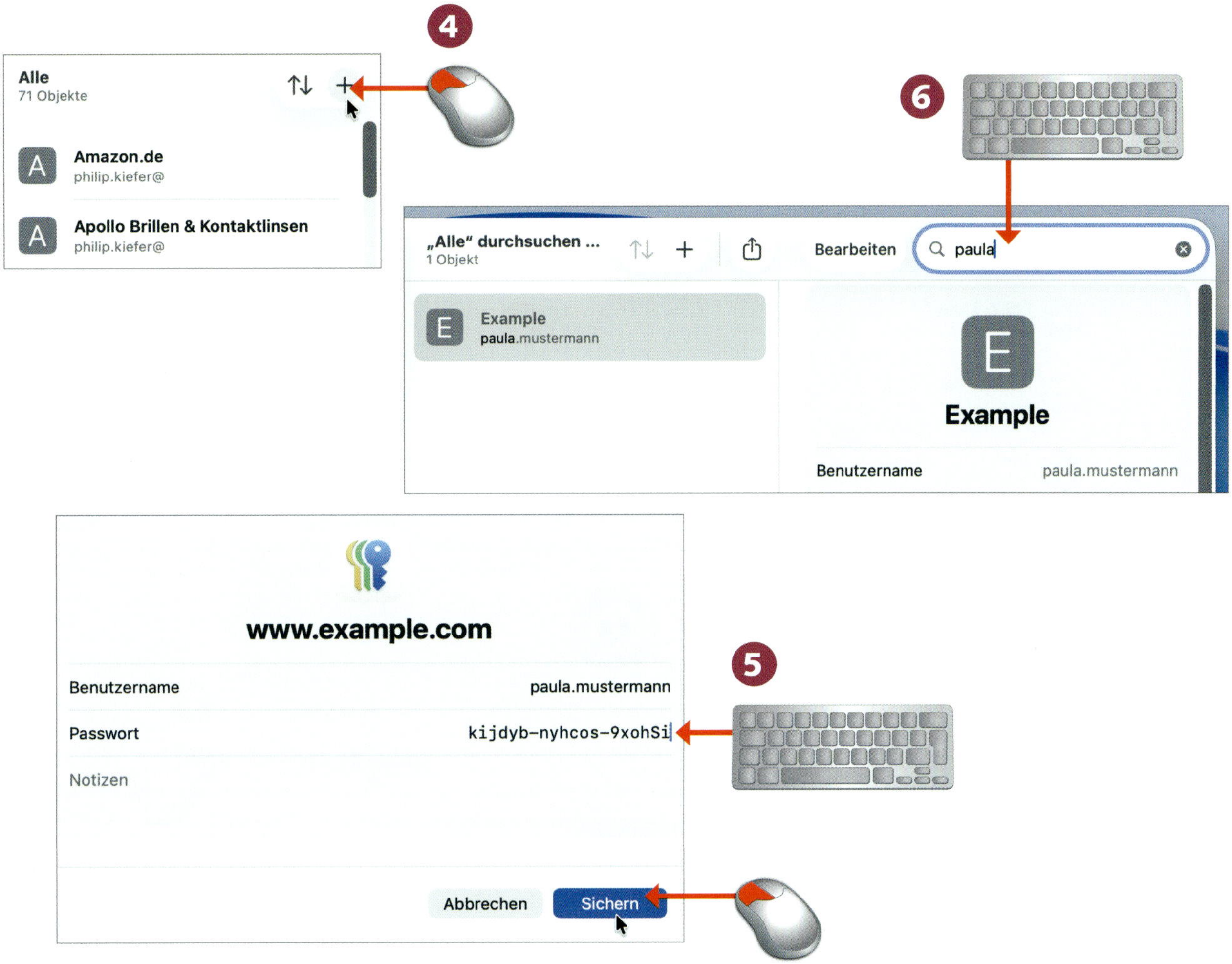

4 Zugangsdaten lassen sich bei der Anmeldung auf einer Webseite automatisch speichern, Sie können diese aber auch manuell hinzufügen. Dazu klicken Sie auf das Plussymbol +.

5 Tippen Sie die Zugangsdaten in die dafür vorgesehenen Felder ein und bestätigen Sie mit *Sichern*.

6 Bei sehr vielen Zugangsdaten verwenden Sie das in die App *Passwörter* eingebaute Suchfeld, um rasch einen gesuchten Eintrag aufzuspüren.

Ende

HINWEIS

Bei der Verwendung eines Passkeys erfolgt die Anmeldung ohne Eingabe eines Passworts. Die Passkeys werden automatisch generiert. Es genügt dann z. B. die Verwendung der Touch ID.

TIPP

In der App *Passwörter* lassen sich »geteilte Gruppen« anlegen, die es ermöglichen, Passwörter mit anderen Personen zu teilen.

Start

1. Ein Administrator entscheidet sich in den *Systemeinstellungen* für die Kategorie *Benutzer:innen & Gruppen*.
2. Klicken Sie bei dem Benutzerkonto, für das das Passwort zurückgesetzt werden soll, auf das Symbol ⓘ.
3. Klicken Sie im folgenden Fenster bei *Passwort* auf die Schaltfläche *Zurücksetzen*.

WISSEN

Falls ein Benutzer einmal sein Passwort vergessen sollte, ist das kein Beinbruch. Als Administrator können Sie ein Passwort mit wenigen Handgriffen zurücksetzen. Wie das geht, lesen Sie auf dieser Doppelseite.

4 Geben Sie das zu Ihrem eigenen Administratorkonto gehörende Passwort ein und klicken Sie auf *Schutz aufheben*.

5 Nun wird zweimal das gewünschte neue Passwort eingetippt.

6 Schließlich wird noch eine Merkhilfe eingegeben und dann das Zurücksetzen des Passworts mit *Passwort zurücksetzen* bestätigt.

Ende

HINWEIS

Wenn Sie sich bei der Eingabe des Passworts vertippen, wird Ihnen automatisch die Merkhilfe angezeigt. Wählen Sie eine Merkhilfe, die Sie wirklich an das Passwort erinnert, aber ohne dass andere Personen damit das Passwort ermitteln können.

TIPP

Falls Sie das zu Ihrem Apple Account gehörende Passwort vergessen haben, finden Sie unter *https://iforgot.apple.com* Optionen zum Zurücksetzen.

Start

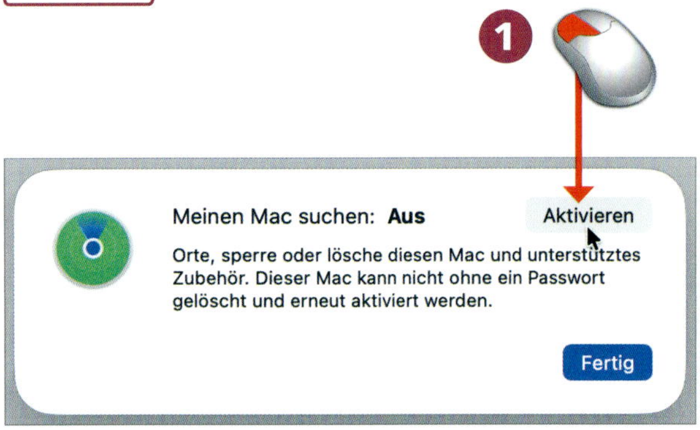

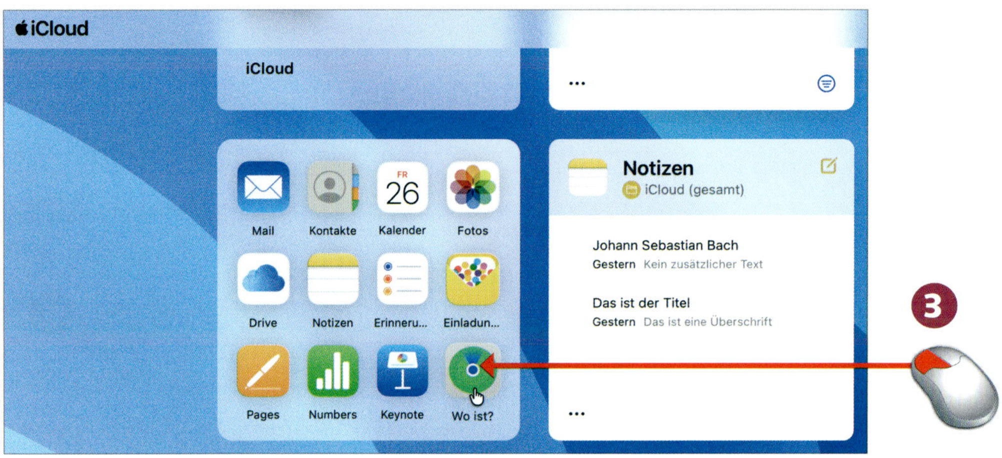

1. Aktivieren Sie, falls noch nicht geschehen, in den *Systemeinstellungen* unter *Apple Account/ iCloud* die Option *Meinen Mac suchen*.
2. Um die Ortung durchzuführen, öffnen Sie in einem beliebigen Browser die Webadresse *www.icloud.com* und melden sich mit Ihrem Apple Account an.
3. Ihnen werden die verschiedenen Web-Apps präsentiert. Sie wählen die Web-App *Wo ist?*.

WISSEN

Falls Sie Ihren Mac – insbesondere ein MacBook – mal verlegt haben sollten, lässt sich dieses übers Internet orten. Voraussetzungen sind, dass die entsprechende iCloud-Funktion aktiviert wurde (vgl. Schritt 1), dass das Gerät eingeschaltet und die WLAN-Funktion aktiviert ist, über die die Ortung erfolgt. Alles Weitere erfahren Sie in dieser Schrittanleitung.

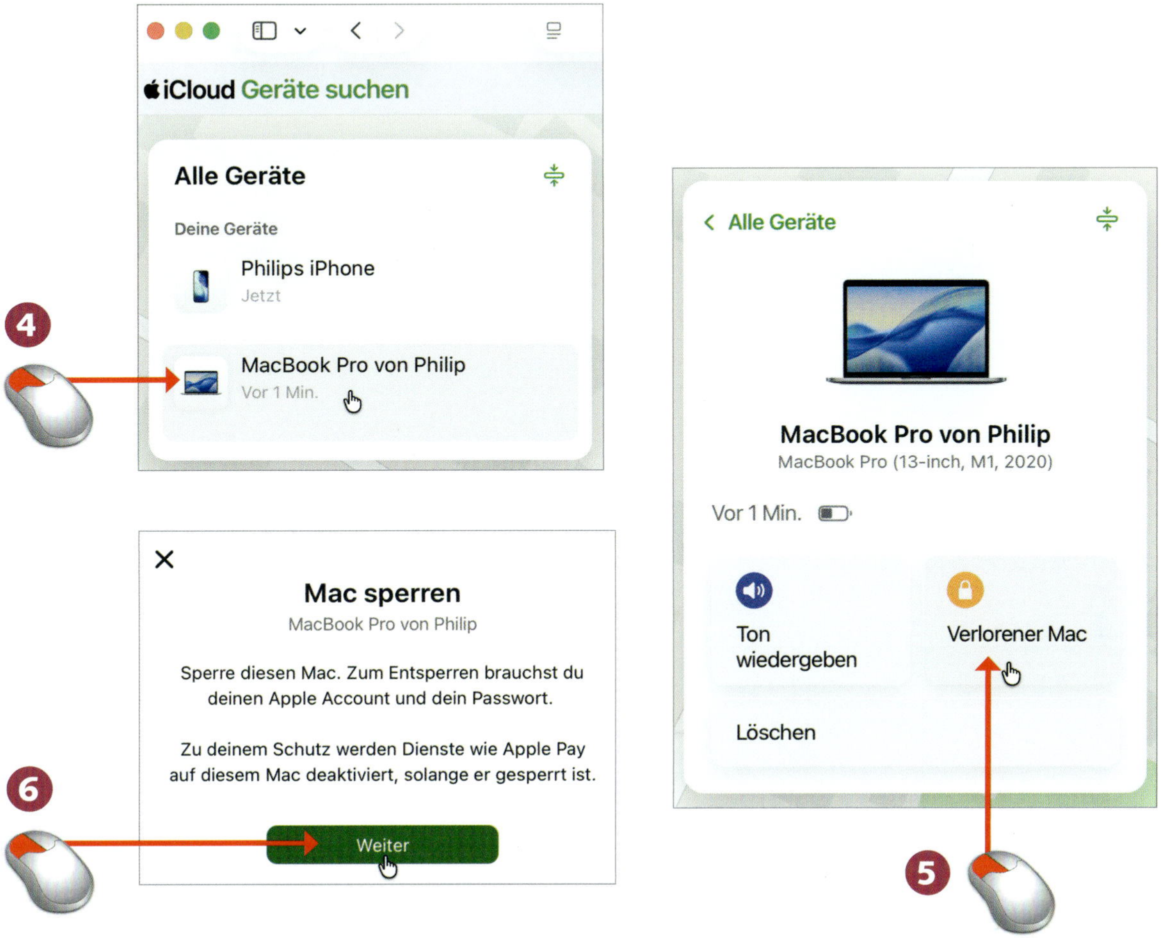

4 Ihnen wird eine Karte angezeigt. Wählen Sie Ihren Mac unter *Alle Geräte* aus.

5 Mithilfe des eingeblendeten Menüs lässt sich auf dem Mac ein lauter Signalton abspielen, der Mac lässt sich außerdem aus der Ferne sperren sowie im äußersten Notfall auch löschen. Wählen Sie eine Option.

6 Folgen Sie anschließend den jeweiligen Hinweisen auf dem Bildschirm.

Ende

TIPP

In die Ortungskarte können Sie sich hineinzoomen, indem Sie in die Karte doppelklicken. Um sich wieder herauszuzoomen, doppelklicken Sie bei gedrückter option-Taste.

TIPP

Auf dem Mac steht Ihnen die Ortungs-App *Wo ist?* auch in der App-Bibliothek zur Verfügung. Auf einem iPhone oder iPad ist die App ebenfalls verfügbar.

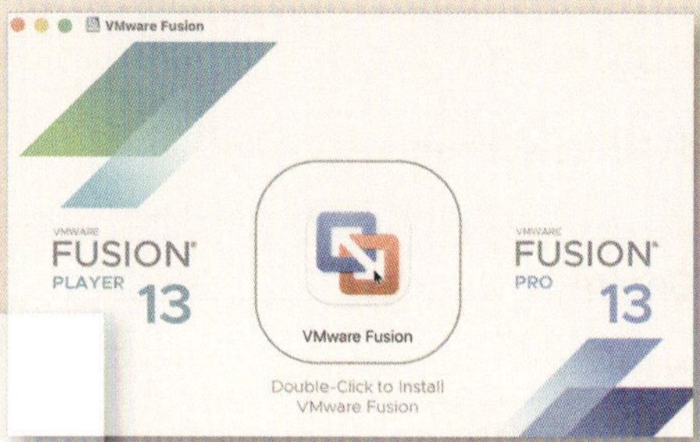
VMware Fusion
VMWARE FUSION PLAYER 13
VMware Fusion
Double-Click to Install VMware Fusion
VMWARE FUSION PRO 13

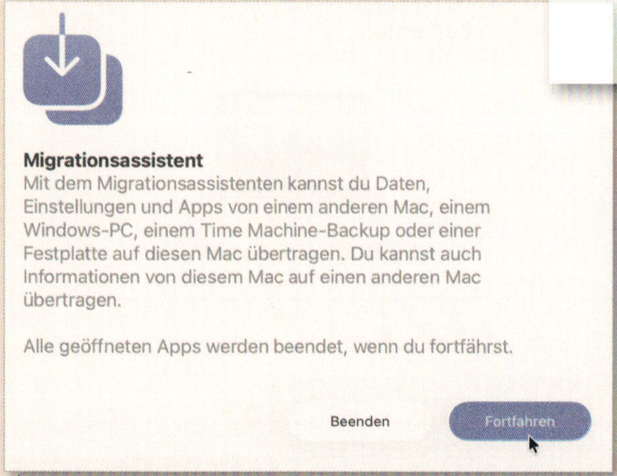
Migrationsassistent
Mit dem Migrationsassistenten kannst du Daten, Einstellungen und Apps von einem anderen Mac, einem Windows-PC, einem Time Machine-Backup oder einer Festplatte auf diesen Mac übertragen. Du kannst auch Informationen von diesem Mac auf einen anderen Mac übertragen.
Alle geöffneten Apps werden beendet, wenn du fortfährst.
Beenden
Fortfahren

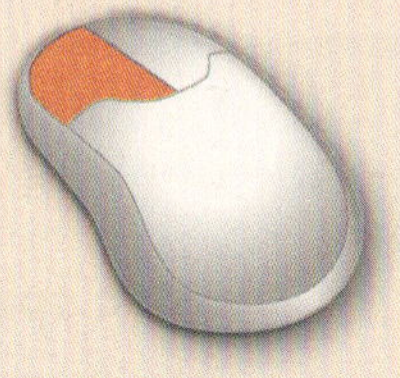

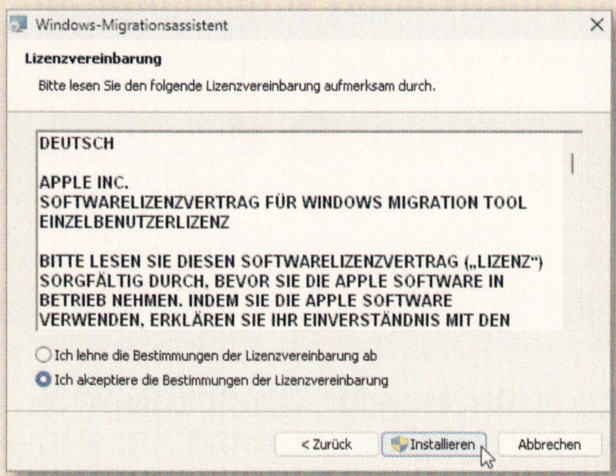
Windows-Migrationsassistent
Lizenzvereinbarung
Bitte lesen Sie den folgende Lizenzvereinbarung aufmerksam durch.
DEUTSCH
APPLE INC.
SOFTWARELIZENZVERTRAG FÜR WINDOWS MIGRATION TOOL
EINZELBENUTZERLIZENZ
BITTE LESEN SIE DIESEN SOFTWARELIZENZVERTRAG („LIZENZ") SORGFÄLTIG DURCH, BEVOR SIE DIE APPLE SOFTWARE IN BETRIEB NEHMEN. INDEM SIE DIE APPLE SOFTWARE VERWENDEN, ERKLÄREN SIE IHR EINVERSTÄNDNIS MIT DEN
Ich lehne die Bestimmungen der Lizenzvereinbarung ab
Ich akzeptiere die Bestimmungen der Lizenzvereinbarung
< Zurück
Installieren
Abbrechen

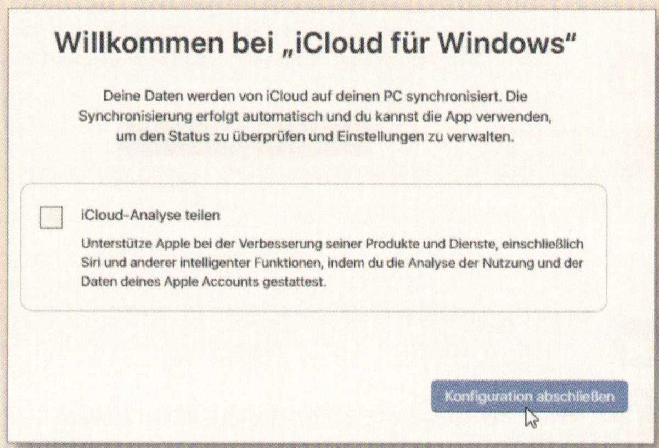
Willkommen bei „iCloud für Windows"
Deine Daten werden von iCloud auf deinen PC synchronisiert. Die Synchronisierung erfolgt automatisch und du kannst die App verwenden, um den Status zu überprüfen und Einstellungen zu verwalten.
iCloud-Analyse teilen
Unterstütze Apple bei der Verbesserung seiner Produkte und Dienste, einschließlich Siri und anderer intelligenter Funktionen, indem du die Analyse der Nutzung und der Daten deines Apple Accounts gestattest.
Konfiguration abschließen

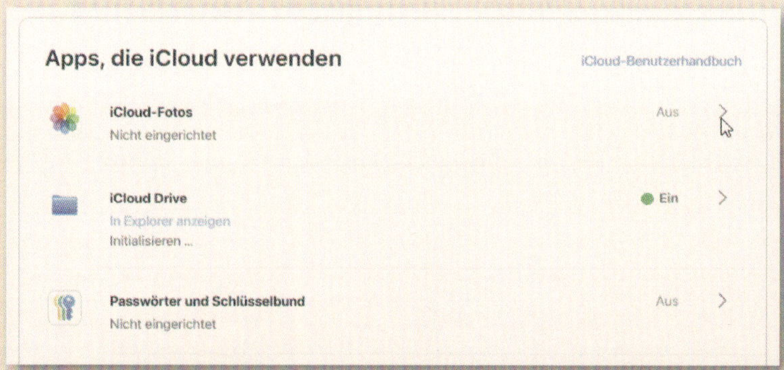
Apps, die iCloud verwenden
iCloud-Benutzerhandbuch
iCloud-Fotos
Nicht eingerichtet
Aus
iCloud Drive
In Explorer anzeigen
Initialisieren ...
Ein
Passwörter und Schlüsselbund
Nicht eingerichtet
Aus

12

Umzug von Windows und Tastenkürzel

Wenn Sie von einem Windows-PC auf den Mac umsteigen, bietet Ihnen dieses Kapitel weitere Unterstützung. Sie erfahren, wie Sie am bequemsten Ihre Daten übertragen und wie Sie auch auf dem Mac weiterhin Ihre Windows-Programme ausführen können. Ich habe außerdem die wichtigsten Tastenkombinationen für Sie zusammengestellt, mit denen Sie Ihren Mac noch schneller bedienen werden. Und wenn Ihnen die Standard-Tastenkombinationen nicht ausreichen sollten, erstellen Sie kurzerhand eigene.

Start

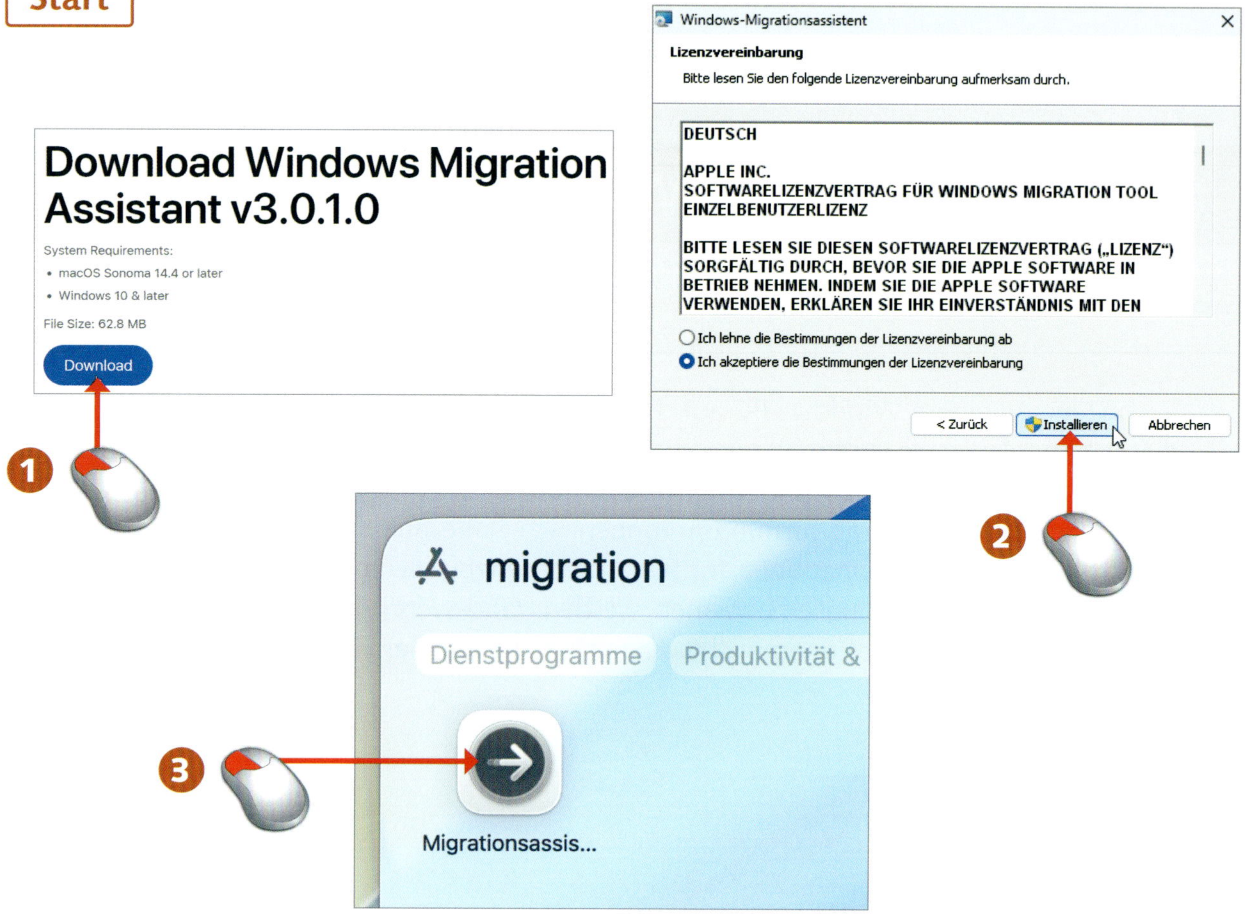

1. Auf Ihrem Mac steht der Windows-Migrationsassistent bereits zur Verfügung. Auf einem Windows-Computer laden Sie ihn unter der Webadresse *www.apple.com/migrate-to-mac* aus dem Internet.
2. Installieren Sie den Windows-Migrationsassistenten auf dem Windows-Computer und starten Sie die Software.
3. Nun wechseln Sie zum Mac. Rufen Sie den Migrationsassistenten in der App-Bibliothek auf.

WISSEN

Mithilfe des Migrationsassistenten lassen sich sowohl Dateien als auch Einstellungen von Ihrem alten Computer bequem auf Ihren Mac übertragen, wobei die Datenübertragung im Netzwerk erfolgt. Die Verwendung des Migrationsassistenten wird Ihnen bereits bei der Inbetriebnahme Ihres Macs angeboten. Er lässt sich aber auch noch nachträglich nutzen.

4 Bestätigen Sie im ersten Schritt mit *Fortfahren*, um den Assistenten zu starten. Ein MacBook muss mit dem Stromnetz verbunden werden. Geben Sie Ihr Mac-Passwort ein.

5 Bestimmen Sie, von welcher Art Computer Sie Daten übernehmen möchten. Hier wähle ich die Option *Von einem Windows-PC*. Bestätigen Sie erneut mit *Fortfahren*.

6 Stellen Sie die Verbindung her und wählen Sie aus, welche Daten Sie vom Windows-PC auf den Mac übertragen möchten. Tipp: Nutzen Sie den Computerwechsel zum Ausmisten!

Ende

HINWEIS

Die Daten werden bei der Migration nur kopiert, auf Ihrem Windows-PC wird dabei nichts gelöscht.

TIPP

Unter Windows suchen Sie gegebenenfalls nach der Funktion *Apps über die Windows-Firewall kommunizieren lassen*. Setzen Sie das passende Häkchen bei *Migration Assistant*.

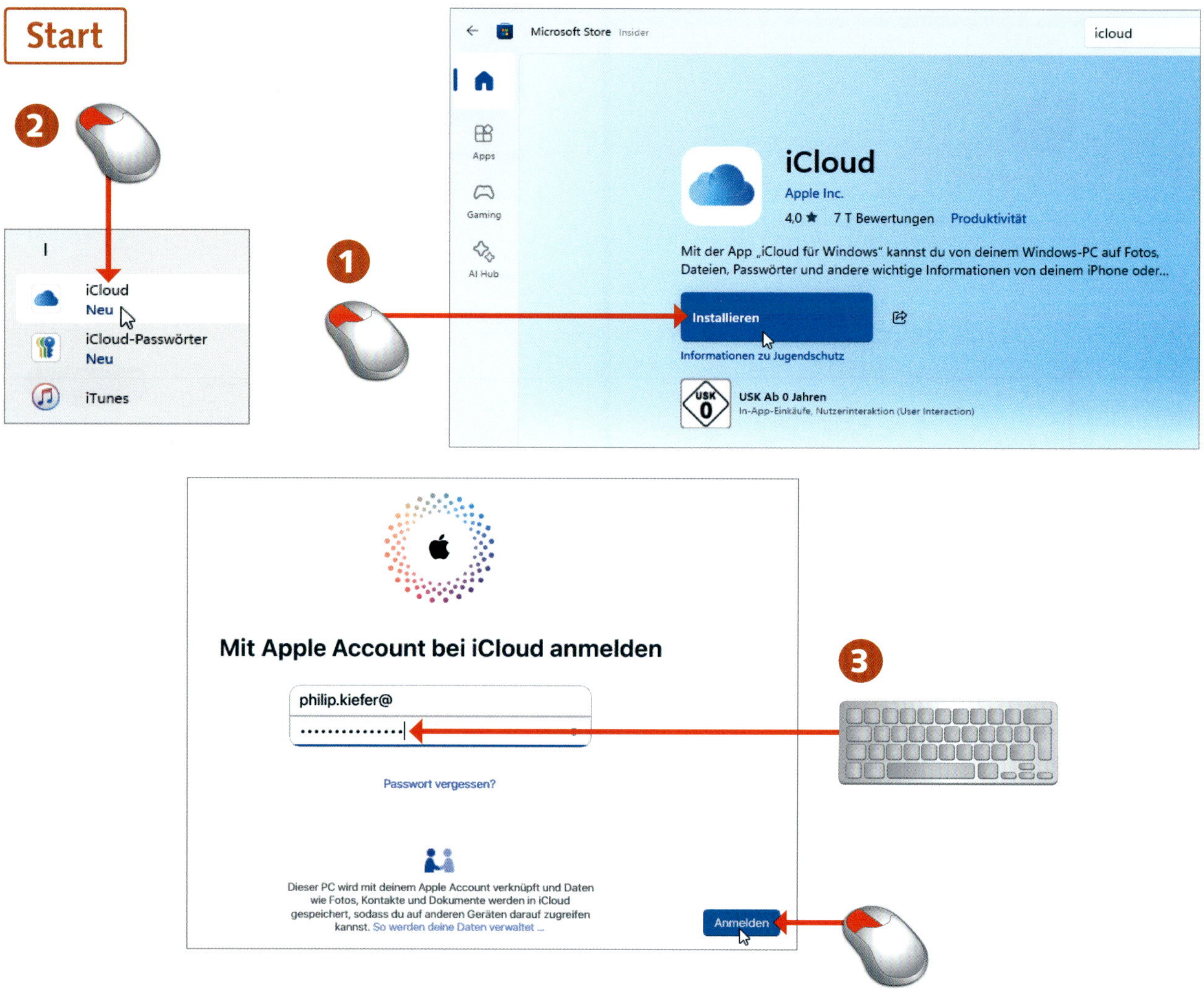

1. Laden Sie die App *iCloud* auf Ihrem Windows-PC aus dem integrierten Microsoft Store herunter.
2. Rufen Sie die App nach der Installation im Startmenü auf.
3. Warten Sie einen Moment, bis sich das Fenster für die Anmeldung mit Ihrem Apple Account öffnet. Geben Sie Ihre Daten ein und bestätigen Sie mit der Schaltfläche *Anmelden*.

WISSEN

Auch auf einem Windows-PC können Sie auf einige der iCloud-Funktionen zugreifen, etwa den Austausch von Fotos oder – via iCloud Drive – von Dateien aller Art. Wie Sie iCloud für Windows einrichten, erfahren Sie auf dieser Doppelseite.

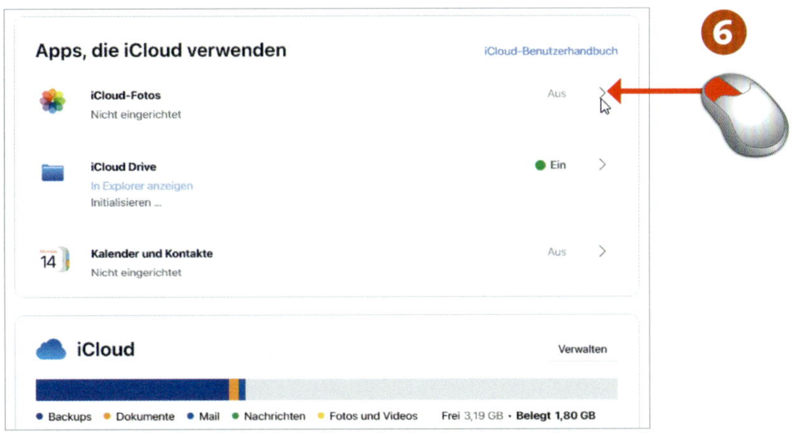

4 Ein Assistent fragt ab, welche Cloud-Funktionen Sie verwenden möchten. Treffen Sie Ihre Auswahl, z. B. *Dateien synchronisieren*. Spätere Änderungen sind kein Problem.

5 Schließen Sie den Assistenten mit der Schaltfläche *Konfiguration abschließen* ab.

6 Nun erhalten Sie einen Überblick über die mit iCloud synchronisierten Daten und können hier jederzeit Anpassungen durchführen.

Ende

HINWEIS

iCloud wird automatisch mit Windows gestartet. Die iCloud-Einstellungen lassen sich jederzeit im Infobereich unter dem Symbol aufrufen.

TIPP

Für den schnellen Datenaustausch zwischen Mac und Windows-PC nutzen Sie am einfachsten iCloud Drive. Ein entsprechender Eintrag wird der Navigationsleiste des Windows-Explorers hinzugefügt.

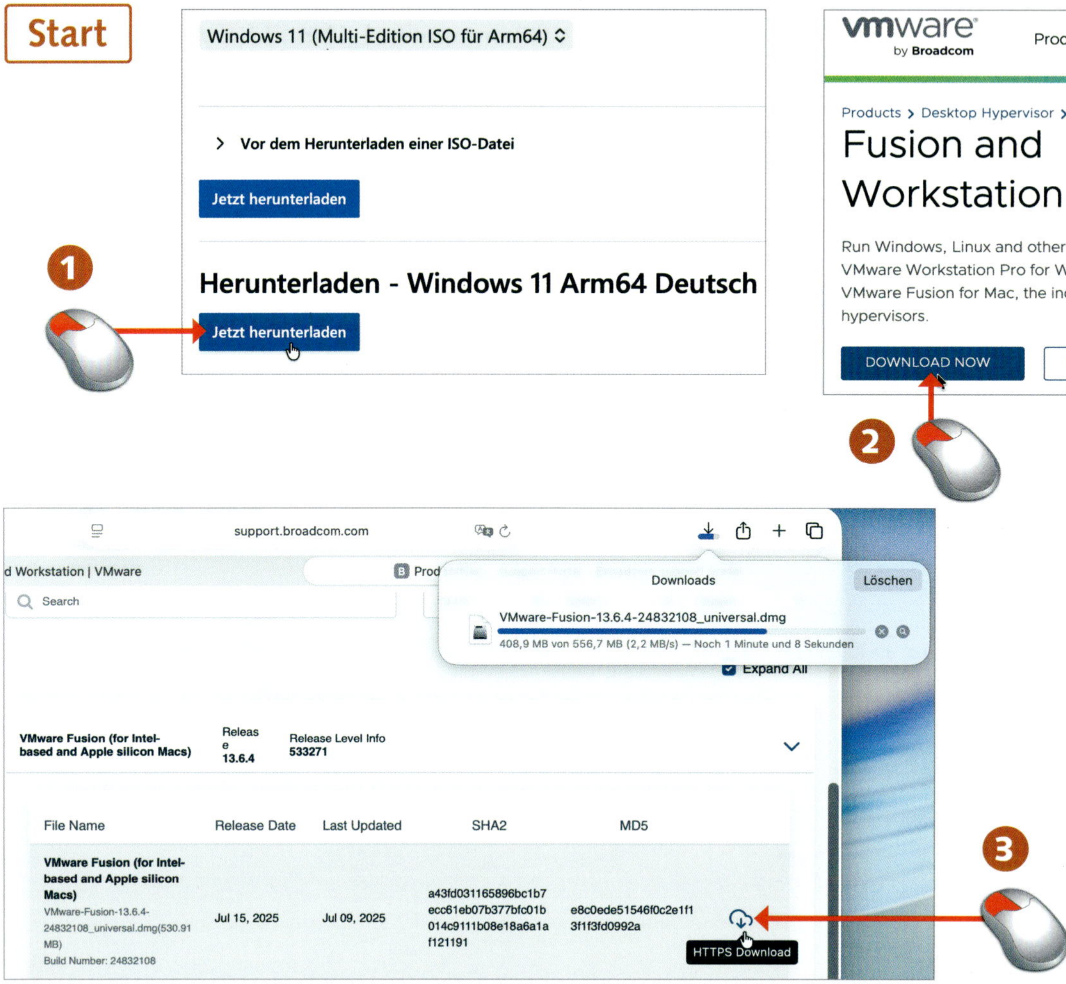

1. Laden Sie im ersten Schritt eine ISO-Datei auf Ihren Mac herunter, z. B. die für Geräte mit Apple-Chip benötigte ARM-Version von Windows 11 unter *https://www.microsoft.com/de-de/software-download/windows11arm64*.

2. Den Download von VMware Fusion starten Sie unter der Webadresse *https://www.vmware.com/products/desktop-hypervisor/workstation-and-fusion*.

3. Für den Download ist eine Registrierung erforderlich. Außerdem ist es etwas umständlich, die benötigte Software zu finden. Nehmen Sie sich einige Minuten Zeit und starten Sie den Download!

WISSEN

Eventuell vorhandene Windows-Programme können Sie auch auf dem Mac weiternutzen – installieren Sie einfach Windows in einer virtuellen Maschine. Laden Sie dazu beispielsweise die seit November 2024 kostenlos erhältliche Virtualisierungssoftware VMware Fusion auf Ihren Mac. Die Vorgehensweise skizziere ich auf dieser Doppelseite.

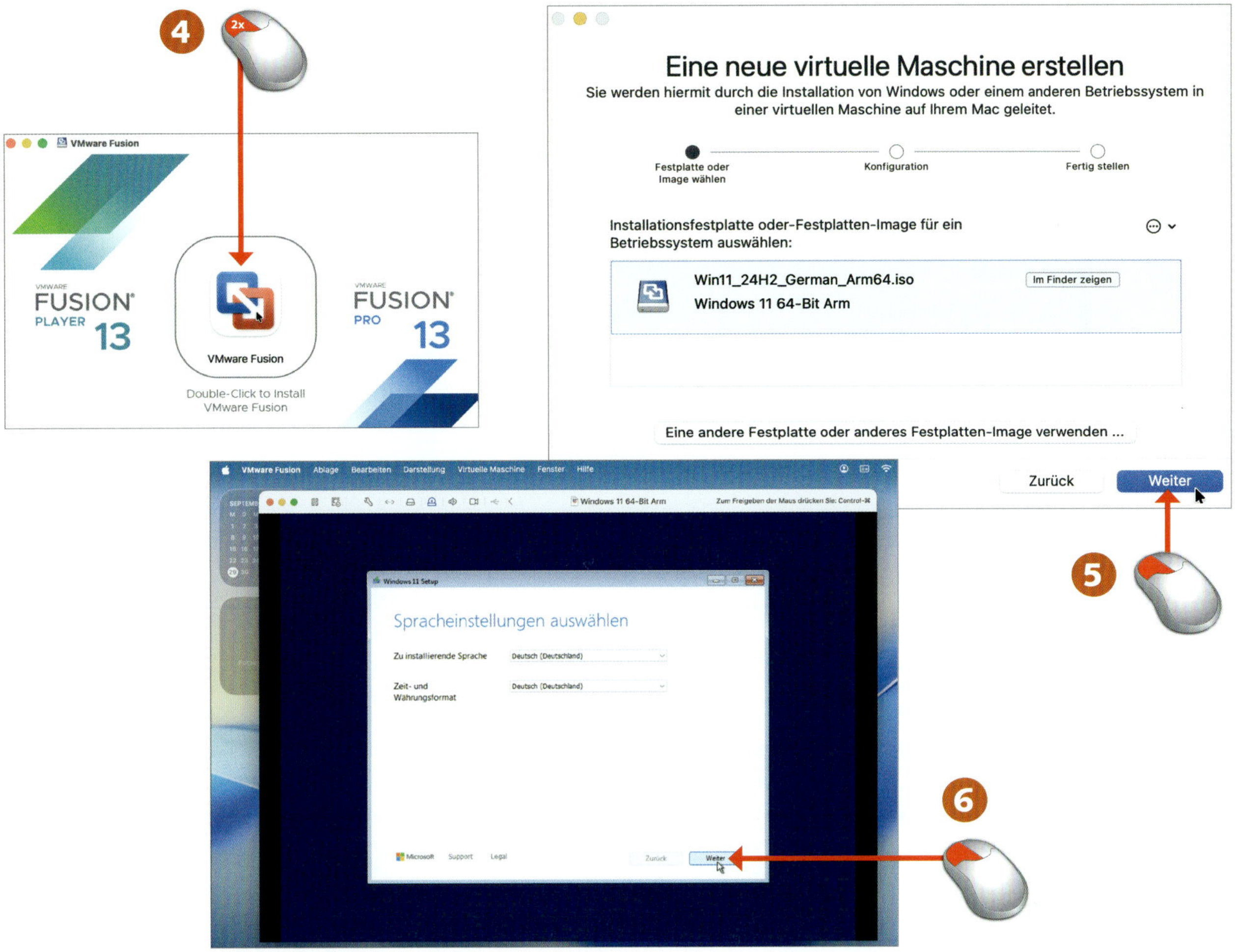

4 Starten Sie VMware Fusion nach dem Download und doppelklicken Sie auf das Symbol in der Mitte des Fensters.

5 Im Assistenten wählen Sie die heruntergeladene ISO-Datei von Windows aus. Die weiteren Einstellungen übernimmt VMware Fusion für Sie.

6 Um von der ISO-Datei zu booten, drücken Sie eine beliebige Taste (das muss ziemlich schnell gehen) und folgen dann dem Windows-Installationsassistenten.

Ende

TIPP

Möchten Sie Windows wirklich parallel zu macOS nutzen? Das gelingt komfortabel mit der Software Parallels, die allerdings kostenpflichtig ist.

HINWEIS

Mit VMware Fusion lassen sich bei Bedarf auch mehrere virtuelle Maschinen anlegen und verwalten. Außer Windows lassen sich ferner Linux, macOS und weitere Betriebssysteme nutzen.

Start

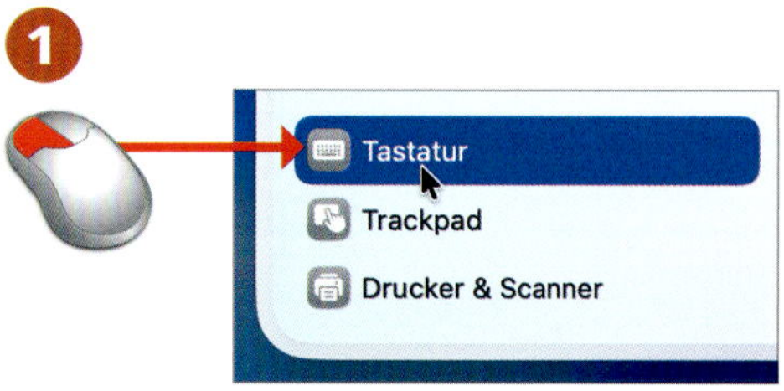

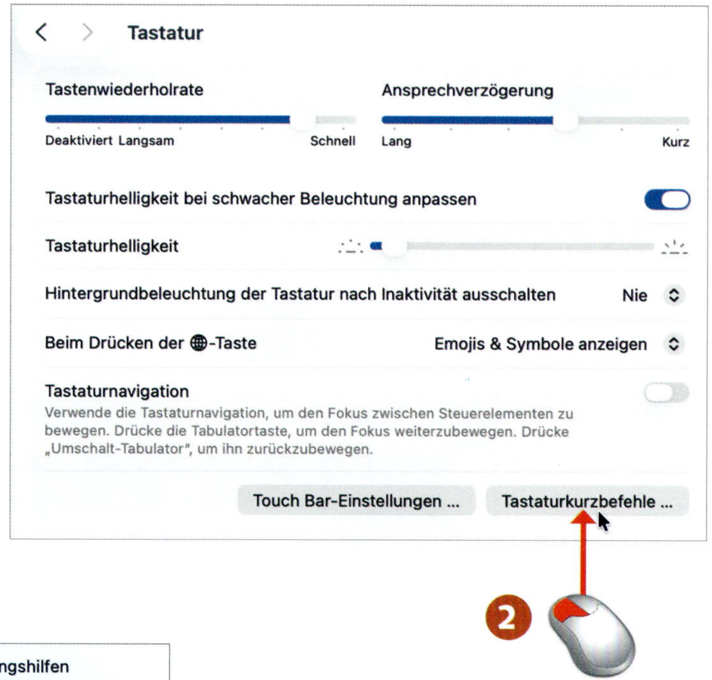

1. Um eigene Tastenkombinationen zu erstellen, öffnen Sie die *Systemeinstellungen* und wählen die Kategorie *Tastatur*.

2. Klicken Sie auf die Schaltfläche *Tastaturkurzbefehle*.

3. Entscheiden Sie sich nun in der Liste links für den Eintrag *App-Tastaturkurzbefehle*.

WISSEN

Sie vermissen eine für Sie wichtige Tastenkombination? Für Funktionen, die in der Menüleiste zur Verfügung stehen, lassen sich Tastenkombinationen mühelos einrichten. Wie Sie dazu vorgehen, lesen Sie im letzten Workshop dieses Buches.

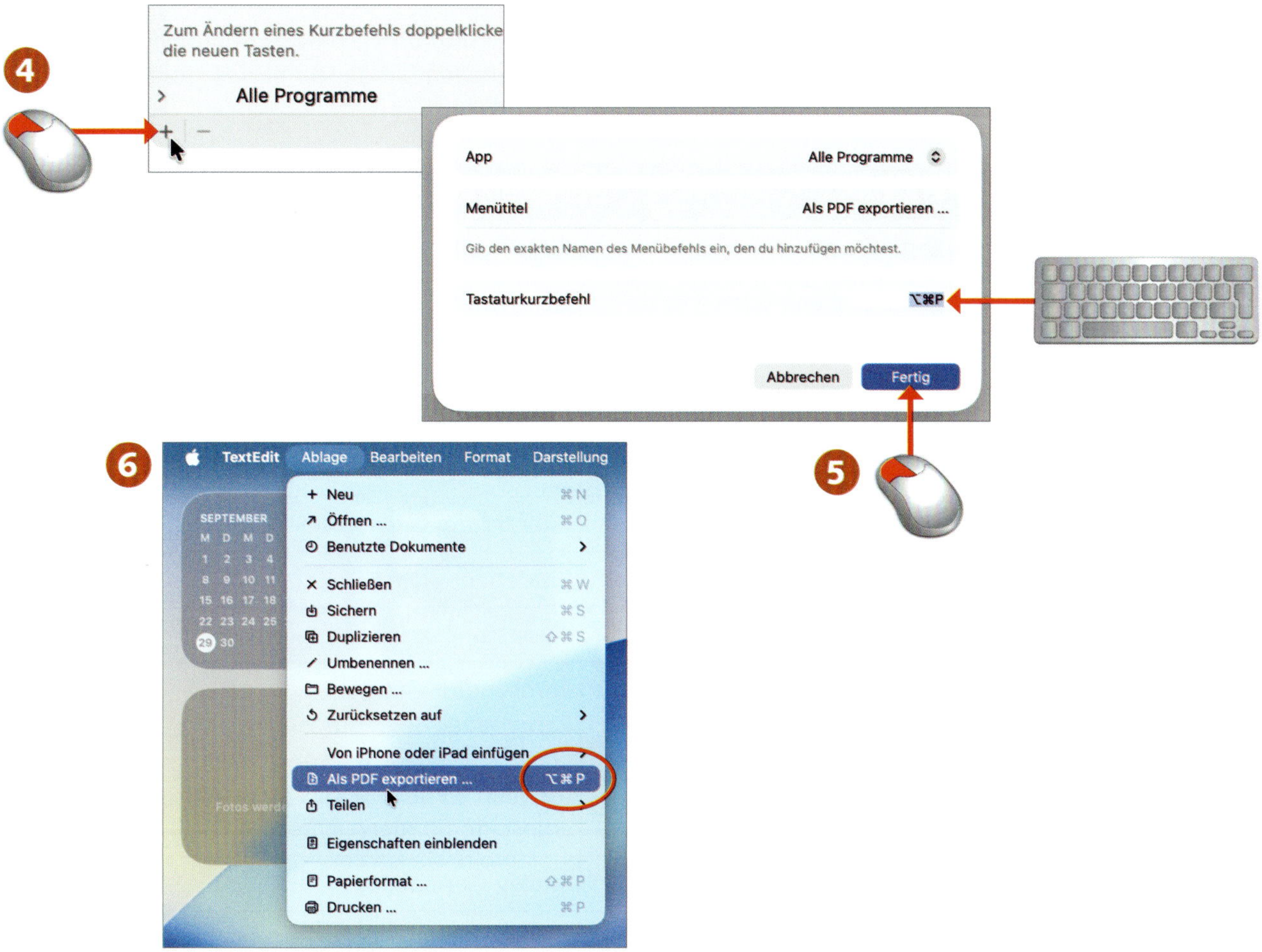

4 Um eine neue Tastenkombination anzulegen, klicken Sie auf das Plussymbol +.

5 Wählen Sie bei *App* die App aus, für die Sie eine Tastenkombination hinzufügen möchten. Unter *Menütitel* tragen Sie den entsprechenden Menüeintrag ein, und im Feld *Tastaturkurzbefehl* drücken Sie die gewünschten Tasten. Bestätigen Sie mit *Fertig*.

6 Wenn Sie das Menü erneut öffnen, stellen Sie fest, dass die Tastenkombination dem Menüeintrag hinzugefügt wurde. Die Tastenkombination lässt sich nun ebenfalls zum Aufrufen der Funktion einsetzen.

Ende

HINWEIS

Wichtig: Ein Menüeintrag muss in Schritt 5 genauso eingegeben werden, wie er im Menü steht, also etwa auch mit Auslassungszeichen (...).

TIPP

Eine bestehende Tastenkombination ändern: Klicken Sie dazu zweimal langsam nacheinander auf eine Tastenkombination und drücken Sie dann die gewünschten neuen Tasten.

Sie haben bereits im ersten Kapitel dieses Buches die Diktierfunktion Ihres Macs kennengelernt. Lassen Sie Satzzeichen von macOS Tahoe automatisch setzen oder sprechen Sie diese mit. Der folgenden Tabelle entnehmen Sie die wichtigsten Sprachbefehle.

Befehl	Ergebnis	Befehl	Ergebnis
Neue Zeile	Erstellt eine neue Zeile	Geschweifte Klammer auf	{
Neuer Absatz	Erstellt einen neuen Absatz	Geschweifte Klammer zu	}
Punkt	.	Apostroph	´
Fragezeichen	?	Anführungszeichen unten	„
Ausrufezeichen	!	Anführungszeichen oben	“
Komma	,	Zitatanfang	»
Semikolon	;	Zitatende	«
Doppelpunkt	:	Auslassungszeichen	...
Bindestrich (diktieren Sie diesen bei zusammengesetzten Wörtern jeweils mit)	-	Eurosymbol, Sternchen, Paragrafzeichen, Pluszeichen, Klammeraffe etc. (nennen Sie jeweils das gewünschte Sonderzeichen)	€, *, §, +, @ etc.
Gedankenstrich	–	Smiley Gesicht	:-)
Klammer auf	(	Zwinkerndes Gesicht	;-)
Klammer zu	)	Trauriges Gesicht	:-(
Eckige Klammer auf	[	Lachendes Gesicht	:-D
Eckige Klammer zu	]	Elf Euro Neununddreißig	11,39 €
Eintausendzweihundertneunundfünfzig	1259	Neunter Februar Zweitausendsechsundzwanzig	9. Februar 2026
Römisch Eintausendzweihundertneunundfünfzig	MCCLIX	Zehn Uhr Fünfzehn (oder auch Viertel nach Zehn)	10:15 Uhr
Fünfzig Zentimeter	50 cm		

Wenn Sie auf Ihrem Mac in der Menüleiste ein Menü öffnen, werden Ihnen bei verschiedenen Einträgen Tastenkombinationen angezeigt, die Sie für den schnelleren Zugriff auf wichtige Funktionen nutzen können. Damit Sie die wichtigsten Tastenkombinationen nicht erst lange suchen müssen, habe ich diese für Sie in den folgenden Tabellen gesammelt.

Beim Systemstart

Tastenkombination	Ergebnis
⇧	Taste sofort nach dem Systemstart gedrückt halten, um macOS im sicheren Modus zu starten.
option	Taste sofort nach dem Systemstart gedrückt halten, um das Startvolume auszuwählen.
command + R	Tasten sofort nach dem Systemstart gedrückt halten, um macOS im Wiederherstellungsmodus zu starten.
linke Maustaste	Taste sofort nach dem Systemstart drücken, um Wechselmedien auszuwerfen

Die F-Tasten (wenn verfügbar)

Tastenkombination	Ergebnis
F1	Verringert die Displayhelligkeit.
F2	Erhöht die Displayhelligkeit.
F3	Ruft die Mission Control auf.
F4	Ruft Spotlight-Suche auf.
F5	Verringert, wenn verfügbar, die Tastaturhelligkeit.
F6	Erhöht, wenn verfügbar, die Tastaturhelligkeit.
F7	Wechselt zum vorherigen Titel bzw. spult bei Gedrückthalten zurück.
F8	Pausiert die Medienwiedergabe bzw. setzt diese fort.
F9	Wechselt zum nächsten Titel bzw. spult bei Gedrückthalten vor.
F10	Ton aus
F11	Verringert die Lautstärke.
F12	Erhöht die Lautstärke.

Allgemeine Bedienung

Tastenkombination	Ergebnis
option + command + D	Blendet das Dock aus bzw. wieder ein.
fn + C	Öffnet das Kontrollzentrum bzw. schließt es wieder.
fn + N	Öffnet die Mitteilungszentrale bzw. schließt sie wieder.
command + Leer	Blendet die Spotlight-Suche ein bzw. wieder aus.
command, command	Taste zweimal drücken, um Siri zu aktivieren.
control + ←	Wechselt, wenn verfügbar, zum Space links.
control + →	Wechselt, wenn verfügbar, zum Space rechts.
control + ↑	Blendet die Mission Control ein.
control + ↓	Blendet, wenn verfügbar, eine Fensterübersicht ein.
command + J	Blendet die Darstellungsoptionen ein.
control, control	Durch zweimaliges Drücken der control-Taste schnell hintereinander kann ein Diktat gestartet werden, aber auch durch fn, fn usw. Das Einrichten der Taste erfolgt in den *Einstellungen* unter *Tastatur* und dort im Abschnitt *Diktierfunktion*.
control	Beendet Diktat. Auch andere Tasten möglich, s. o.
command + Z	Macht die letzte Aktion rückgängig.
⇧ + command + Z	Wiederholt die letzte Aktion.
command + A	Alles auswählen
command + C	Kopieren
command + X	Ausschneiden
command + V	Einsetzen
control + command + Leer	Blendet in einem Textfeld eine Sonderzeichen- und Symbolauswahl ein.
control + command + Q	Sperrt den Bildschirm.
⇧ + command + Q	Meldet den aktuellen Benutzer ab.

App-Bedienung

Tastenkombination	Ergebnis
command+W	Schließt das gerade aktive Fenster.
command+M	Minimiert das gerade aktive Fenster ins Dock.
command+H	Blendet bei mehreren geöffneten Fenstern das gerade aktive Fenster aus.
option+command+H	Blendet bei mehreren geöffneten Fenstern alle Fenster außer dem gerade aktiven aus.
command+Q	Beendet eine App.
command+,	Öffnet die Einstellungen einer App.
command+tab	Zeigt die aktuell geöffneten Apps in einer Übersicht an; die Auswahl erfolgt durch weiteres Drücken der tab-Taste.
command+<	Wechselt, wenn verfügbar, zwischen mehreren Fenstern einer App.
⇧+Maustaste	Behält das Seitenverhältnis bei, wenn ein Fenster bei gedrückter Maustaste vergrößert oder verkleinert wird.
option+Maustaste	Passt ein App-Fenster bei Ziehen mit gedrückter Maustaste beidseitig an.
command+Maustaste	Erlaubt das Verschieben eines App-Fensters, ohne dieses dabei zu aktivieren.
option+command+esc	Ruft das Fenster zum sofortigen Beenden von Apps auf.
command+F	Aktiviert in vielen Apps eine Suchfunktion.
⇧+command+ß	Ruft die Hilfe zu einer App auf.

Fenster anordnen

Tastenkombination	Ergebnis
fn+control+F	Mit dem aktiven Fenster den Schreibtisch füllen.
fn+control+C	Aktives Fenster auf dem Schreibtisch zentrieren.
fn+control+←	Aktives Fenster auf der linken Hälfte des Desktops platzieren.
fn+control+→	Aktives Fenster auf der rechten Hälfte des Desktops platzieren.
fn+control+↑	Aktives Fenster auf der oberen Hälfte des Desktops platzieren.
fn+control+↓	Aktives Fenster auf der unteren Hälfte des Desktops platzieren.
fn+control+R	Aktives Fenster wieder in die ursprüngliche Größe bringen.

Bildschirmfotos

Tastenkombination	Ergebnis
⇧ + command + 3	Fotografiert den ganzen Bildschirm.
⇧ + control + command + 3	Fotografiert den ganzen Bildschirm, wobei die Aufnahme gleichzeitig in die Zwischenablage aufgenommen wird.
⇧ + command + 4	Auswahl für das Bildschirmfoto wird durch Ziehen bei gedrückter Maustaste festgelegt.
⇧ + control + command + Leer + 4	Fotografiert die Auswahl, wobei die Aufnahme gleichzeitig in die Zwischenablage aufgenommen wird.
⇧ + command + 5	Fotografiert den ganzen Bildschirm, jedoch erst nach Mausklick; zeigt weitere Optionen für Bildschirmfotos an.

Finder

Tastenkombination	Ergebnis
command + N	Ruft, wenn keine andere App aktiv ist, den Finder auf.
⇧ + command + F	Öffnet den Finder in der Ansicht *Zuletzt benutzt*.
⇧ + command + O	Öffnet den Finder in der Ansicht *Dokumente*.
⇧ + command + D	Öffnet den Finder in der Ansicht *Schreibtisch*.
option + command + L	Öffnet den Finder in der Ansicht *Downloads*.
⇧ + command + H	Öffnet den Finder in der Ansicht *Benutzerordner*.
⇧ + command + C	Öffnet den Finder in der Ansicht *Computer*.
⇧ + command + R	Öffnet den Finder in der Ansicht *AirDrop*.
⇧ + command + K	Öffnet den Finder in der Ansicht *Netzwerk*.
⇧ + command + I	Öffnet den Finder in der Ansicht *iCloud Drive*.
⇧ + command + S	Öffnet den Finder in der Ansicht *Geteilt*.
⇧ + command + A	Öffnet den Finder in der Ansicht *Programme*.
⇧ + command + U	Öffnet den Finder in der Ansicht *Dienstprogramme*.
option +Maustaste	Zeigt in der Finder-Menüleiste unter *Gehe zu* den Eintrag *Library* an.
⇧ + command + G	Öffnet einen beliebigen Ordner, der in das Eingabefeld getippt wird.
command + K	Stellt eine Serververbindung her.
⇧ + command + N	Erstellt einen neuen Ordner am ausgewählten Speicherort.
option + command + N	Erstellt einen neuen intelligenten Ordner.

Tastenkombination	Ergebnis
command + T	Öffnet im Finder-Fenster einen neuen Tab.
⇧ + command + T	Blendet die Tableiste im Finder ein bzw. aus.
control + command + T	Fügt ein ausgewähltes Element der Seitenleiste des Finders hinzu.
command + O	Öffnet ein ausgewähltes Element mit der dafür vorgesehenen App.
command + I	Zeigt das Infofenster des ausgewählten Elements an.
command + D	Dupliziert das ausgewählte Element.
↩	Benennt das ausgewählte Element um.
control + command + A	Erzeugt ein Alias des ausgewählten Elements.
command + R	Zeigt die Originaldatei zu einem ausgewählten Alias an.
command + ←	Legt das ausgewählte Element in den Papierkorb.
command + F	Aktiviert das Suchfeld.
command + E	Wirft einen Datenträger aus.
command + 1	Wechselt zur Symbolansicht.
command + 2	Wechselt zur Listenansicht.
command + 3	Wechselt zur Spaltenansicht.
command + 4	Wechselt zur Galerie-Ansicht.
control + command + S	Blendet die Seitenleiste aus bzw. ein.
⇧ + command + P	Blendet die Vorschau ein bzw. aus.
command + ß	Blendet die Statusleiste ein bzw. aus.
option + command + P	Blendet die Pfadleiste ein bzw. aus.
option + command + T	Blendet die Symbolleiste aus bzw. ein.
Leer	Zeigt das ausgewählte Element im Übersichtsfenster an.
command +Maustaste	Bei gedrückter command-Taste können mehrere Elemente ausgewählt werden.
⇧ +Maustaste	Bei gedrückter ⇧-Taste können mehrere Elemente in einer Reihe ausgewählt werden.
Maustaste	Bei gedrückter Maustaste lässt sich ein ausgewähltes Element an den Zielort verschieben.
option +Maustaste	Bei gedrückter Maustaste und gleichzeitig gedrückter option-Taste lässt sich ein Element an den Zielort kopieren.
option + command +Maustaste	Bei gedrückter Maustaste und gleichzeitig gedrückten Tasten option + command lässt sich ein Alias des Elements am Zielort erstellen.

Safari

Tastenkombination	Ergebnis
command + N	Öffnet ein neues Fenster.
⇧ + command + N	Öffnet ein neues privates Fenster.
command + T	Öffnet einen neuen Tab.
control + command + N	Öffnet eine neue leere Tabgruppe.
command + O	Öffnet eine auf dem Mac befindliche Datei.
command + L	Aktiviert das Adressfeld.
command + S	Speichert eine Webseite als Datei.
command + I	Sendet eine Webseite per E-Mail.
command + P	Bringt eine Webseite zu Papier.
⇧ + command + A	Füllt ein Formular automatisch aus.
option + command + F	Startet eine Websuche.
command + F	Blendet ein Suchfeld für die Suche innerhalb einer Webseite ein.
⇧ + command + F	Blendet das Suchfeld für die Suche innerhalb einer Webseite wieder aus.
command + G	Zeigt den nächsten gefundenen Treffer an.
command + J	Hebt einen auf einer Webseite markierten Begriff farblich hervor.
⇧ + command + Ü	Führt in einem Webformular eine Rechtschreibprüfung durch.
command + Ü	Zeigt das Fenster *Rechtschreibung und Grammatik* an.
⇧ + command + B	Blendet die Favoritenleiste ein bzw. wieder aus.
⇧ + command + L	Blendet die Seitenleiste ein bzw. wieder aus.
⇧ + command + #	Blendet die Tab-Übersicht ein bzw. wieder aus.
command + ß	Blendet die Statusleiste ein bzw. wieder aus.
control + command + 1	Blendet in der Seitenleiste direkt die Lesezeichen ein.
control + command + 2	Blendet in der Seitenleiste direkt die Leseliste ein.
⇧ + command + R	Blendet, sofern verfügbar, den Reader ein bzw. wieder aus.
option + command + L	Zeigt die Downloads an.
command + .	Stoppt das Laden einer Webseite.
command + R	Aktualisiert eine Webseite.
command + +	Vergrößert die Darstellung der Inhalte.
command + -	Verkleinert die Darstellung der Inhalte.

Tastenkombination	Ergebnis
command + 0	Zeigt Inhalte in der Originalgröße an.
command + Ö	Blättert zurück.
command + Ä	Blättert vor.
⇧ + command + H	Ruft, sofern eingerichtet, die Startseite auf.
command + D	Fügt eine Webseite den Lesezeichen hinzu.
⇧ + command + D	Fügt eine Webseite der Leseliste hinzu.
option + command + B	Blendet Lesezeicheneditor ein bzw. wieder aus.
command + ↓	Springt zum Ende der geöffneten Webseite.
command + ↑	Springt zum Anfang der geöffneten Webseite.
Leer	Scrollt Webseite nach unten.

Musik

Tastenkombination	Ergebnis
option	Wird die Taste beim Anklicken des Symbols der App *Musik* gehalten, erscheint die Mediathek-Auswahl.
option + command	Werden beide Tasten beim Anklicken des Symbols der App *Musik* gehalten, startet die App im gesicherten Modus.
command + N	Erstellt eine neue Wiedergabeliste.
option + command + N	Erstellt eine neue intelligente Wiedergabeliste.
command + O	Öffnet das Dialogfenster *Importieren*.
command + U	Öffnet einen Stream.
command + I	Blendet das Infofenster zum ausgewählten Element ein.
⇧ + command + R	Zeigt einen ausgewählten Titel im Finder an.
command + P	Druckt den passenden CD-Einleger für eine gebrannte Audio-CD.
command + J	Blendet die Darstellungsoptionen ein.
option + command + U	Zeigt die „Als Nächstes"-Liste an.
command + ß	Blendet die Statusleiste ein bzw. wieder aus.
command + T	Blendet visuelle Effekte ein bzw. wieder aus.
Leer	Startet die Wiedergabe des ausgewählten Elements und pausiert Wiedergabe auch wieder.

Tastenkombination	Ergebnis
↩	Gibt das ausgewählte Element von Anfang an wieder.
.	Beendet die Wiedergabe.
command + →	Wechselt zum nächsten Titel.
command + ←	Wechselt zum vorherigen Titel.
⇧ + command + M	Wechselt zwischen Fenster der App *Musik* und MiniPlayer.
command + 0	Blendet, wenn ausgeblendet, das Fenster der App *Musik* ein.
option + command + E	Blendet den Equalizer ein und wieder aus.
option + command + M	Blendet einen MiniPlayer ein und wieder aus.
option + command + A	Blendet das Fenster *Aktivität* ein.

A

B

L

M

N

O

P